Chronos

O Ocidente confrontado ao Tempo

Coleção
HISTÓRIA & HISTORIOGRAFIA

Coordenação
Eliana de Freitas Dutra

François Hartog

Chronos
O Ocidente confrontado ao Tempo

TRADUÇÃO
Laurent de Saes

autêntica

Copyright © 2020 Éditions Gallimard
Copyright desta edição © 2025 Autêntica Editora

Título original: *Chronos: L'Occident aux prises avec le Temps*

Todos os direitos reservados pela Autêntica Editora Ltda. Nenhuma parte desta publicação poderá ser reproduzida, seja por meios mecânicos, eletrônicos, seja via cópia xerográfica, sem a autorização prévia da Editora.

COORDENADORA DA COLEÇÃO HISTÓRIA E HISTORIOGRAFIA
Eliana de Freitas Dutra

EDITORAS RESPONSÁVEIS
Rejane Dias
Cecília Martins

REVISÃO TÉCNICA
Temístocles Cezar

REVISÃO
Lívia Martins

PROJETO GRÁFICO
Diogo Droschi

CAPA
Alberto Bittencourt
(sobre Adobe Stok)

DIAGRAMAÇÃO
Guilherme Fagundes

Dados Internacionais de Catalogação na Publicação (CIP)
(Câmara Brasileira do Livro, SP, Brasil)

Hartog, François
  Chronos : o Ocidente confrontado ao tempo / François Hartog ; tradução Laurent de Saes. -- 1. ed. -- Belo Horizonte, MG : Autêntica Editora, 2025. -- (História & historiografia ; v. 27)

  Título original: Chronos : l'Occident aux prises avec le Temps

  ISBN 978-65-5928-528-0

  1. Historicidade 2. Tempo (Filosofia) 3. Tempo - Religião - Cristianismo I. Título. II. Série.

25-251021 CDD-901

Índices para catálogo sistemático:
1. História : Filosofia 901

Cibele Maria Dias - Bibliotecária - CRB-8/9427

Belo Horizonte
Rua Carlos Turner, 420
Silveira . 31140-520
Belo Horizonte . MG
Tel.: (55 31) 3465 4500

São Paulo
Av. Paulista, 2.073, Conjunto Nacional
Horsa I . Salas 404-406 . Bela Vista
01311-940 . São Paulo . SP
Tel.: (55 11) 3034 4468

www.grupoautentica.com.br
SAC: atendimentoleitor@grupoautentica.com.br

Para a pequena Georgia.

Prefácio à edição brasileira
Fernando Nicolazzi..9

Prefácio
O presente indedutível..21

Introdução
Dos gregos aos cristãos..29

Capítulo 1
O regime cristão de historicidade: *Chronos* entre *Kairós* e *Krisis* 39
    Os evangelhos e o tempo...43
    O horizonte apocalíptico..51
    O Novo Testamento e o futuro apocalíptico 58
    Um regime de historicidade inédito: o regime cristão...............82

Capítulo 2
A ordem cristã do tempo e sua difusão..................................89
    O tempo ordinário: os calendários e as eras 91
    A entrada em cena dos cronógrafos 98
    História contra os pagãos de Orósio e
    A cidade de Deus de Agostinho 108
    As *Tábuas* pascais, anos da Encarnação, fim dos tempos........118

Capítulo 3
Negociar com *Chronos* 129
    A *accommodatio*...131
    A *translatio*..140
    A *reformatio* 154

Capítulo 4
Dissonâncias e fissuras 159
    A *renovatio* desviada: os humanistas 161

A *translatio* recusada e transformada 166
A *accommodatio* pervertida 175
A cronologia bíblica emendada 178
Duas sentinelas: Bossuet e Newton 187

Capítulo 5
Sob o império de *Chronos* 195
O ferrolho bíblico cede 197
O progresso 208
A história e as retomadas de *Kairós* e *Krisis* 218
O caso Ernest Renan 230
Chronos abalado e contestado 236

Capítulo 6
Chronos destituído, *Chronos* restituído 247
Uma nova clivagem de *Chronos* 248
Chronos destituído, rebaixado: o presentismo 256
Chronos restituído: o novo império de *Chronos* 280

Conclusão
O Antropoceno e a história 299

Prefácio à edição brasileira

Fernando Nicolazzi[1]

"Por conseguinte, o que é o tempo? Se ninguém me pergunta, eu sei; porém, se quero explicá-lo a quem me pergunta, então não sei."[2] A fórmula é bem conhecida. Com ela Santo Agostinho buscou evidenciar o inexplicável do tempo naquele que talvez seja, de suas *Confissões*, o capítulo mais mencionado quando se aborda o problema da experiência temporal humana. De fato, não é tarefa fácil oferecer respostas à pergunta sobre o que é o tempo. E, no entanto, a indagação nunca deixou de ser colocada, assim como nunca se evitou defrontar-se com ela em diferentes contextos, sob distintas premissas, segundo variadas perspectivas. Ainda que nem sempre de forma direta e enfática, por vezes de maneira bastante sutil e velada, dizer o indizível do tempo ocupou, *ao longo do tempo*, tradições de pensamento bastante heterogêneas, o que indica, inclusive, a própria heterogeneidade do tempo que se procura explicar. Nesse sentido, tal multiplicidade de enfoques acaba por forçar a flexão do substantivo, impondo um sempre necessário plural: ao falar *do tempo*, estamos sempre falando *de tempos*.

Contudo, no âmbito mais restrito e limitado da historiografia, em texto trabalhado e retrabalhado desde meados dos anos 1970, sendo sua versão final publicada em 1983, Michel de Certeau advertiu seus colegas historiadores a respeito do fato de que "a objetivação do passado, desde há

---

[1] Historiador e professor da Universidade Federal do Rio Grande do Sul, coordenador do Laboratório de Estudos sobre os Usos Políticos do Passado e pesquisador do CNPq.

[2] Santo Agostinho. *Confissões*, XI, 17. São Paulo: Paulus, 1997, p. 193.

três séculos, fez do tempo o impensado de uma disciplina que não cessa de utilizá-lo como um instrumento taxonômico".[3] Embora sem se converter em objeto privilegiado para a reflexão crítica, ele seria, segundo o autor, tão somente um instrumento classificatório e, portanto, hierarquizador, dos fatos, indivíduos, sociedades, processos, enfim, de tudo aquilo que pudesse se tornar objeto para a história.

Não deixa de ser curioso o diagnóstico elaborado por Certeau, considerando, por exemplo, o lugar central ocupado na própria historiografia francesa, desde a metade do século XX, pela compreensão tripartite de ritmos temporais oferecida por Fernand Braudel, que mostra como o tempo histórico estava de fato no campo das inquietações historiográficas daquele contexto.[4] De igual modo, isso fica evidenciado na imponente reflexão teórica formulada por Reinhart Koselleck a partir do final da década de 1960, condensada em *Futuro passado*, obra de referência sobre a semântica dos tempos históricos publicada originalmente em 1979.[5] Não há como desconsiderar, do mesmo modo, no plano da erudição histórica, as abordagens sobre o tempo entre os antigos oferecida por autores como Pierre Vidal-Naquet e Arnaldo Momigliano.[6] E, se cruzássemos a fronteira da história com a filosofia, obviamente a trilogia *Tempo e narrativa*, iniciada por Paul Ricoeur justamente quando Certeau finalizava a última versão de seu texto, seria uma referência incontornável para ser abordada.[7] Com efeito, se o tempo ocupava algum lugar na disciplina da história no ambiente europeu da segunda metade do século XX, não era tão somente

---

[3] Certeau, Michel de. L'histoire, science et fiction. *In*: *Histoire et psychanalyse entre science et fiction*. Paris: Gallimard, 1987, p. 76, tradução nossa [*História e psicanálise: entre ciência e ficção*. Belo Horizonte: Autêntica, 2023, p. 64].

[4] Braudel, Fernand. *Écrits sur l'histoire*. Paris: Flamarion, 1969 [*Escritos sobre a história*. São Paulo: Perspectiva, 1992].

[5] Koselleck, Reinhart. *Vergangene Zukunft. Zur Semantik geschichtlicher Zeiten*. Frankfurt: Suhrkamp, Frankfurt am Main, 1979 [*Futuro passado: contribuição à semântica dos tempos históricos*. Rio de Janeiro: Contraponto; Ed. PUC-Rio, 2006].

[6] Vidal-Naquet, Pierre. Essai sur quelques aspects de l'expérience temporelle des Grecs. *Revue de l'histoire des religions*, janv./mars 1960; Momigliano, Arnaldo. Time in Ancient Historiography. *History and Theory*, n. 6, 1966.

[7] Ricoeur, Paul. *Temps et récit*. Paris: Le Seuil, 1983, t. I – *L'intrigue et le récit historique*. Os outros dois volumes foram: t. II – *La configuration dans le récit de fiction* (1984); t. III – *Le temps raconté* (1985) [*Tempo e narrativa*. São Paulo: Martins Fontes, 2011].

como instrumento classificatório, e estava longe de ser algo simplesmente da ordem do impensado.

Entre os praticantes da história que há algumas décadas tomam o tempo como objeto privilegiado de reflexão, François Hartog, leitor atento de Michel de Certeau, ocupa uma posição destacada, particularmente em razão de sua coletânea de ensaios em torno da experiência contemporânea do tempo, publicada em 2003, *Régimes d'historicité: presentisme et expériences du temps*.[8] Se a noção de presentismo lhe serve para oferecer um diagnóstico e uma periodização a respeito das formas temporais da atualidade, pelo menos dessa atualidade europeia que emergiu sobretudo a partir da década de 1970 e que teve nos episódios de 1989 um ponto de inflexão importante, a categoria regimes de historicidade é pensada como um instrumento heurístico para dizer o tempo e representar os modos como passado, presente e futuro são articulados em distintos contextos.

Cabe destacar, porém, que se trata de uma reflexão que tem sua própria temporalidade. Assim, o instrumento heurístico aparece em sua obra ainda em 1983, quando publicou na revista *Annales* uma nota crítica sobre a conferência do antropólogo estadunidense Marshall Sahlins, que posteriormente se tornou parte da conhecida obra *Islands of History*.[9] Dez anos depois, na companhia de outro antropólogo, Gérard Lenclud, a categoria ganhou densidade teórica e, na década seguinte, tomou sua forma acabada na coletânea de ensaios antes mencionada.[10] Por sua vez, a noção de presentismo é posterior e, em certa medida, um dos efeitos próprios do desenvolvimento do conceito de regimes de historicidade. Ela aparece inicialmente em ensaio elaborado a propósito dos volumes *Les lieux de mémoire*, organizados por Pierre Nora entre 1984 e 1992, quando a contraposição entre um regime moderno e um regime presentista

---

[8] Hartog, François. *Régime d'historicité. Presentisme et expériences du temps*. Paris: Seuil, 2003 [*Regimes de historicidade: presentismo e experiências do tempo*. Belo Horizonte: Autêntica, 2013].

[9] Hartog, François. Marshall Sahlins et l'anthropologie de l'histoire. *Annales E.S.C.*, n. 6, 1983; Sahlins, Marshall. *Islands of History*. Chicago: University of Chicago, 1985 [*Ilhas de História*. Rio de Janeiro: Zahar, 1990].

[10] Hartog, François; Lenclud, Gérard. Régimes d'historicité. *In*: Dutu, Alexandre; Dodille, Norbert (texts réunis par). *L'état des lieux en sciences sociales*. Paris: L'Harmattan, 1993.

de historicidade é sugerida.[11] Como se sabe, é no livro de 2003 que tal hipótese ganhará ressonância, pautando o debate em torno das formas contemporâneas de experiência de tempo.

Tanto a noção de presentismo quanto o conceito de regimes de historicidade são categorias que estruturam a obra *Chronos: L'Occident aux prises avec le Temps*, publicada originalmente em 2020 e que agora o leitor e a leitora brasileira poderão acompanhar na tradução de Laurent de Saes, com cuidadosa revisão técnica de Temístocles Cezar. Trata-se de mais um movimento na obra de Hartog, historiador da antiguidade por formação, atento aos desdobramentos conceituais oriundos de disciplinas vizinhas, sobretudo a antropologia, e particularmente interessado naquilo que a literatura oferece para pensar aspectos constituintes da experiência humana. Conciliando sua reconhecida erudição com uma forma propriamente ensaística de expressão, *Chronos* desdobra indagações colocadas em *Régimes d'historicité*, ao passo que abre os caminhos que o autor percorreu posteriormente e que culminaram em seu mais recente livro, *Départager l'humanité: humains, humanismes, inhumains*.[12]

Os ecos agostinianos aparecem desde as primeiras palavras inseridas no prefácio: "*Chronos*, quem ou o que é ele?". Porém, diferentemente da perspectiva do autor cristão, que considerava o gesto da indagação como um obstáculo ao pensamento (se me perguntam, deixo de saber!), Hartog encara a pergunta como uma condição incontornável para o pensar, situando-a em uma reflexão a respeito da experiência de tempo que é justamente a análise do seu próprio tempo. Nesse sentido, colocar-se a pergunta, mais do que comprometê-lo, significa dar tração ao pensamento, torná-lo operatório. Em suas palavras, "dar ideias, multiplicando os pontos de vista, é nos ajudar a ver o que não vemos, não queremos ou não podemos ver, o que nos cega, nos fascina, nos apavora ou nos horroriza: em resumo, o presente 'indedutível'", de que fala Paul Valéry, outro de seus guias no percurso analítico. Embora direcione seu olhar ao mundo antigo, é, portanto, a contemporaneidade que lhe serve de mote principal para seu erudito estudo.

---

[11] Hartog, François. Temps et histoire. Comment écrire l'histoire de France? *Annales E.S.C.*, n. 6, 1995.

[12] Hartog, François. *Départager l'humanité: humains, humanismes, inhumains*. Paris: Gallimard, 2024.

Há uma outra diferença sutil na forma como aqui a pergunta é colocada, pois junto com o *quê* da indagação emerge um *quem*. Assim, de uma espécie de objeto inerte sobre a qual o pensamento projeta sua reflexão, esse tempo *Chronos* é no livro personificado como um ator específico. Em outras palavras, torna-se o personagem em torno do qual todo o enredo vai sendo elaborado, menos sob a chave de um romance de formação que buscaria seu desenvolvimento no tempo, do que de um ensaio que aponta para as formas de embate que o próprio tempo mantém com uma determinada forma de sociedade. Daí a ideia de um Ocidente confrontado ou às voltas (*aux prises avec*) com *Chronos*, esse tempo forte, marcado pela amplidão de seus domínios, originado no âmago do pensamento grego antigo, transmutado e destronado pelas formulações que o cristianismo lhe impôs, e que, desde o final do século XVIII, foi reconstituindo seu reinado a ponto de assumir hoje, em face à eminência da catástrofe antropocênica, a figura de uma forma temporal indevassável pela experiência humana, posto que a transcende em escala sem precedente. O tempo do planeta agora impera sobre o tempo do mundo, dilui as fronteiras antes bem estabelecidas entre a natureza e a cultura, alarga seus limites para um passado mais que longínquo (as cifras de sua contagem ultrapassam os dez dígitos) e expande seus horizontes com expectativas pós-humanas. *Chronos* novamente é entronado e submete ao seu domínio os tempos próprios dos humanos.

Esse ator, que ocupa o lugar de protagonista na obra, é acompanhado em seus momentos de crise, quando diferentes interrogações desestabilizam arranjos duradouros e possibilitam novas formas de orientação *do* tempo, *no* tempo. No princípio estão as formulações gregas, quando *Chronos*, o tempo propriamente dito, e *Crono* (*Krónos*), personagem que a mitologia transformou num devorador de filhos, ceifador de vidas, entram em simbiose. O tempo *Chronos*, então, é aquele que tudo devora. Mas a astúcia grega criou outra forma de tornar a experiência temporal inteligível, valendo-se do termo *kairós*, o instante oportuno e decisivo. Como afirma o autor, "o tempo dos homens, o da ação bem conduzida, é um misto de tempo *chronos* e de tempo *kairós*". Seria forçoso enxergar aí os esboços da hoje conhecida dialética entre diacronia e sincronia, entre estrutura e acontecimento?

Mas o pensamento grego legou ainda um outro termo que possibilita lidar com uma forma diversa de "operação sobre o tempo": *krisis*. Remetendo tanto à noção jurídica de julgamento quando ao processo médico no corpo de um doente, o termo carrega a ideia de instância resolutiva (o resultado de uma batalha, seja a vitória ou a derrota; o desenlace de uma doença, seja a recuperação ou a morte). Tal legado foi apropriado pela tradição cristã, possibilitando aquilo que é o tema principal dos quatro primeiros capítulos da obra, a configuração e a desfiguração de um regime cristão de historicidade, num arco cronológico que segue desde o século III a.C., quando a bíblia hebraica é traduzida para o grego com o uso dos três termos orientadores (*chronos, kairós, krisis*), até o século XVIII, momento em que um regime moderno ganha força no interior do próprio regime cristão, passando a preponderar no mundo ocidental ao longo do século seguinte.

A originalidade do cristianismo, marcada pelos textos da tradição apocalíptica e pelas novidades trazidas no Novo Testamento, foi ter atribuído a *Kairós* um papel preponderante na sua formulação da experiência do tempo. Esse momento decisivo que corta e limita a vastidão de *Chronos* situa-se entre dois eventos fundamentais para a cosmovisão cristã: a encarnação de um lado e, de outro, o Julgamento Final ou a Parusia, definindo o retorno do Messias e o começo da eternidade divina, o que no limite significa colocar essa nova temporalidade formulada no interior do cristianismo entre o começo do tempo do fim e o derradeiro fim dos tempos. Como afirma de modo enfático Hartog, "fustigado pelo sopro de *Kairós* e inclinado em direção ao dia do Juízo, *Chronos* é escatologizado, apocaliptizado, messianizado: transformado e dominado". Em outras palavras, o tempo (*Chronos*) em sua continuidade sofre um corte profundo ocasionado pelo evento fundador (*kairós*) que descortina o horizonte definido pela certeza de um momento definitivo (*krisis*). Constitui-se assim aquela que é a característica distintiva do regime cristão de historicidade, na perspectiva de Hartog, um presentismo apocalíptico sob o signo de *Kairós*.

A partir da base linguística apropriada e ressignificada do léxico grego, todo o trabalho dos autores cristãos durante séculos foi o de tornar prevalecente a nova estrutura temporal no longo período de consolidação do cristianismo como cosmovisão hegemônica no Ocidente. Cabe ressaltar que Hartog está longe de um modelo de história social ou das mentalidades ocupada com as formas cotidianas de uso e vivência do tempo pelos indivíduos, particularmente na Idade Média.[13] Nesse sentido,

---

[13] Como, por exemplo, em: Baschet, Jérôme. Les cadres temporels de la chrétienté. *In*: *La civilisation féodale. De l'an mil à la colonisation de l'Amérique*. Paris: Flammarion, 2018,

seu enfoque, nomeado por ele como de uma história dos conceitos, incide sobre os textos formadores do pensamento cristão, não apenas os que fazem parte das Escrituras, mas também aqueles que definiram a base discursiva da religião, a exemplo de Agostinho, Eusébio, Orósio e outros. Hartog percorre os textos como uma espécie de andarilho recolhendo, após cuidadosa seleção, o material que encontra no trajeto e que, ao final, estrutura o conjunto de seu argumento. Não raro indica que, do conjunto textual em análise, não reterá se não aquilo que lhe interessa para delimitar a singularidade de sua hipótese.

Além das imposições estabelecidas pela ordem do poder político (a conversão de Constantino e o edito de Milão, Justiniano alguns séculos depois justapondo Estado e religião), uma das principais estratégias para fazer prevalecer o cristianismo foi por meio do controle do tempo, o que, na prática, significava estabelecer monopólio em sua administração por meio do calendário e da cronologia. Do ponto de vista conceitual, significava ainda dotar de mais uma dimensão o predomínio de *Kairós* sobre *Chronos*, possibilitando, pela liturgia (como na discussão sobre a data da Páscoa cuidadosamente reconstituída por Hartog), a junção entre o tempo de Deus e o tempo mundano dos homens. Isso garantiu um ganho sobressalente, uma vez que a cronologia cristã poderia finalmente ser ajustada à contagem cronológica dos tempos anteriores ao cristianismo, subsumindo essa pluralidade temporal em um tempo único e universal (que não deixa de ser ele próprio uma forma de singular-coletivo). A história que a Bíblia oferecia poderia, assim, encaixar-se nas cronologias pagãs, envolvendo-as, dominando-as e sincronizando-as ao tempo *kairós* cristão. O mundo passa a ter uma idade única, contada de forma modesta na escala dos milhares de anos.

O aparato conceitual pelo qual o cristianismo deslocou o predomínio de *Chronos*, impondo uma forma temporal a partir do par *kairós* e *krisis* sob a égide do primeiro, ganhou consistência e sofisticação com aquilo que Hartog chama de operadores que possibilitaram negociar formas de atuação para *Chronos* ("trata-se de abrir espaço, [mas] sem ceder nada quanto ao essencial"). Aqui o léxico grego se articula com a terminologia latina, e quatro são os principais desses operadores temporais identificados

---

p. 419-475 [Os quadros temporais da cristandade. *In: A civilização feudal: do ano mil à colonização da América.* São Paulo: Globo, 2006].

pelo historiador: "em primeiro lugar, a *accommodatio* (a acomodação divina à natureza humana), a *translatio* (a sucessão dos impérios), a *renovatio* (o renascimento) e a *reformatio* (a reforma em todos os sentidos do termo)". Esse é um dos momentos do livro em que o aporte teórico da história conceitual praticada pelo autor se apresenta de forma mais inequívoca, mostrando como a linguagem funciona enquanto um instrumento de produção da experiência e não apenas como sua forma de representação. Vemos aqui um exemplo da noção koselleckiana do conceito ao mesmo tempo como fator e indicador da realidade.[14]

Por meio do uso de tais operadores, Hartog mostra como as negociações com *Chronos* passaram pelos sentidos do tempo cosmológico dos ritmos da natureza (*accommodatio*), da temporalidade política e a transição entre as dinastias e os impérios do mundo (*translatio*), pelo confronto entre tempos distintos, antigo e moderno, e a possibilidade de fazer renascer o primeiro no segundo (*renovatio*), pelos modos de abertura ou ruptura no próprio interior da religião cristã (*reformatio*). O que é importante ressaltar dessas operações é que, ainda que abrindo brechas para que *Chronos* se manifestasse, elas não deslocaram o fundamento que fazia com que o tempo *kairós* fosse preponderante: a expectativa do fim do tempo. Seja tal expectativa a finitude que a natureza impõe, seja o término de um reinado ou a decadência de um império, seja na forma do perecimento de um tempo passível de ser renascido, seja ainda nos momentos oportunos que fazem com que a própria religião possa ser *re*inventada.

Em seu percurso que segue, de modo geral, por um caminho linear que acompanha a sucessão de contextos, algo sensivelmente distinto dos saltos e idas e vindas temporais que caracterizam o *Régimes d'historicité*, Hartog não perde de vista, no entanto, os momentos de brechas no tempo. No caso do regime cristão que se torna hegemônico durante séculos, as "dissonâncias e fissuras" também são buscadas pelo historiador, que as identifica desde os princípios da modernidade, aquela mesma dos humanistas europeus. O fascínio pela antiguidade que a partir do século XIV tomou lugar na Europa dos Renascimentos deslocou a preponderância do presente e abriu o tempo cristão para um tempo antes do tempo, valorizando-o como modelo e guia. Não só: a erudição humanista fez surgir ainda outras modalidades

---

[14] Koselleck, Reinhart. Uma história dos conceitos: problemas teóricos e práticos. *Estudos Históricos*, v. 5, n. 10, 1992, p. 136.

de contagem do tempo, aprimorando o método crítico da cronologia, que nas mãos de José Justo Escalígero deu ao tempo outra espessura. Some-se a isso o papel político e cultural que assumirá a Reforma, assim como os deslocamentos espaciais possibilitados pelas navegações entre continentes (os velhos e os novos). Eis aí alguns dos abalos "que reabrem o caso *Chronos*, questionando sua sujeição a *Kairós* e *Krisis*".

É, no entanto, no século XVIII que as coisas assumem proporções mais intensas e que o edifício longamente erigido pelo cristianismo passa a apresentar as rachaduras que farão surgir dele um regime de historicidade distinto, quando a articulação entre passado, presente e futuro assume novas formas, dando outra "textura" (termo recorrente no livro) à experiência temporal. *Chronos* volta a ocupar protagonismo e o tempo moderno assume outros fundamentos; diante do *Kairós* presentista, a modernidade descortina o futuro e suas vastas expectativas. Nas palavras de Hartog, "o ferrolho bíblico cede".

Dois autores ocupam posição central nesse processo de desmantelamento do regime de historicidade que o cristianismo criou. De um lado, Buffon, o naturalista que abriu para o passado um tempo em escala geológica que o presentismo cristão jamais poderia conceber ou alcançar; de outro, Condorcet, filósofo e matemático que instituiu na ideia de progresso indefinido o movimento próprio do tempo moderno. Diante das profundas transformações que o século XVIII trouxe junto com seu espírito crítico, nem o calendário, nem a cronologia, nem os operadores temporais antes mencionados poderiam dar conta de manter *Chronos* como personagem secundário. Chegamos no tempo em que o próprio tempo se torna o ator por excelência do processo histórico.

O século XIX completou o trabalho operado no século anterior, colocando o evolucionismo darwinista e as filosofias da história como condições para reentronizar *Chronos* em seus domínios, que agora assumem proporções que não apenas dão densidade ao tempo, mas expandem vertiginosamente sua duração, cujas cifras passam da escala dos milhões de anos. Por outro lado, se a acomodação cristã criou mecanismos de articulação entre o tempo de Deus e o tempo dos homens, o regime moderno de historicidade pareceu se sustentar numa distinção radical entre o que é do plano natural e o que é do mundo humano. E, se as ciências naturais em certa medida tentaram garantir a continuidade entre uma coisa e outra a partir da teoria da evolução das espécies, o advento das assim chamadas "ciências do espírito" confirmaram o recorte entre natureza e cultura que perdurou enquanto o regime moderno foi preponderante.

Daquilo que é pertinente a este novo regime de historicidade, contemporâneo do conceito moderno de história identificado por Koselleck, referência primeira de Hartog, e daquilo que diz respeito às brechas nele abertas nos momentos de crise do século XX, disso tudo conhecemos já sua história e seus traços característicos desde *Régimes d'historicité*. O que importa mencionar aqui é que, com a nova articulação do tempo e o novo lugar concedido a *Chronos*, outros significados foram atribuídos aos termos *kairós* e *krisis*. A ideia de revolução ganha essa camada de momento oportuno e decisivo, e mesmo na ideia de um *Jetztzeit* benjaminiano é possível perceber as permanências ressignificadas do primeiro. Já o segundo termo se transmuta na noção moderna de crise, constitutiva do próprio modelo capitalista que a sociedade moderna assumiu. Mas cabe também indicar que o presentismo do século XX não equivale ao presentismo apocalíptico que fundamentou o regime cristão. Sem estar delimitado por duas balizas tão nítidas como a Encarnação e a Parusia, aquilo que define o presentismo contemporâneo não é se localizar entre o tempo do fim e o fim do tempo, mas sim definir o presente como um fim em si mesmo, marcado pela aceleração sem movimento e pelo primado do instantâneo que parecem destemporalizar o próprio tempo.

O livro chega, então, em seus momentos finais que, na própria obra de Hartog, assumem uma posição de momentos decisivos. Ao se engajar nos debates contemporâneos a respeito do Antropoceno, o historiador abre um conjunto novo de questões que não estavam anteriormente delineadas, ao mesmo tempo que cria as condições para que sua reflexão mais recente sobre humanos e pós-humanos ganhe contorno. Guiado pelo diálogo com os textos do historiador indiano Dipesh Chakrabarty, referência incontornável do debate na historiografia e que merece no livro um agradecimento singular, Hartog discute os significados da discussão sobre o tema para a experiência contemporânea do tempo.

A temporalidade do Antropoceno é caracterizada como o novo império de *Chronos* no século XXI, o que configura para Hartog uma nova hipótese (ou pelos menos uma nova indagação) a respeito de um regime de historicidade distinto do cristão, do moderno e do presentista. Em certa medida, a condição histórica contemporânea guarda elementos de cada um daqueles regimes anteriores: o sentimento apocalíptico de fim do tempo, o apreço pelo progresso na forma do avanço tecnológico, a aceleração em ritmo de processadores de última geração, reduzindo à escala nanoscópica a duração do instante. Mas ela transforma e transtorna tudo o que veio antes, já que a ideia de fim não está mais ligada a uma escatologia mística, mas à concretude dos dados científicos; o avanço tecnológico acelerado está em descompasso com aquilo que o tempo da natureza pode suportar; a duração mais do que ínfima da realidade digital tem a sua contraparte na escala cronológica volumosa que a geologia oferece, tornando quase que um lampejo de tempo a contagem oferecida por Buffon no século XVIII.

A fronteira entre humano e natureza que fundou o pensamento moderno e permaneceu durante o regime presentista evaporou a partir da compreensão de que o humano, em sua forma capitalista, tornou-se um agente geológico capaz não apenas de alterar os tempos do (seu) mundo, mas de transformar a própria temporalidade do planeta (o seu e o de tantos outros). Como escreve Hartog, "viver no Antropoceno é fazer a experiência de duas temporalidades que, simultaneamente, não se misturam e estão em tensão constante uma em relação à outra". Em outras palavras, significa considerar que permanece havendo um tempo próprio do humano, do qual uma disciplina como a história busca ser sua forma privilegiada de representação; mas ao lado dele emerge outro tempo cuja espessura, densidade e volume são de outra ordem, inalcançável pelas ferramentas que a historiografia atualmente oferece e que, portanto, beira o irrepresentável. Nem *Kairós*, nem *Krisis* parecem funcionar como mediadores ou limitadores deste *Chronos* que, em seu novo reinado, desprendeu-se das próprias amarras que os humanos outrora lhe impuseram.

Chronos, o livro, é o desdobramento de uma reflexão que já se estende por algumas décadas, oferecendo perspectivas distintas e eruditas para uma questão que talvez seja transversal aos textos que Hartog vem publicando pelo menos desde a década de 1980: como funciona o tempo e como o tempo é posto em funcionamento? É bem verdade que seu olhar incide preponderantemente no contexto particular dos povos europeus, manifestando as possibilidades e os limites que tal contexto impõe. Em sua repercussão, em debates e resenhas, o fato já foi diagnosticado, assim como já o havia sido por conta da obra anterior sobre o presentismo.[15]

---

[15] Para mencionar apenas um exemplo, remeto ao número especial de *History and Theory* (v. 60, n. 3, 2021), onde consta um texto de François Hartog sobre o argumento do

De todo modo, isso tampouco é negado pelo autor, já que o Ocidente (que passa a ser o equivalente a Europa) é indicado desde o título. O confronto de *Chronos*, o tempo, com outras realidades não entra no horizonte de Hartog senão muito tangencialmente.

Se a crítica obviamente é válida, ela por sua vez não anula o que o livro traz de contribuição para o debate, sobretudo por colocar novamente em teste o instrumento heurístico formulado por Hartog, ou seja, o conceito de regimes de historicidade. Da mesma forma, a própria noção de presentismo como forma de periodização e representação de uma determinada realidade tem seus limites reconhecidos diante do que a nova experiência de tempo nos coloca como imperativo para o pensamento e para a ação, tema que permanecerá inquietando o autor nos desdobramentos de sua reflexão. E, assim, o fim da leitura se transforma propriamente no tempo da espera, nesse intervalo no qual aguardamos que a tradução de *Départager l'humanité* logo seja oferecida ao público brasileiro.

Porto Alegre, março de 2025.

---

livro, seguido pelos comentários e críticas de autores como Gabrielle Spiegel, Dana Sajdi, Nitzan Lebovic, Ethan Kleinberg, Zvi Ben-Dor Benite e Dipesh Chakrabarty. No contexto brasileiro, vale atentar à entrevista concedida por ele a Francine Iegelski em 2019, portanto antes do lançamento do livro, quando Hartog o situa no conjunto de sua reflexão (*Tempo*, v. 26, n. 1, 2020).

PREFÁCIO

O presente indedutível

*Para que pode servir a história? Somente –
e é muito – para multiplicar as ideias –
e não para impedir de ver o presente original – indedutível.*
Paul Valéry

Chronos, quem ou o que é ele? A pergunta não é nova, mas ela torna a sê-lo toda vez que nos interrogamos sobre o tempo que vivemos: o presente, o nosso. Imediatamente, porém, surge a advertência de Paul Valéry, que nunca perdia uma ocasião de repreender os historiadores que, pretendendo fazer ciência, faziam na realidade literatura. Em seus *Cadernos*, onde anotava de manhã cedo seus pensamentos do dia, ele frequentemente criticava a história que, ao olhar para trás, previa somente o dia seguinte à véspera. Evidentemente, não se trata mais de uma lição da história, mas de uma história capaz de "multiplicar as ideias" – o que não é tão mal, ou já é muito. Dar ideias, multiplicando os pontos de vista, é nos ajudar a ver o que não vemos, não queremos ou não podemos ver, o que nos cega, nos fascina, nos apavora ou nos horroriza; em resumo, o presente "indedutível".[1]

Seria ele, por essa razão, uma completa novidade? Não, na medida em que ele vem de algum lugar e não é feito de nada, ele é um objeto social, com sua textura, como uma tapeçaria na qual fios de urdidura e fios de trama se entrecruzam para dar-lhe suas próprias cores e padrões. Quanto à interrogação sobre a textura do presente, que lançou minha reflexão sobre o tempo desde o meu livro *Regimes de historicidade*, é pouco dizer que ela se mantém viva, pois é a razão de ser desta nova investigação. Como

---

[1] Valéry, Paul. *Cahiers*. II. Édition établie, présentée et annotée par Judith Robinson-Valéry. Bibliothèque de la Pléiade. Paris: Gallimard, 1974, p. 1490.

sempre, o movimento é o de um longo desvio[2]: partir do presente para, após viagens longínquas no tempo, ter dele uma melhor compreensão. Desta vez, não se trata mais de partir do encontro doloroso de Ulisses com a historicidade, quando ele ouve o bardo dos feácios celebrar suas façanhas como se ele tivesse deixado de existir, mas de começar por nos transportar aos primórdios do cristianismo e até mesmo muito antes disso, para compreender qual revolução no tempo gerou a pequena seita apocalíptica que se separou do judaísmo – uma revolução precisamente na textura do tempo, pela instauração de um presente inédito. Por que partir de tão longe? Porque esse tempo novo marcou de maneira duradoura, talvez até mesmo para sempre, o tempo do Ocidente. Porque o tempo moderno saiu, em todos os sentidos do termo, do tempo cristão: ele veio deste último e o abandonou.

Para os humanos, viver sempre consistiu em experienciar o tempo: uma experiência por vezes inebriante, dolorosa, frequentemente trágica e, no fim, inelutável. Confrontar *Chronos* sempre esteve na ordem do dia dos diferentes grupos sociais, seja para apreendê-lo ou escapar dele, ou ainda para ordená-lo, recortando-o ou medindo-o. Trata-se, em suma, de pretender dominá-lo, acreditando nele e fazendo com que nele se acredite. Ao longo dos séculos, múltiplos, e até mesmo incontáveis, foram os métodos empregados, recorrendo-se a narrativas ordinárias ou míticas, construções religiosas, teológicas, filosóficas, políticas, teorias científicas, representações artísticas, obras literárias, projetos arquitetônicos, planejamentos urbanos, invenções técnicas e fabricação de instrumentos para medi-lo e para cadenciar a vida, tanto a das sociedades quanto a dos indivíduos. Nada do que é humano lhe é estranho, isto é, escapa à sua influência ou à sua dominação.

Mas essa história, a mais conhecida, é apenas uma parte da história: aquela que os humanos se contaram a si mesmos, aquela que eles quiseram

---

[2] Hartog, François. *Régimes d'historicité: présentisme et expériences du temps*. Édition augmentée. Paris: Points-Seuil, 2012, notadamente o cap. 2: As lágrimas de Ulisses [Tradução brasileira: Hartog, François. *Regimes de historicidade: presentismo e experiência do tempo*. Belo Horizonte: Autêntica, 2013]. [No que diz respeito às numerosas citações de textos em língua estrangeira contidas na presente obra, procuramos, sempre que possível, incorporar a tradução de uma edição brasileira, indicando, para cada uma delas, a respectiva referência. Nos demais casos, oferecemos nossa própria tradução, recorrendo amiúde ao cotejo com edições em outras línguas. (N.T.)]

preservar, pois *Chronos*, como eles haviam esquecido ou negligenciado, excede em muito o tempo dos homens ou este tempo do mundo que os modernos fabricaram para seu uso e sua vantagem, a ponto de acreditarem que ele poderia reduzir-se, tal qual a "pele de onagro" do romance de Balzac,[3] apenas ao presente – chegando quase a se abolir. Desde a nossa entrada recente em uma nova época, atualmente conhecida como Antropoceno, eis que um tempo imensamente antigo e, simultaneamente, inteiramente novo, que não é outro senão o da Terra, veio perturbar toda a nossa economia do tempo. Encontram-se, com efeito, minadas, quando não destruídas, as diferentes estratégias de domínio do tempo que, elaboradas e dispensadas ao longo dos séculos, cadenciaram e regeram a história do Ocidente, a começar por aquela que dividiu *Chronos* em tempo da natureza e tempo dos humanos. Como confrontar esse tempo inédito para nós, mais "indedutível" do que nunca? De que conversão do olhar, ou até mesmo conversão pura e simples, teríamos necessidade?

Chronos é o onipresente, o inevitável, o inelutável, "o filho da finitude", para retomar as últimas palavras da grande história filosófica do tempo, que Krzysztof Pomian apresentou em *A ordem do tempo*.[4] Mas ele é primeiramente aquele que não se pode apreender: o inapreensível *Chronos*. Esse é realmente o qualificativo que aparece, sempre que *Chronos* é evocado, desde as primeiras narrativas gregas até os dias de hoje, passando pelo famoso paradoxo de Agostinho em suas *Confissões*: enquanto ninguém lhe pergunta o que é o tempo, ele sabe o que é; assim que lhe fazem a pergunta, ele não sabe mais.

Assim, no início dos anos 1920, um tranquilo relojoeiro suíço, autor de um tratado sobre os relógios elétricos, sentiu-se ainda na obrigação de escrever que "não se pode definir a substância do tempo e que ele é, metafisicamente falando, tão misterioso quanto a matéria e o espaço".[5] Sua observação, que seguramente não visa a semear a confusão, é somente

---

[3] No romance *Pele de onagro* (1831), Balzac conta a história de um jovem aristocrata que encontra um objeto milagroso, uma pele de onagro, que lhe dá o poder de realizar seus desejos, mas ao custo de encolher, a cada pedido atendido, o tempo de vida de seu possuidor. (N.T.).

[4] Pomian, Krzysztof. *L'ordre du temps*. Paris: Gallimard, 1984.

[5] Galison, Peter. *Einstein's Clocks, Poincaré's Maps, Empires of Time*. New York: W. W. Norton & Company, 2003, p. 322.

a recordação de uma evidência incontestável que, de resto, não impede em nada que se aperfeiçoe a precisão dos relógios – o que evidentemente é do seu maior interesse. Em *A ordem do tempo*, Pomian escrutiniza o que ele designa como a "polissemia notória" da palavra tempo. Destarte, em virtude do "pressuposto fundamental" de que existe uma "pluralidade de tempos", ele preconiza uma "abordagem estratigráfica" do tempo.[6] Trata-se de um método para garantir um entendimento, não propriamente de *Chronos*, mas das vias e dos procedimentos pelos quais se procurou apreendê-lo.[7]

O físico Carlo Rovelli, no seu *A ordem do tempo*, publicado na França em 2018, não hesita em falar, por sua vez, do "mistério" do tempo. A primeira parte do livro mostra que, quanto mais nossos conhecimentos científicos "se requintam", mais se "desagrega" a noção de tempo; na segunda parte, ele conduz o leitor ao "mundo sem tempo" da gravidade quântica, enquanto a terceira parte é um retorno ao tempo perdido, "nosso tempo familiar". Ele conclui que, no fim, "o mistério do tempo talvez tenha mais a ver com o que nós somos do que com o cosmos".[8] Embora incapaz de me pronunciar sobre a gravidade quântica como mundo sem tempo, retenho, pelo menos, sua abordagem do problema e seu percurso. No interminável debate lançado pelos gregos e dramatizado por Agostinho entre o tempo cosmológico de um lado e o tempo psicológico do outro, o físico contemporâneo nos remete claramente para o tempo psicológico.[9] O livro se encerra, aliás, com uma citação do *Eclesiastes* evocando a proximidade da morte.

---

[6] Pomian, Krzysztof. *L'ordre du temps*, p. 334, 354. Ele se situa assim no rastro das afirmações de Fernand Braudel sobre os tempos de diferentes fluxos, desde a longa ou longuíssima duração até o tempo breve do acontecimento.

[7] K. Pomian escreve, ainda, a respeito das reflexões sobre o tempo, *L'ordre du temps*, p. 347: "É inevitável que tendamos a reconciliar a inteligibilidade e o tempo, mesmo sabendo que, antes que consigamos dar-lhe um sentido, o tempo terá reduzido nossos esforços ao escárnio".

[8] Rovelli, Carlo. *L'ordre du temps*. Traduction française de Sophie Lem. Paris: Flammarion, 2018, p. 13-15. Para uma apresentação de conjunto do tempo a partir da história das ciências: Klein, Étienne. *Les tactiques de Chronos*. Paris: Flammarion, 2009.

[9] Deixo de lado as doutrinas sobre a irrealidade do tempo, das quais o filósofo inglês John McTaggart pretende ser o teórico mais consequente, em seu artigo publicado,

As páginas seguintes não constituem nem uma filosofia do tempo no Ocidente, nem uma história do tempo da Antiguidade aos nossos dias, nem um inventário das técnicas cada vez mais precisas de sua medição, pois tal tarefa, supondo que nos arrisquemos a cumpri-la, seria provavelmente interminável.[10] E ela não seria necessariamente muito esclarecedora: saberíamos mais, mas compreenderíamos melhor? Trata-se, aqui, de uma travessia de *Chronos*, de um ensaio lançado por uma questão e organizado por um fio condutor. Como em meus livros precedentes, que podem ser lidos como estudos sobre crises do tempo, a questão, é bom repetir, é a de uma interrogação sempre aberta sobre o tempo presente. O que é ele? Qual é a nossa relação com o tempo? De que é feito o nosso hoje, que pouquíssimos qualificariam espontaneamente de "belo hoje"? O fio condutor deste ensaio de história conceitual é o operador do regime de historicidade, cuja finalidade sempre foi a de lançar alguma luz sobre as crises do tempo, isto é, estes momentos em que vacilam os pontos de referência e prevalece a desorientação, quando se confundem as maneiras de articular passado, presente e futuro.

Como sempre, é a passagem que me interessa: as crises do tempo ou essas "brechas", como as denominava Hannah Arendt; isto é, estes momentos em que aquilo que ainda ontem era evidente vem a se obscurecer e a se desintegrar, ao passo que, pelo mesmo movimento, algo novo, algo inédito procura se expressar, mesmo não tendo (ainda) as palavras para se formular. Por muito tempo, acompanhou-me a seguinte frase de Michel de Certeau: "É como se uma sociedade inteira dissesse o que ela está construindo com as representações do que ela está perdendo".[11] Chega-se então

---

em 1908, na revista *Mind*, "The Unreality of Time". Ver o estudo que lhe dedicou Bourgeois-Gironde, Sacha. *McTaggart: temps, éternité, immortalité*. Nîmes: Éditions de l'Éclat, 2000.

[10] Sobre a medição do tempo, além de Galison, *Einstein's Clocks, Poincaré's Maps, Empires of Time*, ver: Wilcox, Donald J. *The Measure of Times Past, Pre-Newtonian Chronologies and the Rhetoric of Relative Time*. Chicago: The University of Chicago Press, 1987; Rossum, Gerhard Dohrn-van. *L'histoire de l'heure. L'horlogerie et l'organisation moderne du temps*. Traduction française de Olivier Manonni. Paris: Éditions de la Maison des sciences de l'homme, 1997; Rosenberg, Daniel; Grafton, Anthony. *Cartographie du Temps. Des frises chronologiques aux nouvelles timelines*. Traduction française de Marie-Christine Guillon. Paris: Eyrolles, 2013.

[11] Certeau, Michel de. *L'écriture de l'histoire*. Paris: Gallimard, 1975, p. 144.

à inevitável defasagem ou atraso entre o que se sabe e o que se vê. Como ver o que ainda nunca se viu e como dizer o que ainda nunca foi dito? Como conferir não um sentido "mais puro" às palavras da tribo, como buscava Stéphane Mallarmé,[12] mas um sentido capaz de significar o inédito? À sua maneira, Valéry formulava a mesma pergunta. Mas, hoje, a distância entre o que as nossas sociedades "estão perdendo" e o que está advindo talvez tenha se tornado tão profunda que elas sequer sabem mais o que "construir", antes mesmo de saber como o construir? Ou, o que é mais grave, não seria mais possível construir, exceto algo inteiramente diferente. O "indedutível" de Valéry teria se agravado ainda mais. Essa questão de hoje não deixará em nenhum momento de acompanhar nossa investigação, aberta com a crise cristã do tempo e sua resolução, prosseguindo com as crises do tempo moderno, e se encerrando com a crise contemporânea do tempo, a do Antropoceno.

As páginas seguintes não são, portanto, todas dedicadas ao tempo, nem contemplam tudo sobre o tempo, mas constituem um ensaio sobre a ordem dos tempos e as épocas do tempo naquilo que se tornou o mundo ocidental. À semelhança de Buffon, que reconheceu as "Épocas" da Natureza, pode-se distinguir épocas do tempo. Atento à passagem de uma para outra, nosso percurso indicará sua sucessão. Iremos, assim, das maneiras gregas de apreender *Chronos* até o Antropoceno (um tempo que, desta vez ou por ora, nos escapa), detendo-nos demoradamente no tempo dos cristãos, isto é, uma nova ordem do tempo concebida e instituída pela Igreja nascente.[13] Pois, com o cristianismo, abre-se seguramente uma nova época do tempo que, para os crentes (ainda que nem sempre tenham verdadeira consciência disso), ainda perdura. Esse tempo cristão pode ser reconhecido como um regime de historicidade específico, isto é, uma maneira inédita de articular o passado, o presente e o futuro. Para dizê-lo de imediato, por regime cristão de historicidade, entendo um presentismo: o presente é a categoria dominante, mas um presentismo de tipo apocalíptico. Isso já basta para distingui-lo profundamente do presentismo contemporâneo,

---

[12] Mallarmé, Stéphane. Le tombeau d'Edgar Poe. *Poésies*. Paris: Flammarion, 1989, p. 99. (N.R.T.)

[13] O exame será tanto mais longo pelo fato de que, não fazendo os textos fundadores do cristianismo mais parte de uma cultura disseminada, vale a pena tomar o tempo de os ler, sem agir como se se tratasse de uma simples releitura.

que se difundiu ao longo do último meio século, ainda que, nos últimos tempos, o apocalipse se encontre frequentemente solicitado. Deveremos voltar a essa questão mais adiante. Por que, se o presentismo invoca apenas um tempo *chronos* mínimo, reativar esquemas que, de uma maneira ou de outra, envolvem um fim que se aproxima?

Que título tenho para empreender semelhante investigação sobre o tempo cristão? Não sou de modo algum um exegeta, um daqueles que guiam e interpretam a partir do interior dos textos canônicos. Tampouco sou comentador, isto é, aquele que acompanha o pensamento do autor e o explica, e não tenho, portanto, a autoridade que acompanha tais *status*. Sou apenas um leitor, lendo e interrogando textos com uma mesma pergunta: a do tempo que eles tecem. Um simples leitor, portanto, movido por uma pergunta.

Resta-me agradecer àqueles que me fizeram a gentileza de ler estas páginas e cujos encorajamentos e opiniões me foram preciosos ao longo destes últimos anos, enquanto o livro aos poucos tomava forma. Obrigado a Olivier Bomsel, a Thomas Hirsch, a Christian Jambet, a Gérard Lenclud, meu primeiro leitor de há muitos anos agora, a Olivier Mongin, a Robert Morrissey, a Guy Stroumsa. Obrigado também a Dipesh Chakrabarty, meu guia em matéria de Antropoceno. Com cada um deles, foram numerosas as interlocuções. A Pierre Nora, por fim, expresso minha gratidão e minha amizade, ele que publicou meu primeiro livro, *O espelho de Heródoto*,[14] há quarenta anos – eu era então um jovem pesquisador do "bando de Vernant" –, e que me encorajou e ajudou a levar a cabo este aqui. Sei o que lhe devo. Este livro, por fim, é dedicado à minha neta, Georgia, nascida no momento em que se completava esta investigação sobre *Chronos*, o inapreensível, que ela talvez lerá algum dia.

---

[14] Hartog, François. *O espelho de Heródoto: ensaio sobre a representação do outro.* Belo Horizonte: Ed. UFMG, 1999. (N.R.T.)

INTRODUÇÃO

Dos gregos aos cristãos

"O que é, enfim, o tempo?", assim se inicia a meditação de Agostinho, tão frequentemente citada que acabou por fazer as vezes de reflexão sobre o tempo e, em uma palavra, por dispensá-la. "Quem", continua Agostinho, "explicaria fácil e brevemente? Quem compreenderá no pensamento para transpô-lo para palavras? O que há mais familiar e conhecido na conversa do que lembramos do tempo? [...] O que é o tempo? Se ninguém me pergunta, eu sei; se quero explicar a quem me pergunta, não sei".[15] Como expressar com mais simplicidade a aporia constitutiva do tempo? Trata-se de aporia em sentido literal, pois nenhum caminho conduz a ele. Aqui, importa-me mais a formulação da pergunta do que a resposta a que finalmente chega Agostinho, a saber, a de que o tempo é "distensão" (*distensio*) do espírito. Ele o situa, portanto, inteiramente no campo da concepção psicológica do tempo, mas pensando conseguir vinculá-lo ao tempo cosmológico, aquele que se mede. Contradizendo, neste ponto essencial, Aristóteles, para quem o movimento é a medida do tempo, ele considera, ao contrário, que é o tempo, isto é, essa capacidade de extensão do espírito, que permite a medição do tempo. Para Aristóteles, ao contrário, "quando percebemos um antes e um depois, então falamos de tempo, porque o tempo é apenas isto: o número do movimento segundo o antes e o depois".[16]

Além de aporético, *Chronos* também é, em grego, o lugar de uma confusão ou a ocasião de um quiproquó revelador. Existem, com efeito,

---

[15] Agostinho. *Confissões*, 11, 14, 17. Organização, tradução e notas Márcio Meirelles Gouvêa Júnior. Belo Horizonte: Autêntica, 2023, p. 280.
[16] Aristote. *Physique*, v. 4, p. 220-225. Paris: Les Belles, 1952.

Chronos, o tempo, cuja etimologia é desconhecida, e *Crono*,[17] o personagem mítico. Filho de Urano e Gaia, Crono é famoso por ter castrado seu pai Urano (a pedido expresso de sua mãe). Tendo assim alcançado o poder, ele se casa com Reia, e toma sem demora o cuidado de devorar seus filhos, à medida que vão nascendo, para evitar ser, por sua vez, destronado por um deles. Conhecemos o resto da história. Zeus inflige finalmente a Crono o destino que este reservara ao seu próprio pai e se torna assim o senhor dos deuses e dos homens. Estamos no registro dos mitos de soberania que não têm nenhuma relação com o tempo, ou têm somente uma relação negativa, pois engolir os próprios filhos é a melhor maneira de interrompê-lo. Não obstante, operou-se uma contaminação entre *Crono* e *Chronos*, e *Chronos*, o tempo ordinário, será permanentemente percebido como aquele que devora ou que ceifa, sob os traços de Saturno devorando os próprios filhos ou do Pai Tempo armado com sua foice.[18]

Esta não é a única nem a última palavra dos gregos sobre o assunto, pois existia também toda uma mitologia que fazia de *Chronos* uma divindade primordial situada na origem do cosmos. Era o caso nas teogonias órficas. Mas, como observara Jean-Pierre Vernant, o tempo assim sacralizado é um tempo "que não envelhece", imperecível e imortal. Como princípio de unidade e de permanência, ele aparece como "a negação radical do tempo humano", que, ao contrário, é sempre instável: ele apaga, suscita o esquecimento e conduz à morte.[19] Para Anaximandro, filósofo pré-socrático originário de Mileto, no século VI a.C., *Chronos* não é divinizado, mas existe uma "ordem do tempo" (*taxis*) que guarda relação com a justiça. "As coisas que são", ele escreve, indo da geração à destruição "segundo a necessidade", "se fazem justiça e reparam suas injustiças conforme a ordem do tempo".[20] O tempo não se confunde com a justiça, mas ele é, senão um agente, ao menos o que permite à justiça

---

[17] Em português, Crono (em grego, *Krónos*) também recebe comumente a grafia Cronos. (N.T.)

[18] Panofsky, Erwin. Le Vieillard Temps. *Essais d'iconologie. Thèmes humanistes dans l'art de la Renaissance*. Traduction française de Claude Herbette e Bernard Teyssèdre. Paris: Gallimard, 1967, p. 105-130.

[19] Vernant, Jean-Pierre. *Mythe et pensée chez les Grecs*. Paris: Maspero, 1971, p. 98-99.

[20] Anaximandre. *Fragment*, B. 1. *Les Présocratiques*. Edição estabelecida por Jean-Paul Dumont. Bibliothèque de la Pléiade. Paris: Gallimard, 1988, p. 39.

manifestar-se, tornando assim possível que a uma injustiça suceda sua reparação. Deixa-se perceber aí o primeiro esboço de um tempo cíclico que julga. Essa suposta relação entre tempo e justiça contribuirá para tornar possível, muitos séculos mais tarde, a concepção da História como tribunal do mundo – ainda que, entre Anaximandro e Hegel, haja todo o mecanismo cristão do tempo que culmina no Juízo Final.

Chronos desdobrado

Para tentar apreender *Chronos*, todas essas elaborações mitológicas narram, no fundo, um desdobramento do tempo, entre um tempo originário imortal, imutável, que envolve o universo e um tempo humano perecível. Se, com sua definição, Aristóteles se distancia amplamente dessa concepção, Platão, seu mestre, a ela se refere para elaborar sua própria definição do tempo como "imagem móvel da eternidade". Com efeito, há, de um lado, o mundo dos deuses eternos e, de outro, o "nosso mundo", aquele fabricado pelo demiurgo, a partir do modelo do primeiro. Mas, para completar a semelhança entre os dois, Platão se defronta com uma impossibilidade, pois há, de um lado, um ser eterno e, de outro, um ser criado. O melhor compromisso encontrado consiste em criar o tempo como imagem móvel da eternidade, móvel porque progride numericamente – o que implica o nascimento do Sol, da Lua e dos demais astros que "apareceram para definir e conservar os números do tempo".[21]

Desse pano de fundo grego, Agostinho extrai o que serve ao seu propósito: o desdobramento do tempo e o contraste entre eternidade e tempo. Para apreender o tempo, ele adota uma dupla estratégia. Trata-se, primeiramente, de pensar o tempo, empreendendo, como acabamos de relembrar, uma análise fenomenológica com o intuito de responder à pergunta: "o que é o tempo?". Trata-se também de pensá-lo por meio de uma oposição entre a eternidade de Deus e a temporalidade humana, que é o resultado do pecado de Adão e, desde então, a marca da finitude dos homens. A Queda é queda no tempo.

"Tu", ele diz, em seu diálogo com Deus, "és o mesmo, e os teus anos não têm fim. Os teus anos não vêm e vão, pois os nossos vão e vêm, para

---

[21] Platon. *Timée*, 37b-38c. Traduction française de Luc Brisson. Paris: Garnier; Flammarion, 1992.

que todos venham. Os teus anos permanecem todos simultâneos, porque existem, e os que vão não são excluídos pelos que vêm, porque não passam. Os nossos, porém, todos são quando todos não são. *Os teus anos são um único dia*, e teus dias não são todos os dias, mas 'hoje', porque teu 'hoje' não cede ao amanhã, nem sucede ao ontem. Teu 'hoje' é a eternidade".[22]

Essas poucas frases são capitais para a estruturação da ordem cristã do tempo. No âmbito de Deus, o "Sou aquele que sou", há a eternidade, isto é, um perpétuo hoje ou um presentismo absoluto, ao passo que, entre os homens, verifica-se o oposto, os anos vêm e vão, um ano expulsando o outro até que todos tenham passado. Isso conduz a este quase paradoxo: o tempo só existe, afinal, porque ele tende a não existir. Com efeito, o passado não é mais, o futuro ainda não é e o presente, se fosse sempre presente, seria a eternidade. O próprio movimento que abole o tempo é, portanto, também aquele que o constitui. Por isso, apenas a fé, como aspiração a encontrar a estabilidade da eternidade, pode, segundo as próprias palavras de Agostinho, permitir escapar à dispersão nos tempos, "cuja ordem não sei, e pelas tumultuosas variedades foram dilaceradas minhas cogitações, a medula de minha alma".[23]

Leitor perspicaz de Agostinho, Paul Ricœur conclui, ao término de sua longa investigação sobre o tempo e a narrativa, pela "inescrutabilidade do tempo". Seria, ele pergunta, a admissão de um fracasso? Não, é o reconhecimento dos limites da narrativa que não tem a pretensão de "resolver as aporias do tempo, mas somente de 'fazê-las trabalhar', de 'torná-las produtivas'". "A aporia surge", ele escreve ainda, "no momento em que o tempo, escapando a toda tentativa de o constituir, revela pertencer a uma ordem do constituinte, sempre-já pressuposta pelo trabalho de constituição. É o que exprime a palavra inescrutabilidade".[24] Por certo, ele demonstrou que não havia tempo pensado que não fosse narrado, mas a narrativa encontra, ela também, seus limites. Ricœur pensa, entre outros exemplos, no final de *Em busca do tempo perdido* de Proust: "Não é por acaso que a *Busca* se encerra com estas duas palavras: '... no Tempo'. O sentido de 'no' já não é tomado aqui no sentido vulgar de uma localização

---

[22] Agostinho. *Confissões*, 11, 13, 16, p. 279.

[23] Agostinho. *Confissões*, 11, 29, 39, p. 293.

[24] Ricœur, Paul. *Temps et récit*. III. Paris: Le Seuil, 1985, p. 374, 375.

em algum vasto continente, mas no sentido [...] em que o tempo envolve todas as coisas – incluindo a narrativa que tenta ordená-lo".[25]

Da longa meditação de Ricœur, iniciada com Agostinho e Aristóteles, retenho aqui apenas sua constatação final, muito embora ele nunca tenha deixado de lançar as redes da narração como maneiras de apreender *Chronos*, para confrontá-lo. Meu propósito não é nem refazer as suas etapas nem discuti-lo, mas somente registrar o resultado da batalha. "O tempo", reconhece Ricœur, "parece sair vencedor da luta, após ter sido mantido preso nas malhas da intriga." E ele prossegue, exprimindo então sua posição filosófica: "É bom que assim seja: ninguém dirá que o elogio da narrativa sorrateiramente revitalizou a pretensão do sujeito constituinte a dominar o sentido".[26] Assim se encerra a empresa filosófica recente mais duradoura e mais poderosa para escrutinizar, da maneira mais minuciosa, a "inescrutabilidade" derradeira do tempo na tradição ocidental.

Chronos, Kairós

Inapreensível e inescrutável, *Chronos* escapa, mas nunca se tratou de simplesmente registrar o fato. O rápido percurso que acabamos de fazer basta para mostrar que os humanos nunca deixaram de batalhar, inventando múltiplas estratégias, mais ou menos elaboradas, para fabricar o que julgavam ser as melhores redes para assegurar um controle sobre ele ou, pelo menos, para encontrar arranjos com ele. Entre essas estratégias, há outra, ela também aperfeiçoada pelos gregos, que merece particularmente a nossa atenção, pois esta outra maneira de desdobrar *Chronos* poderá propriamente lançar a investigação que inspira este livro. Acabamos de reconhecer aquela que consiste em desdobrar o tempo, opondo um tempo "que não envelhece" ao tempo lábil dos mortais, e que, transformada por Platão e pelo neoplatonismo, forneceu um pano de fundo para a meditação de Agostinho sobre o tempo e a eternidade. Mas existe outra, mais diretamente operatória, na medida em que está em confronto direto com o tempo *chronos* ordinário e com a ação. Ela consiste em desdobrar *Chronos* em *chronos* e *kairós*. A invenção é absolutamente notável: o par formado por *chronos* e *kairós* é uma rede, para usar essa imagem cinegética,

---

[25] Ricœur. *Temps et récit*, III, p. 389.

[26] Ricœur. *Temps et récit*, III, p. 391-392.

empregada com sucesso pelos gregos para apreender o tempo. Com *kairós*, de fato, entra em cena um tempo qualitativamente diferente de *chronos* (o tempo que passa e que se mede): ele dá para o instante e o inesperado, mas também para a ocasião a ser aproveitada, o momento favorável, o instante decisivo. Denominá-lo *kairós* é conferir-lhe um *status* e reconhecer que o tempo dos homens, o da ação bem conduzida, é um misto de tempo *chronos* e de tempo *kairós*.

"A palavra *kairós* – quer ela designe um ponto vital do corpo cujo ferimento pode levar ao sono eterno, um local estratégico ou um instante crucial – implica sempre um corte, uma ruptura na continuidade espacial e temporal."[27] Em um epigrama bastante conhecido, o poeta Posidipo de Pela dá voz a uma estátua esculpida por Lísipo por volta do ano 330 antes de nossa era e que é uma figuração de *Kairós* sob os traços de um jovem:

"– Quem é o escultor e de onde ele vem? – Ele é de Sicião. – Qual é o seu nome? – Lísipo. – E tu, quem és? – *Kairós*, que a tudo subjuga. – Por que, então, caminhas na ponta dos pés? – Estou sempre correndo. – Por que tens um par de asas em cada pé? – Eu voo como o vento. – Por que tens uma navalha na mão direita? – Para mostrar aos homens que sou mais afiado que qualquer gume. – Por que teus cabelos escondem os teus olhos? – Para ser capturado por aquele que me encontra, por Zeus. – Mas por que és calvo na parte de trás da cabeça? – Porque ninguém que eu já tenha ultrapassado com meus pés alados conseguirá, por mais que queira, me agarrar por trás. – Com que finalidade o artista

---

[27] Em seu *Dictionnaire étymologique de la langue grecque* (Paris: Klincksieck, 1968), Pierre Chantraine aponta a etimologia duvidosa de *Kairós* e indica que, entre as hipóteses, uma conexão é possível com *keirô*, que significa cortar. No que diz respeito a *Chronos*, ele observa que a etimologia é francamente desconhecida e que *chronos* também foi relacionado a *keirô*, isto é, cortar. Com essas etimologias duvidosas ou desconhecidas, o caráter inapreensível do tempo se encontra de imediato presente. As conexões com o verbo cortar são sugestivas, até porque uma conexão semelhante foi proposta para *tempus*, o tempo em latim, com *temnô*, termo grego que também significa cortar. Monique Trédé, *Kairós: L'à-propos et l'occasion* (Paris: Klincksieck, 1992, p. 54): "*Kairós* remete à abertura de um descontínuo num continuum, à passagem do tempo no espaço ou do tempo temporal no tempo especializado". Ver também o artigo "Moment", em *Vocabulaire européen des philosophies*, sob a direção de Barbara Cassin (Paris: Le Seuil; Le Robert, 2004, p. 815). Para o gramático alexandrino Amônio, *kairós* significava a qualidade do tempo, e *chronos* a quantidade.

te esculpiu? – Para ti, ó estranho; e ele me colocou no pórtico para que eu sirva de lição."[28]

A estátua, que desapareceu, mas da qual existem cópias, estava situada na entrada do estádio de Olímpia, provavelmente em honra dos atletas que vinham competir. Isto dito, *Kairós*, cujo culto não é amplamente atestado, nunca foi uma deidade maior. Produzir uma alegoria de *Kairós*, tão inapreensível quanto *Chronos*, devia ser um desafio que Lísipo aceitou com brio, dotando seu jovem de todos os atributos de *kairós*: a mobilidade, a vivacidade, a ocasião de agarrar pelos cabelos (que não se deve deixar passar), o fio da navalha.

Na tragédia, o *kairós* também desempenha um papel importante, mas ela é um perfeito contraexemplo, na medida em que encena heróis que desperdiçam todas as oportunidades e que as desperdiçam ainda mais no momento exato em que acreditam realmente as aproveitar. Ela é a representação de uma crise para a qual sabemos, desde o início, que não há solução. Todas as saídas esperadas se fecham uma após a outra, as decisões não alcançam seus objetivos e as ações se fazem inoportunamente. A cegueira é a regra. Assim, em *Os sete contra Tebas* de Ésquilo, Etéocles, rei da cidade, anuncia de imediato que "aquele que comanda o leme da cidade deve dizer o que é oportuno" (*ta kairia*), isto é, conforme as circunstâncias do momento; e, imediatamente, ele leva sua cidade por um mau caminho, que o conduzirá diretamente à sua ruína. A comparação da cidade com um navio cujo chefe é o piloto volta ao longo de toda peça. Pois o bom piloto é aquele que sabe traçar a melhor rota, aproveitando as ocasiões favoráveis. O Mensageiro incentiva então Etéocles a agir, aproveitando "a ocasião – *kairós* – mais breve". Mais adiante, ele repete que cabe a ele, o rei, decidir a respeito da guinada a ser dada.[29]

Para tornar sensível a ausência de solução, as tragédias recorrem à imagem da rede que se abate sobre os protagonistas, comprime-os e os priva de qualquer escapatória. Longe de eles conseguirem lançar uma rede sobre o tempo, identificando o bom *kairós*, é o tempo que os aprisiona, cortando-os do tempo ordinário da cidade. Etéocles e Polinices, os dois

---

[28] *Anthologie grecque* 2, *Anthologie de Planude*. Paris: CUF; Les Belles Lettres, 1980, v. 16, p. 275.

[29] Ésquilo. *Os sete contra Tebas*, 65, 652. (Eschyle. *Les sept contre Thèbes*. Texte établi et traduit par Paul Mazon. Paris: Les Belles Lettres, 1963. t. I.)

irmãos, não poderiam subtrair-se à maldição lançada contra eles por seu pai, Édipo, e à Justiça de Zeus, porque, no fim, "das desgraças enviadas pelos deuses ninguém poderia escapar".[30] De modo mais geral, a incapacidade em que se encontram as personagens de discernir corretamente o bom momento as proíbe de poder agir oportunamente no curso dos acontecimentos. E se acabam por sair de sua cegueira, só pode ser tarde demais, pois a batalha está perdida.[31] A tragédia é, assim, a exploração de um mundo privado do tempo *kairós*, na medida em que as personagens, agindo inoportunamente, mantêm uma relação perturbada com o tempo. Calculando cada vez equivocadamente, elas são incapazes de reintegrar o tempo *chronos*, aquele que constitui o ordinário de uma vida cívica regrada.

Krisis

Ao par conceitual formado por *chronos* e *kairós*, convém acrescentar ainda um terceiro elemento, *krisis*, que, embora não seja diretamente temporal, implica uma operação sobre o tempo. *Krisis*, que significa o julgamento, vem do verbo *krinein*, que significa separar, fatiar, selecionar, submeter a julgamento. Talvez, como no caso das etimologias de *chronos* e de *kairós*, tornamos a encontrar a ação de cortar, que se traduz por uma espécie de contração do tempo e pela criação de um antes e de um depois. Para Tucídides, *krisis* significa julgamento judiciário e, por extensão, processo, mas também esse julgamento particular que é uma batalha. Assim, as guerras contra os persas foram rapidamente decididas, ele observa, por duas batalhas na terra e duas no mar.[32] *Krisis* é menos a crise (no sentido moderno) do que seu desenlace por meio de um julgamento.[33]

---

[30] Ésquilo. *Os sete contra Tebas*, t. I, 719.

[31] Esse é o caso de Creonte, em *Antígona*, 1270-1272, que compreende tarde demais o que aconteceu, por ter sido desencaminhado por uma "mente demente" e vítima de "equívocos obstinados e mortíferos".

[32] Tucídides. *A Guerra do Peloponeso*, 1, 23, 1. (Thucydide. La guerre du Péloponnèse. *In*: Hérodote – Thucydide. *Œuvres complètes*. Bibliothèque de la Pléiade. Paris: Gallimard, 1964).

[33] Em contrapartida, a Guerra do Peloponeso não é uma crise: ela vem de longe, de muito antes de seu início, e durou trinta anos. A seu respeito, Tucídides fala em abalo (*kinêsis*).

Dessa maneira, vê-se como *kairós* e *krisis* podem aliar-se em torno da ideia de momento decisivo.

A medicina explorou particularmente o campo de *krisis*. Para o médico hipocrático, há, com efeito, "crise nas doenças, quando elas aumentam, se enfraquecem, se transformam em outra doença ou chegam ao fim[34]" – quer o resultado seja a morte do paciente ou a sua cura. Crise designa, portanto, os momentos decisivos ou, pelo menos, significativos da evolução da doença. A arte médica é um pensamento da crise. Uma vez feito o diagnóstico, vem, com efeito, o prognóstico, isto é, o estabelecimento do ritmo da crise, com seus picos (*akmê*), que são justamente os "dias críticos", cuja periodicidade é capital estabelecer ou reconhecer. Isso ocorre porque, sob a desordem aparente da doença, há, na verdade, uma ordem que o olhar treinado do médico identifica: uma ordem do tempo.[35] É justamente essa operação que lhe permitirá agir, aproveitando os "momentos favoráveis" (*kairoi*) para sua intervenção. Se a doença pertence a um tempo que parece inicialmente escapar a todo controle, a ciência do médico consiste em reconduzir esse tempo ao tempo *chronos*, identificando a periodicidade dos dias críticos e abrindo, assim, a possibilidade de agir no momento certo (*en kairô*). Para entender o tempo próprio da doença, o médico deve, portanto, saber combinar com acuidade os três conceitos de *chronos*, *kairós* e *krisis*. Ele parte de *chronos* para a ele retornar. Mobilizando *kairós* e *krisis*, ele estabelece uma ordem de batalha que, se for bem concebida, pode lhe trazer a vitória sobre a desordem da doença, inscrevendo-a em um tempo *chronos* controlado.

Qual foi o objetivo desta orientação introdutória? Confirmar a intuição comum segundo a qual *Chronos* é o inapreensível, ao que é preciso imediatamente acrescentar: inapreensível, mas, por esse mesmo motivo, aquele que todos sempre procuraram apreender, recorrendo notadamente a estratégias que consistem em desdobrá-lo. De um lado, o tempo e a eternidade ou a sempiternidade (*aiôn*); de outro, *chronos* e *kairós*, o tempo e o

---

[34] Hippocrate. *Affections*, c 8, *apud* Jouanna, Jacques. *Hippocrate*. Paris: Fayard, 1992, p. 474-480.

[35] Como assinala Jouanna Jacques (*Hippocrate*, p. 477), a medicina hipocrática se interessa pela numerologia a ponto de querer extrair da periodicidade das doenças verdadeiras leis de seu funcionamento.

instante decisivo. Ao segundo par veio acrescentar-se *krisis* como terceiro conceito operatório. Pertencendo ao mesmo campo semântico de *kairós*, *krisis* se vincula ao mesmo tempo a *chronos* e a *kairós*, como mostram, cada qual à sua maneira, a tragédia e a medicina. A essa primeira razão de levar em conta não somente o par *chronos* e *kairós*, mas o trio formado por *chronos*, *kairós* e *krisis*, vem juntar-se uma segunda, que é um fato histórico. *Krisis* se torna um conceito importante a partir do instante em que adentramos o universo da Bíblia e do Novo Testamento, que é para onde devemos nos encaminhar agora para tratar do tempo cristão: nosso objeto primordial. Aqui, *Krisis* vem, de fato, ocupar um lugar eminente, o do Juízo, o final e o irremediável, ao passo que *Kairós*, associando-se a *Krisis*, entra, por assim dizer, em sua esfera de atração, para designar o Instante decisivo, o do dia do Juízo. O trio, como veremos, persiste, mas as relações entre os três conceitos mudam completamente. Se *Kairós* e *Krisis* superam *Chronos*, *Krisis* torna-se temporariamente o conceito dominante, antes que *Kairós*, por sua vez, prevaleça, à medida que ganhe força a Encarnação.

Mas era necessário este preâmbulo grego para poder responder à pergunta: de que é feito o tempo cristão? Qual é a sua textura? Como fios de urdidura e fios de trama vêm a se entrecruzar? É muito preciso o momento da passagem de um universo ao outro, pois é o da tradução da Bíblia hebraica em grego pelos Setenta. Por intermédio dessa operação (de grande envergadura e que poderia muito bem não ter ocorrido), os dois universos entram em comunicação, os conceitos que expressam o tempo se transformam e uma nova rede, a que os cristãos não tardarão a lançar, envolverá *Chronos* – com sucesso e por muito tempo. Retomados do grego, os três conceitos, *chronos*, *kairós* e *krisis*, marcam, portanto, de modo duradouro, senão para sempre, o que se tornará o tempo da Europa e, mais tarde, do mundo ocidental. Inicia-se aqui uma nova época de *Chronos*, isto é, uma maneira inédita de confrontá-lo.

CAPÍTULO 1

O regime cristão de historicidade: *Chronos* entre *Kairós* e *Krisis*

A tradução da Bíblia para o grego dá início a toda esta história. O Pentateuco[36] foi, com efeito, traduzido em Alexandria no século III a.C., e os demais livros ao longo dos dois séculos seguintes.[37] Em uma carta destinada ao sumo sacerdote Eleazar em Jerusalém, o rei Ptolomeu teria declarado: "Desejando conquistar a gratidão [dos judeus do Egito], assim como a dos judeus do mundo inteiro e das gerações futuras, decidimos traduzir vossa Lei da língua que chamais de hebraica para a língua grega, para que também possa ser encontrada em nossa biblioteca, com os demais livros do Rei". Por conseguinte, ele o convidava a escolher 72 homens (seis por tribo) dotados de bons costumes, "tendo o conhecimento da Lei e capazes de traduzi-la, para que o acordo se faça pela maioria das opiniões, pois o assunto a debater é de suma importância".[38] Essa tradução,

---

[36] O Pentateuco (ou, para os judeus, Torá) é o nome que se dá ao conjunto dos cinco primeiros livros da Bíblia. (N.T.)

[37] Sobre a Septuaginta, é aos trabalhos iniciados e conduzidos por Marguerite Harl e sua equipe que convém se reportar. Sob o título geral de *La Bible d'Alexandrie*, são oferecidas uma edição e uma tradução do grego da Septuaginta (*La Bible d'Alexandrie*. (LXX) *Le Pentateuque*. La Bible des Septante texte grec et traduction. Paris: Cerf, 2001). É excelente o volume publicado sob a direção de Cécile Dogniez e Marguerite Harl, *Le Pentateuque, La Bible d'Alexandrie*, que compreende, além da tradução dos cinco primeiros livros, uma série de estudos sobre a Septuaginta, a própria tradução, sua circulação e seus usos (Folio essais, Paris: Gallimard, 2001).

[38] Pseudo-Aristeias, *Lettre d'Aristée à Philocrate*, 38-39, em *Naissance de la Bible grecque*. Textes introduits, traduits et annotés par Laurence Vianès. Paris: Les Belles Lettres, 2017. Retenho aqui apenas a feitura da tradução, sem me envolver nas controvérsias sobre a

inicialmente destinada à comunidade judaica de Alexandria, foi um acontecimento decisivo, mas não naquele momento. Ela assim se tornou somente no final do século I a.C., sem, entretanto, substituir o texto original nas comunidades judaicas.[39] Para os primeiros cristãos, o Pentateuco representou a parte mais santa das Escrituras Sagradas.[40]

Assim, essa operação tornou possível o que se tornaria o tempo cristão. Sem ela, se cada um tivesse permanecido em seu lugar, em sua língua e em seu mundo, essas transferências conceituais não teriam ocorrido, e a história ocidental provavelmente teria sido muito diferente. Com efeito, para apreender o tempo e qualificar os tempos, os tradutores recorreram aos três conceitos gregos: *chronos, krisis, kairós*. Retomados e transpostos no Novo Testamento, eles fornecerão a armadura de uma nova e singular maneira de pensar o tempo.[41] Aquele que passa do mundo grego para o da Bíblia fica imediatamente admirado com a distância entre os dois. Os conceitos gregos são de fato mobilizados, mas o conteúdo é diferente. O pensamento da crise não diz respeito ao médico e nenhum poeta medita sobre a cegueira ao *Kairós* dos heróis trágicos. Em contrapartida, cabe ao profeta e ao apocalíptico, ambos portadores da palavra de Deus, apontar os tempos que vêm e a aproximação do dia do Juízo de Deus (*Krisis*), que é, literalmente, a espada que vem cortar. *Kairós* se encarrega do sopro do Apocalipse. "Agora chegou o teu fim [Israel]:", previne Ezequiel; "desencadearei a minha ira contra ti e te julgarei de acordo com teu comportamento; farei cair contra ti as tuas abominações".[42]

---

carta de Aristeias. José Escalígero foi o primeiro a ter provado a sua inautenticidade. Aristeias, o suposto autor, apresenta-se como um funcionário grego; hoje, os comentadores concordam em considerar que ele era judeu.

[39] Gilles Dorival, em *Le Pentateuque*, p. 580.

[40] Alain Le Boulluec, em *Le Pentateuque*, p. 682.

[41] Barr, James. *Biblical Words for Time*. Londres: SCM, 1962, p. 116-124. Sobre o tempo no judaísmo: Goldberg, Sylvie Anne. *La Clepsydre. Essai sur la pluralité des temps dans le judaïsme*. Paris: Albin Michel, 2000, em particular p. 126-128.

[42] *Ezequiel* 7, 3. *Ezequiel* 21, 14-15: "Filho do homem, profetiza e dize:/ Eis a palavra pronunciada pelo Senhor! Dize:/ A espada! A espada está afiada e polida!/ Afiada, para executar na matança". Utilizei principalmente as seguintes traduções em francês do Antigo Testamento, dos Escritos Intertestamentários e do Novo Testamento: *La Bible. Ancien Testament* (I). Bibliothèque de la Pléiade. Paris: Gallimard, 1956; *La Bible. Ancien Testament* (II). Bibliothèque de la Pléiade. Paris: Gallimard, 1959; *La Bible. Nouveau Testament*.

Em seu *Sermão sobre a Providência*, Bossuet também o dirá com clareza: "O juízo final e universal é sempre representado nas santas Escrituras por um ato de separação. *Os maus, segundo se diz, serão colocados à parte; eles serão separados do meio dos justos* [...] E a razão para isso é evidente, na medida em que o discernimento é a principal função do juiz e a qualidade necessária do julgamento; de modo que esse grande dia em que o Filho de Deus descerá do céu é o dia do discernimento geral: e se ele é o dia do discernimento, no qual os bons são separados dos ímpios, então enquanto esse dia não chega, é preciso que eles permaneçam misturados".[43]

Ora, esse fim que se aproxima, se ele é comumente chamado de "Dia do Senhor", ele também é designado como *Kairós*.[44] *Krisis*, o julgamento, corta, assim como *kairós* indica uma ruptura de continuidade. Enquanto *krisis* enfatiza o próprio ato de julgar, *kairós* concentra-se na ruptura temporal que o acompanha. Falar, segundo a fórmula usual, em "dia" (*hêmera*) do Juízo é uma maneira de inseri-lo no tempo ordinário – sim, um dia vem –, exceto que esse dia terá por particularidade de ser o último (pelo menos do tempo *chronos* ordinário) e o início de um tempo distinto, justamente o tempo *kairós*. Para ser mais exato, a mutação do tempo, quase sua transmutação, intervém no próprio ato de julgar e por meio dele se opera.

Conviria então compreender *Kairós* como um tempo de transição, intermediário entre o tempo dos homens e a eternidade de Deus, que se define como "aquele que é" (*Sou aquele que sou*)? Sim, certamente, mas constatamos também que *Kairós* tem, por assim dizer, uma extensão maior. Há como que uma aura de *kairós* projetando-se para antes do Juízo. Isso porque o próprio anúncio de sua iminência pelo profeta ou, mais ainda,

---

Bibliothèque de la Pléiade. Paris: Gallimard, 1971; *La Bible. Écrits intertestamentaires*. Bibliothèque de la Pléiade. Paris: Gallimard, 1987. [Todas as traduções e revisões da Bíblia em português foram retiradas da: *Bíblia de Jerusalém*. Nova edição, revista e ampliada. São Paulo: Paulus, 2010. Em alguns casos, porém, algumas alterações foram necessárias, de modo a preservar a leitura e a utilização que Hartog faz do texto bíblico – ver, por ex., notas 54 e 149. Aos autores citados a partir dos *Escritos intertestamentários*, precede ao nome um algarismo que indica o livro, por exemplo, 4 *Esdras* 4, 21, salvo indicação em contrário. No caso de livros, como *Jubileus*, em sua primeira aparição, será referenciado como obra contida nos *Escritos intertestamentários*. (N.R.T.)].

[43] Bossuet, Jacques-Bénigne. *Sermon sur la Providence*. Bibliothèque de la Pléiade. Paris: Gallimard, 1936, p. 1046.

[44] *Ezequiel* 7, 12.

pelo apocalíptico abre um tempo particular, que já não é mais inteiramente o curso ordinário do tempo *chronos*, mas já o princípio deste tempo designado por *kairós*. Tendo entrado na órbita de *Krisis*, *Kairós* permite qualificar o caráter inédito do tempo que já se iniciou.

Krisis significa o caráter decisivo da ruptura operada pelo Senhor, sentado em seu trono; segue-se a punição irremediável dos ímpios e a recompensa dos eleitos. Com o Juízo, o tempo *chronos* atinge o seu limite (ele se deteriora), ao passo que se inicia outro, bem diferente, pois é o de uma felicidade sem fim para aqueles que tiverem atravessado vitoriosamente a provação dos últimos dias. Mas anunciar o Juízo, cujos sinais reconhecidos e contabilizados pelo apocalíptico mostram que ele se aproxima aceleradamente, já transforma, ao menos qualitativamente, o tempo de antes. Aos sinais do fim, revelados àqueles que Deus escolheu, prendem-se esboços ou, melhor ainda, fragmentos de tempo *kairós*. A missão do profeta ou do apocalíptico consiste justamente em fazer com que aqueles a quem eles se dirigem percebam que os "tempos (já) mudaram": vós vos conduzíeis, eles dizem essencialmente, como se vivêsseis sempre no tempo *chronos*, o de vossos pecados ordinários, ou mesmo naquele rigorosamente regrado pelo respeito à letra da Lei, ao passo que se abriu o tempo novo do *Kairós* e que se aproxima o horizonte do Juízo.

Os apocalipses insistem também em uma aceleração do tempo: Deus apressa os tempos, vai apressar os tempos, ele que é "o senhor dos tempos (*chronous*) e dos momentos (*kairous*)", dos tempos e das ocasiões. Assim, Deus mostra a Baruc "a ordem dos tempos": "Eis", relata ele, "que me mostraste a ordem dos tempos e o que acontecerá depois, e me disseste que se abaterá sobre as nações a punição de que falaste anteriormente".[45] E ele prossegue:

> *Eis que dias virão*
> *em que os tempos andarão mais rápido do que no princípio,*
> *em que as estações correrão mais rápido do que no passado,*
> *em que os anos passarão mais rápido do que os presentes.*[46]

Com a aceleração moderna, própria ao tempo moderno, não será mais a partir de Deus, mas a partir do tempo, tornando-se ele próprio motor, que se propagará uma aceleração percebida pelos atores como sempre mais rápida.

---

[45] 2 *Baruc* 14, 1.
[46] 2 *Baruc* 20, 1.

Os evangelhos e o tempo

É assim que os antigos profetas retratam *Krisis* e *Kairós* na sua relação com *Chronos*. Fustigado pelo sopro de *Kairós* e inclinado em direção ao dia do Juízo, *Chronos* é escatologizado, apocaliptizado, messianizado: transformado e dominado. Já não estamos mais, de modo algum, no universo grego de um tempo simplesmente dividido e desdobrado em *chronos* e *kairós*. Não estamos tampouco, convém observar, no universo evocado por Eclesiastes, o mais grego dos textos da Bíblia, no qual o jogo entre *chronos* e *kairós* não traz em si nenhuma carga messiânica. É exatamente por isso que seu autor tanto agradava a Ernest Renan, que o via como um "judeu esclarecido", "estranho às ideias da ressurreição e do juízo". A seu ver, ele era por excelência "o judeu moderno".[47]

E quanto aos primeiros textos da pequena seita apocalíptica que reúne alguns poucos crentes que ainda não se chamam cristãos? Que uso eles farão de *Kairós* e de *Krisis*?[48] Redigidos em grego, na segunda metade do século I (entre 70 e 90 d.C.), os *Evangelhos*, esses textos de combate, constituem tantos apelos insistentes à conversão.[49] "Não vim para trazer paz, mas divisão", anuncia Jesus.[50] Sou um "sinal de contradição".[51] De fato, ele não cessa de combater aqueles que os evangelistas designam, sucessivamente, como os sacerdotes, os grão-sacerdotes, os escribas, os doutores da Lei, os fariseus e até mesmo (em *João*) os judeus; em resumo, todas as autoridades do judaísmo, para quem o Templo é o centro ao mesmo tempo religioso e político. Não

---

[47] Renan, Ernest. *Histoire du peuple d'Israël. In: Œuvres complètes*. Paris: Calmann-Lévy, 1953. t. VI, p. 1358, 1370.

[48] Para James Barr (*Biblical Words for Time*, p. 121-122), as palavras *chronos* e *kairós* são, na maioria dos casos, "intercambiáveis, exceto por razões de estilo". Parece-me, ao contrário, que *chronos* e *kairós* apresentam dois pontos de vista distintos sobre o tempo e designam duas formas de temporalidade qualitativamente diferentes: aquilo que, para quem não quer ver nem ouvir, é simples *chronos* será percebido como *kairós* por quem está pronto para acreditar. O latim, que não conhece a divisão *kairós/chronos*, recorre, portanto, apenas a *tempus* para designar os dois aspectos. Assim faz Jerônimo em sua tradução da Bíblia (sendo que *momentum* raramente aparece).

[49] Ver: Marguerat, Daniel (Dir.). *Introduction au Nouveau Testament. Son histoire, son écriture, sa théologie*. Genève: Labor et Fides, 2008.

[50] *Lucas* 12, 51; *Mateus* 10, 34. (N.R.T.)

[51] *Lucas* 2, 34.

se tratará, nas páginas seguintes, de arriscar, como outros tantos fizeram, a redação de uma vida de Jesus, ainda que breve. Eu careceria, de todo modo, das competências, mas pretendo apenas ler essas narrativas, tão fundamentais para o mundo ocidental, exclusivamente do ponto de vista do tempo a partir do qual elas se urdiram. Em que horizonte temporal elas se desdobram? Para qual experiência do tempo elas se abrem? Elas abrem espaço para aquilo que se chamava história, ou elas a entendem, se é que a entendem, apenas como uma história da salvação?[52] Segundo a justa observação de Hans Blumenberg, "a especificidade própria da escatologia do Novo Testamento é intraduzível em um conceito de história", ao passo que "o pensamento apocalíptico judaico pôde, após o exílio na Babilônia, compensar a decepção das expectativas históricas moldando uma imagem especulativa cada vez mais rica do futuro messiânico. A expectativa de uma redenção próxima destrói essa relação com o futuro. O presente é o último instante da decisão em favor do Reino de Deus iminente; quanto ao homem que adia sua conversão para pôr uma última vez seus assuntos em ordem, ele já está perdido".[53]

Em primeiro lugar, todos os quatro evangelistas mostram um Jesus Messias para quem o tempo se abrevia[54]: "Cumpriu-se o tempo [*kairós*]", ele diz, "e o reino de Deus está próximo. Arrependei-vos e crede no Evangelho".[55] Para convencer seus interlocutores, ele recorre à palavra (as parábolas e as disputas com os fariseus) e aos milagres (curas, ressurreições, expulsões de demônios e outros sinais). Nesses tempos de agitação messiânica, ele tem o comportamento esperado de um *theios anêr*, desses homens divinos dos quais zombará, no século II, Luciano de Samósata, apresentando-os como charlatães. Mas a isso vem acrescentar-se uma forte dimensão de urgência: para Jesus, cujo tempo terrestre está contado, como ele repete;

---

[52] Os livros do teólogo protestante Oscar Cullmann (*Christ et le temps*, Neuchâtel: Delachaux et Niestlé, 1957; *Le salut dans l'histoire,* Neuchâtel: Delachaux et Niestlé, 1966) fornecem um útil ponto de referência no labirinto das controvérsias sobre a Bíblia e a história.

[53] Blumenberg, Hans. *La légitimité des temps modernes*. Traduction française de Marc Sagnol, Jean-Louis Schlegel et Denis Trierweiler. Paris: Gallimard, 1999, p. 52-53.

[54] Nesses primeiros textos, a tradução de *Iesous christos*, por Jesus Cristo, como se se tratasse de um nome próprio, não é satisfatória. *Christos*, que significa "ungido", é a tradução grega da palavra hebraica *mashiah*, o messias. Traduzir por Jesus Messias ou, por vezes, o Messias Jesus parece, portanto, mais exato.

[55] *Marcos* 1, 15.

para seus discípulos, que logo terão de privar-se dele; para aqueles que o escutam (esperando o próximo restabelecimento do reino de Israel); para aqueles, por fim, que decidem livrar-se o mais rápido possível desse agitador que tem a audácia de autoproclamar-se filho de Deus. Para todos, tudo se resolve, portanto, aqui e agora, isto é, na urgência.

Passado/presente, antigo/novo

Em um mundo em que a tradição é o valor primordial e onde, particularmente nos meios fariseus, respeitar literalmente a Lei é a manifestação da piedade, Jesus vem proclamar uma "nova aliança" que é, primeiramente, uma ruptura. Essa pretensão abalará de modo duradouro a relação entre o antigo e o novo, tal qual ela se estabelecera nas sociedades do perímetro mediterrâneo: a ordem do tempo, a de *chronos*, encontra-se invertida.

Nisso, ele se distingue do tempo antigo "normal", o do precedente, da tradição, dos ancestrais, da imitação, da *historia magistra vitæ*, do *fatum*, mas também o do presente a ser saboreado, como único momento sobre o qual se tem controle, o presente tal como é reconhecido pelos estoicos e pelos epicuristas. O tempo antigo é também aquele que é interrogado por meio dos presságios, pelo recurso à adivinhação e aos oráculos. Inspirado por Apolo, o adivinho deve supostamente ver o que é, o que foi e o que será. Para quem é dotado de uma visão sinóptica, isso já é o fundamental.

Com os cristãos, em contrapartida, há algo novo e, pela primeira vez, proclama-se que o novo prevalece sobre o antigo. De fato, a "nova aliança" anunciada tem a vocação de substituir a primeira: aquela concluída com Moisés, que imediatamente se torna a antiga aliança.[56] Com a nova, vem um "Novo Testamento", que vai, ao mesmo tempo, fazer da Bíblia o "Antigo Testamento". O momento inaugural dessa virada intervém com a Ceia, quando, após o pão, Jesus pega um cálice de vinho, dá graças e o oferece aos discípulos, dizendo: "essa taça é a Nova Aliança em meu sangue, que é derramado por vós".[57]

---

[56] O primeiro a anunciar uma nova (e vindoura) aliança é Jeremias: "Porei minha lei no fundo de seu ser e a escreverei em seu coração. Então serei seu Deus e eles serão meu povo. [...] – porque perdoarei sua culpa e não me lembrarei mais de seu pecado" (31, 33-34).

[57] *Lucas* 22, 20.

Na *Epístola aos Hebreus*,[58] diz-se que Jesus conclui uma nova aliança com Israel, com o acréscimo deste comentário: "ao falar de nova aliança, [Jesus] tornou velha a primeira. Ora, o que se torna antigo e envelhece está prestes a desaparecer".[59] Como "mediador de uma nova aliança", ele resgata por meio de sua morte as "transgressões" que seguiram a primeira aliança e permite que os chamados recebam "a herança eterna que foi prometida". Imediatamente depois, vem esta precisão de ordem jurídica: "Onde existe testamento, é necessário que se constate a morte do testador. O testamento, de fato, só tem valor no caso de morte. Nada vale enquanto o testador estiver vivo".[60] Em grego, a mesma palavra, *diathekê*, significa aliança e testamento (o mesmo ocorre em hebraico). Mas compreende-se assim como se passa da aliança ao testamento: do momento da aliança ao tempo de depois, que será regido (para sempre) por ela. Sua recordação se torna a herança a ser acolhida e transmitida. A nova aliança marca, assim, a "morte" de Moisés, o primeiro testador, ao passo que a nova aliança se torna um Novo Testamento pela "morte" de Jesus Messias, que ocupa a posição de testador (derradeiro). O "Novo" constitui o "Antigo" em passado e abre um novo presente. À sua maneira, Paulo recorre a essa mesma divisão, quando ele declara "sermos ministros de uma Aliança nova", "não da letra" (a da Lei), e "sim do Espírito", "pois a letra mata, mas o Espírito comunica a vida".[61] A letra está morta, ela é do passado e ultrapassada, enquanto o espírito "vivifica" no tempo novo que acaba de se abrir.

A ruptura com a tradição é, portanto, efetivamente proclamada e reivindicada. As múltiplas provocações de Jesus e, posteriormente, dos apóstolos, de Paulo em particular, em relação aos "fariseus", aos "escribas", aos "judeus", o atestam. Mas, ao mesmo tempo, essa ruptura nunca deixa de se reivindicar como verdadeira fidelidade e como real continuidade. Afinal, os que se proclamam depositários da Lei são os mesmos que a traíram, atendo-se à letra e ignorando o espírito, cegando-se

---

[58] A *Epístola aos Hebreus*, anônima, escrita por volta de 70, foi incluída no cânone do Novo Testamento a partir do momento em que foi situada na sequência das cartas de Paulo.

[59] *Epístola aos Hebreus* 8, 8, 13.

[60] *Epístola aos Hebreus* 9, 15-17.

[61] *Paulo, 2 Epístola aos Coríntios* 3, 6.

sobre a letra e incapazes de entender a verdade do que ela enuncia. Redigidos de dentro da tradição, multiplicando as citações dos profetas, que encontram sua verdadeira realização nas ações de Jesus, os *Evangelhos* não cessam de demonstrar que tudo o que foi escrito pelos profetas o foi, na verdade, por Jesus. Ele retoma a postura do profeta, mas com algo a mais, pois: "era preciso que se cumprisse tudo o que está escrito sobre mim na *Lei de Moisés*, nos *Profetas* e nos *Salmos*".[62] Essa operação de captação manifesta baseia-se em uma dupla convicção: a de uma repetição, ou melhor, de uma recapitulação e a de uma realização – ao passo que a história bíblica é repetição, e, antes de tudo, repetição das faltas em relação a Deus.

Resultam disso, entre os grandes profetas do Exílio, os oráculos de destruição, aos quais respondem e sucedem os oráculos de consolação, de ambos os lados da catástrofe fundadora de 587 a.C. Jerusalém é tomada e incendiada pelas tropas de Nabucodonosor, o Templo é destruído e parte dos habitantes é deportada para a Babilônia.[63] Mas, em 538 a.C., Ciro, o rei persa, autoriza o retorno dos exilados e a reconstrução do Templo. Se é duvidoso que as coisas tenham ocorrido assim, essa versão, relatada por Esdras, tornou-se a história oficial.[64] Em seguida, no *Livro de Daniel* (redigido entre 167 e 164 a.C.), a profanação do Templo pelo rei selêucida Antíoco IV é imediatamente compreendida como uma repetição da catástrofe de 587 a.C. Por fim, a tomada da Cidade e a destruição do Templo pelo exército de Tito em 70 d.C. repetem as

---

[62] *Lucas* 24, 44. *João* 5, 39, 46: "Vós perscrutais as Escrituras porque julgais ter nelas a vida eterna; ora, são elas que dão testemunho de mim"; "Se crêsseis em Moisés, haveríeis de crer em mim, porque foi a meu respeito que ele escreveu".

[63] Já houvera uma primeira deportação em 597 a.C. Em 701 a.C., o rei assírio Senaqueribe já devastara a Judeia, que se revoltara contra sua dominação. Os anais assírios fazem menção a destruições, apreensões de butim e deportação de população. Em 722 a.C., o reino do Norte havia sido destruído.

[64] "Na realidade", observa A. de Sérandour, "Ciro se conforma a uma tradição seguida pelos soberanos assírio-babilônicos de declarar, quando de sua ascensão ao trono, a anistia geral de todos aqueles, homens e deuses, que seus predecessores haviam aprisionado. De resto, um retorno em massa da população no início do período persa não é, de modo algum, confirmado pela arqueologia" (Sérandour, Arnaud. Histoire du judaïsme aux époques perse, hellénistique et romaine. De Cyrus à Bar Kokhba. *In*: Römer, Thomas; Macchi, Jean-Daniel; Nihan, Christophe (Org.). *Introduction à l'Ancien Testament*. Geneva: Labor et Fides, 2009, p. 84.).

calamidades precedentes.⁶⁵ Em certo sentido, toda a história do povo eleito e rebelde é pontuada pela repetição da falha de 587 a.C., tida agora como fundadora. No Novo Testamento, a nova aliança repete de fato a primeira, mas ela vai mais longe. Talvez ela a faça "envelhecer", para retomar a fórmula da *Epístola aos Hebreus*, mas ela não a abole: ela a completa, isto é, abre o que nela estava inacabado. Lucas, por exemplo, recorre a esse duplo esquema quando relata as seguintes palavras de Jesus a seus discípulos, questionando-o mais uma vez sobre o advento do reinado de Deus:

"Como aconteceu nos dias de Noé, assim também ocorrerá nos dias do Filho do Homem;

Comiam, bebiam, casavam e davam-se em casamento até o dia em que Noé entrou na arca; então veio o dilúvio, que os fez perecer a todos.

Do mesmo modo como aconteceu nos dias de Ló: [...] no dia em que Ló saiu de Sodoma, Deus fez chover do céu fogo e enxofre, eliminando a todos.

Será desse modo o Dia em que o Filho do Homem for revelado".⁶⁶

Esses episódios dramáticos de fato ocorreram, mas, em certo sentido, são repetições (segundo o outro sentido da palavra) do dia ainda vindouro do desvendamento final (o apocalipse). Tal uso do passado está fundado numa leitura tipológica ou alegórica, cujos inventores não são os cristãos, mas da qual eles rapidamente fizeram um uso sistemático. Em última instância, tudo na Bíblia pode ser submetido a um rigoroso exame tipológico: alguns irão muito longe nessa via! O princípio é simples: para além de si próprio, tal personagem, tal acontecimento, tal gesto deve ser compreendido como uma figura que designa, significa, anuncia outra coisa. Assim, João Batista deve ser interpretado por referência ao profeta Elias, cujo retorno deve preceder de pouco a vinda do Messias. Figura dos últimos dias, Elias anuncia, na verdade, João Batista. Esse é o seu papel escatológico, mas também histórico, pois Elias efetivamente existiu no passado. João Batista não é somente o novo Elias, mas também o verdadeiro Elias ou a sua realização. Com ele, os últimos dias chegam

---

[65] Pode-se, ainda, acrescentar à lista a tomada da cidade por Pompeu em 63 a.C. e sua destruição final em 135 d.C., após a derrota da revolta contra os romanos de Barcoquebas.

[66] *Lucas* 17, 26-30.

verdadeiramente. "Elias já veio", diz Jesus.[67] E Jesus é o novo Adão. Se, com Adão, o primeiro homem, foi introduzida a morte, com Jesus, morrendo na cruz, a morte é derrotada.

Essa leitura do passado, a partir do presente e para ele, suprime-o enquanto passado? Não, embora esteja claro que o presente se arroga um lugar eminente — as Escrituras "dão testemunho de mim", diz mais uma vez Jesus[68] —, como lugar de onde o passado adquire todo o seu sentido. O passado, no entanto, permanece indispensável para justificar as pretensões do presente. Diante dos "judeus", em particular, a tábula rasa não é aceitável. Contra aqueles que, como Marcião,[69] pretenderão se livrar do Antigo Testamento (e de seu Deus de ira) para conservar apenas o Novo (e seu Deus de amor), a Igreja defenderá constantemente os laços entre ambos os testamentos, o novo e o velho, mas, evidentemente, com vantagem para o novo enquanto realização do velho. A prática da interpretação tipológica do passado caminha lado a lado com a sua leitura profética: os anúncios dos profetas bíblicos (tão familiares aos primeiros discípulos) revelam-se a partir de então profecias de Jesus. Para quem sabe ver e ouvir, a história é, portanto, profética: o passado se revela a partir do presente; mais precisamente, o inacabado do passado se torna manifesto a partir do acontecimento presente. Nesse sentido, a leitura tipológica traz consigo uma primeira forma de temporalização do tempo. Da mesma forma, Paulo convoca o passado, o da Promessa feita a Abrão, anterior, ele ressalta, de 430 anos à Lei, para justificar que o Evangelho dirija-se também às nações.[70] Porém, para que a potencialidade desse passado propriamente se revelasse, eram necessários Jesus e seu evangelho.

Esse é, portanto, o lugar reservado ao passado nessa economia profética do tempo que dá primazia ao presente. Se os evangelistas apresentam Jesus, no presente, no cotidiano de sua ação, eles estão muito pouco preocupados com a cronologia. Apenas Lucas fornece alguns pontos de

---

[67] *Mateus* 17, 12. (N.R.T.)

[68] *João* 5, 39.

[69] Marcião, excomungado por Roma em 144, fundou uma Igreja que se difundiu na Bacia Mediterrânea e na Mesopotâmia, e que durou até 400. Ele rejeitava o deus do Antigo Testamento, tido como um demiurgo mau, em proveito do deus de Jesus, deus de amor. A ruptura com o judaísmo devia ser completa.

[70] *Epístola aos Gálatas* 3, 14-18.

referência (a data do nascimento, o início da vida pública por volta dos 30 anos e, é claro, o momento culminante da Páscoa); quanto ao resto, vai-se da Galileia à Judeia, de um lugar a outro, com sumárias e vagas indicações cronológicas: "um dia de sabá",[71] "em outro dia de sabá",[72] "depois disso",[73] "um dia",[74] "mais ou menos oito dias depois",[75] "nesse momento".[76] São apenas maneiras de fazer com que se sucedam gestos, cenas, palavras (*logia*) em um presente destemporalizado, senão intemporal. Se o fim da história é conhecido de todos, as narrativas o anunciam desde o início, a começar por certas palavras de Jesus, aliás incompreendidas ou mal compreendidas naquele momento por seus interlocutores, mas evidentemente não pelos destinatários do texto. Os evangelistas não se preocupam em manter o suspense, mas em reforçar ainda mais o lugar crucial do momento presente, no qual a história do mundo sofre uma reviravolta. Quanto a todos aqueles que ouvem a palavra, eles devem se mostrar disponíveis e prontos para seguir imediatamente o chamado, a exemplo dos primeiros discípulos. Eles devem, a partir de agora, deixar de se preocupar tanto com o futuro quanto com o passado. Assim como os corvos não se preocupam com o que comerão no dia seguinte e os lírios do campo não se afligem com o que vão vestir, aqueles que têm fé não devem inquietar-se com o dia seguinte:

"Buscai, em primeiro lugar, seu Reino [...] Não vos preocupeis, portanto, com o dia de amanhã, pois o dia de amanhã se preocupará consigo mesmo. A cada dia basta o seu mal".[77]

Quanto ao passado, é preciso deixar "que os mortos enterrem seus mortos",[78] como declara brutalmente Jesus ao jovem que, desejoso de o seguir, pedia-lhe permissão para ir primeiramente enterrar seu pai. Já

---

[71] *Mateus* 12, 1. (N.R.T.) [Cumpre observar que muitas traduções, incluindo-se a da Bíblia de Jerusalém, fazem uso da palavra *sábado* em vez de *sabá*; aqui, porém, seguimos a preferência de Hartog por este segundo termo (N.T.)].

[72] *Lucas* 6, 6. (N.R.T.)

[73] *Lucas* 8, 1. (N.R.T.)

[74] Por exemplo: *Marcos* 6, 21. (N.R.T.)

[75] *Lucas* 9, 28. (N.R.T.)

[76] *Lucas* 13, 1. (N.R.T.)

[77] *Mateus* 6, 33-34.

[78] *Lucas* 9, 56-60.

entramos no terreno da tábula rasa. A maneira cristã de estar no tempo é bem resumida por estas palavras de Paulo sobre si próprio: "esquecendo-me do que fica para trás e avançando para o que está diante".[79] O que está na frente não é o porvir, mas o chamado à imitação do Messias Jesus no presente novo aberto pela cruz e pela Ressurreição. Aquele que tem fé deve, portanto, "vigiar", "permanecer em pé", "andar" e "imitar"[80]: imitar Paulo, que imita, por sua vez, Jesus.

O horizonte apocalíptico

Se o passado é anúncio, se ele é portador do novo e realização do antigo, o que dizer do futuro? Que lugar lhe cabe nesta nova economia temporal? Sua apreensão não é, na verdade, separável de um horizonte apocalíptico, do qual os primeiros cristãos participam plenamente, sem serem, de modo algum, seus iniciadores, ainda que o *Apocalipse* de João seja aquele que veio a dar seu nome ao gênero.[81] Os modernos partiram, com efeito, de João para constituir um gênero, ao passo que o texto de João é uma espécie de miscelânea apocalíptica, a serviço da defesa e da ilustração de uma posição singular, exorbitante até mesmo em relação ao "gênero".

Profetas e apocalípticos

Desenvolvidos inicialmente nos meios essênios e entre os sectários de Qumran, os escritos apocalípticos tiveram um florescimento entre os séculos II a.C. e II d.C. Literatura para tempos de crise e de distúrbio nas relações com o tempo, esses livros unem estreitamente o tempo do fim e o fim dos tempos. Múltiplos sinais anunciam, de fato, que o fim está próximo, e que este fim será o fim derradeiro. É nesse ponto de virada que intervém o saber visionário do apocalíptico, que se dirige ao seu presente, mas supostamente a partir de um passado longínquo de onde ele vê o que vai acontecer. Com efeito, mobilizando comumente veneráveis figuras

---

[79] *Epístola aos Filipenses* 3, 13.

[80] *Epístola aos Filipenses* 3, 17-19. (N.R.T.)

[81] Momigliano, Arnaldo. Indications préliminaires sur Apocalypse et Exode dans la tradition juive. *In: Contributions à l'histoire du judaïsme*. Traduction française de Patricia Farazzi. Nîmes: Éditions de l'Éclat, 2002, p. 129-142.

bíblicas, como Enoque ou Elias, Daniel é claro, ou mesmo o próprio Abraão, e convocando ativamente os grandes profetas, os apocalipses serviram para exprimir uma resistência judaica ao helenismo e, posteriormente, à dominação de Roma. Com a condenação e a destruição iminente dessas potências ímpias, eles anunciam o advento de um novo reino, que não terá fim. O *Livro de Daniel*, o *Quarto Livro de Esdras*, os *Oráculos sibilinos* são emblemáticos dessa efervescência apocalíptica.

No farto acervo dos apocalipses, o *Livro de Daniel* ocupa uma posição central, para não dizer duplamente central.[82] Isso porque ele se insere no cânone da Bíblia hebraica (pouco acolhedora, para dizer o mínimo, aos textos de teor apocalíptico) e foi também conservado na Bíblia cristã. Não obstante, ele possui, em cada uma delas, um *status* diferente. Os judeus o inserem entre os *Escritos* (pois, no momento de sua redação, considera-se que profecia está encerrada), ao passo que os cristãos o incluem entre os profetas (pois está claríssimo que ele anuncia a vinda de Jesus Messias). A diferença é da maior importância e altamente significativa. Para os judeus, Daniel relaciona a catástrofe de 587 a.C. à de 168 a.C.: o rei Nabucodonosor ao rei Antíoco IV. A profanação do Templo pelo rei selêucida repete a sua primeira destruição, ordenada pelo soberano babilônico. E, mais tarde, a de 70 d.C., por Tito, virá reativar as precedentes. Como se a história fosse apenas uma mesma catástrofe repetindo-se desde a desgraça inicial, bem como a repetição das mesmas faltas e de seu castigo.

Daniel era um personagem bíblico, certamente menos famoso do que Enoque ou Elias, mas respeitável e provavelmente mais disponível. Para os redatores do livro, Daniel é um jovem judeu que se tornou refém na corte da Babilônia por ocasião do exílio. O desafio da primeira parte do livro é provar a superioridade de Iahweh sobre os demais deuses – e não prioritariamente sua unicidade –, fazendo com que seja reconhecido como o verdadeiro senhor dos tempos (*chronous*) e dos momentos (*kairous*).[83] Esse é o sentido que se deve atribuir ao sonho do rei. Com a desistência dos

---

[82] Lacocque, André. *Le livre de Daniel*. Neuchâtel-Paris: Delachaux et Niestlé, 1976; Collins, John J. *Daniel. A Commentary on the Book of Daniel*, with an essay "The Influence of Daniel on the New Testament" by Adela Yarbro Collins. Minneapolis: Fortress Press, 1993.

[83] *Daniel* 2, 21: "É ele [Deus] quem muda os tempos e as estações, quem depõe reis e entroniza reis".

magos, que são os adivinhos oficiais, apenas a fé de Daniel em seu Deus lhe permite trazer a resposta. O rei viu uma imensa estátua cuja cabeça é de ouro, o peito e os braços de prata, a barriga e as coxas de bronze, as pernas de ferro, e os pés parcialmente de ferro e parcialmente de cerâmica. Subitamente, uma pedra, que se desprende sem qualquer intervenção humana, reduz a estátua a pó dos pés à cabeça. É preciso compreender que quatro reinos se sucederão, desde o primeiro, o dos assírios, até o dos gregos. Eles serão pulverizados pela pedra e se iniciará um quinto reino que, por sua vez, não terá fim.[84] Entra na história, para não mais deixá-la, o esquema da sucessão (*translatio*) dos impérios, que, como veremos, será constantemente empregado até a época moderna.

Na segunda parte do livro, é outro o fio da narrativa. O olhar se desloca e focaliza a abominação presente: a de 168 a.C. É ela que se deve explicar, inserindo-a em um esquema apocalíptico. Agora, Daniel não é mais o intérprete das visões reais, mas é ele próprio quem é visitado por visões para as quais necessita de um intérprete. Da Babilônia, onde supostamente ainda se encontra, ele vê a chegada da catástrofe e do castigo encarnados por Antíoco Epifânio. A "falta" recai sobre nós, ele diz, pois cometemos "a iniquidade" e "pecamos" contra a lei de Moisés.[85]

Assim, a história tem por trama a infração dos filhos de Israel, enquanto Deus, senhor dos tempos e dos momentos, age por meio de instrumentos que podem ser totalmente negativos, como Antíoco IV, ou momentaneamente positivos, como Ciro permitindo o retorno de Babilônia. Passa-se do registro da profecia para o do apocalipse quando se tem o sentimento de que o mal passou dos limites e que não é mais possível ter controle sobre o presente, ou que tudo o que resta a fazer é estar pronto para o dia derradeiro, orando pela sua vinda.

Nitidamente posterior ao *Livro de Daniel*, o *Quarto Livro de Esdras* se situa, todavia, em seu prolongamento, sustentando igualmente uma perspectiva apocalíptica.[86] Se Daniel é uma réplica à abominação de

---

[84] *Daniel* 2, 29-45. A essa destruição corresponde e responde, em Daniel 7, a das quatro bestas surgidas do mar, das quais a quarta, que leva a Antíoco IV, é a mais cruel.

[85] *Daniel* 9, 5-13.

[86] O original era provavelmente em hebraico. Sua presença na Vulgata lhe assegurou uma difusão extraordinária. *Escritos intertestamentários*, p. CXI.

Antíoco, Esdras se inscreve nas consequências da crise de 70 d.C.[87] O liame entre os dois textos é imediatamente estabelecido ou relembrado, pois Esdras supostamente se encontra na Babilônia, "no trigésimo ano da ruína da Cidade".[88] Ele também é um homem do século VI e do exílio: o elo com a catástrofe de 587 a.C., que nunca deixa de se reverberar e de se repetir, é, portanto, ressaltado. É desde a Babilônia que lhes é dado ver a sequência dos tempos até o dia do Juízo. Esdras é qualificado de "escriba do conhecimento do Altíssimo",[89] pois recebe o encargo de pôr por escrito o que Deus lhe revela.

Ele começa por interrogar-se sobre os desígnios de Deus. Por que, ele se pergunta, os babilônios, que estão longe de conduzir-se melhor do que os judeus, alcançaram a dominação e a glória? Segue-se uma série de perguntas às quais o anjo, enviado nesse intuito, ora responde, ora alega que Esdras não pode compreender, pois "os que habitam sobre a terra podem somente compreender o que está na terra".[90] Em seguida, ele é visitado por várias visões que um anjo, enviado para esse fim, interpreta para ele. Assim como Daniel voltava-se contra a besta grega, cujo décimo terceiro chifre, o mais cruel, correspondia a Antíoco o profanador, Esdras, referindo-se a Daniel, seu "irmão", vê a última besta sob a aparência de uma águia com múltiplas asas, que representa o Império Romano, e à qual Deus anuncia que os tempos estão acabados e que ela deve "desaparecer".[91]

A Esdras que pergunta se o tempo passado é maior que o tempo vindouro, ou se é o inverso, é respondido, por meio de uma parábola, que "a quantidade que passou é muito maior".[92] Velha, a criação também perdeu a força de sua juventude, dizem os apocalipses. Tanto isso é verdade, acrescenta o anjo, que sois menos fortes do que aqueles que vos precederam e aqueles que vos sucederão o serão ainda menos do que vós.[93]

---

[87] Após o Sínodo de Jamnia, Esdras, como que reagindo ao fechamento do Cânone da Bíblia hebraica, defende a legitimidade da literatura apocalíptica. *Escritos intertestamentários*, p. CXVI.

[88] *4 Esdras* 3, 1. (N.R.T.)

[89] *4 Esdras* 14, 50. (N.R.T.)

[90] *4 Esdras* 4, 21.

[91] *4 Esdras* 11, 45.

[92] *4 Esdras* 4, 44-50.

[93] *4 Esdras* 6, 54-55.

Para ser mais preciso, a duração do mundo é dividida em doze partes, e já se esgotaram dez; restam duas,[94] anuncia a voz do Senhor. A chegada do fim será precedida de sinais que, no caso de um certo número deles, foram revelados a Esdras. Mas, quando quer saber quando eles se produzirão, ele recebe a seguinte resposta: "Mede com cuidado em tua mente e quando vires que certa parte dos sinais que eu predisse é passado, saberás então que é o exato momento em que o Altíssimo está prestes a visitar o mundo que ele fez".[95] O espreitador pode, portanto, sempre espreitar, sem jamais correr o risco de ser categoricamente desmentido. Permanece a iminência, mesmo que o horizonte possa sempre recuar. Afinal, Deus sempre é reconhecido como o único senhor dos tempos: "É ele quem governa os tempos e as coisas que acontecem nos tempos",[96] proclama Esdras, assim como Daniel e todos os textos do Antigo e do Novo Testamentos.

Em resumo, o apocalíptico é aquele a quem Deus concede o dom de ver o que está prestes a acontecer, isto é, um tempo *chronos* antecipado, por assim dizer, por *Kairós* e *Krisis*. Ele se beneficia de uma visão sinóptica que é o equivalente da visão divina do *tota simul* (tudo ao mesmo tempo). Mas, enquanto Deus vê "tudo ao mesmo tempo" na eternidade do presente, o apocalíptico vê essa totalidade como que por pedaços sucessivos (uma visão após a outra) ou sob diferentes facetas, e ele tem, além disso, necessidade de um intérprete: na maioria das vezes, um anjo enviado por Deus, que lhe explica o que ele viu. Em seguida, o relato que ele faz disso não pode deixar de submeter-se à diacronia da narração: uma frase após a outra, uma cena após a outra. O sinótico da visão não pode deixar de se converter em diacronia da palavra para esclarecer o tempo (findável) dos homens maus.

O fim significa o "dia do Juízo": ele é anunciado, adiado, mas permanece em marcha, se não em marcha acelerada.[97] Assim, no chamado "Apocalipse das semanas", o patriarca Enoque descobre toda a história da humanidade recortada em dez semanas, ao fim das quais "ocorrerá o Juízo do mundo": "os primeiros céus passarão"; então, "aparecerão

---

[94] 4 *Esdras* 14, 11-12.

[95] 4 *Esdras* 9, 2.

[96] 4 *Esdras* 13, 58.

[97] Para uma abordagem interdisciplinar e comparativa, ver: Aubin-Boltanski, Emma; Gauthier, Claudine (Dir.). *Penser la fin du monde*. Paris: CNRS, 2014.

novos céus"; em seguida, "haverá muitas semanas intermináveis, nas quais todos praticarão a virtude e a justiça".⁹⁸ Esse é o "curso" dos tempos, interrompido pela cesura do Juízo. O livro dos *Jubileus* se apresenta como uma revelação feita a Moisés da "divisão legal e atestada do tempo, dos acontecimentos dos anos em suas semanas e em seus jubileus, ao longo de todos os anos do mundo".⁹⁹ No alto do Sinai, Deus mostra a Moisés "o que foi no início e o que adviria", visto que tudo, "desde a criação" "até a nova criação", foi registrado nas tábuas. O livro dos *Jubileus* constitui uma Bíblia paralela, mas com todas as datas, isto é, uma cronologia universal acrescida de um calendário litúrgico preciso, porquanto a cada grande data corresponde um acontecimento a comemorar. O tempo do mundo está provavelmente fixado em 4.900 anos, ou seja, cem jubileus de 49 anos; a entrada na Terra prometida intervém com o 50° jubileu, isto é, na metade da duração total do mundo. "É nas tábuas celestes que as divisões do tempo foram instituídas, para que [os filhos de Israel] não se esqueçam das festas da Aliança e não repitam o erro e a ignorância dos gentios observando [suas] festas".¹⁰⁰

O apocalíptico espreita os sinais do fim e, na maioria das vezes, suas visões o ajudam a identificá-los.¹⁰¹ Quanto mais eles se acumulam, mais o fim está próximo, e mais a urgência de sua missão consiste em interpretá-los e relatá-los, seja a alguns eleitos, seja a toda sua comunidade. O apocalipse é um cálculo do fim: quando, até quando durará este mundo maléfico onde triunfam os maus? Quando virá o Juízo? Mas esse fim, espreitado, calculado e recalculado, não é o fim de tudo, pois há um depois: com novos céus e uma nova terra, e o "erguimento das gerações de justiça".¹⁰² Quem passará para o outro lado e como? Reina uma certa indefinição. Assim, *Jubileus* parece atribuir esse papel aos "filhos". Mas quais? Para Enoque, são

---

⁹⁸ 1 *Enoque* 91, 15-17. Grande clássico dos essênios, o *Livro de Enoque* é uma compilação, redigida entre os séculos II e I a.C., que reúne uma série de revelações.

⁹⁹ *Jubileus*, I, 4 e I, 29 (*Escritos intertestamentários*). Redigido em hebraico (na segunda metade do século II a.C.) no meio sacerdotal, o livro é contra a colaboração com o ocupante grego e a favor de um estrito respeito da Lei. Sylvie Anne Goldberg, *La Clepsydre*, p. 179-183.

¹⁰⁰ *Jubileus* 6, 35.

¹⁰¹ Por exemplo, 1 *Enoque* 102, 1-3.

¹⁰² 1 *Enoque* 107, 1.

os justos, "as gerações de justiça". Mais raros, certos textos, como *Daniel* ou o *Apocalipse* de Baruc, abrem espaço para uma ressureição dos eleitos.

Seja como for, os apocalipses de fato se conformam ao equilíbrio dos grandes textos proféticos, que fazem suceder-se oráculos de desolação e oráculos de consolação.[103] Após a punição, vem o perdão; após o esquecimento da Aliança e o pecado, vêm a renovação da Aliança e a exaltação dos "sobreviventes de Israel".[104] Esse equilíbrio se estabelece em ambos os lados da catástrofe de 587 a.C. Há as profecias de desgraça anteriores ao Exílio e as profecias de redenção posteriores ao Exílio com o *Dêutero-Isaías* (ou mesmo ainda de durante o Exílio, com Jeremias e Ezequiel). Essa estrutura narrativa introduz uma temporalidade singular. O profeta menos enuncia o que vai ocorrer do que analisa a situação histórica presente. É somente se a situação for desconhecida ou mal interpretada por aqueles que detêm o poder – no caso, os reis – que a catástrofe ocorrerá, que se desencadeará a ira de Deus e que virá o Juízo.

O profeta é uma "sentinela da iminência", cujo papel, dizia Charles Péguy, "não consiste em imaginar um futuro, mas em conceber o futuro como se ele já estivesse presente".[105] Não se trata de uma situação sem saída, mas a história pode perfeitamente interromper-se, recomeçando somente após uma "fatia de vazio". Há, portanto, entre os profetas, para retomar uma fórmula de Paul Ricœur, um "trágico da interrupção".[106] E isso é único. Quanto à retomada, ela é concebida no quadro do novo: uma nova terra, um novo céu, uma nova Aliança, um outro tempo. O novo se encontra, portanto, realmente valorizado, com a ressalva, que o diferencia do novo dos modernos, de que ele não é concebido como radicalmente novo, inaudito, inédito, da alçada do nunca dantes visto. Ele é, ao contrário,

---

[103] Hartog, François. Prophète et Historien. *Recherches de science religieuse*, t. 103/1, p. 55-68, janv./mars 2015.

[104] *Isaías* 4, 2-3: "Naquele dia, o rebento de Iahweh se cobrirá de beleza e de glória, o fruto da terra será motivo de orgulho e esplendor para os sobreviventes de Israel. Então o resto de Sião e o remanescente de Jerusalém serão chamados santos, a saber, o que está inscrito para a vida em Jerusalém".

[105] Péguy, Charles. *Œuvres complètes*. Bibliothèque de la Pléiade. Paris: Gallimard, 1987. t. I, p. 246. Ver também: Ricœur, Paul. Sentinelle de l'imminence. *In*: Ricœur, Paul; Lacocque, André. *Penser la Bible*. Paris: Le Seuil, 1998, p. 229-232.

[106] Ricœur, Paul. Temps biblique. *Archivio di filosofia* (*ebraismo, ellenismo, cristianesimo*). Pádua: CEDAM, 1985, p. 30.

a retomada bem-sucedida daquilo que foi no início: um retorno ao tempo do paraíso. Assim, para Enoque, as novas gerações reencontrarão a longevidade das primeiras. O novo se apresenta como repetição, mas, segundo uma justa observação de Ricœur, como "repetição criadora".[107]

Se os apocalipses se inserem no movimento geral das profecias, se participam dessa grande pulsação original, eles se concentram no segmento negativo da narrativa: no momento que precede imediatamente a virada. Se os apocalípticos também partem de uma análise da situação presente, eles não veem mais, ao contrário dos profetas, uma saída para a crise, e desejariam até mesmo poder apressar o fim: donde a obsessão de calcular o dia desse último, esperando que Deus queira acelerar os tempos, pois apenas Ele o pode fazer. Tanto uns como os outros são diagnosticadores do presente, mas, enquanto os profetas fazem política, os apocalípticos renunciaram a ela ou não têm mais meios de realizá-la. Formulado no momento da crise de 168-164 a.C., o *Livro de Daniel* não conclama à revolta contra Antíoco IV. Para que se revoltar?[108] Enquanto os profetas mantêm a contabilidade das crises passadas, o apocalíptico não vê a utilidade disso, pois se inicia aquela que será a crise derradeira, a do Juízo. Profecia e apocalipse são duas formas de um pensamento da crise e de um tempo apreendido, transido, reduzido pela conjunção final de *Kairós* e de *Krisis*.

O Novo Testamento e o futuro apocalíptico

Após a evocação desse horizonte terminal por meio de alguns dos livros que evidenciam esses séculos de efervescência apocalíptica, podemos voltar aos primeiros textos cristãos e o lugar que eles reservam ao futuro. Boa parte deles participa desse momento e desse gênero. Se alguns dos apocalipses são anteriores, a começar pelo *Livro de Daniel*, ou ainda *Enoque* ou *Jubileus*, outros, como *Esdras* ou *Baruc*, que são datados do século I d.C. e, em todo caso, posteriores à destruição do Templo, são, de modo geral, contemporâneos da redação do Novo Testamento. Essa observação não visa, de modo algum, a empurrar o Novo Testamento em bloco para

---

[107] Ricœur. *Archivio di filosofia (ebraismo, ellenismo, cristianesimo)*, p. 31. Esse modo de pensamento domina a obra inteira do *Dêutero-Isaías*.

[108] Hartog, François. Polybe et Daniel. In: *Partir pour la Grèce*. Paris: Flammarion, 2018, p. 84-97.

o gênero apocalíptico, mas, por meio dessa aproximação, compreender melhor as formas temporais mobilizadas pelos *Evangelhos* e, em particular, as relações com o tempo vindouro que eles enunciam. A abordagem visa a contextualizar, e de modo nenhum reduzir.

Marcos, Mateus e *Lucas*, os três *Evangelhos* sinóticos, possuem cada qual um capítulo expressamente apocalíptico onde se encontram o mesmo enredo e um bom número de versículos idênticos.[109] Estamos em Jerusalém, pouco tempo antes da Paixão. Jesus ainda está no Templo ou prestes a deixá-lo. Aos discípulos que admiram sua imponente arquitetura, Jesus responde evocando sua destruição. "Não ficará aqui pedra sobre pedra: tudo será destruído", ele anuncia. Imediatamente, os discípulos perguntam: "dize-nos quando vai ser isso", e "qual o sinal da tua vinda e do fim desta época?".[110] Tendo em vista a data da redação dos *Evangelhos*, por volta de dez ou vinte anos após o ano 70 d.C., a destruição anunciada de fato ocorreu.[111] A exemplo de Daniel, de Esdras ou de Baruc, Jesus ocupa, portanto, a posição de apocalíptico. Ele descreve então os (habituais) sinais anunciadores do fim (o Sol e a Lua se escurecem, estrelas caem, guerras, penúrias se propagam, etc.). Mateus chega a se referir explicitamente a Daniel e à "abominação da desolação" que se estabelece no Lugar Santo; será o sinal de que é preciso fugir sem demora e sem nada levar.[112] "Ficai preparados", "vigiai" são as palavras de ordem. Chegará então o Filho do Homem, e será o Juízo.[113]

Mas, ao lado desse esquema apocalíptico previsível ou "clássico", os sinóticos inserem outro, mais específico, próprio aos seguidores de Jesus. É como se houvesse lugar para um pequeno apocalipse no seio do grande. Jesus de fato toma o cuidado de explicar que, se o fim está próximo, ele ainda não chegou. Antes disso, falsos Messias e falsos profetas se erguerão, perseguições se abaterão sobre os discípulos, que serão entregues "às sinagogas", "açoitados" e "odiados por todos os povos por causa de [seu] nome". Marcos e Mateus acrescentam até mesmo que o fim só poderá intervir quando o Evangelho tiver sido proclamado no mundo inteiro.[114]

---

[109] *Marcos* 13, 1-31; *Mateus* 24, 1-44; *Lucas* 21, 5-33.
[110] *Mateus* 24, 3. (N.R.T.)
[111] Talvez com a exceção do *Evangelho de Marcos*, redigido por volta de 70 d.C.
[112] *Mateus* 24, 15.
[113] *Mateus* 24, 42-44. (N.R.T.)
[114] *Marcos* 13, 9-10; *Mateus* 24, 9-14.

Tem-se aí, na realidade, um discurso muito diferente, que se dirige menos aos discípulos e mais às comunidades cristãs de segunda ou até mesmo de terceira geração que passam por tribulações, visando a fortalecer sua fé. Porém, ao estabelecer o horizonte de uma evangelização do mundo, ele abre o caminho para uma história da Salvação, isto é, uma história concebida como história da Salvação. Redigidos entre 80 e 90 d.C., os *Atos dos Apóstolos* vão no mesmo sentido. Após a ressurreição, Jesus, conversando com os discípulos, repete-lhes uma última vez que eles não têm de conhecer os tempos e os momentos do fim; mas acrescenta: "recebereis o Espírito Santo que descerá sobre vós, e sereis minhas testemunhas em Jerusalém, em toda a Judeia e a Samaria, e até os confins da terra".[115] Há, portanto, espaço para uma história, contanto que seja sustentada por testemunhas, e, mais tarde, por testemunhas de testemunhas. Esse será o próprio projeto, no início do século IV, da *História eclesiástica* de Eusébio de Cesareia,[116] conferindo uma forma narrativa a essa cadeia de testemunhos. Essa perspectiva inédita, que pressupõe o acontecimento de Pentecostes, será, com efeito, adotada pela Igreja, tornando-se até mesmo a principal razão de ser da Igreja missionária.

Por ora, entretanto, uma vez fechado esse "inciso", o grande apocalipse volta à tona e se repete o anúncio de que "esta geração não passará sem que tudo isso aconteça. Passarão o céu e a terra. Minhas palavras, porém, não passarão".[117] São múltiplas, com efeito, as indicações sobre o fato de que "a hora está chegando", "o instante", "o tempo se aproxima", "a hora derradeira" é iminente. Adentra-se na urgência apocalíptica. *Krisis* e *Kairós* se aproximam, por assim dizer, de mãos dadas. Ainda mais precisa é a seguinte notação: "Alguns dos que aqui estão presentes não provarão a morte antes de terem visto o Reino de Deus".[118] Essa iminência se inscreve também em um quadro então conhecido de todos, o do retorno de Elias. O retorno do profeta Elias, que foi levado ao céu, deve preceder de pouco a chegada do Messias e, portanto, o dia do Juízo. Ora, os *Evangelhos*, como já salientamos, convocam por diversas vezes a figura de Elias ao tratarem de João Batista. Em virtude da leitura tipológica,

---

[115] *Atos dos Apóstolos* 1, 7-8.

[116] Eusèbe de Césarée. *Histoire ecclésiastique*. Paris: Les Belles Lettres, 2012. (N.R.T.)

[117] *Mateus* 24, 34-35.

[118] *Lucas* 9, 27. Ver também: *Mateus* 16, 18 e *Marcos* 9, 1. (N.R.T.)

Elias se torna o tipo de João Batista. Afinal, é essencial fazer com que ele ocupe uma posição análoga à de Elias, a fim de mostrar efetivamente que se está em um contexto apocalíptico e que ele tem um papel eminente a desempenhar, embora secundário: cabe a ele anunciar aquele que está por vir. Ele é "a voz que grita no deserto: Preparai o caminho do Senhor, tornai retas as suas veredas".[119] É por isso que ele faz com que se pergunte a Jesus: "És tu aquele que há de vir?".[120] Quando os discípulos interrogam Jesus sobre o retorno de Elias, ele confirma que, de fato, Elias deve vir primeiro, mas acrescenta: "Elias já veio", na pessoa do Batista; e, longe de ter sido reconhecido, ele acabou decapitado. "Assim também o Filho do Homem sofrerá da parte deles".[121] Os *Evangelhos* iniciam então uma operação (bem-sucedida) de redução-captação do ensinamento de João Batista, reforçando, ao mesmo tempo, a legitimidade apocalíptica de Jesus. Como Elias "já veio", esse é um sinal seguro de que Jesus é de fato o Messias que ele precedia: o fim está, portanto, muito próximo.

Nos *Evangelhos* sinóticos, mas, de modo mais amplo, em todos os escritos do Novo Testamento, a vida de Jesus tem, por certo, um lugar no tempo *chronos*, mas sobretudo ela manifesta este outro tempo que é o do *kairós*: "Depois que João (Batista) foi preso", relata Marcos, "veio Jesus para a Galileia proclamando o Evangelho de Deus: Cumpriu-se o tempo e Reino de Deus está próximo. Arrependei-vos e crede no Evangelho".[122]

Na verdade, o grego não diz "chegou o instante", mas, de maneira muito mais forte, o *"Kairós* está cumprido, realizado" (*peplêrôtai ho kairos*). A vinda de Jesus Messias coincide com a completude ou a plenitude do tempo: ela o exprime. Paulo, por sua vez, enfatiza fortemente essa noção de plenitude, que será notadamente retomada por Agostinho (*plenitudo temporis*). Essa qualidade caracteriza o tempo novo aberto por Jesus, que faz justamente com que se deva designá-lo como *Kairós*, pois ele é, propriamente, a sua encarnação: o anúncio do momento decisivo e o sinal vivo de sua iminência.

Ainda a respeito da iminência, o *Evangelho de João* se encerra com um versículo que concerne nomeadamente ao "discípulo que Jesus amava",

---

[119] *Mateus* 3, 3, que cita *Isaías*.
[120] *Lucas* 7, 19.
[121] *Mateus* 17, 11-12.
[122] *Marcos* 1, 14-15.

o próprio João. Essas poucas palavras chamaram muito a atenção, a começar pela dos discípulos. A uma pergunta de Pedro sobre o destino que lhe está prometido (a ele, o mártir), e em seguida sobre a de João, Jesus responde: "Se eu quero que ele permaneça até que eu venha, que te importa?". Imediatamente, os discípulos dizem a si mesmos "que aquele discípulo não morreria". Ora, explica o evangelista, "Jesus, porém, não disse que ele não morreria, mas: 'Se quero que ele permaneça até que eu venha'".[123] Isso de fato não é a mesma coisa, pois o "até" deixa completamente aberta a questão da duração exata.

Atormentados pela interrogação sobre o fim, os apocalipses estão em busca de datas e de durações: quando? E até quando? É o que indagam Daniel, Esdras ou Baruc, mas também os discípulos que perguntam com a mesma ansiedade: "Dize-nos quando será isso e qual o sinal de que todas essas coisas estarão para acontecer".[124] Mas a resposta, a mesma e nos mesmos termos entre os sinóticos, é muito precisa: "Daquele dia e da hora, ninguém sabe, nem os anjos dos céus, nem o Filho, mas só o Pai".[125] Sobre esse ponto capital, a posição da Igreja não variará nunca, e não poderia ser diferente. Ela repetirá incansavelmente, ao longo dos séculos, essa declaração contra todos os movimentos apocalípticos e outros milenarismos, que não são, portanto, nada além de heresias.

Por conseguinte, na Igreja, a perspectiva apocalíptica se encontra ao mesmo tempo mantida e radicalmente desapocaliptizada. O senhor virá, mas "Como ladrão noturno" para Paulo ou, segundo Marcos: "Atenção, e vigiai, pois não sabeis quando será o momento (*kairós*)".[126] Em outras palavras, o tempo novo, este *Kairós* que se abriu com a Encarnação, vai durar até a chegada do Senhor, a saber, o seu desvendamento. Vem, ao mesmo tempo, introduzir-se uma distância entre *Kairós* e *Krisis*. O apocalipse será justamente o fim desse tempo *kairós*. Para aqueles que ficaram enviscados no tempo *chronos*, assim como para aqueles que não souberam permanecer no tempo *kairós* (que "adormeceram" e não puderam "vigiar"), começará então o castigo sem fim – ao passo que, para os eleitos, a gente do *Kairós*, será rigorosamente o inverso. Eles se empenharam, por vezes duramente,

---

[123] *João* 21, 21-23.

[124] *Marcos* 13, 4.

[125] *Mateus* 24, 36.

[126] *Paulo, 2 Epístola aos Tessalonicenses* 5, 2. (N.R.T.). *Marcos* 13, 33.

para permanecer no fluxo do *kairós*, tal qual um timoneiro que, identificando uma corrente favorável, esforça-se em conduzir seu barco até ela e, em seguida, nela permanecer a fim de alcançar o porto o mais rápido possível.

As epístolas de Paulo

Nos capítulos apocalípticos dos sinóticos, Jesus ocupa a posição do profeta ou do apocalíptico. Evidentemente, ele também a excede, pois ele é aquele que (já) veio e que (ainda) vai vir. Mas a estrutura enunciativa está presente, e tudo decorre dessas palavras. Com as epístolas de Paulo, a perspectiva apocalíptica permanece presente, mas nos encontramos de imediato lançados no depois, pois Jesus já não se encontra mais aqui. Paulo, o fariseu, que incialmente perseguiu os cristãos, nunca foi seu discípulo. O único título que ele reivindica é o de apóstolo (de enviado): "Paulo, servo de Jesus Messias, chamado para ser apóstolo, escolhido para anunciar o evangelho de Deus".[127] Para ele, com efeito, a morte e a ressurreição de Jesus encerraram o tempo dos profetas (cuja missão fundamental era anunciar a vinda do Filho do Homem) e abriram o dos apóstolos, que têm por tarefa difundir o Evangelho, isto é, "o Testemunho de Jesus".[128]

Qual é, para Paulo, a textura do tempo novo? Ele o designa naturalmente como *Kairós*. Na *Epístola aos Filipenses*, ele relembra quem ele era antes de ter sido chamado para a fé do Messias: "Circuncidado ao oitavo dia, da raça de Israel, da tribo de Benjamim, hebreu filho de hebreus; quanto à Lei, fariseu; quanto ao zelo, perseguidor da Igreja; quanto à justiça que há na Lei, irrepreensível".[129] Desde então, sua vida mudou, e ele não olha mais para o que "fica para trás", mas está "avançando para o que está adiante". Como o corredor no estádio, ele persegue "o alvo, para o prêmio da vocação do alto, que vem de Deus em Messias Jesus".[130] Ele acrescenta: "para ver se alcanço a ressureição (*exanastasis*) de entre os mortos".[131] Sua relação com o tempo foi, portanto, abalada; ele entrou

---

[127] Paulo, *Epístola aos Romanos* 1, 1. Não abordo a questão da cronologia relativa das epístolas. O que é certo é que essas cartas são os primeiros textos "cristãos".

[128] João, *Apocalipse* 1, 2.

[129] *Epístola aos Filipenses* 3, 5-6.

[130] *Epístola aos Filipenses* 3, 13-14.

[131] *Epístola aos Filipenses* 3, 11. (N.R.T.)

no tempo do *kairós*, este regime de historicidade cristão que me esforcei para delimitar, e do qual ele é um dos primeiros e mais zelosos representantes, tanto em sua vida quanto em seus textos. Ele o vive, dá-lhe forma e o propõe à maneira das comunidades que ele fundou e visitou. Afinal, não há um instante a perder: "a noite avançou" e "o dia se aproxima".[132] Essa tensão para frente não implica nem esquecimento nem abolição da tradição, que se encontra, ao contrário, vivificada ("o espírito comunica a vida"),[133] assim que se reconhece que "tudo o que se escreveu no passado (a saber, o Antigo Testamento) é para nosso ensinamento".[134]

"Eis que vos dou a conhecer um mistério: nem todos morremos, mas todos seremos transformados", anuncia Paulo aos coríntios.[135] De maneira ainda mais precisa, dirigindo-se aos tessalonicenses, ele dá até mesmo a entender, em uma primeira carta, que o fim se aproxima. A tonalidade apocalíptica da passagem é indubitável. Paulo mobiliza o instrumental e o aparato próprios ao gênero. "Quando o Senhor, ao sinal dado, à voz do arcanjo e ao som da trombeta divina, descer do céu, então os mortos no Messias ressuscitarão primeiro; em seguida, nós, os vivos que estivermos lá, seremos arrebatados com eles nas nuvens para o encontro com o Senhor, nos ares. E assim, estaremos para sempre com o Senhor".[136] "Nós, os vivos", a fórmula não deixou de causar espanto, a começar pelos destinatários da missiva e, em seguida, muitos outros além deles. Primeira observação: é difícil entender como Paulo poderia não se incluir nesse "nós", isto é, vós e eu. Está muito próximo, portanto, o desvendamento final. Segunda observação: "nós, os vivos que estivermos lá". Paulo retoma aqui a noção de "resto", esse resto que permaneceu fiel, esse "resto" salvo ao qual os profetas sempre fizeram apelo e sem o qual a aliança não poderia ser reativada, nem Jerusalém restabelecida. Mas o "resto" dos profetas é transferido para esse "nós, os vivos" do apóstolo: nós que vivemos nossa fé no Messias.[137] Mas esse fim que se aproxima, para

---

[132] *Epístolas aos Romanos* 13, 12. (N.R.T.)

[133] *2 Epístola aos Coríntios* 3, 6. (N.R.T.)

[134] *Epístola aos Romanos* 15, 4.

[135] *1 Epístola aos Coríntios* 15, 51.

[136] *1 Epístola aos Tessalonicenses* 4, 15-17.

[137] Na *Epístola aos Romanos* 11, 5, Paulo também se refere ao "resto", esse "resto" de Israel que os profetas sempre tiveram em conta e sem o qual a renovação da Aliança

quando é? Essa é a inevitável pergunta seguinte, da qual Paulo, embora não a evite, imediatamente se livra:

"No tocante ao tempo e ao prazo, meus irmãos, é escusado escrever-vos, porque vós sabeis, perfeitamente, que o Dia do Senhor virá como ladrão noturno".[138]

O ensinamento que se deve tirar dessa imagem do ladrão que surge em plena noite ou a do senhor da casa chegando de imprevisto, tão frequentemente utilizadas no Novo Testamento, é o da vigilância de todos os instantes, e de modo nenhum a obsessão com o cálculo do fim. Se, com o *Kairós* crístico, iniciou-se o tempo do fim, o fim dos tempos é outro problema e, em todos os casos, um problema que apenas a Deus pertence.

Paulo sabe explorar a distância entre o tempo *kairós* e o tempo *chronos*. Assim, na carta aos romanos, ele começa por repetir: "Sabeis em que *Kairós* vivemos", o que significa que (*hoti*) "já chegou a hora de acordar, pois nossa salvação está mais próxima agora do que quando abraçamos a fé. A noite avançou e o dia se aproxima".[139] A iminência está de fato aí. A segunda parte da frase, enfatizando o "agora", traduz o *kairós* em tempo *chronos*; ela se esforça para oferecer um equivalente que imediatamente faça sentido (o despertar, a noite, a luz, a aproximação da salvação assim como vem a aurora). Ele descreve primeiramente o que a entrada no tempo *kairós* representa. Mas ele irá além, tentando explicar o que é, em sua própria textura, esse *kairós* que ele por tantas vezes chama "o *kairós* de agora" (*ho nun kairos*). Esse tempo que resta tem por primeira característica a de "fazer-se curto". O verbo grego empregado por Paulo, *sustellein*, significa reduzir o velame e, portanto, recolher (como se recolhe uma vela), contrair-se. O *Kairós* é tempo recolhido, contraído.

Sua segunda característica, já encontrada entre os sinóticos, é a plenitude. "Quando, porém, chegou a plenitude do tempo (*to plêrôma tou chronou*), enviou Deus o seu filho, nascido de mulher, nascido sob a Lei [...]".[140] A ideia é que era preciso que os tempos estivessem maduros

---

não seria possível. Simon, Marcel. *Verus Israël: étude sur les relations entre chrétiens et juifs dans l'Empire romain (135-485)*. Paris: Boccard, 1948, p. 100-107.

[138] 1 *Epístola aos Tessalonicenses* 5, 1-2.

[139] *Epístola aos Romanos* 13, 11-12.

[140] *Epístola aos Gálatas* 4, 4.

para essa descida do tempo *kairós* no tempo *chronos*. Jesus, reitera Paulo, nasceu de uma mulher e sob o reinado da Lei, isto é, estando plenamente implicado no tempo dos homens e no tempo mosaico. De modo mais amplo, plenitude significa que o tempo de Jesus Messias é uma recapitulação de tudo. "Para levar o tempo à sua plenitude: a de no Messias recapitular (*anakephalaiôsasthai*) todas as coisas, tanto o que está nos céus como o que está na terra".[141] Nele, toda a Criação se encontra, ao mesmo tempo, repercorrida e reunida. "Pois nele aprouve a Deus fazer habitar toda a Plenitude e reconciliar por ele e para ele todos os seres, os da terra e os dos céus, realizando a paz pelo sangue da sua cruz".[142] Por sua culpa, Adão introduziu a morte, sobre a qual Jesus, por sua morte e sua ressurreição, triunfou. "A morte foi absorvida na vitória. Morte, onde está a tua vitória?", lança a *Epístola aos Coríntios*.[143] Nesse sentido, o *Kairós* crístico é de fato esse tempo contraído que conclui e recapitula toda a história passada. Para Paulo, não há nenhuma dúvida de que Adão é a "figura (*tupos*) daquele que devia vir".[144] Um abre e o outro fecha, um anuncia e o outro realiza. Mesmo em oposição, eles se correspondem um ao outro. Adão foi expulso do tempo *kairós* para cair no tempo *chronos*, arrastando a humanidade consigo, ao passo que Jesus entrou voluntariamente no tempo *chronos* para, percorrendo o caminho inverso, reabrir o tempo *kairós*. É, pois, realmente este o momento único designado pelo *ho nun kairos*, esse *kairós* presente e do presente, de Paulo. Ser contemporâneo dessa plenitude do tempo é uma chance inaudita que apenas a ignorância, a cegueira, a apetência carnal podem impedir de aproveitar.

Após ter concebido, da maneira mais minuciosa, esse tempo novo (tempo contraído, tempo da plenitude e da recapitulação), Paulo desejaria ainda fazer com que seus ouvintes compreendessem o que implica concretamente o chamado para viver no tempo *kairós*. Nesse contexto, adquirem, acredito, todo o seu sentido as fórmulas, tão frequentemente

---

[141] *Epístola aos Efésios* 1, 10. [A tradução da Bíblia de Jerusalém emprega o verbo "encabeçar" em vez de "recapitular"; alteramos o texto para ajustá-lo à tradução utilizada por Hartog. (N.T.)].

[142] *Epístola aos Colossenses* 1, 19-20.

[143] 1 *Epístola aos Coríntios* 15, 54-55.

[144] *Epístola aos Romanos* 5, 14.

repetidas desde então, das epístolas aos gálatas e aos colossenses. A partir do momento, ele diz aos gálatas, que passastes do regime da Lei para o da fé, que fostes imersos no Messias, "não há judeu nem grego, não há escravo nem homem livre, não há homem nem mulher; pois vós sois todos um só em Jesus Messias".[145] Aos colossenses, ele prega quase nos mesmos termos, partindo da imagem do homem velho e do homem novo. "Vós vos desvestistes do velho homem [...] e vos revestistes do novo [...] Aí não há mais grego e judeu, circunciso e incircunciso, bárbaro, cita, escravo, livre, mas o Messias é tudo em todos."[146] Estão, portanto, apagadas as fronteiras entre as raças, os *status* e os gêneros, que são, no entanto, tidos, em regra geral, por intransponíveis. A entrada no tempo messiânico põe todo mundo em posição de paridade. Eis uma afirmação que não poderia ser mais expressiva, ou mesmo mais escandalosa, para os ouvidos de um judeu, de um grego ou de um homem livre! Que não haja, porém, nenhum engano: no cotidiano ordinário, nada deve mudar. Não se trata nem de subversão, nem de revolução. Em suas diretivas aos efésios, Paulo distingue, com efeito, nitidamente os dois planos:

"Servos, obedecei, com temor e tremor, em simplicidade de coração, a vossos senhores nesta vida, como ao Messias.

Não quando vigiados, para agradar a homens, mas como servos do Messias [...].

E vós, senhores, fazei o mesmo para com eles, sem ameaças, sabendo que o Senhor deles e vosso está nos céus e que ele não faz acepção de pessoas".[147]

Todos têm em comum o fato de serem igualmente "servos" de Jesus Messias. Paulo reivindica esse *status*, ele, homem livre e cidadão romano. Assim, o importante é viver comportando-se, cada qual no lugar que lhe cabe, *como* seus servos, quer se seja senhor ou servo, cumprindo da melhor maneira possível seus deveres de senhor ou de servo.

Do mesmo modo, viver neste tempo "contraído" que resta deve conduzir a uma forma de desdobramento, de tal modo que "aqueles que têm esposa, sejam como não a tendo; aqueles que choram, como não chorando; aqueles que se regozijam, como não regozijando; aqueles que

---

[145] *Epístola aos Gálatas* 3, 27-28.
[146] *Epístola aos Colossenses* 3, 9-11.
[147] *Epístola aos Efésios* 6, 5-6, 9.

compram, como não possuindo, aqueles que usam deste mundo, como não usando. Pois passa a figura deste mundo".[148] O "como não" (*hôs mê*) é, portanto, o modo sob o qual se deve conjugar uma vida no tempo *chronos* e no tempo *kairós*.[149]

Até aqui, tudo parecia indicar que esse tempo do fim seria de breve duração, sendo o mais importante viver no presente do *kairós*, primícias da presença final (a Parusia) e do dia do Juízo. Nesse tocante, a primeira carta aos tessalonicenses era muito explícita. Mas a essa epístola, por muito tempo tida como a primeira missiva apostólica redigida por Paulo, acrescentou-se uma segunda, posterior, que teria visado a acalmar os excessivos ardores apocalípticos suscitados pela primeira na comunidade, mobilizando, aqui também, o instrumental apocalíptico então corrente. Essa carta, que teve uma importância considerável na elaboração da escatologia cristã, suscitou numerosas interrogações entre os exegetas, e não apenas entre eles. Seria ela de autoria de Paulo? Seria ela uma refutação ou uma reformulação das posições expostas na primeira? A quem ela realmente se dirige? Aos tessalonicenses ou a toda comunidade de fiéis do século I? Quando foi redigida? Entrar nesses debates, que têm sua legitimidade, não é meu propósito e excede minhas competências.

Retenhamos que ela foi escrita entre 80 e 100 d.C. Ignora-se onde e por quem. Por isso, é designada como deuteropaulina (da escola de Paulo?), na medida em que Paulo morreu em 67 ou 68 d.C. Existem, entre as duas cartas, numerosos paralelismos, o que ressalta tanto mais as diferenças, em particular sobre as condições da Parusia, que estão no centro da argumentação da segunda carta.

À iminência da Parusia anunciada pela primeira carta, a segunda responde imediatamente que não, o dia do Senhor não está perto. "Rogamos-vos [...] que não percais tão depressa a serenidade de espírito, e não vos perturbeis nem por palavra profética, nem por carta que se diga vir de

---

[148] *1 Epístola aos Coríntios* 7, 29-31.

[149] Traduzir o *hôs mê* por "como se não" é, a meu ver, não entender o que Paulo quer dizer. Não se trata para aquele que está casado de agir como se não o estivesse, mas de viver ao mesmo tempo como estando e não estando casado. Nas *Vidas de santos*, o único acontecimento temporal (*kairós*) é o da morte; a vida é apenas uma estadia passageira em um lugar estrangeiro; ver: Harl, Marguerite. Les modèles d'un temps idéal dans quelques vies des pères cappadociens (IV siècle). *In*: Dagron, Gilbert. *Le temps chrétien de la fin de l'Antiquité au Moyen Âge, IIIe-XIIe siècles*. Paris: CNRS, 1984, p. 226.

nós, como se o Dia do Senhor já estivesse próximo".[150] Seja quem for o destinatário, a carta aponta a existência de uma efervescência apocalíptica, com a circulação de cartas forjadas e aparições de falsos Messias.

A melhor prova de que a Parusia ainda não chegou é que, antes dela, devem surgir vários sinais e ocorrer diversos episódios. A primeira epístola indicava que, entre o "já" da ressurreição do Messias e o "ainda não" da Parusia, a espera não seria longa ("nós, os vivos que estivermos lá, seremos arrebatados..."[151]), ao passo que a segunda anuncia várias etapas prévias, que Paulo pretensamente já evocara quando de sua estadia em Tessalônica. Paulo não é o inventor dessas cenas de forte teor apocalíptico, ainda que ele as arranje à sua maneira, pois se trata de afrontar o que alguns teólogos chamaram a "demora da Parusia". Entre o "já" e o "ainda não", parece ter de haver uma distância. O "*kairós* de agora" se dilata. Mas o importante, e até mesmo o essencial, é que ele continua sendo tempo *kairós*. Não se deve deixar o tempo *chronos* reocupar todo o terreno e, por assim dizer, asfixiar o tempo *kairós*. Destituído, *Chronos* deve permanecer submisso. Esse será, posteriormente, o combate da Igreja até a época moderna. Como veremos, ela terá de negociar de modo cada vez mais árduo com *Chronos*, conservando o controle sobre ele pelo tempo que for possível.

De que é feita essa dilatação do *Kairós*? Da intervenção prévia de figuras ao mesmo tempo familiares nos meios sectários e enigmáticas. Devem surgir primeiramente a "apostasia" e o "desvendamento do homem da anomia",[152] o qual impele a transgressão até se fazer reconhecer como Deus e colocar suas estátuas nos templos, e antes de tudo no Templo. Reencontra-se aqui e quase nos mesmos termos a "abominação" denunciada anteriormente por Daniel. Deveria então se reproduzir um análogo do horrendo episódio de Antíoco maculando o Templo. Mas esse desvendamento tem, ele mesmo, uma preliminar. É preciso, primeiramente,

---

[150] *2 Epístola aos Tessalonicenses* 2, 2.

[151] *1 Epístola aos Tessalonicenses* 4, 17. (N.R.T.)

[152] A tradução usual de *anomia* por "impiedade" é insatisfatória. *Nomos* é a Lei; o homem da anomia é aquele que nega a Lei, a ignora ou a suprime. Para Daniel, Antíoco IV era o homem da anomia (*Daniel* 11, 21-45), assim como, depois dele, o são os imperadores romanos, que instauraram o culto imperial. Falando aos coríntios (*1 Epístola aos Coríntios* 9, 20-21), Paulo lhes declara que está submetido à Lei com aqueles que estão sob a Lei, mas que ele esteve sem Lei (*anomos*) com aqueles que estão sem Lei (*anomoi*).

que "aquilo que o detém" (*to katechon*) ou "aquele que o detém" (*ho katechôn*), isto é, exatamente "o detentor", "o retardante", afaste-se. "Não vos lembrais", recorda Paulo aos tessalonicenses, "de que vos dizia isto quando ainda estava convosco? Agora também sabeis que é que ainda o retém, para aparecer só a seu *Kairós*".[153] E isso, infelizmente para nós, o dispensa de ser mais preciso! "O homem da anomia" não pertence, em todo caso, ao tempo *chronos*, mas a um tempo *kairós*, ou melhor, a um contra ou anti-*Kairós*.

Uma antiga interpretação, inaugurada com Tertuliano no século II e que se estende até Carl Schmitt no século XX, compreendeu o *katechon* como se designasse, no neutro, o Império Romano e, no masculino, o imperador. Retardar o fim dos tempos seria a função teológico-histórica do Império e, na verdade, de todo poder. "Império", segundo Schmitt, "significa aqui o poder histórico que logra deter o aparecimento do Anticristo e o fim do *éon* presente: uma força *qui tenet*, segundo as palavras de Paulo [...]. Não acredito que a fé cristã original possa ter, de modo geral, uma imagem da história diferente da do *katechon*. A fé em uma força refreadora capaz de deter o fim do mundo proporciona as únicas pontes que conduzem da paralisia escatológica de cada acontecimento humano a uma potência histórica grandiosa como foi a do Império cristão dos reis germânicos."[154] Nessa frase se encontra condensada toda a história desde o século I até o final do Sacro Império Romano-Germânico. De modo mais geral, o espaço da história seria aquele mantido aberto sob a ação do *katechon*, isto é, a potência que retarda o Juízo. Mas Paulo, pela sua parte, não atribui nenhum papel "positivo" ao *katechon* e ignora o Anticristo, uma figura que apenas João evoca.[155] Ele permanece somente na expectativa da vinda do Senhor.

---

[153] *2 Epístola aos Tessalonicenses* 2, 5-6.

[154] Schmitt, Carl. *Le nomos de la Terre*. Traduzido do alemão por L. Deroche-Gurcel e apresentado por P. Haggenmacher. Paris: PUF, 2001, p. 64. Ver as observações de: Agamben Giorgio. *Le temps qui reste*, "Un commentaire de l'épître aux Romains". Traduction française de Judith Revel. Paris: Rivages poche, 2004, p. 184-188.

[155] Até o século XII, só se conhece o Anticristo, aquele que é o exato oposto de Cristo, seu duplo negativo. Antecristo introduz uma temporalização: o Antecristo é aquele que vem antes do retorno final de Cristo. Do *katechon,* o teólogo protestante Oscar Cullmann propõe uma interpretação nitidamente mais positiva, ao mesmo tempo que preserva sua dimensão apocalíptica. Nessa concepção já dada por alguns Pais da

Para outros intérpretes, pouco importa no fundo qual ou quais as formas assumidas pelo *katechon*, pois, na verdade, aquele que, em última instância, dá as cartas é Deus, o único senhor da história e dos tempos. Por uma espécie de astúcia divina, o *katechon* contribuiria para a realização final do plano divino – assim como todas as personagens e acontecimentos concebidos por Deus, no intuito de fazê-los servir aos seus desígnios. Já sob o reinado do *katechon*, o "mistério da anomia" está em atividade (em ato), embora ele só venha a exibir sua plena potência maléfica a partir do momento em que o *katechon* tiver sido afastado, e somente até a "vinda do Senhor" que "o destruirá com o sopro de sua boca e o suprimirá".[156] Reencontramos o esquema apocalíptico clássico. Em seguida, Paulo reitera seus convites para dar graças ao Senhor. E nunca saberemos mais...

O Apocalipse de João

Essa travessia do tempo dos apocalipses não pode encerrar-se sem interrogar o *Apocalipse* de João, aquele que deu seu nome ao gênero e que, mais do que todos os outros, foi invocado, escrutinizado e convocado. Ele alimentou imensas esperanças e fez derramar muito sangue ao longo dos séculos.[157] Sua promessa de algo inteiramente diferente, a começar pela de um tempo radicalmente novo e de uma saída definitiva do tempo *chronos*, alimentou inúmeras correntes e movimentos milenaristas em busca mais ou menos ansiosa ou exaltada pela Jerusalém celeste. Ele jamais deixou de ser um palco de interrogações, de perplexidades, mas também de certezas; em suma, uma importante fonte de quiproquós. O fluxo dos comentários e das exegeses, que se prolonga até os dias de hoje, atesta-o. Se sua

---

Igreja e retomada por Calvino, o *katechon* designaria, com efeito, o tempo atribuído às missões e à conversão do mundo. Ele deteria o fim até a conversão total (Cullmann, Oscar. *Christ et le temps*, p. 116). Por que não!

[156] *2 Epístola aos Tessalonicenses* 2, 8, 12.

[157] Brütsch, Charles. *La clarté de l'Apocalypse*. Genève: Labor et Fides, 1966; Carozzi, Claude. *Apocalypse et salut dans le christianisme ancien et médiéval*. Paris: Aubier, 1996; Vauchez, André (Dir.). *L'attente des temps nouveaux*. Turnhout: Brepols, 2002; Landes, Richard. Lest the millennium be fulfilled: apocalyptic expectations and the pattern of western chronography 100-800 CE. *In*: Verbeke, W.; Verhelst, D.; Welkenhuysen, A. *The Use and Abuse of Eschatology in the Middle Ages*. Leuven: Leuven University Press, 1988, p. 137-211.

canonicidade foi reconhecida com alguma facilidade pela Igreja latina, o mesmo não ocorreu com a Igreja grega, que por muito tempo hesitou. Um discípulo de Orígenes, Dionísio, bispo de Alexandria no século III, relata que "alguns criticaram [o livro] capítulo por capítulo, declarando que era ininteligível e incoerente, e que seu título era mentiroso".[158] Eusébio de Cesareia, por sua vez, não assume riscos. Ele situa, com efeito, o *Apocalipse* de João entre os "livros reconhecidos", acrescentando "se parece bom", mas o inserindo também entre os "livros disputados e inautênticos"; novamente com a fórmula "se parece bom!",[159] Agostinho, de sua parte, não duvida de sua canonicidade, mas não ignora suas obscuridades.[160]

O capítulo mais problemático de todos é o capítulo 20, que anuncia o reinado de mil anos e foi imediatamente tomado ao pé da letra por alguns.[161] Assim, em 156 d.C., "um certo Montano se proclamou a encarnação do Espírito Santo e desencadeou um movimento ascético, extático, caracterizado pela espera febril do *millenium iminente*;[162] a nova Jerusalém desceria em breve de céu e se estabeleceria na Frígia".[163] Por diversas vezes condenado por sínodos, o montanismo ainda assim perdurou até o século VI. O fim do montanismo evidentemente não marcou o fim dos milenarismos. Porém, instruída por essa primeira experiência, a Igreja Católica se posicionou em duas frentes: impedir e, se possível, prevenir os surtos apocalípticos, preservando ao mesmo tempo o caráter inspirado do livro de João.[164] O que implicava um trabalho de exegese e um atento controle sobre a sua utilização.

---

[158] Eusèbe De Césarée. *Histoire ecclésiastique*. 7, 25, 1. Paris: Cerf, [s.d.]. Livres V-VII. (N.R.T.)

[159] Eusèbe De Césarée. *Histoire ecclésiastique*. 3, 25, 1-4. Paris: Cerf, 1986. Livres I-IV. Sobre Eusébio, ver p. 104-108. Kaestli, Jean-Daniel. Histoire du Canon du Nouveau Testament. *In*: Arguerat, Daniel. *Introduction au Nouveau Testament*, p. 496, 498.

[160] Agostinho. *A cidade de Deus*. III, 20, 17. Tradução, prefácio, nota biográfica e transcrições de J. Dias Pereira. Lisboa: Fundação Calouste Gulbenkian. v. I, Livros 1-8 (1996); v. II, Livros 9-15 (2000); v. III, Livros 16-22 (2018).

[161] *Apocalipse* 20, 1-6.

[162] Em latim no original: *milênio iminente*. (N.R.T.)

[163] Brütsch, Charles. *La clarté de l'Apocalypse*, p. 449.

[164] Se o autor se chama João, nada permite, na realidade, identificá-lo com João, o filho de Zebedeu, o discípulo de Jesus, nem com o autor do quarto *Evangelho*. Segundo Élian Cuvillier, "deve tratar-se de uma personalidade importante das comunidades

Sem rejeitar completamente a dimensão futurista do texto, a exegese católica tendeu a insistir no lugar central de Jesus e, portanto, no presente do acontecimento pascal. "A proximidade de Cristo que está vindo se transforma na proximidade do Salvador que está presente", como observou Jacob Taubes.[165] "O *Apocalipse* de João", escreve Élian Cuvillier, "não procura tanto revelar o porvir ou o fim dos tempos como realidade objetiva quanto proclamar o advento desse fim no acontecimento Jesus, com a crítica do mundo presente que isso implica".[166] O advento do fim no acontecimento Jesus é muito precisamente o *Kairós*. Quanto ao "por vir" da vinda do Messias Jesus, ele é mantido e, em certo sentido, neutralizado e desarmado pela inscrição do livro no contexto ritual de uma celebração eucarística. O mistério da eucaristia é, com efeito, uma repetição (da Ceia) e uma antecipação (da vinda derradeira). No presente do ritual, forma de intemporalidade ou de suspensão do tempo *chronos*, passado e futuro se juntam ou se confundem e o fiel pode, por alguns instantes, participar do *Kairós* crístico; ou ser do mundo e estar fora do mundo, mas permanecendo ao mesmo tempo no mundo, à maneira do "como não" de Paulo. A Jesus que anuncia: "Venho em breve", o fiel responde: "Vem".[167] Tal leitura fornece um quadro ao livro, atribuindo-lhe um local simbólico e uma função litúrgica precisa. Utilizaram-no dessa maneira, acredita-se, as igrejas da Ásia, que foram as primeiras destinatárias do texto. Se é assim, compreende-se facilmente que não reste o menor espaço para os surtos milenaristas. Tudo está sob controle, ou deveria estar, na *aura* do *Kairós*.

Para além dessas observações de ordem geral sobre os usos do livro, o que dizer do texto em si, e, muito particularmente, dos tempos

---

asianas do fim do século I. Os destinatários pertencem ao conjunto da Ásia Menor" (Cuvillier, Élian. L'Apocalypse de Jean. *In*: Marguerat, Daniel. *Introduction au Nouveau Testament*, p. 420).

[165] "Interferem no Apocalipse duas representações do Messias: o Messias do povo judeu combativo que vem julgar o mundo e cuja vinda ainda é esperada, e o Messias sob a figura do cordeiro, que já veio" (Taubes, Jacob. *Eschatologie occidentale*. Traduction française de Raphaël Lellouche et Michel Pennetier. Nîmes: Éditions de l'Éclat, 2009, p. 85-87).

[166] Cuvillier, Élian. L'Apocalypse de Jean. *In*: Marguerat, Daniel. *Introduction au Nouveau Testament*, p. 425.

[167] *Apocalipse* 22, 7, 17.

mobilizados por João de Patmos? Mais ainda do que os outros livros do Novo Testamento, o *Apocalipse* está repleto de referências e de alusões ao Antigo Testamento (mais de quinhentas). E, mais do que os sinóticos e as epístolas de Paulo, o *Apocalipse* recorre ao material apocalíptico já mencionado anteriormente, grande parte do qual fornecida, como era de se esperar, pelo *Livro de Daniel*. De fato, João não teme nem a abundância nem a redundância, oferecendo, assim, um condensado (por esse mesmo motivo, bastante *kitsch*, por assim dizer) do que estava então disponível em matéria de representações apocalípticas. Sua "revelação de Jesus Messias" tinha a vocação de ser a última, quando não a primeira verdadeira e a última. Nesse sentido, ela era uma recapitulação e uma realização do gênero. Alimentava-se dele, excedia-o e o encerrava.

Em exílio na Babilônia, Daniel recebia visões que um anjo, Gabriel, devia lhe explicar. Situado ficticiamente no século VI a.C., ele via "a abominação da desolação"[168] encarnada por Antíoco IV, que queria mudar "os tempos (*kairous*) e a Lei".[169] Reproduzindo a destruição de 587 a.C., essa transgressão derradeira devia ser o prelúdio do fim dos tempos. Graças à sua reinterpretação dos setenta anos da profecia de Jeremias, Daniel efetivamente provava que o fim estava próximo, não mais apenas escatologicamente, mas também cronologicamente. Era-lhe, ademais, concedida (um raro privilégio) a capacidade de conhecer a duração da transgressão: "um tempo, tempos e a metade de um tempo".[170]

A João, exilado em Patmos, Deus concede uma "revelação (*apokalupsis*) de Jesus". Mas aí onde os apocalípticos recorriam a grandes figuras bíblicas, João fala em seu próprio nome, a partir de seu presente e para seus irmãos. Aos primeiros, era permitido descobrir o curso da história universal tal como ele estava inscrito, desde o início, nos livros do Céu, ao passo que a situação de enunciação de João é bem diferente. Embora utilize abundantemente o material apocalíptico habitual, ele o emprega de outra maneira. A catástrofe de 587 a.C. não é mais o ponto de partida da história, e a Babilônia, não obstante presente, não é mais a cidade de Nabucodonosor, aquela em que Daniel e Esdras receberam suas visões do

---

[168] *Daniel* 9, 27. (N.R.T.)

[169] *Daniel* 7, 25.

[170] *Daniel* 7, 25. Um ano, dois anos e a metade de um ano, isto é, três anos e meio, ou 42 meses, ou 1.260 dias (número que se encontra no *Apocalipse* de *João* 11, 2, 3).

fim; agora, é simplesmente o outro nome de Roma: a nova Babilônia para os cristãos e "a mãe das prostitutas e abominações da terra".[171]

João se apresenta como "servo" (*doulos*) de Deus e como "testemunha": "o qual atestou tudo quanto viu como sendo Palavra de Deus e o testemunho de Jesus Messias".[172] Sua posição de testemunha (aquele que viu, mas também ouviu) confere ao seu livro o *status* de profecia: "Feliz o leitor e os ouvintes das palavras desta profecia, se observarem o que nela está escrito, porque o Tempo está próximo".[173] O que se deve entender por profecia? Para João, não se trata de um discurso sobre o porvir, mas da "revelação" do testemunho de Jesus. O *de* é, simultaneamente, um genitivo objetivo e subjetivo: Jesus é revelado, se desvela a João, e lhe desvenda o que é esse tempo do fim. Ele é, ao mesmo tempo, o revelado e o revelante. Nessas condições, a profecia se define da seguinte maneira: "Com efeito, o espírito (*pneuma*) da profecia é o testemunho de Jesus".[174]

Diferentemente de Paulo, João não reivindica o título de apóstolo, mas o de profeta. O epílogo do livro o repete: estas são palavras de profecia, às quais não se deve acrescentar nada, nem subtrair nada.[175] Ele não apenas é testemunha como também é escriba. Por diversas vezes, recebe a ordem de pôr por escrito o que viu e ouviu, assim como Daniel recebera o mesmo mandamento. Mas, enquanto a Daniel é ordenado manter "lacrado o livro até o tempo do Fim (*kairós*)", João não deve reter "em segredo as palavras da profecia deste livro, pois o Tempo (*kairós*) está próximo".[176] A diferença é deliberada: ao porvir desvendado a Daniel, refém na Babilônia, responde o agora de João – ainda que a divulgação das visões de Daniel (seu deslacre quatro séculos mais tarde), justamente no momento da crise provocada por Antíoco, signifique realmente que o fim está muito próximo. Por conseguinte, no fim, tanto um como o outro intervêm no momento crítico, mas um deles, Daniel, precisa do recurso à pseudepigrafia e da distância que ela autoriza, enquanto o outro, João,

---

[171] *Apocalipse* 17, 5.

[172] *Apocalipse* 1, 1-2. Prigent, Pierre. *L'Apocalypse de saint Jean*. Édition revue et augmentée. Genève: Labor et Fides, 2000, p. 81, 85.

[173] *Apocalipse* 1, 3.

[174] *Apocalipse* 19, 10.

[175] *Apocalipse* 22, 18-19.

[176] *Daniel* 12, 4; *Apocalipse* 22, 10.

não tem qualquer necessidade de tal subterfúgio. O desvendamento *hic et nunc* do testemunho de Jesus, do qual João se faz ele próprio testemunha e, portanto, profeta, é suficiente. Em uma fórmula notável, Jesus é até mesmo designado como "o testemunhante" (*ho marturôn*): seu testemunho está em curso e assim permanecerá até o dia do Juízo.[177]

Como esperado, João designa esse momento como *Kairós*. Desde o primeiro versículo, ele é qualificado como "próximo" (*eggus*)[178]: "o que deve chegar" deve sobrevir "rapidamente" (*en tachei*)[179], "sem demora", "em breve" e também "de imprevisto" (Jesus aparece como um ladrão).[180] O tempo é curto, mas também abreviado, talvez acelerado. A urgência, já encontrada, está de fato presente. E esse "sem demora" retorna ao longo de todo o livro, cadenciando-o até o fim. Por três vezes, Jesus diz a respeito de si mesmo: "Venho em breve".[181] Pois "a hora (*hôra*) do Juízo chegou",[182] hora que abre verdadeiramente o *Kairós* como momento decisivo, crítico no sentido forte da palavra, que julga e que corta o tempo em dois. Se, para Paulo, a Ressurreição abria um presente messiânico, que ele chama de "*kairós* de agora", para João, o *Kairós* propriamente dito não se iniciará senão com a vinda próxima de Jesus. Nesse sentido, ele guarda semelhança com os apocalipses judaicos, mas se concentrando apenas no momento do fim, ocupado e anunciado pelo acontecimento Jesus. Assim como Daniel, ele une fortemente *Kairós* e *Krisis*, o "Juízo" e o "Momento"; um não existe sem o outro: cada qual, à sua maneira, corta. Empregada regularmente por Daniel, a expressão "até a realização do *Kairós*" (*sunteleia tou kairou*)[183] é, por diversas vezes, retomada de modo exato por João.

Estamos, portanto, realmente no mesmo universo apocalíptico, familiar, com sua fratura em dois tempos, com a ressalva de que "aquele que vem" é também "aquele que (já) veio". Posto isto, como pode a estrutura do apocalipse, com seu momento decisivo e único por definição, dar lugar a este outro acontecimento, ele também único, que faz dele uma espécie de *work*

---

[177] *Apocalipse* 22, 20.

[178] *Apocalipse* 1, 3. (N.R.T.)

[179] *Apocalipse* 1, 1. (N.R.T.)

[180] *Apocalipse* 3, 3; 16, 15. (N.R.T.)

[181] *Apocalipse* 3, 11; 22, 7, 20.

[182] *Apocalipse* 14, 7. (N.R.T.)

[183] Por exemplo: *Daniel* 8, 17. (N.R.T.)

in progress? É contraditório, pois o único não se repete. Como ceder todo o seu lugar à Ressurreição e à Parusia, a essa presença, final e total, do Messias? Paulo, como vimos, "dilata" o *Kairós*, este outro tempo que, relacionado ao tempo *chronos*, pode durar, mas o essencial é viver neste tempo *chronos* "como não estando nele", vigiar e se manter pronto. Nada mais realmente conta. É Agostinho que adotará plenamente essa acepção do *Kairós*, fazendo dela o princípio gerador do curso das duas cidades e o motor da história universal, havendo, de um lado, a cidade dos homens, carnal e presa unicamente no tempo *chronos*, e, de outro, a de Deus, espiritual e conectada ao tempo *kairós*.

A essa pergunta, o *Apocalipse* traz sua resposta. Melhor do que isso, João faz de seu livro uma resposta em ato. Ele não escreve um tratado sobre o apocalipse direcionado aos exegetas do futuro. O elo entre "Juízo" e "momento decisivo" é, como dissemos, afirmado, enquanto se desenrolam diante de seus olhos os diversos enredos do fim, que constituem tantas traduções diacrônicas da sincronia divina. A sequência dos setenários (os sete selos, as sete trombetas, os sete anjos, as sete taças) não designa uma sucessão cronológica de catástrofes que se abatem sobre a humanidade, mas sim várias facetas do mesmo acontecimento. A missão de João é relatar "o que ele viu" (e ouviu). Tal dispositivo enunciativo conduz, na verdade, a mesclar passado, presente e futuro. O futuro do que ele viu (e que ainda não ocorreu), o passado do momento da visão (eu vi) e o presente do relato que ele faz a seu respeito. A isso convém ainda acrescentar cada presente da leitura e da celebração litúrgicas. Passa-se sem transição do futuro para o perfeito. Proclamando a queda vindoura e inexorável de Roma, o anjo diz: "Caiu! Caiu Babilônia, A Grande"; e, alguns versos mais longe, ele prossegue, desta vez no futuro: "os reis da terra [...] chorarão e baterão no peito [...]", antes de recorrer ao presente, e até mesmo ao imperfeito.[184]

Essa mistura – para não dizer esse embaralhamento sistemático dos tempos – pode tanto menos ser acusada de inépcia de estilo quanto ela é, por assim dizer, reforçada pelo modo de presença do próprio Deus. Não é ele chamado, por João, "Aquele-que-é, Aquele-que-era e Aquele-que--vem"?[185] Mais exatamente, como "o ente, o era e o veniente". O emprego dos

---

[184] *Apocalipse* 18, 2, 9, 11, 17.

[185] *Apocalipse* 1, 8: aquele que vem, o veniente (*ho erchomenos*); em *Êxodo* 3, 14, Deus diz a Moisés: "Eu sou aquele que é", "Eu sou o existente" (*Egô eimi, ho ôn*). João retoma a definição, aplica-a e a transforma.

particípios presentes[186] é uma maneira de abrir espaço para a duração humana, para Deus concebido desde a margem do tempo *chronos*. Deus "é", isto é, "está sendo aqui" e, sobretudo, ele não é, segundo a fórmula esperada, aquele que "será", mas aquele que "está vindo". Ele é "o ente" e "o veniente", assim como Jesus é "o testemunhante". A forma progressiva incita a perceber o apocalipse, para retomar minha fórmula, como um *work in progress*. As visões dão acesso ao que ainda não ocorreu, permitindo relatá-lo como se esse "ainda não" já tivesse advindo. Ademais, sendo Jesus aquele que vem em breve, como João o faz repetir, o "ainda não" já está em vias de realização. A visão permite reduzir a quase nada a distância entre o acontecimento pascal e o acontecimento final, e vê-los quase como um único acontecimento, do qual a liturgia eucarística permite justamente fazer uma primeira experiência ou uma experiência antecipada. À intemporalidade da visão de João corresponde a intemporalidade do ritual nas igrejas como antecipação do fim. Ao anúncio por Jesus de que "Venho em breve", os fiéis que se reúnem para celebrar a espera de sua vinda respondem: "Vem, Senhor Jesus".[187]

---

[186] O uso de particípios presentes em português se revela difícil, haja vista que a forma não é admitida para todos os verbos. Não obstante, a correta tradução da ideia aqui expressa por Hartog exige a adoção dessa forma verbal, ainda que, em certos casos, de maneira aproximativa. (N.T.)

[187] *Apocalipse* 22, 7, 12, 17, 20. Esse "vem" lembra muito, escreve Prigent, uma das mais antigas fórmulas litúrgicas do cristianismo primitivo: *maranatha*. Essa palavra – do aramaico transcrito – "se compõe de duas palavras, das quais a primeira *Maran* (ou *Marana*) significa: nosso Senhor. A segunda é uma forma do verbo vir, seja no perfeito, seja no imperativo. No primeiro caso, pode-se traduzir da seguinte forma: nosso Senhor veio. E isso pode significar: ele veio, ele está aqui. No segundo caso, a tradução é evidente: Vem, nosso Senhor! Os testemunhos patrísticos apontam para o primeiro sentido, o *Apocalipse* para o segundo, e isso numa época muito avançada" (Prigent, Pierre. *L'Apocalypse de saint Jean*, p. 501-502). Se as duas opções são efetivamente possíveis (perfeito e imperativo), o aramaico *maranatha* diz o essencial do mistério crístico: ele veio e ele vem (em breve). Reside de fato aí todo o desafio da reescrita dos apocalipses e, de maneira mais ampla, do Antigo Testamento pelos discípulos de Jesus Messias. Ver também as observações de: Talley, Thomas. J. *Les origines de l'année liturgique*. Traduction française de Anselme Davril. Paris: Cerf, 1990, p. 93-94. A expressão *maranatha* transcrita em grego em uma só palavra, mas é "composta em aramaico de duas palavras: *marana tha*, uma forma de imperativo orientada para o futuro: 'Vem, Senhor". Mas ela poderia também traduzir um perfeito que exprime um acontecimento completamente realizado no passado, *maran atha*, nosso 'Senhor chegou'". O. Cullmann indica também que o *Apocalipse* está repleto de alusões ao culto cristão primitivo (Cullmann, Oscar. *Christ et le temps*, p. 53).

Não se trata de sonhar com o fim, mas de vivê-lo. A mensagem é também ensinamento e injunção. Nas cartas que João dirige às sete igrejas da Ásia, que estão inseridas no início do livro, ele as repreende severamente, denunciando todo acomodamento com as práticas da vida cívica como compromissos, cuja pior manifestação é o culto imperial. Sua verdadeira cidade está alhures. O *leitmotiv* é "converte-te": elas devem se abster de qualquer instalação no tempo *chronos*, ao contrário do que as comunidades judaicas, qualificadas de sinagogas "de Satanás", fazem ou tendem a fazer.[188] À igreja de Sardes, ele de fato relembra: "Lembra-te, portanto, de como recebeste e ouviste, observa-o, e converte-te! Caso não vigies, virei como ladrão, sem que saibas em que hora venho te surpreender".[189] Estamos, de fato, em um presente apocalíptico, ao qual é preciso sempre responder com vigilância e uma disponibilidade plena e imediata.

O reino de mil anos

Se o objetivo do *Apocalipse* é oferecer aos crentes uma espécie de antecipação ou vislumbre da realização do *Kairós*, surge então a inevitável e difícil questão do capítulo 20: por que esses mil anos? Por que aproximar a tal ponto o acontecimento pascal e o acontecimento final, fazendo deles quase um único acontecimento em curso e, em seguida, subitamente retardar o seu advento? Seria uma maneira de explicar o atraso da Parusia, para retomar a fórmula utilizada por alguns comentadores a respeito de Paulo e da segunda carta aos tessalonicenses?

"Vi", diz João, um anjo descer do céu e acorrentar Satanás "por mil anos", de modo que ele "não seduzisse mais as nações até que os mil anos estivessem terminados. Depois disso, ele deverá ser solto por pouco tempo".[190] Ao longo desse lapso de tempo, ocorrem vários episódios: um julgamento, uma primeira ressurreição daqueles que foram fiéis e que vão partilhar o reinado de mil anos com Jesus Messias. Então, uma vez completados os mil anos, Satanás será solto: ele desencaminhará novamente as nações nos quatro cantos da terra, reunirá um exército formidável, antes

---

[188] *Apocalipse* 2, 9; 3, 9.

[189] *Apocalipse* 3, 3.

[190] *Apocalipse* 20, 2-3.

que um fogo os devore.[191] Desta vez, será o fim definitivo do Diabo lançado no "lago de fogo e de enxofre".[192] Todos os mortos serão julgados, e todos aqueles cujos nomes não estavam inscritos nos livros serão lançados no lago de fogo. Será a segunda morte, e ela será impreterível.[193] "Vi então", continua João, sem transição, "um céu novo e uma nova terra [...] Vi também descer do céu, [...] a Cidade santa, uma Jerusalém nova [...]".[194] Quase por efração, faz-se uma incursão no depois do momento decisivo, onde não haverá mais Sol, nem Lua, nem dia, nem noite, visto que será o fim do tempo *chronos* (e de todos os seus marcos), enquanto o *Kairós* se fundirá, por assim dizer, na eternidade (*aiôn*) de Deus.

Entrar no imenso e sempre aberto campo dos comentários suscitados pelo capítulo 20 não é meu propósito, ainda que não se possa esquecer que ele esteve no ponto de partida de múltiplos movimentos milenaristas, dos mais delirantes aos mais "razoáveis". Trata-se de um texto impreciso (para dizer o mínimo), alusivo (é dizer pouco) e único na Bíblia – e essas são tantas condições que alimentaram uma intensa produção de quiproquós, embora o inverso (isto é, não saber o que fazer dele) também tivesse sido concebível. A imprecisão é agravada por uma precisão excessiva, como de costume nos apocalipses. Por cinco vezes, João repete, com efeito, que se trata realmente de mil anos. É preciso contá-los como tempo *chronos* ou tempo *kairós*? Estamos no campo do cronológico ou do simbólico? Se se entende que, para *kairós*, valores numéricos não têm qualquer relevância, por que então esse número?

Justamente por seu valor simbólico, respondem alguns exegetas, pois ele corresponde aos mil anos da vida no paraíso (antes da Queda) e significa, portanto, o restabelecimento do estado a que a expulsão de Adão pusera fim, confirmando, mais uma vez, que Jesus é de fato o novo Adão. Mas outros optam por uma interpretação literal de toda a sequência, incluindo-se os mil anos, que são vistos como vindouros e se iniciando após a Parusia. Essa interpretação tem a seu favor o fato de ser a mais antiga, e é evidentemente a partir dela que prosperaram os diversos milenarismos.[195]

---

[191] *Apocalipse* 20, 4-9. (N.R.T.)

[192] *Apocalipse* 20, 10. (N.R.T.)

[193] *Apocalipse* 20, 11-15. (N.R.T.)

[194] *Apocalipse* 20, 4-15; 21, 1-2.

[195] Brütsch, Charles. *La clarté de l'Apocalypse*, p. 329.

Outros exegetas, notadamente protestantes, mais prudentes, preservam a ideia de que os mil anos estão por vir, mas apontam sobretudo que é na história humana que se realizará a história.[196] Isso suscita, apesar de tudo, a questão do *status* desse tempo intermediário ou desse reino provisório, a partir do momento que se pretende inscrevê-lo, ainda que parcialmente, em um horizonte cronológico.

A interpretação simbólica, adotada pela maioria dos exegetas católicos modernos, evita, em contrapartida, esse tipo de dificuldade. Os mil anos se iniciaram com a primeira vinda de Jesus. O *Apocalipse* fala, na realidade, do tempo da Igreja – e, portanto, do presente. Reconduzir o *Apocalipse* ao presente é, com efeito, a maneira mais segura de o desapocaliptizar. Sobre esse ponto capital, Agostinho, que, como dissemos, mostra-se um tanto perplexo diante do livro de João, não tem dúvida: "A igreja que é agora o reino de Cristo".[197] Os mil anos designam, na verdade, a sexta e última idade do mundo, e João, tomando a parte pelo todo, teria utilizado essa designação para nomear os últimos momentos dessa idade, isto é, o presente.[198] Entre a interpretação literal e a interpretação simbólica, todas as posições intermediárias foram sustentadas, todas as combinações tentadas; fazer um inventário seria, ao mesmo tempo, longo, quando não interminável, e não faria nada além de confirmar, afinal, o *status* ambíguo desse tempo que é, simultaneamente, *kairós* e *chronos*. Simultaneamente, mas em que proporções, alguns perguntarão, ou segundo quais modalidades? Pode-se passar progressivamente de um para outro? Em princípio, os dois registros, assim como o óleo e a água, não poderiam se misturar, mas, ao ler certas interpretações, poder-se-ia duvidar disso.

Seria possível perceber uma analogia ou uma simples homologia de posição entre as obscuridades da segunda carta aos tessalonicenses e as do capítulo 20 de João? Procurar esclarecê-las seria tão ingênuo quanto inútil, pois elas tiraram dessas obscuridades uma parte de sua eficácia ao longo dos séculos. À sequência paulina do *katechon* poderia corresponder a dos mil anos de João, tanto uma como a outra respondendo à "demora da Parusia". Sim, estamos muito perto do fim, mas, antes do Juízo, devem ainda produzir-se vários acontecimentos. Se já estivéssemos plenamente

---

[196] Brütsch, Charles. *La clarté de l'Apocalypse*, p. 330-331.

[197] Agostinho. *A cidade de Deus*, III, 20, 9.

[198] Agostinho. *A cidade de Deus*, III, 20, 7.

no tempo *kairós*, já estaríamos também além da história; se, em contrapartida, o fim que se aproxima depende das duas formas de tempo, então ainda há espaço para uma história dos homens e uma razão de ser para a Igreja. "Convertei-vos!"

João sustentaria, ao todo, várias proposições. De acordo com todos os autores do Novo Testamento, ele anuncia que o fim está próximo. E o tempo do fim é este tempo condensado que se abriu com o acontecimento pascal e que se encerrará com a Parusia e o Juízo: aqui também, o acordo é geral. Conceber o tempo que vai da Ressurreição à Parusia como um acontecimento quase único significa, no fundo, assumir o ponto de vista da visão sinóptica e sincrônica de Deus, para quem um dia equivale a mil anos e mil anos a um dia. Voltam a aparecer sob outra forma ainda os mil anos. As imagens e as palavras conservadas por João o repetem de diversas maneiras. Mas se o seu *Apocalipse* agrega algo a esse esquema recíproco, é por sua declarada dimensão litúrgica, porque, durante sua leitura, cabe ao fiel fazer, de maneira antecipada, acelerada e em seu próprio presente, a experiência desse momento decisivo ainda por vir. A intemporalidade do ritual dá acesso ao *Kairós*, tal qual o facho de um farol cujo brilho nos ofusca no instante de sua passagem. Mas, no fim do ofício, o tempo *chronos* retoma seu curso: a Babilônia "caiu", "está acabada".[199] Sabemos então que ela está nas últimas, mas, por enquanto, ainda continua em pé e nociva, assim como seu cortejo de ameaças e de perseguições sempre possíveis – Nero pode retornar, vai retornar –, de modo que os acomodamentos com o mundo não deixam de ser tentadores. Em suma, Satanás ainda está em ação. É preciso, portanto, vigiar, caminhar e, a exemplo de Paulo, esquecer "do que fica para trás" e avançar "para o que está diante"[200]: o presente novo.

Um regime de historicidade inédito: o regime cristão

À pergunta inicial que lançou nossa investigação – existe um regime cristão de historicidade? –, o exame dos primeiros textos do cristianismo conduz a responder positivamente. O que seria ele? Uma maneira singular de articular o trio formado por *Chronos*, *Kairós* e *Krisis*. Qual é a

---

[199] *Apocalipse* 14, 8; 18, 2, 21. (N.R.T.)
[200] *Epístola aos Filipenses* 3, 13. (N.R.T.)

textura desse tempo novo? Como presentismo, ele é muito diferente do presentismo contemporâneo, pois o "agora", seguramente valorizado, é atravessado, ou melhor, magnetizado pelo duplo conceito de *Kairós* e de *Krisis*. O presente aparece, ademais, como "plenitude" do tempo. Por certo, o passado importa, mas na medida em que anuncia e prefigura o presente, pois não se vai do passado para o presente, mas do presente para o passado. A abordagem tipológica é o instrumento dessa maneira de ler os textos e de compreender a história. Tudo o que está escrito é a nosso respeito, proclama com convicção Paulo, retomando as palavras de Jesus. Quanto ao futuro, ele é, por assim dizer, tragado ou aspirado pelo presente novo que vai durar até a Parusia e o dia do Juízo.[201] Idealmente, nessa economia inédita do tempo, o campo de experiência e o horizonte de expectativa coincidem e, no entanto, é preciso aprender a viver na inevitável distância que os separa.

Embora os primeiros cristãos retomem a estrutura dos apocalipses, eles a modificam profundamente, pois é preciso acomodar nela uma sequência inaudita aberta pela vinda de um Messias que ainda vai vir. No século II, Justino, em seu diálogo com Trifão, o judeu, não hesita em falar em "duas parusias".[202] Decorre disso um necessário arranjo por parte dos autores do Novo Testamento para conseguir dizer o que ainda não havia sido, partindo de palavras, de imagens, de esquemas de pensamento, de crenças construídas e mobilizadas, sobretudo, pelo judaísmo apocalíptico. Para retomar a observação de Michel de Certeau, citada no prefácio, a fim de dizer o que eles estão "construindo", os primeiros cristãos mobilizam as representações do que eles estão "perdendo". Assim, a respeito do fim dos tempos e do Juízo, eles têm de rapidamente introduzir uma distinção entre o tempo do fim, seguramente aberto pela vinda de Jesus Messias, e o fim dos tempos, que pertence ao Pai e apenas a ele. Isso abre então a questão – destinada a permanecer aberta – do *status* desse tempo, que não deveria durar muito, tempo *chronos* provisório, intermediário, quando não supranumerário, do qual não se deve esperar muito.

---

[201] Dizer que ele vai durar *até* a Parusia não é exato, pois esse presente é um presente permanente, perpétuo, sem passado e sem futuro. É mais uma maneira de traduzir, de certo modo, *kairós* como tempo *chronos*.

[202] Bobichon, Philippe. *Justin martyr. Dialogue avec Tryphon*. Édition critique. Fribourg: Academic Press, 2003, 32, 2.

Para os apocalípticos, o dia do Juízo – seja diretamente por Deus, seja por um Messias por ele enviado – e o fim dos tempos coincidem. Os conceitos gregos de *krisis* e de *kairós* lhes permitem nomear e pensar essa conjunção. Os apocalipses, como vimos, são meditações em torno da catástrofe, tendo por epicentro aquela advinda em 587 a.C., com suas reiterações em 167 e 63 a.C., e também em 70 e 135 d.C. Essa sequência de desgraças, que arruinaram Jerusalém e esvaziaram a Judeia, baliza o campo dos apocalipses e o grande nome da Babilônia recobre esse longo arco temporal: da Babilônia assíria à Babilônia romana, passando por aquela tomada por Ciro, assim como cairá a dos romanos. Afinal, a Babilônia "está acabada", anuncia, por sua vez, o *Apocalipse* de João. Quanto ao resto, porém, a catástrofe de 587 a.C. não é mais o centro, e não pode mais ser o centro. Embora seja preservada toda a fantasmagoria apavorante do Juízo (*Krisis*), o acontecimento central é a "revelação" de Jesus. Este último é, ao mesmo tempo, um sinal do fim, aquele que confere aos sinais repertoriados no Antigo Testamento seu verdadeiro sentido e aquele que inicia efetivamente o fim no presente, inscrevendo-o no tempo *chronos*. Com ele, que é "aquele que vem" (o veniente), o apocalipse já se iniciou ou está em curso. Em outras palavras, entramos no tempo *kairós*, mesmo que o dia do Juízo ainda esteja por vir. Passa-se assim da conjunção entre *Krisis* e *Kairós* a uma certa disjunção dos dois. A partir de então, o problema consistirá em confrontar essa distância difícil de conceber, complicada de viver e que deverá ser incessantemente interrogada. Essa será, em certo sentido, toda a história do cristianismo e, primeiramente, a questão do que o cristianismo pode conceber como história.[203]

Paulo, de sua parte, traz uma primeira resposta forte, construindo a noção de "*kairós* de agora": o presente é do *kairós* e o *kairós* é do presente. Relacionando *Kairós* e plenitude do tempo, Marcos anuncia que, com Jesus, "cumpriu-se o *kairós*".[204] A completude é uma maneira de abordar a natureza do *kairós*. Situando-se no terreno do ritual, João traz, de sua parte, uma resposta

---

[203] Segundo a justa observação de Hans Blumenberg, "foi apenas muito tardiamente que o cristianismo reivindicou para si mesmo a pretensão de ter iniciado uma nova fase da história. Isso lhe era simplesmente proibido, primeiramente em razão de sua hostilidade de ordem escatológica à história e, portanto, da concepção a-histórica que, quando menos, dela decorria" (Blumenberg, Hans. *La légitimité des temps modernes*, p. 531).

[204] *Marcos* 1, 14.

prática, pois o fiel já pode fazer, na celebração litúrgica, uma experiência da conjunção de *Kairós* e de *Krisis*. Nesses momentos privilegiados (e repetíveis), coincidem para ele a experiência e a expectativa. Graças a esse "antegosto" da Parusia, ele é então capaz de não se deixar enviscar no tempo *chronos* e de "ouvir" as reprimendas que João dirige às sete igrejas da Ásia e, sobretudo, seus apelos à conversão,[205] isto é, a viver sem ceder aos acomodamentos e a viver na expectativa da vinda de Jesus e, portanto, do Juízo.

Da mesma forma, o "como não" (*hôs mê*), pregado por Paulo aos coríntios, indica a via do desdobramento para viver, desde hoje, simultaneamente no tempo *chronos* e no do *kairós*: "Aqueles que têm esposa, sejam como não a tendo; aqueles que choram, como não chorando [...]".[206] Todas essas respostas não excedem o presente. Elas indicam como viver, dia após dia, o mistério do *Kairós*, sabendo que o Juízo se aproxima, mas sem ceder à excitação apocalíptica, alimentada por aqueles que os autores do Novo Testamento denunciam como falsos profetas e falsos ou antimessias. O futuro é tragado pelo presente messiânico, e, quanto ao futuro levado pelo tempo *chronos*, ele pouca importância tem, mesmo que tribulações e perseguições ainda estejam por vir. Babilônia, a grande, "caiu"! Isto é, ela cairá, a nova Babilônia, como de fato caiu a antiga.

Na *2 Epístola aos Tessalonicenses*, Paulo vai mais longe, confrontando-se à questão da distância entre *Kairós* e *Krisis*, não mais do ponto de vista do cotidiano dos fiéis, mas daquele, mais amplo, de uma verdadeira teodiceia. Antes que venha o dia do Juízo, será preciso que se afaste "aquele" ou "aquilo que detém" a completa "revelação" do homem da anomia, que ocupa uma posição simétrica e inversa à de Jesus Messias. É por isso que a tradição comumente reconheceu nele uma figura do Anticristo. Então, mas somente então, o Senhor o suprimirá definitivamente. Desse episódio, cuja interpretação exigiu muito de exegetas e comentadores, reterei, afinal, apenas o seguinte. Ao esboçar esse enredo do fim, Paulo mobiliza tanto o tempo *kairós* quanto o tempo *chronos*. Isso porque a força que segura ou detém pode designar, simultaneamente, uma potência humana (Roma ou, amanhã, outra) e um instrumento a serviço da escatologia divina. O *katechon* é uma maneira de responder à distância entre

---

[205] "Quem tem ouvidos, ouça o que o Espírito diz às Igrejas", a fórmula conclui cada uma das cartas dirigidas às sete igrejas (*Apocalipse* 2, 7, 11, 17, 29; 3, 6, 13, 22).

[206] *1 Epístola aos Coríntios* 7, 29-30. (N.R.T.)

Kairós e *Krisis*, de oferecer uma representação dela e de lhe conferir um sentido. Há uma história vindoura, e é isto o que ela será até o seu fim. Na mesma linha, os mil anos do reino de Jesus pertencem, como sugeri, a um tempo *kairós*, que não está completamente desamarrado do tempo *chronos*. Essa homologia estrutural entre as posições de Paulo e de João atenderia à mesma necessidade de conferir certa consistência (uma razão de ser) ao distanciamento inevitável entre *Kairós* e *Krisis*.

Nessa distância constitutiva do regime cristão de historicidade, situa-se não uma "demora da Parusia", como ela foi frequentemente nomeada, mas, antes, o chamado a viver de agora em diante segundo dois regimes de temporalidade: o próprio ao *Kairós* e o próprio a estas criaturas humanas, que, tendo sido submetidas à morte por culpa de Adão, se tornaram "temporais". E assim *será* por tempo indeterminado. Com suas duas cidades – a de Deus e a dos homens, habitadas por dois amores –, Agostinho tirará disso todas as consequências. Ele fará dessa dupla condição, que ele desenvolverá plenamente, a estrutura profunda da marcha da história universal.

Eis como, graças a uma mobilização inédita dos conceitos gregos de *krisis* e de *kairós*, os primeiros cristãos, para confrontar *Chronos*, conduziram e venceram uma grande batalha de cerco, cujo resultado é a formação, a instituição e a difusão do regime cristão de historicidade. Para os gregos, o par imediatamente operatório era *chronos* e *kairós*; *krisis* intervinha em terceiro lugar, marcando um antes e um depois do julgamento (quer esse julgamento fosse uma batalha ou uma evolução do curso de uma doença), mas não abria nenhuma perspectiva escatológica. Com os apocalipses, tudo muda: *Chronos* é, por assim dizer, preterido e destituído por *Krisis* e *Kairós*. A partir de então, opera-se uma conjunção dos dois conceitos, ainda que *Kairós* se encarregue de exprimir a aproximação do momento decisivo, a iminência do dia do Juízo e a abertura próxima de um tempo inteiramente diferente para aqueles que tiverem feito a travessia (os justos, os eleitos).

Embora eles se inscrevam, inicialmente, nessa configuração da iminência, os primeiros cristãos devem muito rapidamente transformá-la. Jesus mesmo diz e repete que "o tempo se abrevia".[207] O Juízo se aproxima, e já entramos em um tempo *kairós*. Até aqui, Jesus ocupa a posição de um apocalíptico, por assim dizer, clássico. Mas a partir do momento em que, como vimos, ele se apresenta como sendo ele próprio o *Kairós*, em

---

[207] Por exemplo: *Marcos* 13, 20; *Lucas* 24, 22. (N.R.T.)

que a Encarnação se torna o *Kairós*, a distância em relação aos apocalipses se aprofunda. O Juízo não desaparece, por certo; ele permanece seguramente no horizonte, mas, como ocorre com o horizonte, à medida que nos aproximamos dele, ele se afasta. O elo entre *Kairós* e *Krisis* não está rompido, e ele não o pode ser, mas *Kairós* tende a prevalecer sobre *Krisis* em um mundo que será cada vez mais cristocêntrico. O *Kairós* crístico se estende na direção do Juízo, pretendendo ao mesmo tempo não o reger (pois ele permanece sob a completa discrição do Pai). Sair do quadro apocalíptico não é possível. Apesar de tudo, designar esse momento final como Parusia (isto é, Presença definitiva) de Jesus Cristo talvez seja a maneira de "cristianizar" o Juízo. Da distância instaurada entre *Kairós* e *Krisis* decorre, em todo caso, a distinção capital entre o fim dos tempos e o tempo do fim, que doravante se cravará como uma cunha no tempo *chronos*. Sem essa distância, não há, do ponto de vista cristão, história possível; e, uma vez que há história, ela não pode ser outra coisa senão a marcha contínua e desdobrada da cidade dos homens e da de Deus. Até o fim absoluto, apocalíptico.

CAPÍTULO 2

A ordem cristã do tempo e sua difusão

Após ter estabelecido nas páginas precedentes que há de fato um regime cristão de historicidade – isto é, um tempo que tem um começo absoluto e um fim determinado; um tempo que, situado entre as duas balizas da Encarnação e da Parusia, mal deveria durar; um lapso de tempo, por assim dizer, sem consistência própria, já que é apenas um presente, o da Nova Aliança –, examinamos passo a passo a sua emanação, focalizando as transformações concretas da relação com o tempo que ele induzia e as modificações da própria textura do tempo *chronos* que ele provocava. O arranjo de *Kairós* e de *Krisis*, essa nova rede lançada sobre *Chronos*, devia poder apreendê-lo e assegurar o controle sobre ele de modo eficaz e duradouro. Embora estreitamente ligados, *Kairós* e *Krisis* não deixam de estar separados.

Ampliemos agora o escopo para acompanhar os efeitos mais longínquos do novo regime sobre as principais escansões temporais já presentes e operatórias no mundo romano. Ou, para recorrer a outra imagem e dizê-lo de outra maneira, quais foram os efeitos da onda de choque do Acontecimento Jesus sobre as grandes divisões da história do mundo? Como esse regime, no espaço de alguns séculos, logrou informar, isto é, transformar as relações com o mundo e com o tempo, para muito além do local de origem da pequena seita apocalíptica, a ponto de fazer da Encarnação a data fundamental do mundo? Trata-se primeiramente da organização do tempo, resultando na emergência e conduzindo à afirmação de uma nova ordem dos tempos, da qual a Igreja pretende ser a fiadora e a intérprete autorizada.

É impressionante a amplitude de um abalo sem precedentes que não teria podido se operar sem a conquista do Império Romano pelos cristãos e sem as inevitáveis lutas pelo poder supremo que a acompanharam nos séculos IV e V. Em primeiro lugar, foi preciso a conversão de Constantino e sua vitória de 312 sobre o seu rival Magêncio, derrotado e morto na Ponte Mílvia, para que o cristianismo saísse da condição de seita e pudesse sair vencedor.[208] Em 313, o edito de Milão autoriza a prática de todos os cultos, atribuindo à religião cristã um lugar privilegiado. "Deixamos aos cristãos a liberdade mais completa, a mais absoluta de praticar seu culto; e, como a concedemos aos cristãos, [...] os demais devem gozar do mesmo direito [...] que a liberdade seja completa para todos os nossos súditos de adorar o deus que escolheram, e que nenhum culto seja privado das honras que lhe são devidas."[209]

Oitenta anos mais tarde, em 392, esse edito de tolerância é substituído pelo de Teodósio, edito de intolerância, que, ao contrário, proíbe completamente qualquer sacrifício e qualquer culto pagão.[210] Nesse intervalo, ocorreu, frequentemente por iniciativa de bispos zelosos, um grande número de destruições de santuários pagãos para expulsar os demônios. Em 321, Constantino introduz uma reforma, discreta, mas assim mesmo importante para o nosso propósito, que Paul Veyne qualifica de "golpe mais indolor e bem desferido", a saber, a instituição do descanso dominical. Fazendo coincidir o sétimo dia da semana, dia do sol (*sunday*), com o dia do Senhor (*dies Domini*), ele "insere, dessa maneira, um pouco de calendário religioso cristão no curso do ano civil, mas sem atentar contra a liberdade religiosa de cada um".[211] Justiniano se encarrega de completar o trabalho. Em 529, ele suprime a liberdade de consciência e ordena o fechamento da escola neoplatônica de Atenas. O cristianismo acabara de se transformar em religião de Estado.

Uma vez traçado o quadro geral e relembradas as principais etapas da conquista, podemos examinar, de maneira mais precisa, como se negocia

---

[208] Veyne, Paul. *Quand notre monde est devenu chrétien (312-394)*. Paris: Albin Michel, 2007, p. 84-88; Chuvin, Pierre. *Chronique des derniers païens*. Paris: Les Belles Lettres, 1990, p. 30-42.

[209] Relatado por Eusébio de Cesareia em: Eusèbe De Césarée. *Histoire ecclésiastique*. 10, 5, 4-8. Paris: Cerf, 1958. Livres VIII-X. (N.R.T.) O texto do edito é citado por: Chuvin, P. *Chronique des derniers païens*, p. 33.

[210] Stroumsa, Guy. *La fin du sacrifice. Les mutations religieuses de l'Antiquité tardive*. Paris: Odile Jacob, 2005.

[211] Veyne, Paul. *Quand notre monde est devenu chrétien (312-394)*, p. 148.

o presentismo apocalíptico ao longo dos primeiros séculos do cristianismo. Como os cristãos vão infiltrar, colonizar e, finalmente, tornar-se senhores do tempo *chronos*, tanto do tempo ordinário que cadencia as vidas no cotidiano quanto do tempo complexo da história universal, com suas eras e suas grandes escansões? O estabelecimento e a difusão desta ordem inteiramente nova do tempo se contam em séculos, cerca de uma dezena no total para completar a progressão. Se essa história é longa, ela também é complexa, variando conforme se está em Jerusalém, Alexandria, Antióquia ou Roma, e é fonte de conflitos e de querelas. Basta mencionar a grande e famosa controvérsia em torno do cálculo da data da Páscoa, que perdurou até o século VIII, e a intervenção decisiva de Beda, o Venerável. Voltaremos ao tema mais adiante.[212]

Fiéis ao nosso fio condutor, começaremos por examinar a maneira como o trinômio aqui adotado, formado pelos três conceitos de *Chronos*, *Kairós* e *Krisis*, apodera-se das mentes, dos corações e, primeiramente, dos calendários. De modo mais preciso, veremos como *Kairós* e *Krisis* instalam sua dominação sobre *Chronos*. Ao longo desse período, aquele que vai ocupar o lugar de grande ordenador dos tempos (*ordo temporum*) é Agostinho. Desde a Encarnação, o mundo entrou inequivocamente em sua última idade, a de sua velhice, como ele repete insistentemente, mas esse indubitável tempo do fim não deve, em nenhum caso, ser confundido com o fim dos tempos, cujo único senhor é Deus. Esse será, no fundo, o principal *leitmotiv* deste livro.

O tempo ordinário: os calendários e as eras

Sobre esses registros ordinários do tempo que são os calendários, já brevemente evocados acima com *Jubileus*, bastará uma observação suplementar.[213] Definido por Paul Ricœur como um "terceiro tempo", o tempo calendário, ele escreve, "cosmologiza o tempo vivido" e "humaniza o tempo cósmico".[214] Émile Benveniste, de sua parte, reconhecia nele uma forma de "tempo socializado" e, na verdade, "intemporal", justamente na

---

[212] Ver p. 119-127.
[213] Ver p. 55-56, e, entre outros: Beckwith, Roger T. *Calendar, Chronology and Worship. Studies in Ancient Judaism and Early Christianity*. Brill: Leiden Boston, 2005, p. 1-4.
[214] Ricœur, Paul. *Temps et récit*. III. *Le temps raconté*. Paris: Le Seuil, 1985, p. 160.

medida em que "o calendário é exterior ao tempo". Com efeito, "ele não passa com o tempo. Ele registra séries de unidades constantes, chamadas dias, que se agrupam em unidades superiores (meses, anos)".[215] Essas observações são certamente corretas, mas negligenciam esse tempo (seguramente socializado e intemporal) que é informado, ordenado e magnetizado pelo religioso. Afinal, por meio dele, estabelece-se uma relação direta entre a divindade e os dias que, por assim dizer, são por ela impregnados de modo positivo ou negativo. *Chronos* é atravessado por *kairós*.

No mundo grego, o *kairós* é limitado, pontual e repertoriado. Assim, o poeta Hesíodo conclui seu poema, *Os trabalhos e os dias*, com um calendário preciso dos "dias de Zeus". Quais são então os dias do mês mais propícios para se dedicar a uma atividade ou outra? Ou, ao contrário, aqueles que são os menos favoráveis?

"O sexto dia do meio do mês é muito nocivo para as plantações, mas é bom para nascerem meninos; já para uma menina não é conveniente, nem para nascer nem para contrair núpcias."[216]

Conhecer a exata propriedade dos dias é, portanto, importante para quem quer conduzir sua vida "sem ofender os Imortais".[217] Essa é a ambição de Hesíodo ao dar instruções ao seu irmão Perses. Esse calendário, cuja observância requer um real saber, atém-se ao nível dos dias. Limita-se ao retorno dos dias e à repetição das prescrições atreladas a cada um deles, sem que nada se abra além disso, mês após mês, estação após estação. Como distribuir da melhor forma e da maneira mais propícia a utilização dos dias? Esse é o desafio desse calendário inteiramente impregnado do religioso. Como reconhecer e aproveitar da melhor forma possível o *kairós*?

São inteiramente diferentes, é claro, a ambição e o horizonte de *Jubileus*, que se apresenta como o relato autêntico da "repartição dos tempos" e a transcrição das "leis do tempo", mas também como um calendário memorial e um calendário litúrgico que se deve respeitar escrupulosamente. Assim ocorre, para tomar o exemplo de um dia da maior importância, com a lei da Páscoa:

---

[215] Benveniste, Émile. Le langage et l'expérience humaine. *Diogène*, n. 51, p. 6-8, 1965.

[216] Hésiode. Les travaux et les jours, 782-784. In: *Théogonie – Les travaux et les jours – Le bouclier*. Paris: Les Belles Lettres, 1947.

[217] Hésiode. Les travaux et les jours, 826-828. (N.R.T.)

"E tu, recorda-te deste dia por todo o tempo da tua vida. Celebra-o ano após ano, por todo o tempo da tua vida, uma vez ao ano, no dia determinado, em conformidade com toda a lei. Não adies nem o dia nem o mês, pois a lei é eterna, esculpida nas tábuas do céu para todos os filhos de Israel, para que celebrem (a festa) em todos os anos, no dia estabelecido, uma vez ao ano, por todas as suas gerações. Não há limite de tempo, pois está instituído para sempre".[218]

Esculpida nas tábuas do céu, essa data, que viu a celebração da primeira refeição pascal no Egito, deve ser comemorada, no dia estabelecido, para sempre. Mais tarde, a data da Páscoa se tornará um ponto de discórdia entre judeus e cristãos, e um desafio considerável para estes últimos. Isso porque eles terão de fixar uma data diferente da Páscoa judaica, e a mesma para todas as comunidades, enquanto Roma busca impor seu primado sobre Antióquia e Alexandria. Além disso, da fixação da data da Páscoa e da procura pelo estabelecimento de um calendário perpétuo decorrerá, finalmente, o acerto da nova datação por anos de Cristo. Mas, curiosamente, pelo menos para nós, essa não foi de modo algum a questão primordial das controvérsias sobre a fixação de uma data.

Para além dos dias e dos meses, são operatórias nos apocalipses grandes escansões nas quais se encontram frequentemente os números dez ou doze. Assim, no chamado "Apocalipse das semanas", toda a história da humanidade se reparte em dez semanas.[219] Por outro lado, para Baruc, o tempo do fim, designado como o "tempo das dores", decompõe-se em doze partes.[220] Graças às suas visões, o apocalíptico é informado dessas grandes escansões invisíveis ao olho ordinário, mas devidamente esculpidas nas tábuas do céu, que permitem, e isto é o mais importante, saber a que distância ainda nos encontramos do fim.

Os calendários cristãos

Previsivelmente, o calendário cristão é, antes de tudo, um calendário litúrgico. Sua elaboração, que se estende por vários séculos (entre os séculos II e VII, ou mesmo até o século IX), não se efetuou de maneira uniforme e ocasionou numerosos debates e conflitos entre as principais

---

[218] *Jubileus* 49, 7-8.

[219] 1 *Enoque* 93, 3-9; 91, 12-17.

[220] 2 *Baruc* 27, 1-13.

comunidades cristãs, antes que acabasse por se impor o ponto de vista romano.[221] Houve várias liturgias e, portanto, vários calendários. O que importa aqui é verificar como os dois conceitos de *Kairós* e de *Krisis* vão se infiltrar no tempo *chronos* usual, já sequenciado por meio dos calendários existentes: como eles vão orientá-los ou fazê-los funcionar de outro modo, isto é, em uma palavra, colonizá-los e subvertê-los. Por liturgia, convém, de fato, entender "a manifestação do tempo de Deus no tempo dos homens": sua translação no tempo *chronos*, pois ela "é simultaneamente memória da ressurreição de Cristo, expectativa de seu retorno e comunhão com ele".[222] O calendário litúrgico deve, portanto, abrir espaço para o passado, o presente e o futuro. Ao tempo cíclico, que constitui o calendário ordinário, deve, portanto, juntar-se um tempo linear. É preciso que ele encontre um meio de conjugar ciclo e linearidade, inscrevendo a linearidade no ciclo, sem, com isso, subordiná-la a este último: o tempo cíclico e um tempo sagital.

Dois princípios estão em ação. O primeiro é enunciado por Tertuliano (160-220): "É preciso orar a todo tempo e em todo lugar".[223] O enunciado do segundo se encontra num tratado do século III: "Todos os dias são do Senhor".[224] Por conseguinte, diferentemente do que acontece nos calendários pagãos, o tempo aqui é saturado, ou deveria sê-lo (a distinção entre dias "fastos" e "nefastos" não tem mais razão de ser). O tempo litúrgico, que levará às últimas consequências a lógica de um tempo inteiramente dedicado à oração, será o dos monges.

---

[221] Martimort, Aimé-Georges. *L'Église en prière. Introduction à la liturgie (I)*. Paris: Desclée de Brouwer, 1983.

[222] Goff, Jacques Le. *À la recherche du temps sacré*, "Jacques de Voragine et la Légende dorée". Paris: Perrin, 2011, p. 37. A definição de liturgia, citada por Le Goff, foi tirada de Mons. Albert Houssiau.

[223] Tertullian. Concerning Prayer. In: *Tertullian's Treatises*. Trans. Alexander Souter. London: Society for Promoting Christian Knowledge; New York: Macmillan, 1919, p. 41. (N.R.T.)

[224] *Didascália*, XXVI, 16-18; tratado dirigido a comunidades cristãs da Síria no início do século III. *La Didascalie*. Traduite par F. Nau. Paris: Lethielleux, 1902, p. 150. Piétri, Charles. "Le temps de la semaine à Rome et dans l'Italie chrétienne, IVe-VIe siècle", p. 63-97; Pietri, Luce. "Calendrier liturgique et temps vécu: l'exemple de Tours au VIe siècle", p. 129-141, ambos em: *Le temps chrétien de la fin de l'Antiquité au Moyen Âge. IIIe-XIIIe siècle*. (Actes du colloque Paris, 9-12 mars 1981). Paris: CNRS, 1984.

De fato, as regras monásticas, a começar pela de São Bento (redigida por volta de 530), darão forma a esses princípios, velando para que tudo o que ocorre ao longo das 24 horas do dia e da noite possa ser uma forma de "oração". Estabelecer-se-á assim uma liturgia das *Horas*, da qual os Livros de Horas serão a transcrição. "Para celebrar os ofícios e salmodiar a cada vez uma nova porção do saltério", escreve Jean-Claude Schmitt, "os monges levantam-se à noite para as matinas (por volta de duas horas no nosso relógio); em seguida, reúnem-se novamente antes do nascer do sol para as laudes; depois, na aurora, para a prima (por volta das seis horas da manhã) e, em seguida, para a terça (por volta das nove horas), a sexta (meio-dia), a nona (três horas da tarde), as vésperas (ao pôr do sol) e as completas (na noite escura)".[225] O saltério é assim um verdadeiro "relógio" monástico, que está em conexão direta com *kairós*, articulando as horas astronômicas e as horas canônicas. Sobre o tempo monástico, poder-se-ia dizer que ele é uma kairologia perpétua.

Para os fiéis ordinários, os calendários vão pouco a pouco combinar vários ciclos, tendo ao fundo o tempo linear que leva da Criação ao Fim dos Tempos e, no centro, a Encarnação, isto é, a intrusão do tempo novo no tempo *chronos*. Nem a semana nem o mês são invenções cristãs, mas eles serão retomados e irão "girar" de outro modo em ciclos diferentes. Se a semana remete à Bíblia e aos sete dias das Criação, o domingo, a saber, "o dia do Senhor" (*dies domini*), vai se impor como o primeiro dia da semana – no lugar do primeiro dia latino (*feria prima*) e substituindo o sabá. O domingo significa, assim, o dia "em que nossa vida se levantou por meio dele (Jesus) e da sua morte", diz Inácio de Antióquia.[226] Se os meses são os do calendário juliano (instaurado por Júlio César), o início do ano litúrgico não é 1º de janeiro (correspondendo à entrada em função dos cônsules), mas o primeiro domingo do Advento (o quarto domingo antes do Natal). Ora, a festa da Natividade, fixada em 25 de dezembro, só se impõe no final do século IV, vindo a substituir as *Saturnália*, festas em honra de Saturno que estavam relacionadas ao solstício de inverno.

---

[225] Schmitt, Jean-Claude. *Les rythmes au Moyen Âge*. Paris: Gallimard, 2016, p. 258, p. 332-337 (sobre os Livros de horas).

[226] Ignatius. To the Magnesians, 9, 1. *In*: Ehrman, Bart D. (Edited and translated by). *The apostolic fathers* (I). Cambridge; London: Harvard University Press, 2003, p. 249-251. (I Clement. II Clement. Ignatius. Polycarp. Didache). (N.R.T.)

De modo mais geral, o tempo do ano, com sua divisão em meses (também em relação às estações), vai se repartir entre uma sequência de festas que, ao dinamizar o tempo calendário, transformam o tempo cíclico em tempo orientado ou magnetizado. Instalam-se, de um lado, festas fixas e, de outro, festas móveis.

A principal das festas móveis é a Páscoa: instituída no início do século II, ela é progressivamente acompanhada de outras festas que ela atrai em seu rastro (Semana Santa, Quaresma, Ascensão, Pentecostes...). Entre as festas fixas, a primazia cabe ao Natal, acompanhado, aqui também, das festas que ele rege (Anunciação, Advento, Epifania...). Esses dois ciclos se escoram na vida de Jesus, cujos principais episódios eles comemoram, investindo, cada qual à sua maneira, o ritmo do calendário e insuflando em cada período um tempo (vinculado ao *kairós*) que não tem, todavia, exatamente a mesma qualidade segundo as fases do ciclo. Assim, as semanas do Advento não devem ser vividas da mesma maneira pelos fiéis que as da Quaresma ou que o período que vai da Ressurreição a Pentecostes, esperando a retomada do ciclo com o Advento. Cada período requer suas leituras, suas celebrações, cores diferentes para os ornamentos sacerdotais. O tempo litúrgico também tem seus humores e suas cores.[227]

A este grande ciclo fundador e seu progressivo ordenamento que recebeu, na Idade Média, o nome de o *temporal* vem juntar-se outro, o *santoral* ou calendário das festas dos santos. Se o culto dos santos começou com os mártires, ele posteriormente se perpetuou, se amplificou e se codificou. Fixado no dia da morte do santo (mais frequentemente conhecido do que sua data de nascimento), ele se define como "um ato de memória. É uma comemoração". No entanto, observa Jacques Le Goff, a comemoração se desloca, ao longo da Idade Média, da morte para a vida, de modo a tornar-se uma festa (*festivitas*). Escolhidos como "marcadores de tempo, os primeiros santos são os primeiros operários do tempo cristão".[228] Exemplares, eles abrem o caminho para a salvação. O ciclo *santoral*

---

[227] Schmitt, Jean-Claude. *Les rythmes au Moyen Âge*, p. 304-305. Essa estrutura quadripartite também é empregada por Tiago de Voragine, para quem "a totalidade da vida presente se divide em quatro", como ele indica na primeira frase do prólogo da *Legenda áurea*. Ver: Goff, Jacques Le. *À la recherche du temps sacré*, "Jacques de Voragine et la Légende dorée", p. 40.

[228] Goff, Jacques Le. *À la recherche du temps sacré*, "Jacques de Voragine et la Légende dorée", p. 50-55.

terá, ele próprio, sua festa recapitulativa, o *Dia de Todos os Santos*, fixado em 1º de novembro (sendo o 2 de novembro, desde o século XI, a festa de todos os mortos).

Alargando ainda mais o escopo, constata-se que os ciclos se instalam no interior de escansões mais amplas que estabelecem uma ligação entre o tempo litúrgico, o do Antigo Testamento e as estações. Assim, Guilherme Durando, dominicano e jurista renomado do século XIII, publica uma suma em oito livros, *Rationale divinorum officiorum*. No livro VI, dedicado ao ano litúrgico, quatro sequências recortam o tempo. Primeiramente, o "tempo do desvio", isto é, aquele aberto pela falta de Adão que desencaminhou a humanidade, corresponde, para a liturgia, ao tempo que vai do Advento à Natividade, e, para as estações, ao inverno. Vem, em seguida, o "tempo da renovação" (ou da "revogação"): ele vai, no caso da liturgia, da Septuagésima à Páscoa – um período de setenta dias – e, no caso da história santa, de Moisés à Natividade. É também o tempo da primavera. O "tempo da reconciliação", o do verão, vai da Natividade até a Ascensão de Cristo, e cobre o período que se estende do primeiro domingo após a Páscoa ao primeiro domingo após Pentecostes. Por fim, o quarto tempo, o chamado tempo da "peregrinação", vai do primeiro domingo após Pentecostes até o Advento; ele corresponde ao "período atual", que vai da Ascensão ao Juízo final.[229] É o outono.[230] Ele corresponde ao declínio do ano e também à velhice do mundo. O calendário litúrgico se torna, assim, uma poderosa máquina de múltiplas e complexas engrenagens que ordena todos os tempos e abrange toda a história desde Adão. Nada escapa e tudo faz sentido. O calendário ensina e relembra incessantemente que cada dia é muito mais do que uma simples jornada de 24 horas.

Para pontuar, relançar e tornar mais presente o tempo da quarta sequência, o da "peregrinação", a Igreja propõe em 1300 o jubileu, proclamado pelo Papa Bonifácio VIII. Sem examinar aqui os detalhes de sua instauração e de suas transformações ao longo dos pontificados, retenhamos que, ao relacionar o perdão dos pecados (por meio das indulgências) e uma certa renovação do tempo, ele introduz cesuras periódicas no tempo

---

[229] Durand, Guillaume. *Rational ou manuel des divins offices*. VI, 1, 2-5. Paris: Louis Vivès, 1854, p. 139-140. (N.R.T.)

[230] Schmitt, Jean-Claude. *Les rythmes au Moyen Âge*, p. 300-303.

chronos da Igreja.²³¹ Inicialmente previsto com base em um ritmo de cem anos, depois de cinquenta anos e, finalmente, até hoje, de 25 anos, o jubileu é, nas mãos do papado, um instrumento de gestão temporal de maior alcance do que o ritmo anual do ano litúrgico.

A entrada em cena dos cronógrafos

Após termos apreendido a economia do *Kairós* nos ciclos calendários e sua difusão a partir do *Livro de Daniel*, vejamos como ele irá transformar, ou melhor, subverter os quadros da história universal.

No século I, o debate se deu inicialmente nas sinagogas, tendo por objeto o reconhecimento de Jesus como *Christos*, Messias, algo de que seus discípulos e seus apóstolos se proclamavam testemunhas: testemunhas de seu ensinamento, de sua morte, de sua ressurreição e de sua ascensão. Ao testemunho oral e visual, juntava-se o das Escrituras. Graças à leitura tipológica, tornava-se, com efeito, possível transformar todo o Antigo Testamento em profecia do Novo. Eis o que, em matéria de prova, devia bastar para convencer que, naquele momento e naquele lugar, se abrira efetivamente o tempo do *Kairós*. Para quem enxergava mais longe, a escansão pelos três estágios de Paulo e a sucessão dos quatro reinos bastavam para ordenar toda a história passada e vindoura. Mas, a partir do momento em que as comunidades cristãs se multiplicam fora da Palestina, a questão do lugar do judaísmo e do florescimento cristão na história universal vão se formular de modo diferente. Paulo ainda podia deixar Atenas, sacudindo a poeira de suas sandálias, após ter tentado, em vão, explicar aos atenienses que o "deus desconhecido", a quem eles haviam erigido uma estátua, não era outro senão aquele que ele viera lhes anunciar:

"De um só ele fez toda a raça humana para habitar sobre toda a face da terra, fixando os tempos anteriormente determinados e os limites do seu hábitat".²³²

E quando, a esse resumo da história universal, ele tinha a inconsequência de acrescentar a "ressurreição dos mortos", isso era demais para os atenienses: "alguns começaram a zombar, enquanto outros diziam: 'A respeito disto te

---

[231] Carozzi, Claude. *Apocalypse et salut dans le christianisme ancien et médiéval*, p. 180-185; Schmitt, Jean-Claude. *Les rythmes au Moyen Âge*, p. 591-599.

[232] *Atos dos Apóstolos* 17, 26. (N.R.T.)

ouviremos outra vez'".²³³ Aqueles que quiserem ser ouvidos logo necessitarão de algo mais, saindo do universo autorreferencial da Bíblia.

No terreno da história universal, são os primeiros escritores cristãos que, entre os séculos II e IV, encarregar-se-ão dessa tarefa. Combinando preocupações apologéticas e conhecimentos em matéria de cronologia, empenhar-se-ão em superar vários desafios.²³⁴ Não sendo mais possível ater-se ao quadro bíblico, torna-se necessário relacionar a história bíblica e as cronologias pagãs, tal qual os gregos as haviam elaborado desde o século V antes de nossa era.²³⁵ O esquema da sucessão dos impérios é cômodo, mas ele fornece um quadro exclusivamente escatológico, pois obriga a reduzir toda a diversidade dos reinos passados e atuais a uma sequência de somente quatro.²³⁶ O mais urgente é partir de Adão para chegar a Jesus, estabelecendo sincronismos entre as cronologias bíblicas e pagãs. Como o sincronismo sempre foi o instrumento primordial do cronógrafo, os cristãos, por sua vez, dele se apropriam. Mas, "diferentemente da cronologia pagã, a cronologia cristã era também uma filosofia da história" ou, para ser mais exato, uma teologia da história.²³⁷

A esse primeiro desafio, vem juntar-se, com efeito, um segundo, que decorre diretamente daquele: é preciso estabelecer sincronismos, mas com vistas a demonstrar, ao mesmo tempo, a anterioridade de Moisés sobre todos os legisladores pagãos. A reputação de juventude dos gregos estava bem estabelecida, pelo menos desde Platão (senão já desde Heródoto, que zombou do orgulho de Hecateu de Mileto, quando este apresentou aos sacerdotes egípcios sua genealogia de dezesseis ancestrais antes de chegar a um deus).²³⁸ Na época helenística, os autores de histórias egípcia,

---

[233] *Atos dos Apóstolos* 17, 32.

[234] Burgess, Richard W. Apologetic and Chronography: The Antecedents of Julius Africanus. *In*: Wallraff, Martin (Ed.). *Julius Africanus und die christliche Weltchronik*. Berlim; Nova York: Walter de Gruyter, 2006.

[235] Mosshammer, Alden A. *The Chronicle of Eusebius and Greek Chronographic Tradition*. Lewisburg: Bucknell University Press; London: Associated University Presses, 1979, p. 84-112.

[236] Ver p. 110-111; p. 114; p. 117-118; p. 140-149.

[237] Momigliano, Arnaldo. L'historiographie païenne et chrétienne au ive siècle après J.-C. *In*: *Problèmes d'historiographie ancienne et moderne*. Paris: Gallimard, 1983, p. 150-152.

[238] Heródoto. *Histórias*, 2, 143. (Hérodote. L'Enquête. *In*: Hérodote, Thucydide. *Œuvres complètes*. Bibliothèque de la Pléiade. Paris: Gallimard, 1964).

babilônica e fenícia não tinham deixado de insistir fortemente em sua antiguidade, como gosta de relatar favoravelmente Flávio Josefo em seu *Contra Apião*.[239] Todos esses povos, ele diz, possuem antigos anais, cuidadosamente conservados e que abrem, todos eles, espaço para o povo judeu, consolidando assim o que ele expusera em suas *Antiguidades judaicas* sobre "a altíssima antiguidade" dos judeus.[240] Os cristãos apropriam-se dessa parte do trabalho. Convém-lhes bem, de fato, reivindicar essa antiguidade judaica e ter sua parte nela. Mas eles recusam totalmente os números extravagantes que apresentam os babilônios e os egípcios para a antiguidade de seus respectivos reinos. A cronologia tirada da Bíblia não permite sustentar tais tolices. É, com efeito, imperativo desqualificá-las de imediato. A questão, que não deixará de ressurgir periodicamente até a época moderna, contribuirá para fragilizar o tempo cristão.[241]

O terceiro desafio é o da idade do mundo. Se era comumente admitido que a duração do mundo devia ser de seis mil anos, situar o nascimento de Jesus em 5500, como fizeram vários autores do século III (notadamente Hipólito de Roma e Júlio Africano), significava que o fim se aproximava rapidamente. Era o caso de regozijar-se ou de inquietar-se com isso, ou ainda de refazer os cálculos? Esses desafios serão enfrentados por um sábio: Eusébio, bispo de Cesareia (260-339, aproximadamente). Ele não foi o pioneiro, mas sua *Crônica* é uma referência de primeiríssimo plano. Isso porque, nesse texto, ele vai mais longe do que seus predecessores e, graças à sua tradução em latim por Jerônimo, ele teve uma influência considerável no Ocidente até o século XVII.[242] No final do século XVI, José Justo Escalígero empreenderá um imenso trabalho crítico no intuito de reconstituir o original grego perdido.[243] E o quadro cronológico do

---

[239] No *Contra Apião* (90-95 d.C.), Flávio Josefo responde a diversas calúnias proferidas contra os judeus, a começar por aquela que, sob o pretexto de que os historiadores gregos não falaram dos judeus, chega à conclusão de que o povo judeu é recente. É, ao contrário, a juventude e a ignorância dos gregos que convém incriminar (Josèphe, Flavius. *Contre Apion*. I, 1, 1-5. Paris: Les Belles Lettres, 1930).

[240] Josèphe, Flavius. *Contre Apion*, I, 1, 1.

[241] Ver p. 114; p. 178-187; p. 193.

[242] Mosshammer, Alden A. *The Chronicle of Eusebius and Greek Chronographic Tradition*, p. 29-37. Inglebert, Hervé. *Interpretatio Christiana. Les mutations des savoirs dans l'Antiquité chrétienne, 30-630 après J.-C*. Paris: Institut d'Études augustiniennes, 2001, p. 493-512.

[243] Ver p. 182-185.

Discurso sobre a história universal de Bossuet (1681) ainda será amplamente o de Eusébio.

Júlio Africano

Antes de Eusébio, Júlio Africano (170-240 d.C., aproximadamente) foi o autor de uma *Chronografia* em cinco livros, que se estendia de Adão ao ano 221 d.C., cobrindo um período de 5.732 anos. Cidadão romano e cristão, Júlio Africano é provavelmente originário de *Ælia Capitolina*, isto é, de Jerusalém.[244] Culto e poliglota, Africano viaja pelo Oriente e também faz uma estadia em Roma: encontramo-lo no círculo do imperador Severo Alexandre. Ademais, ele mantém relações, pelo menos epistolares, com Orígenes. Ele reúne, portanto, todos os meios de empreender tal trabalho, cuja importância, senão a urgência, ele deve ter percebido. De seu livro subsistem, infelizmente, apenas fragmentos insuficientes para propor uma reconstituição segura. Mesmo assim, seus editores mais recentes o têm como primeiro verdadeiro cronógrafo cristão e tendem a considerar Eusébio como um continuador, de primeira ordem por certo, mas seguindo os seus passos.[245] Por outro lado, os especialistas de Eusébio consideram que este último foi um grande inovador, pois não se limitou a apresentar listas dinásticas, olímpicas, arcônticas, consulares ou de outra espécie, acompanhadas de glosas, comentários, desenvolvimentos narrativos; ao contrário, ele inventou propriamente uma forma, isto é, um verdadeiro mapa dos tempos. Eusébio vai de Abraão a Jesus e até depois, seguindo o irresistível avanço do tempo *kairós* no tempo *chronos*, semelhante à onda da maré alta.

Júlio Africano está naturalmente em busca de sincronismos, mas adota como fio condutor a história bíblica, que, de seu ponto de vista, é central e segura. Quando possível, ele a associa às cronologias persa ou

---

[244] Tendo se tornado colônia latina, ela havia sido renomeada *Ælia Capitolina* por Adriano e, após a Revolta de Barcoquebas (132-135 d.C.), proibida aos judeus.

[245] Africanus, Julius. *Chronographiae. The Extant Fragments*. Edited by Martin Wallraff. Translated by W. Adler. Berlim; Nova York: Walter de Gruyter, 2007. Croke, Brian. The Originality of Eusebius' Chronicle. *The American Journal of Philology*, n. 103, p. 195-200, 1982, relembra que a originalidade de Eusébio era reconhecida na Antiguidade por Jerônimo, mas também por Agostinho, Cassiodoro e Isidoro de Sevilha, para quem a história de Eusébio era "múltipla".

grega. Assim, o retorno do Exílio é datado pelo Antigo Testamento do primeiro ano do reinado de Ciro, o que corresponde para os gregos ao primeiro ano da 55ª olimpíada (560/559 a.C.). A partir desse sincronismo fundamental, estabelece-se um elo entre as três histórias e, pouco a pouco, outros podem ser estabelecidos. Observando que não há nada que seja certo nas narrativas dos gregos antes da datação por olimpíadas, ele explica que não pretende tratar "em detalhes" da história grega, ao contrário da dos hebreus. A simetria não faz parte de seus objetivos. Se é importante relacionar a história dos hebreus às que são relevantes, é ainda mais importante demonstrar, por meio dessas operações, a anterioridade dos hebreus, a começar pela de Moisés, sobre todos os sábios gregos.[246]

A esse desafio está diretamente ligado aquele que diz respeito à duração do mundo. Para Africano, assim como, antes dele, para Taciano,[247] o mundo deve durar seis mil anos, correspondentes aos seis dias da Criação; com o sétimo milênio, virá o Reino do Céu. No interior desse quadro, retomado e firmemente adotado pelos cristãos, é preciso inserir a escansão capital da Encarnação. Para isso, deve-se mobilizar Daniel (cujo papel fundamental já ressaltamos), isto é, reinterpretar as famosas setenta semanas de anos como se profetizassem, na realidade, a vinda de Jesus. Decorre disso que Jesus de fato nasceu no ano 5500 da Criação, na metade do sexto e último milênio.[248] Como Júlio Africano conduziu sua compilação até 5732, fica claro que o tempo restante se reduz drasticamente. Porém, e isto é provavelmente ainda mais importante, os entusiasmos apocalípticos não são, em absoluto, nem apropriados nem oportunos.

---

[246] Sirinelli, Jean. *Les vues historiques d'Eusèbe de Césarée durant la période prénicéenne*. Paris: Université de Paris, 1961, p. 52-59, p. 497-515.

[247] Tatien. *Diatessaron*. Édition établie par A.-S. Marmardji. Beyrouth: Imprimerie Catholique, 1935. (N.R.T.)

[248] Assim diz Irineu de Lyon, no século III: "Pois tantos dias comportou a criação do mundo, tantos milênios compreenderá sua duração total. É por isso que o livro do *Gênesis* diz: 'Assim foram acabados o céu e a terra e tudo o que neles há. Deus concluiu no sexto dia as obras que realizou, e Deus descansou no sétimo dia após todas as obras que realizara'. Isso é, ao mesmo tempo, uma narrativa do passado, tal qual ele ocorreu, e uma profecia do porvir: com efeito, 'se um dia do Senhor é como mil anos' e se a criação foi concluída em seis dias, está claro que a consumação dos séculos ocorrerá no sexto milésimo ano" (Irénée De Lyon. *Contre les héresies*, 5, 28, 3. Paris: Cerf, 2011).

Mobilizando dessa maneira Daniel, Africano evidencia os liames existentes entre a cronografia e uma escatologia apocalíptica que é o horizonte e permanece no horizonte. O cronógrafo é aquele que, pelo estabelecimento de uma sequência de datas, confere sentido à história e calcula a data do fim. Seu intuito é menos identificar sinais, como o apocalíptico inquieto ou impaciente, do que combinar datas para esclarecer o porvir, isto é, o advento do *Kairós* final. Assim, sincronizar a data de nascimento de Jesus com as cronologias romana, grega e bíblica será, até Beda, o Venerável, no século VIII, um ponto capital, pois, segundo a data que lhe for atribuída na escala dos seis mil anos e enquanto o tempo *chronos* transcorrer ano após ano, a Parusia estará mais ou menos próxima. Conforme se adianta ou se recua a data do nascimento de Jesus, o mundo se encontra envelhecido ou rejuvenescido. Por isso, muito longe de questionar o quadro dos seis mil anos, a irrupção do *Kairós* crístico ao mesmo tempo o pereniza (ele se torna um artigo de fé) e o transforma radicalmente.

Se os autores de histórias egípcia, babilônica e fenícia são muito úteis para silenciar os gregos, tornam-se embaraçosos quando apresentam durações para suas próprias histórias que variam de nove mil anos para os egípcios a trinta mil para os fenícios, chegando até 480 mil para os caldeus. Além disso, com os seis mil anos sendo obrigatórios, isso só pode parecer extravagante para Africano. Eusébio, seguindo seu exemplo, dedicar-se-á a refutar essas objeções dos pagãos, e Agostinho evidentemente ecoará suas palavras. No século XVII, a questão ressurgirá, mas, desta vez, aos casos já repertoriados virão juntar-se outros, mais difíceis de eliminar, a começar pelo dos chineses.[249] Mas, por ora, Eusébio recorre a dois argumentos que voltarão a ser úteis depois dele. O primeiro: seus anos não são, na verdade, verdadeiros anos, pois, utilizando um calendário lunar, os egípcios chamam de ano o que, para nós, é apenas um mês lunar (trinta dias). Essa refutação tão simples quanto drástica permite encaixá-los aproximadamente na baliza dos seis mil anos. Seu tempo *chronos* não é o nosso, mas é apenas tempo *chronos*. O segundo argumento que também pode ser invocado, se necessário, é que várias dinastias apresentadas nas listas reais como tendo se sucedido podem muito bem ter reinado ao mesmo tempo, mas em partes diferentes do país.

---

[249] Ver p. 193. Rossi, Paolo. *The Dark Abyss of Time. The History of the Earth and the History of Nations from Hooke to Vico.* Chicago: Chicago University Press, 1984.

Eusébio de Cesareia

Quanto ao restante, Eusébio, embora mantenha evidentemente o quadro geral, abstém-se de qualquer especulação apocalíptica. Relembrando as palavras de Jesus, ele separa cronologia e predições do futuro, que não são nada além de "vãs investigações".[250] Entretanto, quando ele retoma as genealogias dos primeiros homens desde Adão e Eva, seguindo a Bíblia dos Setenta, ele chega, para o nascimento de Cristo, a uma data por volta de 5200, e não mais 5500. O que poderia, à primeira vista, passar por nada além de uma precisão maior de cálculo tem também por efeito imediato rejuvenescer o mundo e, além disso, adiar em três séculos o fim dos tempos. São três séculos de tempo *chronos*, uma quantidade adicional de presente, mas um presente que tem uma duração efetiva. Fixar um novo horizonte, um século após Júlio Africano e sem nunca falar do milênio, não era provavelmente algo mal-vindo. Com efeito, desapocaliptizar o tempo presente afasta da mesma maneira as especulações milenaristas, confirmando ao mesmo tempo a persistência do horizonte intransponível. Richard Landes demonstrou sua permanência, com momentos em que o horizonte está mais próximo do que em outros (por volta de 200 e, novamente, por volta do final do século IV).[251] De modo mais geral, poder-se-ia traçar uma curva das variações apocalípticas até a época moderna, senão até hoje, relacionando-a, em uma palavra, a conjunturas mais amplas de crise. O tempo *chronos* se estende, mas o *Kairós* do Juízo ou uma forma de Juízo se ergue no fim da estrada. E não poderia ser diferente.

A *Crônica* de Eusébio comporta dois livros.[252] No primeiro, a *Cronografia*, ele reúne todo o material disponível sobre as cronologias pagãs e bíblica, estendendo ao máximo a rede dos sincronismos. Mas essa obra de compilação é para ele apenas um trabalho preparatório, pois vêm, em segundo lugar, os *Cânones ou Tábuas cronológicas*, que estruturam uma verdadeira crônica universal. Por sua amplitude, a obra já é inédita, pois

---

[250] Eusèbe de Césarée. *Chronique*. Paris: Les Belles Lettres, 2020. Préface. t. I. (N.R.T.)

[251] Landes, Richard. Lest the Millennium be fulfilled: Apocalyptic Expectations and the Pattern of Western Chronography, 100-800 CE. *In*: Verbeke, W.; Verhelst, D.; Welkenhuysen, A. *The Use and Abuse of Eschatology in the Middle Ages*, p. 137-209.

[252] Jerônimo traduziu apenas o segundo livro, prolongando-o até 378 e completando-o no que diz respeito à vertente romana.

Eusébio consegue reunir até dezenove reinos diferentes. Por essa extensão gradual do sincronismo, o território da história se amplia. O tempo *chronos* se alarga: todos esses reinos são de sua alçada, mas se encontram ao mesmo tempo relacionados ao tempo bíblico, ele próprio portador de *kairós*. A *aura* do tempo *kairós* penetra esses diversos tempos *chronos* pagãos.

Mas é, sobretudo, pela apresentação de suas *Tábuas* que Eusébio inova radicalmente. De fato, ele opta por estabelecer colunas paralelas: cada coluna é atribuída a um reino; o que as une e fixa sua posição no quadro são justamente os sincronismos, que funcionam como pontes estendidas entre as colunas. Quanto mais sincronismos há, mais colunas diferentes podem ser interligadas, e, quando uma dinastia desaparece, a coluna se interrompe. Há, portanto, duas leituras simultâneas da história: uma, vertical e diacrônica (do topo da coluna para baixo), segue ano após ano a história de um reino; a outra, horizontal, amparada nos sincronismos, põe as colunas em relação umas com as outras, fazendo com que se comuniquem.

De onde veio a ideia notável, senão genial, de tal "configuração"? Parece evidente que Eusébio retomou e transpôs o modelo, que ele conhecia bem, inventado por Orígenes para sua grande edição da Bíblia.[253] Ora, Eusébio, que trabalhara em Cesareia na biblioteca de Orígenes, conhecia de primeira mão a sua edição da Bíblia. Ele até mesmo trabalhara, após a morte de Orígenes, no estabelecimento do texto de referência. Com efeito, Orígenes tivera a ideia de reunir, dispondo-as em colunas, as diferentes versões da Bíblia que ele juntara. Conhecemos sua grande edição sob o nome de *Hexapla* (pois havia ali seis versões justapostas). O leitor podia assim seguir o texto de uma versão (a Bíblia hebraica, ou a Septuaginta, as traduções de Símaco, Teodócio, etc.), mas, sobretudo, passar de uma versão para outra, identificando imediatamente as variantes para uma mesma passagem. Isso permitia de fato duas leituras, uma vertical e outra horizontal. Resultado de um imenso trabalho filológico e de uma proeza editorial, a Bíblia de Orígenes abria caminho para revisões possíveis e comentários. Eusébio fez o mesmo com sua *Crônica*, que ele revisou e prolongou até o vigésimo ano do reinado de Constantino (em 325). Assim como a Bíblia de Orígenes era a Bíblia das Bíblias, as *Tábuas* de

---

[253] Grafton, Anthony; Williams, Megan. *Christianity and the Transformation of the Book.* Cambridge, London: The Belknap Press of Harvard University Press, 2006, p. 133-177.

Eusébio eram o livro dos tempos, mostrando como o *Kairós* penetrava *Chronos* e dele dispunha.

Além das colunas com seus sincronismos, Eusébio incluiu uma escala dos tempos, tomando como módulo as décadas de Abraão, a partir do nascimento do patriarca. A escolha de Abraão é hábil, pois é uma figura fundadora não somente para os judeus, mas também para os cristãos. Sendo ele aquele que teve fé na promessa que Deus lhe fez, Agostinho poderá incluí-lo entre os profetas (de Jesus Cristo).[254] Do ponto de vista da técnica cronológica, as décadas de Abraão são o equivalente das olimpíadas gregas (que Eusébio também inseriu em seu quadro). Mas elas oferecem a imensa vantagem de começar mais cedo e de serem portadoras de um sentido da história (pois se estendem de Abraão a Jesus). Graças à numeração por décadas (que, como ressalta Eusébio, é "independente da história de cada nação"), fica claro ao primeiro olhar quem é contemporâneo de quem, entre os hebreus assim como entre os gregos e os bárbaros.

Além disso, ao adotar como referência Abraão, que é comprovadamente um contemporâneo de Nino, o primeiro rei assírio, de Éurops, rei dos gregos de Sicião, e dos tebanos no Egito, Eusébio, de fato, nos leva para o campo da história. A *Crônica* começa verdadeiramente com esses primeiros sincronismos. Por certo, Eusébio sabe que, antes, houve o Dilúvio e Adão, isto é, segundo o seu cálculo, mais de três mil anos, mas ele também sabe que, sobre esse período, não "se encontra absolutamente nenhuma história grega ou bárbara e, para falar simplesmente, nenhuma história pagã".[255] Não há, portanto, nenhum sincronismo. Contabilizar e mostrar a história a partir de Abraão e de Nino é também uma maneira de deixar em segundo plano a data do início e, portanto, a do fim. O cálculo pela Idade do Mundo perde sua pregnância, ao passo que, com Abraão, inicia-se um arco temporal que se estende até Cristo.

Depois de Abraão, um segundo grande marco é Moisés. De quem ele é contemporâneo e, consequentemente, de quantos anos ele precede todos os sábios pagãos? Se a anterioridade está estabelecida, Eusébio

---

[254] Agostinho. *A cidade de Deus*. III, 18, 37.

[255] Eusébio de Cesareia, *Prefácio*. Foi traduzido em francês em: Saint Jérôme. *Chronique. Continuation de la Chronique d'Eusèbe, années 326-378*. Traduction française inédite, notes et commentaires par Benoît Jeanjean e Bertrand Lançon. Rennes: Presses universitaires de Rennes, 2004, p. 67.

"demonstra" que ele viveu ao mesmo tempo que Cécrope, primeiro rei mítico da Ática, isto é, 350 anos antes da Guerra de Troia – e, portanto, muito antes de Homero, Hesíodo e todos os demais. Reivindicado pelos cristãos, Moisés é, para Agostinho, "nosso verdadeiro teólogo". O nascimento de Cristo é o terceiro marco e, na verdade, o primeiro. Nascido no 42º ano do reinado de Augusto, ele começou a pregar no 15º ano do de Tibério. Isso permite, remontando o tempo, relacionar as cronologias bíblica, grega e persa. Assim, de Tibério a Dário, há 548 anos, e a primeira olimpíada (776 a.C.) ocorre na época de Isaías.[256] Segundo o mesmo método regressivo e indo de sincronismo em sincronismo, Eusébio chega a Moisés e, por fim, a Abraão. A descida cronológica encontra, na verdade, seu fundamento em uma subida.

Enfim, às listas pontuadas pelos sincronismos e à escala de referência das décadas de Abraão, Eusébio acrescenta ainda, nos espaços em branco que aparecem entre as listas de datas (Escalígero chamará esses vazios de *spatia historica*), algumas notas, que constituem um compêndio de história política, religiosa e cultural, amplamente utilizado até o século XVI. O título completo de sua obra era, aliás, *Tábuas cronológicas com um compêndio da história universal dos gregos e dos bárbaros*, provando dessa maneira que ele tinha de fato consciência de fazer algo diferente e algo a mais do que uma simples *Cronografia* (mesmo à maneira de Júlio Africano).

Encerra-se assim a apresentação dessa nova ordem dos tempos que conduz de Abraão a Jesus e mais além. Acabamos de ver, porém, como, em sua própria elaboração, Cristo ocupa uma posição central, pois tudo é calculado, na verdade, a partir dele. Ademais, a inserção dos reinos por colunas justapostas mostra visualmente que seu número vai diminuindo até restar apenas uma: a coluna romana. A dos judeus se interrompe em 70 d.C., com a tomada de Jerusalém e a destruição do Templo por Tito, no dia do aniversário, ressalta Eusébio, da crucificação do Salvador. Profetizada por Jesus, a destruição do Templo se consumou. Torna-se também patente o sentido da história, que conduz a humanidade da dispersão, das guerras e do politeísmo à monarquia, a de Augusto, à paz e ao monoteísmo.[257] À dupla leitura cronológica (vertical e horizontal), acrescenta-se uma leitura escatológica, que também é política. Após tornar-se bispo de

---

[256] Eusébio de Cesareia. *Prefácio*, p. 67-68.
[257] Eusébio de Cesareia. *La préparation évangélique*, I, 4, 3-7. Paris: Cerf, 1974.

Cesareia, próximo de Constantino e por ele honrado, Eusébio chegou a redigir uma *Vida* (inacabada) do imperador.

Assim, com os cronógrafos cristãos, o *Kairós* crístico se insinua na textura dos tempos. Ele é como que um fio de trama correndo entre os fios de urdidura dos tempos pagãos. Graças ao uso extensivo e orientado que fazem dos sincronismos, esses primeiros cronógrafos fazem emergir uma história a que se pode chamar universal. Isso porque se encontram interligados praticamente todos os povos conhecidos, mas, sobretudo, porque, quer eles o queiram ou não, quer eles o saibam ou o ignorem, dominados pela história bíblica, eles são todos arrastados para uma aventura que, embora seja a sua, é maior do que eles. Cada qual tem seu tempo *chronos*, cujos começos e encerramentos são apontados por Eusébio, mas esses tempos se encontram eles mesmos atravessados por um tempo único, o inaugurado pelo Deus que se fez homem e que, por esse mesmo ato, transmutou o tempo de antes de sua vinda naquele de uma longa e invisível preparação – na expectativa da plenitude, reconhecida por Paulo e os evangelistas.

Uma vez estabelecidos esses ordenamentos cristãos dos tempos, seguirão outras *Crônicas*, a começar pelo *Livros dos tempos* (*Liber Temporum*) de Jerônimo, que traduz, completa e prolonga as *Tábuas* de Eusébio (até 378 d.C., com a morte do imperador Valente). Ele diz ter sido ao mesmo tempo "tradutor" (*interpres*) e "autor", senão historiador (*scriptor*). "Desde a fundação de Roma até o último ano desta obra, decorreram 1.131 anos",[258] ele assinala no fim. Ele indica, ao mesmo tempo, que se dirige aos romanos, para quem a data cardeal continua sendo a da fundação da Cidade. Depois dele, escrever-se-ão sucessivas *Crônicas* universais, indo de Adão ao presente dos autores. Entre elas, as de Cassiodoro (até 519), do conde Marcelino (até 534), de Isidoro de Sevilha (até 615) e de Beda (até 725).

História contra os pagãos de Orósio e *A cidade de Deus* de Agostinho

Ao lado dessa via das crônicas, afinal fácil de prolongar a partir do momento em que se sabe de onde se parte e até onde se vai, duas

---

[258] Jerônimo. *Chronique...*, p. 109.

intervenções capitais devem reter nossa atenção, pois combinam o quadro cronológico de Eusébio e de Jerônimo com o esquema da sucessão dos impérios, que não tinha lugar entre os cronistas, herdeiros nesse aspecto dos cronógrafos gregos (que não se pautavam por nenhuma preocupação escatológica). Desde Daniel, a sucessão dos impérios introduziu um horizonte apocalíptico: um tempo vetorizado, escandido pelos impérios até o último, aquele que não terá fim. No início do século V, o sacerdote Orósio publica suas *História contra os pagãos* (417), e Agostinho *A cidade de Deus*. "Este grande e árduo trabalho", cujos três primeiros livros são publicados em 413, foi concebido como uma réplica ao terremoto sentido em todo Império por ocasião do saque de Roma pelos visigodos de Alarico. Roma podia perecer, ia perecer, e não era, portanto, eterna! "Se Roma pode perecer", escreve então Jerônimo a um correspondente, "o que pode haver de seguro?"[259] Quinze séculos antes de Paul Valéry, já se dava a experiência do "Nós, civilizações, sabemos agora que somos mortais"[260]: 410 é para Jerônimo o análogo de 1914 para Valéry (sem o horizonte apocalíptico). Agostinho é obrigado a se distanciar mais do acontecimento, e *A cidade de Deus* traz a longa, poderosa e duradoura demonstração disso.

História contra os pagãos

A princípio, o livro de Orósio é uma encomenda de Agostinho. A proposta era a de uma síntese em um volume que repertoriasse todas as desgraças da história passada, a fim de contestar a ideia segundo a qual o saque de Roma em 410 era imputável aos cristãos que, voltando-se contra a religião tradicional e banindo a antiga *pietas* e a antiga ordem dos tempos, haviam forçado os deuses a desertar a Cidade. Era preciso, ao contrário, relembrar a esses ignorantes ou a esses malévolos que, antes do nascimento de Cristo, o mundo não cessara de sofrer males de todas as espécies e que a pilhagem de Roma era somente o mais recente dos infortúnios. Do sincronismo entre o reinado de Augusto e o nascimento

---

[259] Citado por: Brown, Peter. *La vie de saint Augustin*. Traduction française de Jeanne-Henri Marrou. Paris: Le Seuil, 1971, p. 342; sobre o saque de Roma, p. 339-352.

[260] Valéry, Paul. La crise de l'esprit. *In: Variété, Œuvres*. Bibliothèque de la Pléiade. Paris: Gallimard, 1957. t. I, p. 988. (N.R.T.)

de Cristo decorria a concordância entre a paz de Augusto (fechando o templo de Jano) e a paz cristã, segundo a fórmula *pax augusta, pax christiana*.

Mas o breve opúsculo, destinado a fornecer fatos, cresce até tornar-se uma *História* em sete livros, celebrando, afinal, os benefícios das *tempora christiana*, que vinham oferecer o auxílio e o recurso da verdadeira religião. Tal propósito não podia convir a Agostinho, então em vias de exibir sua grandiosa visão da marcha das duas cidades, a de Deus e a dos homens, simultaneamente entrelaçadas e radicalmente distintas. Ele necessitava apenas de exemplos, e Orósio lhe trazia um esboço de teologia política, reconhecendo o papel providencial do Império. Se, na história do cristianismo, o peso de Agostinho, reconhecido como Pai da Igreja, supera em muito o de Orósio, este último teve enorme importância para os clérigos da Idade Média, que utilizavam seu livro como um "manual" de história universal. Isso é atestado pelo elevado número de manuscritos (ao menos, 275) que foram conservados, primeiramente nas bibliotecas dos conventos.

Ora, no início do segundo livro, Orósio retoma o esquema dos quatro reinos de Daniel, adaptando-o de forma audaciosa. Há de fato quatro deles, mas apenas dois realmente contam: o primeiro, a Babilônia, e o último, Roma; os dois outros ocupam uma posição intermediária e foram apenas de curta duração, a saber, os reinos macedônio e cartaginês. Eles estão, explica o autor, em posição de "tutor e de curador", prova de que eles cumprem apenas um papel temporário na sucessão (não são herdeiros de pleno direito), ao passo que, entre a Babilônia e Roma, a relação direta é a de "um pai idoso e um filho jovem".[261]

"Notei as numerosas semelhanças entre a Babilônia, cidade dos assírios, que então predominava entre os povos, e Roma, que hoje, da mesma maneira, reina sobre os povos: aquela foi o primeiro império, esta o último, perdendo aquela pouco a pouco sua primazia enquanto esta lentamente se fortalecia."[262]

Embora Orósio não hesite em adotar o número quatro, ele desloca o quadro para o oeste. Ao descrever as quatro bestas saindo do mar, Daniel falava dos "quatro ventos dos céus que agitavam o grande mar".[263]

---

[261] Orósio. *História contra os pagãos*, 2, 1, 6. (Orose. *Histoires contre les païens*. Paris: Les Belles Lettres, 2023).

[262] Orósio. *História contra os pagãos*, 7, 2, 1-2.

[263] *Daniel* 7, 2. (N.R.T.)

Esses quatro ventos se tornam, para Orósio, os quatro pontos cardeais, e cada um dos quatro impérios ocupa esses pontos (*mundi cardines*): o oriente para a Babilônia, o sul para Cartago, o norte para a Macedônia e o oeste para Roma. Retomando de Daniel a sucessão dos quatro reinos, ele mantém e reativa simultaneamente o horizonte apocalíptico (Roma é de fato o último império) e o limite dos seis mil anos. Ele reinscreve, portanto, de maneira absolutamente explícita a cronologia na escatologia e no apocalipse.

Previsivelmente, vários sincronismos consolidam sua perspectiva:

"Na mesma época", ele escreve, "a Babilônia viu a queda de seu último rei quando Roma teve o seu primeiro; em seguida, no momento da invasão de Ciro, aquela [Babilônia], agora cativa, desmoronou como na morte, enquanto esta [Roma], erguendo-se com confiança, começou, após a expulsão dos reis, a gozar da liberdade política [...]".[264] Mais do que isso, entende-se que a mesma duração é reservada a Roma e à Babilônia, cujo poder foi aniquilado pelos persas 1.400 anos após sua fundação. Mas a chegada dos medos, 1.164 anos após sua fundação, já marca um primeiro declínio. Ora, no caso de Roma, essa mesma duração corresponde exatamente à tomada de Roma por Alarico. Para Roma, Alarico é, portanto, o que os medos foram para a Babilônia. A cronologia torna-se tipologia: a história da Babilônia anuncia a de Roma, que vem para a repetir. E quanto ao tempo que resta, isto é, a diferença entre 1.400 e 1.164? Orósio não se pronuncia a respeito, mas cada qual pode fazer o cálculo por sua própria conta. Há um problema para Orósio: como conciliar sua apresentação da *felicitas* cristã e a reafirmação das desgraças finais, sem omitir a sequência do Anticristo que precede o retorno de Cristo e o Juízo? Deve-se ver nas invasões dos bárbaros um sinal de sua proximidade? Não. É verdade que, ao entrar no Império, eles destroem e pilham (com certa moderação, segundo Orósio), mas, acima de tudo, eles poderão ser convertidos: estão destinados a "vir em massa encher as igrejas de Cristo".[265] E, ao fazê-lo, vão apressar o fim dos tempos, dando ao Evangelho uma difusão cada vez maior. Em suma, os bárbaros são, para Orósio, menos precursores de um apocalipse iminente do que instrumentos a serviço da extensão e do triunfo dos "tempos cristãos" (*tempora christiana*) e do advento (mas a prazo) do Juízo final.[266]

---

[264] Orósio. *História contra os pagãos*, 7, 2, 3.
[265] Orósio. *História contra os pagãos*, 7, 41, 8. (N.R.T.)
[266] Orósio. *História contra os pagãos*, 7, 35, 6. (N.R.T.)

A cidade de Deus

Mesmo recusando a abordagem e as conclusões de Orósio, Agostinho adota n'*A cidade de Deus* a cronologia de Eusébio e de Jerônimo, o quadro geral da sucessão dos impérios e os seis mil anos das Escrituras. Tendo esses marcos fundamentais por certos e consolidados, ele se contenta em mobilizá-los para fixar o quadro de sua obra, cujo alcance ultrapassa em muito todas as *Tábuas cronológicas* e todas as *Crônicas* que puderam ser redigidas até então, pois ele procura retraçar a marcha das duas cidades, a do céu e a da terra, desde as suas origens até o fim dos tempos. No preâmbulo do livro, ele anuncia que seu objeto é "a gloriosíssima cidade de Deus", considerada em sua dupla temporalidade: de um lado, ela caminha em meio aos "ímpios", isto é, no curso do tempo *chronos*, vivendo da fé; de outro, ela experimenta a "estabilidade da eterna morada", isto é, a eternidade divina, sabendo que não gozará plenamente dela senão após o Juízo.[267] Ela está, portanto, simultaneamente dentro e fora do tempo *chronos*: no tempo *chronos* dos assuntos humanos e em um tempo *kairós* ou que tende ao *Kairós*.

Até este ponto, a cidade terrestre propriamente dita não intervém; aparecem apenas os ímpios no meio dos quais a cidade de Deus deve marchar, ou seja, o mundo ou, ainda, o século. Mas Agostinho vai propriamente constituí-la como "cidade", pois assim poderá convocar e expor a história inteira da humanidade desde Caim e Abel, relacionando a história bíblica e as histórias pagãs graças aos sincronismos estabelecidos por Eusébio. Mobilizando o conceito tão antigo e poderoso de cidade, ele confere uma forma à dispersão da história universal e uma estrutura à invisibilidade da cidade de Deus.

De que modo ele introduz, como um hábil retor, a segunda cidade, a da terra, em seu preâmbulo? Por meio de duas citações. A primeira, tirada das Escrituras, diz que Deus, o fundador da cidade divina, "resiste aos soberbos e concede a sua graça aos humildes";[268] a segunda, famosa e enunciada por Virgílio, fala do poder de Roma, que se gaba de "poupar submissos, debelar soberbos".[269] De uma fórmula à outra, podendo-se

---

[267] Agostinho. *A cidade de Deus*. 1, Prefácio. (N.R.T.)

[268] *Pedro* 1, 5, 5. (Ecoando: *Provérbios* 3, 34). (N.R.T.)

[269] Virgílio. *Eneida brasileira*. VI, 885. Tradução poética da epopeia de Públio Virgílio Maro. Organização de Paulo Sérgio de Vasconcellos *et. al.*; tradução de Manuel Odorico Mendes. Campinas: Ed. Unicamp, 2008, p. 257. (N.R.T.)

reconhecer na segunda uma versão deformada da primeira, passa-se habilmente de uma cidade à outra. A segunda citação revela, com efeito, uma alma "intumescida de orgulho" e sujeita à paixão de dominar (*libido dominandi*), pois essa é a força permanente da cidade terrestre. "Dois amores", ele concluíra mais adiante, "fizeram as duas cidades: o amor de si até o desprezo de Deus – a cidade terrestre; o amor de Deus até o desprezo de si – a cidade celeste".[270]

Dividida, na maior parte do tempo, contra si mesma, a cidade terrestre tem por fundamento o fratricídio: Caim é o fundador (*conditor*) dessa cidade, ao passo que Abel é como que um estrangeiro que já caminha à espera da cidade de cima. Roma, destinada a assumir a liderança da cidade terrestre, reproduziu esse "arquétipo" com o assassinato de Remo por Rômulo. Diferentemente de Caim e Abel, todavia, eles são ambos "cidadãos da cidade terrestre" e procuram ambos a "glória".[271]

Se a narrativa pode apenas descrever sucessivamente a progressão de uma e, em seguida, da outra desde o primeiro homem, não se deve jamais perder de vista, como relembra em diversas ocasiões Agostinho, que sua progressão é "simultânea". Se a cidade terrestre tem os dois pés no tempo *chronos*, a outra tem apenas um deles. Mas, por ora, isto é, até o último dia do "século", ela é chamada a estar, à semelhança daquele que teve fé em Paulo, no tempo *chronos* como nele não estando.

Desde Abraão ("nosso pai Abraão",[272] como o chama Agostinho) até o Salvador, poder-se-ia acreditar que apenas a cidade de Deus "prossegue sozinha",[273] mas não é o caso. Fazendo intervir o sincronismo original estabelecido por Eusébio entre Abraão e Nino, Agostinho pode passar facilmente para o lado da cidade terrestre. O Império Assírio abre, portanto, a marcha, e Agostinho avança em um terreno bem balizado pelos cronógrafos gregos.[274] Porém, com a Assíria, vem também, desde Daniel, o já evocado esquema da sucessão dos quatro reinos, que Eusébio desdenhava. Agostinho, que evidentemente conhece bem Daniel, cita abundantemente

---

[270] Agostinho. *A cidade de Deus*, 14, 28.

[271] *Ibid.*, 15, 5.

[272] Por exemplo: Agostinho. *Ibid.*, 16, 15-16. (N.R.)

[273] *Ibid.*, 18, 1. (N.R.T.)

[274] *Ibid.*, 18, 2.

o capítulo 7, o da visão das quatro bestas saindo do mar, simbolizando os quatro reinos. Todavia, ele não perde tempo discutindo os motivos. "Alguns interpretaram aqueles quatro reinos como sendo o dos assírios, o dos persas, o dos macedónios e o dos romanos. Os que desejarem saber com quanto acerto emitiram esta opinião, leiam o livro do presbítero Jerônimo sobre Daniel escrito com bastante erudição e cuidado".[275] Se ele cita Jerônimo, notemos que ele não faz qualquer menção ao quadrilátero de Orósio (visivelmente, os cartaginenses não interessam a Agostinho), pois apenas lhe importam os dois reinos cuja "glória eclipsou os outros"[276]: o dos assírios e o dos romanos. Ele adota então os sincronismos estabelecidos notadamente por Orósio (embora sem o nomear). Roma, como vimos, começa exatamente quando acaba a Babilônia. Roma é uma segunda Babilônia, ou a Babilônia uma primeira Roma.

"Roma foi fundada como se fosse uma segunda Babilônia, como uma filha da primeira",[277] ele resume. Os demais reinos são, em última análise, meros "anexos" das duas potências que, continuamente movidas pelo desejo de dominação, encarnam as grandezas e as misérias da história da cidade terrestre. A Babilônia é o primeiro, e Roma é de fato o quarto e último reino, mas Agostinho evita cuidadosamente, e até mesmo proscreve, toda especulação sobre os seis mil anos. Esse "dado", como já acontecia no caso de Júlio Africano, Eusébio e Orósio, serve, todavia, para descartar as tolas pretensões dos egípcios em matéria de Antiguidade. Elas são tão contrárias à verdade que basta "ridicularizá-las"; "refutá-las" chega a ser inútil.[278]

A cidade de Deus se encerra com a apresentação de uma grandiosa tabela cronológica, que permite a Agostinho sincronizar os dias, as idades, as gerações e os períodos, que são como tantas engrenagens de um grande relógio escatológico de todos os tempos. *Chronos* encontra-se inteiramente subjugado, devidamente acorrentado. Tudo se sustenta, se ajusta e se corresponde. Percorre-se, dessa maneira, a totalidade dos tempos desde

---

[275] *Ibid.*, 20, 23. De fato, em seu *Comentário a Daniel*, Jerônimo identifica o primeiro reino com a Babilônia, o segundo com os medos e os persas, o terceiro com Alexandre e seus sucessores, o quarto com Roma.

[276] *Ibid.*, 18, 2. (N.R.T.)

[277] *Ibid.*, 18, 22.

[278] *Ibid.*, 18, 40.

o primeiro dia até o sabá eterno. Há os seis dias da Criação, e o descanso do sétimo dia; as seis idades do homem, da primeira infância à velhice (e ocorre com o gênero humano o mesmo que com um só homem); e as seis idades do mundo. A primeira idade, "como um primeiro dia", vai de Adão ao Dilúvio; a segunda vai até Abraão; seguem-se três idades: de Abraão a Davi, de Davi à deportação para a Babilônia, da deportação ao nascimento de Cristo segundo a carne. A sexta idade, a da velhice do mundo, "processa-se agora, sem se poder determinar o número de gerações porque foi dito: *Não vos é dado conhecer os tempos que o Pai guardou em seu poder*". Virá então a sétima idade, a do "nosso sabá", "cujo termo não será a tarde". O sabá transforma-se em domingo: "o dia do Senhor, como oitavo dia eterno".[279]

Combinando tipologia, alegoria e cronologia, Agostinho fixa assim por muito tempo o quadro e o horizonte temporais da cidade de Deus, mas também da cidade da terra. Roma é efetivamente o último reino, e é aquele em que vivem os cristãos. Se esse quadro ratifica que o fim aproxima-se, o tempo que resta é desapocaliptizado, pois nenhuma agitação ou especulação, nem quaisquer cálculos apocalípticos são aceitáveis. Mas, ao mesmo tempo, o apocalipse propriamente dito não é de modo algum recusado; ele é adiado, a uma data não longínqua, mas indeterminada. Ele permanece no horizonte: ele é e deve ser o horizonte do cristão. O saque de Roma em 410 é apenas uma peripécia, uma catástrofe, talvez a última sofrida pela cidade terrestre, mas ainda não o sinal da iminência do fim do quarto e último império. É, antes, o sinal de seu envelhecimento. Como Agostinho disse e repetiu em seus sermões ao longo daqueles anos: "O mundo perece, o mundo envelhece, o mundo finda, o mundo padece nos estertores da velhice. Não temas nada: tua juventude renovar-se-á como a da águia".[280] Para o cristão, a entrada pela conversão no tempo *kairós* significa, com efeito, renovação e rejuvenescimento. Embora também participe da velhice do mundo e do tempo *chronos*, ele escapa dele: pode e deve viver *como* não estando nele.

Deve-se concluir disso que, com esse poderoso ordenamento dos tempos, Agostinho sufoca definitivamente as especulações apocalípticas, livrando a Igreja dessa fonte recorrente de agitação, de ansiedade, mas também de esperança? Claro que não, e a já citada investigação de Richard

---

[279] *Ibid.*, 22, 30, 5.
[280] Agostinho. *Sermões*, 81, 8. Citado por: Brown, Peter. *La vie de saint Augustin*, p. 352.

Landes o prova de modo convincente. Ademais, embora Agostinho não se pronuncie sobre a duração efetiva de cada uma das idades, e especialmente não sobre a da sexta idade (para a qual não cabe "determinar o número de gerações"),[281] ele relaciona os dias às idades. Ao mesmo tempo, poderá sempre ser mobilizada a fórmula, que foi tão frequentemente retomada, segundo a qual, para Deus, um dia é como mil anos, e mil anos são como um dia,[282] tanto que a equivalência entre o sexto dia, a sexta idade e os seis mil anos permanece ativa ou, pelo menos, sempre implicitamente presente e suscetível de ser reativada. No início do século VII, Isidoro de Sevilha não hesitará em mobilizá-la em sua crônica universal, reiterando também a proibição do cálculo da data do fim.

Além disso, Agostinho julgou necessário dedicar todos os últimos livros d'*A cidade de Deus* ao dia do fim, quando o tempo presente do fim virá anular-se no fim do tempo. É preciso notar que não podia ser diferente, pois, desde o primeiro dia em que a cidade de Deus se pôs em marcha, ela avança rumo a esse objetivo: escapar às misérias do tempo *chronos*, passar da tensão do *Kairós* à imutabilidade da eternidade, entrando no oitavo dia de um fim que não terá fim. Isso é verdade, mas detendo-se demorada e detalhadamente no momento (*Krisis*) que vai promover uma ruptura irremediável, Agostinho quer ao mesmo tempo repetir que o fim está vindo e enquadrar drasticamente as interpretações que se podem dar dos textos de referência. É por isso que o livro XX d'*A cidade de Deus* trata do Juízo Final, o seguinte do Castigo dos maus e o último da Felicidade dos justos, o que significa retomar e interpretar o *Livro de Daniel*, a *2 Epístola aos Tessalonicenses* de Paulo e o capítulo 20 do *Apocalipse* de João: os três textos incontornáveis sobre o assunto. E, ainda que reconheça com facilidade o que esses textos canônicos possam ter de obscuro, Agostinho não duvida nem por um instante do enredo final, tal como eles o estabeleceram.

Cristo, ele retoma, "há-de vir dos Céus para julgar os vivos e os mortos: a isto é que chamamos o último dia (*ultimus dies*) do juízo divino, isto é, o tempo final (*novissimum tempus*)".[283] Como ler então o *Apocalipse*? Convém primeiramente admitir que "muitas coisas são ditas de maneira obscura para exercitarem o espírito dos leitores, e nele também há algumas que

---

[281] Agostinho. *A cidade de Deus*, 22, 30. (N.R.T.)

[282] *2 Epístola de Pedro* 3, 8.

[283] Agostinho. *A cidade de Deus*, 20.

dão como que uma pista para esclarecer, ainda que com esforço, as restantes".[284] Como aviso aos exegetas passados, presentes e futuros, Agostinho acrescenta: "sobretudo porque repete as mesmas coisas distintas, quando se descobre que fala das mesmas coisas ora de uma forma ora de outra".[285] Uma vez feita essa advertência e fornecida essa chave de leitura, Agostinho não pode evitar de se pronunciar sobre o enigmático reino de mil anos. Deve-se optar por uma interpretação literal ou, ao contrário, alegórica? Ele escolhe evidentemente a segunda. Os mil anos são "com certeza" uma maneira de designar o "conjunto dos anos deste século para marcar, com um número perfeito, a plenitude do próprio tempo".[286] Este século, isto é, o tempo aberto com a Encarnação e que corresponde ao tempo da Igreja, inscreve-se efetivamente na sexta idade e no sexto milênio, mas escapa também ao limite perigoso dos seis mil anos.

Ele não pode mais "passar por cima" das palavras de Paulo em sua segunda carta aos tessalonicenses.[287] Por mais "obscuras" que elas sejam, Agostinho não duvida, nem por um instante, que, pelo "homem da anomia", "o rebelde" (segundo a tradução latina), se esteja designando o Anticristo.[288] Em contrapartida, sobre aquilo ou aquele que o detém, ele admite que ignora totalmente o que Paulo "pretendeu dizer", mas relatará "as conjecturas" que pôde ouvir ou ler. Alguns consideram que se trata do Império Romano e, mais precisamente, de Nero, que poderia ressuscitar ou não estaria morto, e poderia reaparecer, no momento certo, como Anticristo. Para outros, essas mesmas palavras do apóstolo sobre o *katechon* e "o mistério de iniquidade que já se encontra em ação" visam, na verdade, aos "maus e aos hipócritas que estão na Igreja" e que, ao deixá-la, vão formar o povo do Anticristo.[289] Mas, em todos os casos, é certo que a vinda do Anticristo deve preceder a de Cristo.

O profeta Daniel, por fim, estabelece uma relação entre o Juízo Final e a sucessão dos impérios até o reino eterno. Com efeito, para Agostinho, Daniel "viu numa visão profética quatro feras significando quatro reinos. O

---

[284] Agostinho. *A cidade de Deus*, 20, 17. (N.R.T.)
[285] Agostinho. *A cidade de Deus*, 20, 17.
[286] Agostinho. *A cidade de Deus*, 20, 7.
[287] Agostinho. *A cidade de Deus*, 20, 19.
[288] Lembremos que não há qualquer menção ao Anticristo nas epístolas de Paulo.
[289] Agostinho. *A cidade de Deus*, 20, 19

quarto foi conquistado por um rei que se reconhece ser o Anticristo. Depois disto apareceu o reino eterno de um filho de homem que se percebe ser Cristo".[290] Sem deter-se na identificação dos quatro reinos (talvez por prudência), Agostinho quer, sobretudo, reter a confirmação do confronto final e cruel da Igreja com o "exíguo espaço de tempo"[291] do reinado do Anticristo.

No fim, ele não rejeita evidentemente nenhum dos traços do regime cristão de historicidade, entendido como um presentismo apocalíptico, mas toma muito cuidado para não deixar nenhum espaço para as especulações milenaristas. Com as duas cidades, a terrestre e a divina, Agostinho dedica-se a uma transferência dos dois registros de Paulo do plano individual ao plano da história universal. O "como não" de Paulo vale, com efeito, para o conjunto da cidade de Deus. Ela é dupla: ela é do mundo "como dele não sendo"; ela peregrina no tempo *chronos*, mantendo-se, por assim dizer, conectada ao tempo *kairós*. Graças a essa poderosa operação, o conceito das duas cidades inscreve-se de modo duradouro na teologia da história. Com ele, Agostinho introduz também o conceito do simultâneo do não simultâneo no tempo cristão e, finalmente, no tempo da história. O simultâneo do não simultâneo é, com efeito, a tradução temporal do "como não" de Paulo: ser do mundo, mas também dele não sendo; ser de um tempo, sendo simultaneamente de outro tempo.[292] Assim caminha a cidade de Deus, dividida, frequentemente dilacerada, entre o tempo *chronos* e o tempo *kairós*.

As *Tábuas* pascais, anos da Encarnação, fim dos tempos

Examinamos a economia cristã do *Kairós*, isto é, sua difusão e crescente dominação sobre os diferentes tempos, desde o mais ordinário até

---

[290] Agostinho. *A cidade de Deus*, 20, 23.

[291] Agostinho. *A cidade de Deus*, 20, 23. (N.R.T.)

[292] O primeiro a teorizar a noção foi Ernst Bloch, ao tratar da sociedade alemã no início do nazismo. Koselleck, de sua parte, vê nela uma experiência fundamental da história para apreender a diversidade do mundo (por exemplo, o encontro, no século XVI, com os povos "selvagens", que são ao mesmo tempo contemporâneos e não contemporâneos, estão no mesmo tempo cronológico e em outro tempo). Koselleck, Reinhart. *Le futur passé. Contribution à la sémantique des temps historique*. Traduction française de Jochen e Marie-Claire Hoock. Paris: EHESS, 1990, p. 279-280; nouvelle édition revue et complétée, Paris: EHESS, 2016, p. 334-335.

o mais elaborado. Resta ainda um elemento central a considerar: a data da Páscoa e suas implicações, pois chegamos aqui ao próprio âmago do mistério do *Kairós*. Já nos deparamos com essa questão quando acompanhamos a elaboração do calendário cristão, pois a festa da Páscoa é de fato o elemento ordenador, que rege o ciclo inteiro do ano. Mas a difícil e conflituosa fixação de uma *Tábua* pascal aceita por todos os cristãos vai muito além da liturgia, pois é, na verdade, ali que se deve ir procurar a origem da era cristã: o cálculo dos anos a partir de Jesus Cristo. Trata-se de uma revolução lenta que, abalando definitivamente os marcos temporais, fixa uma nova ordem do tempo (que ainda é a nossa). Ela marca o triunfo do *Kairós* crístico que só se completará no século XVII, quando se passará a contar não somente em anos depois de Cristo, mas também em anos antes de Cristo.

O cômputo usual por *Anno Mundi*, por Ano da Criação, será substituído (muito lentamente) pelo cálculo da data por *Anno Domini*, por Ano do Senhor. Ora, essa invenção, tecnicamente obra de Dionísio, o Exíguo, em 525, passou mais ou menos despercebida naquele momento, inclusive por ele mesmo! As querelas sobre a data da Páscoa constituem uma das mais ricas e mais longas controvérsias que existiram. Durante séculos (do século II ao século VIII), elas mobilizaram os saberes matemáticos, astronômicos, exegéticos, teológicos; elas tiveram por pano de fundo uma rivalidade entre Alexandria e Roma, para não falar de Bizâncio, mas sem negligenciar, por certo, a distância cada vez mais marcada que foi preciso adotar (no campo cristão), a partir do século II, em relação aos judeus. E tudo isso resultaria, como se a questão sempre tivesse se limitado a simples cálculos, em uma data, ou melhor, em uma sequência de datas: uma tabela pascal perpétua. Vale, portanto, a pena, mesmo sem entrar nos aspectos técnicos da controvérsia, expor os seus principais pontos, pois chegamos aqui ao próprio âmago do regime cristão de historicidade.[293] Penetra-se no coração do reator do regime cristão.

Como foi que o *Kairós* se fez *chronos*, não mais no sentido geral da grande escansão paulina (*ante legem*, *sub lege*, *sub gratia*) ou da abertura da sexta idade, mas no sentido preciso do cálculo da data: em que dia de

---

[293] Mosshammer, Alden A. *The Easter Computus and the Origins of the Christian Era*. Oxford: Oxford University Press, 2008; Declercq, Georges. *Anno Domini. Les origines de l'ère chrétienne*. Turnhout: Brepols, 2000.

qual ano Jesus foi crucificado? Foi necessário primeiramente inserir o dia e o ano nos calendários e nas cronologias existentes para poder fazer deles um acontecimento do mundo. Esse foi o trabalho dos cronógrafos até Eusébio. Anteriormente, quase ninguém se preocupava com isso. Os *Evangelhos*, para dizer o mínimo, são pouco ciosos de cronologia. Apenas Mateus e Lucas fixaram de modo bastante vago a data de nascimento de Cristo, sendo que a única data precisa que se encontra em todo o Novo Testamento é aquela fornecida por Lucas para o início da pregação de João Batista (o décimo quinto ano do reinado de Tibério em 28/29 d.C.), que coincide com o início da vida pública de Jesus. A partir daí, calcular a data da Paixão deveria ser fácil, visto que coincide com o dia da Páscoa judaica. Entretanto, há, desde o início, uma divergência entre os evangelistas sobre a duração da vida pública de Jesus: um ano para os sinóticos, e ao menos três anos para João.

As Tábuas *pascais*

A Páscoa judaica é fixada no mês de Nissan (o primeiro mês do ano), estando a lua em seu décimo quarto dia. Ora, para os primeiros cristãos, sendo Jesus o verdadeiro cordeiro pascal, é imperativo que a Crucificação tenha ocorrido neste dia. Nada obstante, o calendário judaico é um calendário lunar, o que significa que a data da Páscoa, embora sempre a mesma, é móvel e que, a partir do instante em que se deve inscrevê-la em um calendário solar, como é o calendário juliano, as dificuldades começam. No caso da Natividade, ao contrário, tudo é simples, pois ela volta todo 25 de dezembro. Aqui, porém, embora seja impensável renunciar à festa da Páscoa, data primordial, da qual depende toda a sequência do calendário litúrgico, é rigorosamente impossível transformá-la em festa fixa. A única solução é dominar sua mobilidade, elaborando tábuas pascais que permitirão conhecer antecipadamente as datas das Páscoas vindouras e também, ao fazê-lo, estabelecer a data exata da primeira Páscoa, inscrevendo-a no tempo *chronos*. É necessário, portanto, fazer-se astrônomo, caso se tenha a ambição de emancipar-se da sinagoga.

Como combinar, efetivamente, o ciclo lunar e o ciclo solar? Após quanto tempo voltamos a encontrar as mesmas fases da Lua, na mesma ordem? Serão necessários vários séculos para estabelecer que 19 anos são a duração de um ciclo lunar completo, 28 anos a do ciclo solar, e 532 anos

(19 vezes 28) a de um ciclo lunissolar. A tabela pascal de Beda, o Venerável, indicará a data da Páscoa de 532 a 1063. Mas, antes de chegar a isso, é preciso incluir várias outras restrições que também são portadoras de importantes desafios. Muito rapidamente, no contexto da Paixão, torna-se necessário distinguir a Ressurreição, que deve ocorrer em um domingo (o dia do Senhor), da Crucificação, à qual é atribuída a sexta-feira. Então, ao longo do século III, tornar-se-á imperativo distanciar, de ao menos um dia, a morte de Jesus da celebração da Páscoa judaica, uma vez que, entre judeus e cristãos, ampliava-se a distância.

Isso ainda não é tudo. O mês de Nissan corresponde à chegada da primavera; por isso, os primeiros cristãos associaram a morte de Cristo ao 25 de março, que corresponde à data do equinócio vernal no calendário juliano. Por conseguinte, 25 de março se tornou, no Ocidente, a data tradicional da Crucificação (embora seja a da Ressurreição no Oriente). A partir daí, os cálculos tornam-se necessários. Em que ano o 25 de março caía em uma sexta-feira (ou em um domingo), naturalmente sem desconsiderar as restrições lunares? Evidentemente, quando se estabeleceu que o equinócio não caía em 25 de março, mas em 21 de março, foi preciso retomar todos os cálculos e fazer a correção. Mas o simbolismo do 25 de março se estendera. Assim, um monge alexandrino do século V datou a criação do mundo e a Encarnação (a concepção de Cristo) também no dia 25 de março, fazendo desse dia uma data cósmica ou total: o *Kairós* crístico irradia desde o primeiro dia. Ele deixa sua marca no curso dos astros e na sucessão das estações. Se acrescentarmos a Natividade, fixada em 25 de dezembro, dia do solstício de inverno, vê-se a que ponto todas as escansões de todos os tempos *chronos* são retomadas e transmutadas na grande narrativa cristã.

Em 325, o Concílio de Niceia decretou que a Páscoa devia ser celebrada no mesmo domingo por todos os cristãos e, como segunda exigência, não mais no mesmo dia da Páscoa judaica (ainda que o 14 de Nissan caísse em um domingo, o que, evidentemente, não podia deixar de ocorrer). A Igreja chegou, portanto, a esta proposta de compromisso: festejar-se-ia a Páscoa no domingo seguinte à primeira lua cheia da primavera. Uma vez estabelecido esse ponto, entretanto, divergências subsistiram nos cálculos dos ciclos entre Alexandria e Roma, ainda que os matemáticos egípcios fossem reconhecidos como melhores do que os do Ocidente. Uma restrição propriamente romana merece ser ressaltada.

A Igreja de Roma recusou até a metade do século V ultrapassar o dia 21 de abril para a celebração da Páscoa! A razão, que nada tinha a ver com a matemática ou com a astronomia, era que 21 de abril correspondia ao aniversário da fundação de Roma. Estava, portanto, fora de cogitação misturar as festividades pagãs e a semana santa. Vê-se, portanto, de que arranjo multiforme e de que compromisso, por tantas vezes e tanto tempo retomado, resultou a fixação da data da Páscoa. Vê-se como finalmente se logrou conciliar as duas temporalidades do tempo *chronos* e do tempo *kairós*, reconhecendo o domínio do primeiro, resultante de cálculos, sem sacrificar a fulgurância do segundo.

O desafio já era considerável e essas conquistas poderiam ter bastado: a fixação de um calendário litúrgico, a inscrição nas cronologias universais, um elo entre o Oriente e o Ocidente. Na encruzilhada dos diferentes tempos, essa data se configura, de fato, como o sincronismo capital. Mas ainda estavam reservados dois distúrbios, quase como subprodutos da controvérsia: o rejuvenescimento do mundo e a invenção da era cristã. Para Eusébio, que, como vimos, age por meio de sincronismos sucessivos, a data do nascimento de Jesus se estabelece da seguinte maneira: ele nasceu no quadragésimo segundo ano do reinado de Augusto e começou a pregar no décimo quinto ano do imperador Tibério. "Neste ano, decorreram 548 anos desde a reconstrução do Templo que se fez no segundo ano de Dário, rei dos persas; 1.060 anos desde Salomão e a primeira construção do Templo; 1.539 anos desde Moisés e o êxodo do Egito do povo de Israel; 2.044 anos desde Abraão e o reinado de Nino e de Semíramis; entre o Dilúvio e Abraão, 942 anos se passaram; entre Adão e o dilúvio, 2.242 anos."[294]

Partindo, portanto, da data indicada por Lucas para o início da vida pública de Jesus, Eusébio a insere nas cronologias romana, judaica e persa e, remontando gradualmente até Adão, ele chega (se fizermos o cálculo) a 5.199 anos entre o nascimento de Jesus e o de Adão. A relação tipológica, que vê em Jesus o novo Adão, encontra assim sua tradução temporal: o *Kairós* se temporaliza. Isso, quase sem o parecer, tem por consequência rejuvenescer o mundo em três séculos em relação à versão, até então a mais difundida, que situava o nascimento de Jesus no Ano do Mundo 5500, isto é, na metade da sexta idade ou do sexto e último milênio, ou

---

[294] Eusébio de Cesareia. Prefácio. *In*: São Jerônimo. *Chronique...*, p. 65.

na décima primeira hora. Deviam então restar quinhentos anos, e evidentemente já menos do que isso quando Júlio Africano fez dessa data o eixo de sua *Cronografia*. Porém, no início do século IV, afastar o horizonte apocalíptico deve ter começado a se tornar um desafio premente, e esse foi seguramente, como vimos anteriormente, um dos objetivos de Eusébio, admitido embora não proclamado. Quatro séculos mais tarde, isto é, nos anos 5900, esse também será um dos objetivos, desta vez proclamado, de Beda, o Venerável, em seu pequeno livro *Sobre os tempos*. Fundando-se na "verdade hebraica", isto é, na Bíblia em hebraico traduzida por Jerônimo – a *Vulgata* –, ele rejuvenescerá o mundo em treze séculos de uma só vez.[295] De Jesus a Adão, retomando as genealogias dos patriarcas, ele chega, com efeito, à data *Anno Mundi* 3952 para o nascimento de Jesus. Dificilmente recusável, o ganho é considerável, e a zona das turbulências finais é retardada na mesma medida.

Uma prova de que não se trata de meras implicâncias de exegetas pedantes está no fato de que Beda foi imediatamente acusado de heresia por um de seus confrades, sob a alegação de que teria negado que Cristo viera na sexta idade.[296] Isso é absolutamente falso, ele replica em uma carta endereçada, em 708, ao seu acusador e que pôde ser lida na presença do bispo. Em contrapartida, ele recusa totalmente a opinião segundo a qual o mundo deveria durar seis mil anos. Faltam-lhe palavras suficientemente duras para depreciá-la como obra de alguns "rústicos", que o cansam cotidianamente com perguntas sobre o tempo que resta para o fim, quando se deve entender de uma vez por todas que "o curso do mundo não é definido para nós por nenhum número fixo de anos, pois apenas o Juiz o conhece".[297] É a opinião do homem comum, ele repete. Não obstante, trata-se aqui de uma disputa entre clérigos, que chega ao tribunal do bispo, onde é lançada a séria acusação de heresia. O acusador em questão, do

---

[295] Beda. *On the Nature of Things and on Times*. Translated with introduction, notes and commentary by Calvin B. Kendall and Faith Wallis. Liverpool: Liverpool University Press, 2010, p. 126. Uma intervenção tornava-se necessária ou, pelo menos, útil, pois os números apresentados eram suscetíveis de reforçar as agitações milenaristas: 5200 +700 = 5900.

[296] Beda. Letter to Plegwin. In: *The Reckoning of Time*. Translated, with introduction, notes and commentary by Faith Wallis. Liverpool: Liverpool University Press, 1999, p. 405-415.

[297] Beda. Letter to Plegwin, p. 414. (N.R.T.)

qual nada sabemos, não devia ser tão *rusticus* assim. Quando menos, essa é, para Beda, uma maneira de desqualificá-lo, rebaixando as especulações milenaristas ao patamar das superstições.

Ele ainda volta ao assunto, em 725, em seu livro *Sobre o cálculo dos tempos* (*De temporum ratione*), que é uma versão desenvolvida da primeira obra. Se a questão central permanece o estabelecimento da *Tábua* pascal, ele sente, ainda assim, a necessidade de denunciar novamente os *rustici* que desejam fazer coincidir as idades e os milênios, embora sejam incapazes de apresentar a menor prova que a sustente. A versão nitidamente aumentada de sua crônica universal dedica a última parte aos "Tempos futuros e ao fim dos tempos".[298] A versão anterior, entretanto, encerrava-se somente com as seguintes palavras: "o resto da sexta idade é conhecido apenas de Deus".[299] Seguindo diretamente os passos de Agostinho, Beda retoma, por sua vez, o enredo final: fim da sexta idade, perseguições do Anticristo e Juízo. Isso marcará a entrada na estabilidade da eternidade e a saída definitiva desse tempo *chronos*, cujo curso é semelhante às ondas do mar.

Graças a essas operações que incidem sobre o início da era cristã, o apocalipse é, portanto, mantido à distância ou à margem, mas não desaparece, e, mais uma vez, isso está fora de questão, e sempre estará fora de questão – a menos que se abandone o cristianismo. Tão temido quando esperado, ele está no âmago do Antigo Testamento lido pelos cristãos; está por toda parte no Novo Testamento; está, quando menos, em segundo plano entre os cronógrafos (que rejuvenescem o mundo); Orósio não consegue evitar concluir sua *História* otimista dos tempos cristãos pelo enredo final (com seu desencadeamento de violência e as perseguições do Anticristo precedendo o Juízo); Agostinho conduz sua marcha das duas cidades até o dia do apocalipse, e Beda faz o mesmo com os últimos capítulos de sua crônica universal.

Dionísio, o Exíguo, e a era cristã

Com esses cálculos sobre as datas da Paixão, da Ressurreição e da Encarnação, difunde-se, a partir do século III, a ideia de que existe

---

[298] Beda. *The Reckoning of Time*, p. 239. (N.R.T.)
[299] Beda. *On the Nature of Things and on Times*, p. 131. (N.R.T.)

efetivamente uma era cristã, com, por parte de alguns, o uso de uma dupla cronologia: a tradicional, em Anos do Mundo, e a nova, em Anos da Paixão. Quanto mais essa era vai ganhar em importância, menos a idade do mundo contará. Tudo se passa como se uma se fortalecesse à medida que a outra perdesse relevância. Esse é o contexto em que se situa a intervenção de Dionísio, o Exíguo. Por conta de seu nome, tende-se a considerá-lo como um qualquer, ainda que o epíteto *Exiguus*, o Exíguo, pretendesse significar sua humildade, e não, de modo algum, zombar de sua pequena estatura ou depreciá-lo como um *minus habens*![300] Conhecendo o grego e o latim, ele era, na realidade, muito erudito em teologia, direito canônico e cômputo eclesiástico. Em 525, ele apresentou uma *Tábua* pascal que prolongava em 95 anos aquela atribuída a Cirilo de Alexandria e que se encerrava em 531. Ele atendia, portanto, a uma demanda absolutamente precisa. Os bispos começavam a sentir a necessidade, como diríamos hoje, de maior visibilidade. No prólogo de seu *Livro sobre o cômputo da Páscoa*, ele prega o método alexandrino de cálculo e acrescenta o seguinte:

"Dado que Cirilo o abençoado marcou o início de seu primeiro ciclo no ano 153 de Diocleciano e encerrou seu último ciclo no ano 247 de Diocleciano [o que era a maneira ordinária de datar no Egito], devemos começar o nosso no ano 248 desse homem que foi tirano mais do que imperador. Entretanto, no interior de nossos ciclos, não quisemos honrar a memória daquele que foi um perseguidor ímpio dos cristãos, mas quisemos, antes, contar os anos *a partir da Encarnação de Nosso Senhor Jesus Cristo*, para que o começo de nossa esperança pareça mais familiar e que a fonte da redenção da humanidade, isto é, a Paixão de nosso Redentor, seja iluminada de modo ainda mais glorioso".[301]

Desaparece o perseguidor ímpio! E é por isso que Jesus substitui Diocleciano na primeira coluna da tábua de Dionísio e é assim que a era cristã se insere no cômputo pascal. Ela elimina uma injustiça e oferece uma comodidade. Posteriormente, Dionísio não voltou ao assunto e continuou a datar seus próprios textos de acordo com os sistemas usuais (segundo os anos consulares e as indicções). Como notaram os comentadores, Dionísio,

---

[300] Expressão latina que designa uma pessoa de inteligência reduzida. (N.T.)
[301] Declercq, Georges. *Anno Domini*, p. 104-105. O destaque em itálico é nosso. Dionísio não diz nada sobre a maneira como ele faz coincidirem o ano 248 de Diocleciano e o ano 532.

que procurava, sobretudo, fazer prevalecer o método alexandrino de cômputo pascal, não tinha pela cronologia senão um "interesse menor". "Para ele", escreve Georges Declercq, "o ano da Encarnação era apenas um número num documento litúrgico", na medida em que está claro que ele "não tinha a intenção de criar uma nova era para um uso corrente".[302] De fato, a datação por ano de Cristo só se tornou verdadeiramente comum no século XI, isto é, cerca de cinco séculos mais tarde.

Na aceitação no Ocidente do cômputo dionisíaco e da era da Encarnação, a intervenção decisiva foi a de Beda, o Venerável. Tudo começa com seu manual *Sobre os tempos*, incialmente destinado aos seus estudantes. O objetivo é o cálculo da data da Páscoa, mas, antes de chegar aos ciclos lunissolares, é preciso revisitar todas as divisões do tempo desde o mais curto intervalo (*momentum*) até o mais longo (a idade). Vai-se, portanto, do instante à sexta idade do mundo, tendo no centro a tábua pascal, da qual Beda oferece uma descrição e cuja elaboração ele explica sumariamente. Ele retoma a tábua de Dionísio e observa que, na primeira coluna, onde está indicado o número de anos desde a Encarnação, o número progride de uma unidade a cada ano. Concluir disso que o futuro está aberto seria apressar demais as coisas, mas definir o limite não é, em todo caso, da alçada do cálculo dos homens que, de sua parte, podem estabelecer que um ciclo pascal dura 532 anos, isto é, até 1063, e que outro poderá muito bem lhe suceder. Todo aquele que o consultar, comenta Beda, "pode, sem se enganar, não somente antecipar o presente e o futuro, mas pode também olhar para trás, em cada data da Páscoa no passado; e, a fim de esclarecer um texto antigo, ele pode assim facilmente identificar todos os anos, pois é por vezes difícil saber de quais se trata".[303] A data da Páscoa se torna um ponto de referência tanto na direção do porvir quanto na direção do passado. A partir dela, iluminam-se ambos. O *Kairós* crístico é, portanto, a luz que ilumina a totalidade de *Chronos*, penetrando a sua textura.

Em sua *História eclesiástica do povo inglês*, Beda adota como sistema de datação os anos da Encarnação. Isso é particularmente apropriado porque a história se desenrola ao longo da última idade do mundo, em torno da era cristã, e porque ela tem por tema "a providência particular de Deus em

---

[302] Declercq, Georges. *Anno Domini*, p. 143-144. Mosshammer, Alden A. *The Easter Computus and the Origins of the Christian Era*, p. 8.

[303] Beda. *The Reckoning of Time*, p. 156.

relação aos ingleses".[304] Não obstante, isso é algo inédito para um livro de história. Um lembrete inserido no fim põe em perspectiva acontecimentos relatados no ano da Encarnação correspondente. Encontra-se até mesmo uma data antes de Cristo (60 anos antes), para situar a expedição de César, confirmando o lugar cardeal da Encarnação. O elevadíssimo número dos manuscritos das obras de Beda (250 para *Da medição do tempo*, 170 para a *História eclesiástica*) é um bom indicador de sua autoridade e da difusão de suas teses na Inglaterra e, depois, no continente pelos missionários anglo--saxões. O primeiro documento franco a exibir o ano da Encarnação é um capitular de 742 d.C. Difundiu-se, ademais, o hábito de acrescentar às margens das tábuas pascais anotações históricas, tão numerosas que chegaram a constituir anais que acabaram se separando das próprias tábuas. Foi assim que se iniciaram os *Anais reais francos*, compostos no final do século VIII, e que a era cristã penetrou gradualmente em todos os gêneros historiográficos: as vidas de santos, as biografias, as histórias das abadias, as crônicas universais. Em 908, foi escrita a primeira crônica universal, iniciando-se com o nascimento de Cristo, e não com a Criação. Ela tinha por título o *Livro do tempo desde a Encarnação de Nosso Senhor*.[305] O uso da datação por *Anno Domini* se generaliza no século XI, embora seja preciso esperar 1431 para encontrá-la em um documento do papado.

Assim se encerra essa longa fase da conquista material do tempo: dos calendários à era da Encarnação, passando pela história universal. Essa nova ordem do tempo, promovida pela Igreja medieval e que constitui sua razão de ser, passa pelo progressivo domínio do par *Kairós* e *Krisis* sobre *Chronos*. Lançada pelos primeiros cristãos, a rede se abriu até abarcar todos os tempos pagãos, progressivamente enquadrados, colonizados, subvertidos.

---

[304] Wallis, Faith. Introduction. *In*: Beda. *The Reckoning of Time*, p. LXX.
[305] Declercq, Georges. *Anno Domini*, p. 190.

CAPÍTULO 3

Negociar com *Chronos*

A instalação da Encarnação como eixo da cronologia universal inscreve o triunfo do regime cristão no espaço (*Urbi et Orbi*) e no tempo (da Criação ao Juízo). Ela é o resultado do trabalho empreendido pelos primeiros cronógrafos cristãos. De agora em diante, nada pode legitimamente escapar ao tempo cristão. Tudo e em todo lugar pode e deve ser a ele remetido. O *Kairós* crístico se propaga pelo mundo, atravessa o tempo *chronos*, fixa a ordem cristã do tempo.

Sob o controle da Igreja, o ano litúrgico dita o ritmo da vida dos fiéis. A era cristã se difunde. Aos poucos, impõe-se a datação por *Anno Domini*. Encerrado na sólida rede de *Kairós* e de *Krisis*, *Chronos* parece efetivamente subjugado. De fato, resume o antropólogo Ernesto De Martino, "o tempo natural e mundano, os anos astronômicos são inteiramente assimilados no mesmo ano litúrgico, e o ano litúrgico, que se repete todo ano, repete, por sua vez, o tempo do acontecimento central que culmina na Páscoa da ressurreição. A imagem do ano litúrgico comporta, portanto, como limite ideal, a completa desistoricização do tempo: como numa caverna dominada pelo eco, Cristo é nela infinitamente repetido, ainda que o som possua diferentes graus de altura".[306]

Mas semelhante desistoricização, por mais que seja teologicamente fundamentada, é um limite praticamente insustentável: um ideal. O mundo

---

[306] Martino, Ernesto De. *La fin du monde. Essai sur les apocalypses culturelles*. Texte établi, traduit de l'italien et annoté sous la Direction de G. Charuty, D. Fabre, M. Massenzio. Paris: Éditions de l'EHESS, 2016, p. 221. Para uma análise de conjunto da Idade Média: Duby, Georges. Le temps des cathédrales. L'art et la société (980-1420). *In*: *Œuvres*. Édition établie par Felipe Brandi. Bibliothèque de la Pléiade. Paris: Gallimard, 2019.

não pode tornar-se um vasto mosteiro, e os próprios mosteiros devem lidar, em sua vida cotidiana, com o tempo natural e mundano – como todas as grandes instituições (reinos, impérios, papado), mas também como cada um de nós. Ora, esse presente apocalíptico, situado entre a Encarnação e a Parusia, já durou, dura e ainda durará por um tempo indeterminado. Como conferir-lhe um sentido? O que fazer dele, sem privá-lo de seu caráter de tempo intermediário, quando não supranumerário, pois ele é (ontologicamente) apenas esse lapso de tempo entre a entrada no tempo do fim e o fim em si mesmo? Uma resposta, lançada desde os *Evangelhos*, é a da obra missionária a ser conduzida.[307] Converter o mundo, incluindo-se os judeus, para que possa advir o fim. Essa é a mensagem de Pentecostes e a escolha de Paulo, apóstolo dos gentios. Tal missão fundamental atravessa toda a história da Igreja desde os repetidos apelos à conversão feitos pelos primeiros apóstolos, dado que o tempo se abrevia. A conquista das almas do Novo Mundo mobilizou poderosamente esse horizonte apocalíptico.

Ao lado dessa escolha inicial e jamais contestada que visava a difundir o *Kairós* crístico, permitindo-lhe irromper no tempo *chronos* dos outros, foram adotadas estratégias, mais localizadas, e executadas pelos próprios clérigos, para suavizar, adaptar e, por fim, consolidar o regime cristão. Trata-se de abrir espaço para *Chronos*, sem ceder nada quanto ao essencial, recorrendo a vários operadores temporais que têm por característica serem duplos. Fixados no tempo *kairós*, eles também exercem efeitos na escala do tempo *chronos*. Seus nomes latinos são: em primeiro lugar, a *accommodatio* (a acomodação divina à natureza humana), a *translatio* (a sucessão dos impérios), a *renovatio* (o renascimento) e a *reformatio* (a reforma em todos os sentidos do termo). Muito rapidamente mobilizados pelos Pais, e depois pelos teólogos, esses operadores eruditos tiveram, eles mesmos, uma longa história. Ao longo da Idade Média, e particularmente no século XII, pode-se observar que a parcela de *chronos* neles aumenta: eles se temporalizam, permitindo uma articulação entre passado, presente e futuro. Impõe-se aqui o nome famoso do abade Joaquim de Fiore. Ao considerá-los juntos, o que raramente é feito, esses operadores temporais formam uma rede, pois, ao se remeterem uns aos outros, tecem uma rede mais fina e mais flexível para confrontar *Chronos*, controlá-lo, deixando-lhe, ao mesmo tempo, uma certa margem. Esses conceitos poderosos permitiram às pessoas da Idade Média não permanecerem

---

[307] Ver p. 59-60.

apenas no tempo desistoricizado da liturgia e abrir espaço para uma história. Vitorioso, o regime cristão ainda está em uma fase de conquistas.[308] Mas, mesmo procurando reforçar, quando não "modernizar", o regime cristão de historicidade, os clérigos também abriram, como veremos, falhas (rapidamente chamadas de heresias ou possíveis heresias) que, atuando do próprio interior do quadro cristão, vão finalmente contribuir para a formação do tempo moderno, isto é, de um tempo *chronos* que escapa progressivamente e, depois, definitivamente ao duplo limite de *Kairós* e de *Krisis*.

A *accommodatio*

No desenvolvimento da economia divina, a *accommodatio* é o instrumento que Deus utilizou para guiar os humanos pelo caminho da perfeição. Por "acomodação" ou "condescendência divina", entende-se a maneira pela qual Deus soube colocar-se no nível do homem e falar sua linguagem. As suas duas manifestações iniciais, tão eminentes quanto irrefutáveis, são a Lei mosaica e a Encarnação. Muito presente entre os Pais da Igreja, mobilizada pelos clérigos medievais, retomada pelos Reformadores, a acomodação chegou até a época moderna, antes de ceder lugar ao Progresso, que será ao mesmo tempo sua retomada e sua inversão.[309]

---

[308] Uma das negociações mais consideráveis e prolongadas é a que opõe o tempo e o dinheiro. Bem estudada, a questão constitui um assunto em si mesmo. Lançada pelo versículo de *Lucas* (6, 35) – "emprestai sem esperar coisa alguma em troca" –, a interrogação concentrar-se-á, inicialmente, entre os séculos XII e XV, no problema da usura e do crédito. O usurário "vende o tempo que é comum a todas as criaturas". Essa apropriação indevida não pode, portanto, deixar de ser teologicamente condenada. Mas, ao fazê-lo, "é toda a vida econômica, na aurora do capitalismo comercial, que se encontra questionada", como observa Jacques Le Goff em um artigo que marcou época: "Au Moyen Âge: Temps de l'Église et Temps du marchand"; acomodamentos terão, portanto, de ser encontrados (Goff, Jacques Le. *Pour un autre Moyen Âge*. Paris: Gallimard, 1978, p. 46-47). Ver também: Todeschini, Giacomo. *Les Marchands et le Temple, La société chrétienne et le cercle vertueux de la richesse du Moyen Âge à l'époque moderne*. Traduction française d'Ida Giordano, avec la collaboration de Mathieu Arnoux. Paris: Albin Michel, 2017; Piron, Sylvain. *L'occupation du monde*. Bruxelas: Zones sensibles, 2018, p. 170-176, sobre o *Tratado dos contratos* de Pierre de Jean Olivi.

[309] Benin, Stephen D. *The Footprints of God. Divine Accommodation in Jewish and Christian Thought*. Albany: State University of New York Press, 1993; Funkenstein, Amos. Periodization and Self-Understanding in the Middle Ages and Early Modern Times. *Medievalia et Humanistica*, n. 5, p. 3-23, 1974.

A iniciativa passará então de Deus aos homens. A acomodação nos interessa na medida em que ela inevitavelmente relaciona-se com o tempo. Entre a eternidade de Deus e o tempo *chronos* ou, mais precisamente, os diferentes tempos dos homens, ela desempenhou um papel de intermediária, embora se compreenda que seja inteiramente da iniciativa de Deus.

O primeiro a apontar a distância entre a perfeição divina e a rudeza humana é Paulo. "Não vos pude falar como a homens espirituais, mas somente como a homens carnais", ele diz aos coríntios; por isso, dei-vos um alimento que convém ao vosso estado: "dei-vos a beber leite", porque ainda sois apenas crianças em Cristo.[310] Essa ideia de uma humanidade ainda na infância, à qual era preciso dar um alimento adaptado ao seu estado, foi amplamente retomada pelos Pais da Igreja, a ponto de designarem dessa maneira a fraqueza da natureza humana. Pois seres criados, como aponta no final do século III Irineu de Lyon, estão necessariamente "abaixo da perfeição"; eles são criancinhas, a quem não se pode dar um alimento acima de sua idade.[311] É preciso, portanto, tempo para que a criança cresça, amadureça, avance rumo à perfeição, tornando-se assim cada vez menos carnal e cada vez mais espiritual. Para Tertuliano (160-220, aproximadamente), não há "nada que não espere sua perfeição do tempo".[312] À Igreja compete a missão de acompanhar e guiar a criança por essa via. A acomodação é, assim, uma pedagogia. Para Paulo, a Lei "se tornou o nosso pedagogo até o Messias".[313] No entanto, apenas até sua a sua vinda.

A essa primeira acepção da acomodação que decorre da natureza humana (criado e pecador, o homem é um ser temporal que nasce, cresce e morre), vem juntar-se uma segunda, também formulada por Paulo, que permite ampliar a distância entre os judeus e os cristãos. A Lei de Moisés convinha a um povo que, saindo do Egito, ainda era idólatra e devia ser conduzido passo a passo rumo a um culto mais verdadeiro. Porém, ao recusar o Messias e o Novo Testamento, os judeus ficam para trás e apegados apenas à letra do Antigo Testamento. Alheios ao espírito do texto, recusam-se a lê-lo "tipologicamente", isto é, como se preparasse e profetizasse a vinda do

---

[310] Paulo, *1 Epístola aos Coríntios* 3, 1-2.

[311] Irénée de Lyon. *Contre les hérésies*, 4, 38, 1. Paris: Cerf, 2006.

[312] Tertuliano. *Sobre o véu das virgens*, 1, 4. (Tertullian. Le Voile des Vierges, 1.6.8. *Sources chrétiennes*. Paris: Cerf, 1997).

[313] *Epístola aos Gálatas* 3, 24.

Salvador. Para empregar um vocabulário anacrônico, eles permaneceram em um estágio superado da acomodação. Deus sempre falou por meio de figuras, mas, com o Messias, as figuras se temporalizam, esclarecendo-se retroativamente. Isso permite a Paulo afirmar: "Estas coisas lhes aconteceram [aos hebreus] para servir de exemplo e foram escritas para a nossa instrução, nós que fomos atingidos pelo fim dos tempos".[314] Há, portanto, também uma cronologia da acomodação com o antes e o depois da Encarnação, que por sua vez se abre para o fim dos tempos.

Ninguém melhor do que Agostinho traçou os contornos e fixou o alcance da acomodação para o Ocidente romano. Ele o faz numa carta em resposta a Marcelino, o destinatário da dedicatória d'*A cidade de Deus*, que se surpreende com o fato de que "esse Deus que dizem ser o Deus do Antigo Testamento, gosta de novos sacrifícios e rejeita os antigos. Pode-se apenas, segundo dizem, corrigir aquilo que foi mal feito; o que foi bem feito uma vez não deve mais ser alterado".[315] O primeiro elemento de sua resposta, de ordem muito geral, convoca "a natureza das coisas e as obras humanas" que mudam "segundo os tempos", sem que haja, com isso, mudanças na razão (*ratio*) que faz com que se realizem. Assim ocorre com a sucessão das estações, das idades da vida ou das diferentes maneiras de ensinar, muito embora o ensinamento permaneça o mesmo. A medicina oferece outro exemplo: tal remédio que é adaptado a certo momento da doença e a certa idade do doente não o será em outro momento e em outra idade. Assim, "a diversidade dos tempos" pode impor mudanças.[316]

Agostinho pode então chegar à questão precisa de seu correspondente sobre o sacrifício. "O sacrifício que Deus ordenara convinha (*aptum fuit*) aos primórdios; o mesmo já não ocorre mais. Deus ordenou outro sacrifício conveniente ao nosso tempo; ele sabe melhor do que o homem aquilo que se aplica e se acomoda a cada tempo (*qui cuique tempori accommodate adhibeatur*); ele sabe o que se deve dar, acrescentar, subtrair, apagar, aumentar, diminuir, ele o criador imutável, ele o moderador das coisas variáveis, até que se complete, como o grande concerto de um artista inefável, a beleza de todos os séculos diversa e harmoniosamente compostos, e até que passem

---

[314] *1 Epístola aos Coríntios* 10, 11.

[315] Augustin. *Lettres*, 138. Traduit en français par M. Poujoulat. Paris: Librairie Liturgique Catholique, 1858, p. 481. v. II. (N.R.T.)

[316] Augustin. *Lettres*, 138, p. 482. (N.R.T.)

para a eterna contemplação de Deus aqueles que bem o serviram quando era o tempo da fé".[317] Assim, a acomodação acompanha toda a história humana: ela é como a batuta deste maestro-compositor que é Deus.

Embora nada de essencial tenha sido posteriormente acrescentado à definição da acomodação, ela permitiu, por exemplo, direcionar um olhar compreensivo (capaz de explicá-la) sobre a diversidade das práticas litúrgicas desde as origens. Assim, Valafrido Estrabão, abade do mosteiro de Reichenau, escreveu, no século IX, um livro que pode ser considerado a primeira história da liturgia.[318] Partindo dos primórdios, ele examina como uma ou outra prática entrou em uso e como "com o tempo (*processu temporis*), ela se desenvolveu". Com a acomodação, é possível explicar o desenvolvimento e as mudanças, mas relacionando-os – o que é essencial – à imutabilidade divina sempre reafirmada. Operador de temporalização, a acomodação está em ação no tempo *chronos*, sem com isso depender dele ou estar por ele contaminada.

Anselmo de Havelberg

No século XII, Anselmo de Havelberg, cônego regular em Prémontré e, posteriormente, bispo de Havelberg, foi enviado em missão a Constantinopla, onde teve interlocuções com teólogos gregos. Nos *Diálogos*, livro que resultou dessa experiência, ele expõe sua doutrina da história da Salvação. Embora a fé seja única, pode ser grande a variedade de suas formas "desde Abel até o último eleito".[319] A acomodação nunca deixa de estar em ação, entendendo-se que houve "duas transferências (*transpositiones*) extraordinárias que se chamam os dois Testamentos",[320] e que uma terceira ainda está por vir, a do apocalipse.

"Nessas duas transferências ou mutações, a Sabedoria divina agiu progressivamente (*paulatim*) com tamanha diversidade que, suprimindo

---

[317] Augustin. *Lettres*, 138, 483.

[318] *Walahfrid Strabo's Libellus de Exordiis et Incrementis Quarundam in Observationibus Ecclesiasticis Rerum*. A translation & liturgical commentary by Alice L. Harting-Correa. Leiden: Brill, 1996, p. 12.

[319] Anselme de Havelberg. *Dialogues*. Livre I, 1141 B. Traduction, notes et appendices par Gaston Salet. Paris: Cerf, 1966. (N. R.) Hartog revisou a tradução do latim de Salet, o que o leva, em certas passagens, a se afastar dela.]

[320] Anselme de Havelberg. *Dialogues*, 5, 1147 B. (N.R.T.)

primeiramente os ídolos, ela autorizou os sacrifícios; que, em segundo lugar, suprimindo os sacrifícios, ela não proibiu a circuncisão; que, em seguida, suprimindo a circuncisão, ela introduziu o batismo da salvação [...]; e, assim, dos gentios ela fez os judeus, de judeus ela fez os cristãos; e, pouco a pouco, por eliminações, modificações, dispensas, ela conduziu a humanidade como que furtivamente (*furtim*), por meio de uma pedagogia (*pedagogice*) e de uma medicação (*medicinaliter*), do culto dos ídolos à Lei, e da Lei que não conduzia à perfeição à perfeição do Evangelho."[321]

É assim retomada, quase que palavra por palavra, a definição da acomodação dada por Agostinho. Verdadeiro motor da história, ela está conectada ao tempo que ela sabe submeter progressivamente aos seus desígnios. Mas Anselmo vai ainda mais longe. Para ele, não há nenhuma razão para pensar que sua ação deva se interromper. Ao contrário, a acomodação não serve apenas para relegar os judeus a um tempo passado. Ela continua e continuará a agir "pouco a pouco", "como que furtivamente", "pedagogicamente" e "à maneira de uma medicação" até o fim. A ênfase está na continuidade do movimento e em sua progressividade. Por isso, a Igreja não deve nem ter medo da "diversidade" das formas religiosas (Anselmo, não nos esqueçamos, debatia com teólogos bizantinos), nem escandalizar-se com "novidades" inventadas "quase de um ano para outro".[322] Essa extensão do domínio da acomodação na direção da novidade merece ser ressaltada. Por meio dela, isto é, sempre com a garantia da imutabilidade de Deus, a novidade pode ser não somente acolhida e justificada, mas também valorizada. Com a acomodação, pode-se, portanto, percorrer todo o arco dos usos da tradição até aquilo a que chamamos hoje a invenção da tradição. Para Anselmo de Havelberg, em todo caso, há uma juventude da Igreja que se renova (*renovatur*) de idade em idade. O padre Chenu vê nele, assim como em outros teólogos do século XII, um "otimismo triunfante", que é também um otimismo da história.[323]

Com a acomodação, os cristãos construíram, portanto, um poderoso instrumento que lhes permitiu conferir uma certa densidade ao tempo *chronos*. Ele não é mais somente este presente vazio, este tempo intermediário que separa a Encarnação da Parusia, e que bastaria atravessar "como" não

---

[321] Anselme de Havelberg. *Dialogues*, 5, 1147 C.
[322] Anselme de Havelberg. *Dialogues*, I, 1, 1141 D.
[323] Chenu, M.-D. *La théologie au XIIe siècle*. Paris: Vrin, 1957, p. 70-71.

sendo dele. Graças à acomodação, a variedade das maneiras de praticar a religião ontem e hoje, a diversidade dos tempos e as novidades podem fazer sentido e ser admitidas. Ela esclarece o presente e permite agir sobre ele. Quanto ao tempo de antes, ele também foi escandido por manifestações da condescendência divina que preparavam o advento do *Kairós* crístico. De Abel ao último eleito, o tempo é contínuo.

Assim, a acomodação se tornou, pouco a pouco, um instrumento da história, de uma história que não poderia ser outra que não a história da Salvação, mas atenta "às mudanças memoráveis que a sequência dos tempos tem feito no mundo", para citar Bossuet, cujo *Discurso sobre a história universal* (1681) ainda exporá o majestoso desenrolar da acomodação na sequência dos séculos. "Vedes", ele escreve, dirigindo-se ao Delfim, "como os impérios se sucedem uns aos outros, e como a religião, em seus diferentes estados, se sustenta igualmente desde o início do mundo até o nosso tempo".[324]

O abade de Fiore: a acomodação temporalizada

Examinar a difusão e o triunfo do *Kairós* crístico sem deter-se no abade Joaquim de Fiore (1135-1202, aproximadamente) não é possível, ainda que sua obra, como escreve um de seus melhores intérpretes atuais, Gian Luca Potestà, seja um "vespeiro". Quem era Joaquim? Ele era, resume Potestà, "um eclesiástico notório, no Sul normando e suábio da Itália; era um reformador do monaquismo; era também um exegeta da Bíblia, profundamente convencido de poder identificar na história passada indicações precisas que permitiriam decifrar seu tempo presente e ler o futuro próximo. Como todo apocalíptico autêntico, ele teve a preocupação de encontrar, na letra da Bíblia e na história, interpretadas segundo certos critérios, a chave do tempo presente. Provém daí esta exigência, que Joaquim percebia intensamente, de estabelecer remissões incessantes da história aos textos e, inversamente, dos textos à história, no intuito de desvendar os mistérios que se apresentavam aos seus olhos".[325]

---

[324] Bossuet, Jacques-Bénigne. *Discours sur l'histoire universelle*. Paris: Garnier Flammarion, 1966, p. 40.

[325] Potestà, Gian Luca. Joachim de Flore dans la recherche actuelle. *Oliviana*, 2, 1016 2006, p. 1-12, onde ele resume as contribuições de sua biografia de Joaquim (*Il tempo dell'Apocalisse: vita di Gioacchino da Fiore*. Rome: Laterza: 2004). Também de Potestà

Sem que eu pretenda entrar no "vespeiro", o abade encontra aqui o seu lugar por três motivos. Se ele pratica, como todo exegeta que tem respeito por si mesmo desde os primórdios do cristianismo, uma leitura tipológica dos dois Testamentos, ele leva a sua lógica ao extremo – a ponto de fazer dela um instrumento de previsão do porvir. O futuro importa e prevê-lo deve ser possível a partir do momento em que se temporaliza a tipologia. Ao lado dessa lógica binária sistemática, Joaquim vai desenvolver uma concepção ternária da história, a partir das três pessoas divinas do Pai, do Filho e do Espírito. Até aqui, não há nada de novo, mas esse já não é o caso a partir do momento em que ele faz corresponder às três pessoas três "estados" (*status*) que têm uma inscrição no tempo *chronos*, inclusive e sobretudo o terceiro, o do Espírito, que ainda estava por vir. Enfim, reconhecido como profeta durante sua vida, ele o foi ainda mais após a sua morte. Dante o faz aparecer n'*A Divina comédia* como "o abade calabrês Joaquim da Fiore, que profeta foi de fato".[326] De fato, seus textos, assim como toda uma literatura atribuída ao seu nome, circularam amplamente no século XIII, particularmente entre os franciscanos, a tal ponto que Henri de Lubac classifica sua doutrina entre "as chamadas utopias milenaristas".[327] Há, com efeito, uma longa posteridade espiritual do joaquinismo, que o Padre de Lubac dedicou-se a estudar até a época moderna. "Desde o século XIII, a ideia joaquinista se metamorfoseou constantemente, e não somente no interior e à margem das Igrejas, mas até no pensamento laicizado dos tempos modernos [...] Ela nunca deixou de agir como um fermento".[328]

A caminho da terceira cruzada, Ricardo Coração de Leão, ao encontrar o abade em Messina, no início do ano de 1191, fez-lhe uma pergunta

---

ver: Temps et eschatologie au Moyen Âge. *In*: Vauchez, André (Dir.). *L'attente des temps nouveaux: eschatologie, millénarismes et visions du futur, du Moyen Âge au XXe siècle*. Turnhout: Brepols, 2002, p. 106-121. Lubac, Henri de. *Exégèse médiévale. Les quatre sens de l'Écriture*. III. Paris: Cerf, 1993. Whalen, Brett Edward. *Dominion of God. Christendom and Apocalypse in the Middle Ages*. Cambridge: Harvard University Press, 2009, p. 100-124.

[326] Alighieri, Dante. *A divina comédia – Paraíso*. XII, 140-141. Tradução e notas de Ítalo Eugenio Mauro. São Paulo: Ed. 34, 1998. (N.R.T.)

[327] Lubac, Henri de. *Exégèse médiévale*, II, p. 473. Retomando uma fórmula do padre Congar, H. de Lubac fala também de "historiosofia apocalíptica".

[328] Lubac, Henri de. *La postérité spirituelle de Joachim de Flore. I. de Joachim à Schelling*. Paris: Lethielleux, 1979, p. 14.

tão simples quanto premente: ele iria retomar Jerusalém? Partindo do símbolo apocalíptico do dragão de sete cabeças, das quais a sexta representava Saladino (e a sétima o Anticristo), Joaquim lhe anunciou que não seria antes de 1194. Por quê? Porque, no âmago de sua hermenêutica, há a ideia de uma "concordância" muito precisa entre os dois Testamentos. Por conseguinte, a história se desenrola segundo duas linhas paralelas: às 42 gerações do Antigo Testamento correspondem as 42 do Novo, que vão de Jesus Cristo à Parusia (sendo a de Joaquim a quadragésima). Decorre disso que, para um exegeta rigoroso, a história é perfeitamente calculável, visto que tudo o que é relatado na Bíblia prefigura o que adveio em seguida ou mesmo o que ainda não adveio. O cálculo deve ser constantemente refinado, ou mesmo retomado, pois aquilo que advém, à medida que advém, esclarece também o verdadeiro sentido das Escrituras até sua realização final. É justamente a capacidade de ver o "ainda não", isto é, de ler, que faz de alguém um profeta. Joaquim dizia, aliás, sobre si mesmo que ele era, antes de tudo, um "exegeta". Nisso, ele se conciliava com a definição de profeta dada anteriormente por Gregório, o Grande: "É justamente chamado profeta não aquele que prediz as coisas vindouras, mas aquele que revela as coisas que estão escondidas": nas Escrituras.[329]

Isso bastava para fazer de Joaquim um abade que era consultado sobre os assuntos do tempo. Mas ele queria mais e, em suas principais obras, ele desenvolveu uma verdadeira teologia da história, na qual o *Apocalipse* de João ocupava um lugar central. À sua visão dual da história, ele acrescenta, com efeito, uma concepção ternária que é uma extrapolação a partir das três pessoas divinas. Porém, com seu espírito sistemático, ele reúne as três ordens (*ordines*) que compõem o povo cristão. Ao Pai são associados os leigos e os casados, e a Escritura que lhes diz propriamente respeito é o Antigo Testamento. Os clérigos estão associados ao Filho e ao Novo Testamento, ao passo que os monges são relacionados ao Espírito. A estes últimos, afinal, é concedida "a inteligência espiritual" dos dois Testamentos, cabendo-lhes ser uma espécie de vanguarda com vistas à realização do plano divino. Tal esquema conduz, portanto, a temporalizar a Trindade, introduzindo-a no tempo *chronos*. Esses três "estados" (*status*) são, com efeito, três "está-

---

[329] Gregório, o Grande, citado por: Vauchez, André. Le prophétisme chrétien de l'Antiquité tardive à la fin du Moyen Âge. *In*: Vauchez, André. (Dir.). *Prophètes et prophétisme*. Paris: Le Seuil, 2012, p. 68.

gios", imbricados e distintos, sobretudo porque o terceiro, o do Espírito, é iminente, mas ainda não se iniciou. Joaquim decidirá finalmente situar seu início por volta de 1260. Essa visão dinâmica da história contradiz o esquema agostiniano que fixou os três estados (antes da Lei, sob a Lei e sob a Graça), encerrando-os em Cristo. De sua parte, Joaquim situa seu primeiro "estado" sob a Lei, o segundo sob a Graça e o terceiro sob "uma Graça maior" ou "mais plena". Ademais, Joaquim concebe esse terceiro estado como uma sétima idade, plenamente inscrita no século, o que constitui uma nova transgressão ao esquema das seis idades de Agostinho, para quem a sétima se inicia apenas com a Parusia. Essa sétima idade tem muito mais a ver com o enigmático reino de mil anos do capítulo 20 do *Apocalipse*, ainda que Joaquim se abstenha de especificar a duração de sua idade espiritual e que ele considere que o Anticristo já nasceu em Roma (mas ele jamais dará a entender que o Anticristo seria o Papa). Com seu terceiro estado, que, a despeito de seus esforços exegéticos, mal encontra fundamentos na tradição, ele abre seu presente com uma expectativa, que não é a simples reiteração da iminência do apocalipse. Ele o abre com uma história por vir e por fazer, a dos monges, esses "homens espirituais" que têm um papel eminente a desempenhar na conversão dos judeus, dos pagãos e mesmo dos sarracenos. O futuro não está mais, portanto, "somente no além".[330] Ele começa aqui embaixo e no tempo *chronos*.

Em suma, no interior do grandioso esquema agostiniano de uma história recapitulada e fechada, esse terceiro estágio abre um pequeno espaço entre a idade do Filho e o dia do Juízo. A esse tempo enlaçado no *Kairós* crístico ele confere, entretanto, uma existência e uma consistência cronológicas. À sua maneira, que é mais apocalíptica e mais sistemática que a dos exegetas da acomodação, ele segue a mesma orientação que eles: servir da melhor maneira possível a difusão do *Kairós* crístico, negociando sutilmente com o tempo *chronos* passado e, sobretudo, futuro.

Teria, porém, o abade Joaquim, que pretendia ser o exegeta mais rigoroso e o teólogo mais sistemático, fragilizado, no fim, o regime cristão de historicidade, quando justamente ele procurava somente mostrar toda a sua pertinência, incluindo-se, e até sobretudo, para o seu próprio tempo? Afinal, dar a entender que se pode temporalizar a Trindade, sugerir que

---

[330] Mottu, Henry. *La manifestation de l'Esprit selon Joachim de Flore*. Neuchâtel; Paris: Delachaux et Niestlé, 1977, p. 272.

se pode temporalizar em parte o capítulo 20 do *Apocalipse*, considerar que, entre o tempo do fim e o fim dos tempos, há espaço para uma história – história da Salvação, mas história assim mesmo – que leva à esperança de uma era nova já neste mundo, essas são operações que estão longe de ser neutras e que abrem possibilidades que outros, apresentando-se como adeptos mais ou menos diretos do abade, retomarão, levarão adiante, desejarão apressar e deformarão.

A *translatio*

Se os calendários, segundo os quais nenhum dia e nenhuma hora deveriam escapar ao ano litúrgico, constituem uma base indispensável para sustentar a conquista do tempo, eles não permitem saber em que ponto encontra-se a marcha do tempo, nem dar sentido ao que está em vias de acontecer. Ao lado do tempo *chronos* repetitivo dos calendários, há o tempo político das dinastias e dos impérios. Um reino termina e outro começa, uma dinastia é substituída por outra. Assim, aos assírios sucederam os medos e, em seguida, os persas; o fenômeno é trivial, e a sucessão em si mesma não se revestia para os historiadores gregos de nenhum sentido particular. Nota-se o acontecimento, pode-se até mesmo tentar explicá-lo, e ele é utilizado como um cômodo marco cronológico, sem que ele seja portador de um sentido para além de si mesmo. No entanto, tudo muda a partir do instante em que esses acontecimentos são inseridos na trama das profecias ou dos apocalipses.

Afinal, como já salientamos, profetas e apocalípticos não duvidam nem por um instante de que tudo esteja escrito, tanto o início quanto o fim, nas Tábuas do céu. E a alguns, escolhidos como eles por Deus, é concedido o dom de decifrar essas Tábuas, de copiá-las, ao menos em parte, e de transmiti-las, conforme as instruções que recebem do Senhor. Devem relatar o que viram a todos ou somente a alguns próximos? Devem fazer o relato imediatamente ou, ao contrário, mantê-lo em sigilo até a aproximação do fim? Depende. Para todos, de qualquer maneira, a questão do fim ou de um fim é central. O tempo profético obedece a esse duplo movimento que, ao anúncio do castigo iminente e da destruição, faz suceder o da consolação e da reconstrução. Após o tempo do esquecimento da Aliança, abrir-se-á, para o "resto" de Israel, o de sua renovação. Para o apocalíptico, a iminência do fim não é de modo algum duvidosa. A multiplicação dos sinais o prova, e não há saída para as desgraças e os horrores do presente que não seja um salto para algo inteiramente diferente. Para uns assim como para os outros, a catástrofe da queda de Jerusalém em 587 antes de nossa era, e seu retorno periódico, constituem de fato a trama de uma história que é fundamentalmente repetição.[331]

A singularidade de Daniel

É emblemático nesse tocante o *Livro de Daniel*, já evocado por duas vezes. Encontrando-se supostamente na Babilônia, no século VI, e refém na corte de Nabucodonosor, Daniel recebe uma visão que lhe mostra, como se ele estivesse em Jerusalém, o Templo profanado por Antíoco IV. Ligando assim as duas catástrofes, a de 587 e a de 168, o *Livro de Daniel* é uma história universal sob a forma de apocalipse: ela abrange a sucessão dos impérios até o último.[332] Tudo começa, no capítulo 2, com a estátua do sonho de Nabucodonosor: os quatro metais de que ela é composta representam quatro reinos que se sucedem, ao passo que a pedra que pulveriza a todos anuncia um quinto reino que "subsistirá para sempre". Eles são a Babilônia, os medos, os persas e os gregos. No capítulo 7, uma nova visão, mas desta vez do próprio Daniel, retoma o esquema dos quatro reinos, sob a figura das quatro grandes bestas "emergindo do mar". A interpretação faz compreender que a quarta besta, a mais terrível, significa a realeza grega desde Alexandre. Da mesma maneira, sua dominação será retirada das quatro bestas em proveito da do "Filho do Homem", que está destinada a ser "eterna".[333]

Por fim, um exame detalhado da quarta besta mostra os dez chifres que saem de sua cabeça e que representam os reis helenísticos, até a ruidosa irrupção de um décimo primeiro chifre no qual se reconhece imediatamente este monstro de impiedade que é Antíoco IV. Tendo supostamente de revelar a Dário o que sucederá após o fim do reino persa, o capítulo 11 é, de fato, uma história dos reinos helenísticos rumando para o seu fim. Com a profecia da morte solitária de Antíoco (atingido pela mão de Deus)[334], ruma-se para o advento da Parusia e a saída das desgraças da história para "todos os que se

---

[331] Ver p. 52.
[332] Ver p. 52-53; p. 110-111; p. 117-118.
[333] *Daniel* 2, 44; 7, 3, 13-14. (N.R.T.)
[334] *Macabeus* 2, 9, 5; *Daniel* 11, 45.

encontrarem inscritos no Livro".[335] A mesma estrutura, portanto, repete-se: a destruição da estátua, a supressão das bestas, o falecimento de Antíoco e, a cada vez, a instauração de um (mesmo) reinado eterno.

Por que esse retorno do número quatro para designar o que se chamou na época moderna a sucessão dos impérios (*translatio imperii*)? Seria uma característica própria à literatura profética ou uma invenção de Daniel? Nem uma coisa nem outra. Seria um esquema grego, como pensa Arnaldo Momigliano, ou persa (de origem zoroastriana), segundo o ponto de vista sustentado por David Flusser, ou ainda outro?[336] Para Momigliano, a noção de sucessão dos impérios é "tão velha quanto Heródoto"! Não estou certo de que se possa determiná-lo com segurança, mas o ponto que aqui importa é o que Daniel faz dessa noção. Para ele, é evidente que há quatro metais, quatro ventos, quatro bestas e quatro reinos. Mas a questão de saber por que a dominação passa de um para outro não é levantada. Basta-lhe enunciar que é Deus quem "muda tempos e estações, quem depõe reis e entroniza reais".[337] No *Sirácida*, texto um pouco anterior a Daniel e redigido em hebraico em Alexandria, estabelece-se um liame entre a transferência da soberania de um povo a outro e a injustiça: "A soberania passa de uma nação a outra pela injustiça, pela arrogância e pelo dinheiro".[338]

Entre os gregos, em contrapartida, nenhuma escatologia atrai o esquema da *translatio*. Heródoto, assim como, depois dele, Ctésias, sabem que a hegemonia passou dos assírios aos medos e, em seguida, aos persas.[339] Mas é somente com a conquista da Ásia e o estabelecimento dos reinos helenísticos que os gregos entraram no jogo, apresentando-se, com Alexandre e seus sucessores, como os herdeiros do Império Persa. Até então, as histórias dos gregos se iniciavam com a Guerra de Troia. Tucídides ainda percorre o caminho desde a expedição troiana até a guerra do Peloponeso,

---

[335] *Daniel* 12, 1.

[336] Momigliano, Arnaldo. Daniel et la théorie grecque de la succession des empires. *In*: *Contributions à l'histoire du judaïsme*. Texte établi et présenté par Silvia Berti. Traduit de l'italien par Patricia Farazzi. Nîmes: Éditions de l'Éclat, 2002, p. 65-71; Flusser, David. The four empires in the Fourth Sibyl and in the Book of Daniel. *Israel Oriental Studies*, n. II, p. 148-175, 1972.

[337] *Daniel* 2, 21; ver também: 4, 29.

[338] *Sirácida* (*Eclesiástico*) 10, 8.

[339] Heródoto. *Histórias*, 1, 95, 130; Ctésias. *La Perse. L'Inde. Autres fragments*, 1, 32, 5. Paris: Les Belles Lettres, 2004.

passando rapidamente pelas guerras médicas, mas sem se preocupar com os reinos orientais.[340]

Quando Políbio relata a meditação de Cipião, o Africano, diante das ruínas de Cartago, em 146 a.C., ele o mostra chorando e evocando a queda de Troia:

"Virá o dia em que será destruída a sacra Ílion,
assim como Príamo e o povo de Príamo da lança de freixo".[341]

Ao retomar esse anúncio por Heitor da destruição de Troia, Cipião o transforma em uma quase profecia do fim de Roma.[342] Parte-se, portanto, de Troia a Troia, da antiga à nova, e a visão da queda da primeira serve como um alerta para a segunda. Mas não há nenhuma interferência com o esquema da sucessão dos impérios: Roma é o único ator. Todavia, quando Políbio enumera, no início de sua *História*, as potências que precederam Roma, ele aponta três: os persas, os lacedemônios, os macedônios; e Roma é a quarta. Elas são, portanto, de fato quatro. Isto dito, o que importa a Políbio é menos a sucessão e o número total do que a comparação. O que ele quer demonstrar é que, na realidade, nunca houve potência que pudesse sustentar a comparação com Roma.[343] Na época augustana, Dionísio de Halicarnasso segue no mesmo sentido. Para ele também, Roma supera em muito os impérios do passado. Ele enumera quatro: os assírios, os medos, os persas e os macedônios; e Roma vem em quinto lugar, ocupando, em suma, a mesma posição que o reino eterno anunciado por Daniel.[344] Ele o faz, porém, na absoluta ignorância, é claro, do *Livro de Daniel*. Esse uso do esquema da sucessão dos impérios pelos romanos e em seu proveito, sob a forma de 4+1, contraria a mobilização política que dele foi feita no Oriente desde a época helenística para denunciar, primeiramente, a dominação grega

---

[340] *Tucídides*, 1, 1-23. (N.R.T.)

[341] Homero. *Ilíada*, VI, 448-449. Tradução e prefácio de Frederico Lourenço. Introdução e apêndices de Peter Jones. São Paulo: Penguin; Companhia das Letras, 2005. (N.R.T.)

[342] Políbio. *Histórias*, 38, 21-22 (Polybe. *Histoire*. Édition publiée sous la direction de François Hartog. Texte traduit, présenté et annoté para Denis Roussel. Paris: Quarto; Gallimard, 2003). Cipião também se cita mesma passagem da *Ilíada*, VI, 448-449.

[343] Políbio. *Histórias*, 1, 2, 2-7.

[344] Dionísio de Halicarnasso. *Antiguidades romanas*, I, 2. (Denys D'Halicarnasse. *Antiquités romaines*. Paris: Les Belles Lettres, 1998. t. I, l. 1).

e, depois, a romana, e anunciar assim o seu fim próximo.[345] Nessa configuração, com efeito, não se pode ultrapassar o número quatro: Roma pode apenas ser o quarto império. Assim, é preciso, por exemplo, reunir os medos e os persas em um único reino. Ficar na quinta posição talvez fosse também uma maneira para os romanos de isentar-se da regra dos quartos reinos.

No quarto livro dos *Oráculos sibilinos*, que são datados dos anos 80 de nossa era, encontram-se justapostos um antigo oráculo, anunciando os quatro reinos canônicos, e um acréscimo compósito em que são profetizadas a queda da potência devastadora de Roma e a revanche da Ásia.[346] Então será o fim dos tempos. Para o redator do livro, Roma toma o lugar da Macedônia, cujo poder "não durará": ela não é, portanto, verdadeiramente um quinto reino ou então a Macedônia não é exatamente um quarto. Assim, a dimensão escatológica do esquema de Daniel encontra-se preservada, ao passo que seu horizonte apocalíptico fez dele um instrumento ativo de propaganda anti-helênica e, posteriormente, antirromana. O elo entre o número quatro e o sentido da história é uma contribuição própria de Daniel: devido a sua simplicidade e sua plasticidade, ele pôde ser retomado e adaptado até a época moderna, na medida em que é um misto de tempo *chronos* e de tempo *kairós*.

A retomada cristã de Daniel

Antes, porém, dos prolongamentos modernos, os cristãos foram os primeiros a se apropriar desse esquema da sucessão dos impérios. Reconhecer Daniel como profeta lhes permitia, com efeito, relacionar o Antigo e o Novo Testamentos. Ao reinterpretar a profecia de Jeremias sobre o fim do exílio na Babilônia e a reconstrução do Templo, Daniel anunciava, na realidade, a vinda de Jesus. Jeremias contara setenta anos; Daniel, auxiliado pelo anjo Gabriel, compreende que é preciso entender isso não como anos, mas semanas de anos, isto é, 490 anos. De modo geral, isso se estende do momento do proferimento da profecia até a abominação de Antíoco IV. Sobre a obscuridade dessa passagem, prosperaram de imediato os cálculos

---

[345] Swain, Joseph Ward. The Theory of the Four Monarchies Opposition History under the Roman Empire, *Classical Philology*, n. XXXV, p. 1-21, jan. 1940.

[346] *Oráculos sibilinos*, 4, 146-148. *Escritos intertestamentários*.

para relacionar profecia e cronologia.[347] Retomando, por sua vez, esses mesmos versículos, os exegetas cristãos rapidamente reconheceram neles que o "chefe ungido" e "cortado", nomeado por Daniel, não era outro senão Jesus. Jerônimo dedica-se fortemente à questão, empreendendo cálculos dos mais trabalhosos em seu *Comentário a Daniel*, mas ele não é o único, nem o primeiro. Ele sabe que a questão já foi disputada pelos homens "mais sábios".[348]

Uma vez devidamente provado esse ponto capital, a leitura profética do conjunto do livro decorre facilmente. A pedra que se separa e reduz a estátua a pó é "o Cristo que deve aniquilar os reinos temporais e trazer o reino eterno", como assegura Irineu de Lyon.[349] Fica estabelecido de uma vez por todas que os romanos são o quarto e último reino. Jerônimo, leitor de Daniel, está bem convencido disso. Mas João, ao descrever a queda da "Babilônia, a grande", isto é, de Roma, já percorria em um instante a sucessão dos impérios, do primeiro ao último. Enfim, com o auxílio da tipologia, Antíoco torna-se, correntemente e por muito tempo, uma figura do Anticristo e um sinal, portanto, do fim que se aproxima. Posteriormente, muitos outros Anticristos escandirão a história da Igreja, preservando de modo duradouro o seu viés apocalíptico, mas Antíoco abre a marcha, com a vantagem de já ter sido colocado (e desmascarado) no Antigo Testamento. Sequaz do Diabo, ele também é o precursor do fim.

Essa investida, em sentido estrito, do *Livro de Daniel* pelos primeiros cristãos tem ainda outra dimensão, na medida em que ele faz mais do que reforçar a leitura profética do Antigo Testamento. Daniel inscrevia-se, com efeito, na trama catastrófica da história de Israel. Antíoco, como dissemos, vinha repetir e completar, sob a forma de apocalipse, a queda de 587. Se a leitura cristã retoma a trama, ela transforma o que, em *Daniel*, era conclusão em ponto de partida de um tempo diferente. Isso porque a vinda e a morte de Jesus, devidamente profetizadas por Daniel, transformam o sentido da catástrofe de 168 em algo inteiramente distinto. O que era anunciado como repetição derradeira e que havia sido vivido como tal pelos redatores do *Livro de Daniel* deve, na verdade, ser interpretado como o anúncio da saída desse tempo catastrófico, cujo ritmo é ditado pela desobediência de Israel. E o fim

---

[347] Daniel 9, 24-27.

[348] *Jerome's Commentary on Daniel*. Translated by Gleason L. Archer, Jr. Grand Rapids: Baker Book House, 1958, 9, 24-27, p. 94-95.

[349] Irénée de Lyon. *Contre les héresies*, 5, 26, 2.

dos tempos transforma-se em abertura do tempo do fim. O sentido, portanto, mudou completamente, e a história se inverte. Entretanto, designando Antíoco como Anticristo, mantém-se a estrutura apocalíptica da história: a de um presentismo apocalíptico. O fim está próximo, e o que importa no tempo que resta é, como tanto ressaltamos, deixar-se apreender, penetrar por sua qualidade de *Kairós*, de tempo messiânico. Quanto ao resto, ressoam ainda as declarações de Jesus sobre o seu Reino que não é deste mundo, reforçadas pelas de Paulo afirmando que a cidade dos cristãos não é aqui.

O esquema da sucessão dos impérios é uma ordenação da história universal. Para Daniel, que, em primeiro lugar, relaciona fortemente sucessão e apocalipse, está fora de cogitação ultrapassar o número quatro. Pois o quinto será o reino eterno. O mesmo ocorre com os cristãos que seguem seus passos. O esquema lhes convém bem. Basta adaptá-lo, fazendo com que os romanos ocupem o quarto lugar. No que lhes diz respeito, os romanos, que não tardaram a descobrir o esquema, instalaram-se com bastante naturalidade na posição de quinto império, antes mesmo de efetivamente o ser.[350] Não eram eles os sucessores dos gregos, que eram por sua vez os dos persas, dos medos e dos assírios? Quanto a ter conhecimento de Daniel, isso estava fora de questão. E, de todo modo, os entraves apocalípticos não eram, de modo algum, problema seu.

Inicialmente, a sucessão dos impérios pertence apenas ao tempo *chronos*: uma dinastia começa e outra termina. Há mais passagem do que sucessão propriamente dita (*translatio*). Com Daniel e, depois dele, com os cristãos, o tempo *chronos* não desaparece, mas se reveste de tempo *kairós*. A história universal é apreendida pela escatologia. E isso tem por efeito facilitar amplamente o uso político da sucessão dos impérios contra os ocupantes estrangeiros, dramatizando os acontecimentos. O apocalipse está logo na esquina.

Três estados, quatro ou cinco reinos?

Ao lado desse esquema que enquadra todo o curso da história universal, houve outro que apresentou um ordenamento diferente do tempo. Enunciado

---

[350] Swain, Joseph Ward, The Theory of the Four Monarchies Opposition History under the Roman Empire, p. 3, cita um fragmento do poeta Ênio (falecido em 172 a.C.) estabelecendo um sincronismo entre a queda do Império Assírio e a fundação de Roma. É um tema que seria muito explorado, até Agostinho.

primeiramente por Paulo, ele é depois plenamente desenvolvido por Agostinho. A escansão mais importante é a da instauração da Lei. Há um antes da Lei (*ante legem*), um tempo da Lei (*sub lege*) e um depois da Lei, o tempo da graça (*sub gratia*). Desde Adão, a humanidade conheceu, portanto, três estados. Paulo sabe até mesmo que, entre a promessa feita a Abraão e a aliança selada com Moisés, passaram-se 430 anos. O tempo de antes da Lei não é, portanto, uniformemente o da ignorância, pois brilha a promessa que Jesus Messias veio cumprir. Esse esquema que escande o tempo que vai do Antigo ao Novo Testamento ignora o trabalho dos cronógrafos cristãos que relacionaram a marcha da cidade de Deus à dos homens, para falar como Agostinho. Seu alcance é, portanto, mais limitado do que o da *translatio*.

Por vezes, essa tripartição foi comparada àquela proposta por Varrão, o grande antiquário romano do século I antes de nossa era, que talvez a retomasse de Eratóstenes, o sábio alexandrino do século III antes de nossa era. Segundo Varrão, existem três tempos diferentes:

"Um primeiro tempo que se estende dos primórdios da humanidade ao primeiro cataclisma, e que, em razão de nossa ignorância, é chamado obscuro (*adêlon*). O segundo tempo vai desse cataclisma à primeira olimpíada (776 a.C.); em razão dos inúmeros relatos fabulosos que lhe fazem referência, ele é chamado mítico (*muthikon*). O terceiro tempo vai da primeira olimpíada aos dias de hoje, e é chamado histórico (*historikon*), pois o que nele se passa é relatado em histórias verídicas".[351]

Fica claro, ao primeiro olhar, que as duas tripartições têm em comum somente o número três! Uma, organizada em função dos progressos do saber e da verdade, delimita espaços temporais; a outra é atraída pela passagem da lei à fé. Formalizando essas idades da humanidade, Agostinho as elevará, de resto, a quatro: antes da lei, sob a lei, sob a graça e, por último, para os eleitos, *in pace*, isto é, na paz.[352] No século XII, o abade Joaquim de Fiore, ao retomar esse esquema, o transforma profundamente, temporalizando-o.

Onde Heródoto via somente a substituição de uma dominação por outra, os soberanos helenísticos e, posteriormente, os romanos raciocinaram

---

[351] Essa passagem importante de Varrão nos é transmitida pelo gramático: Censorino. *Le jour anniversaire de la naissance*. Traduction française de Gérard Freyburger. Paris: Les Belles Lettres, 2019, 21, 1. N'*A cidade de Deus*, 6, 5, 1, Agostinho faz menção à tripartição dos tempos de Varrão.

[352] Agostinho. *Enquirídio*, 118 (Augustin. "Enchiridion", c. 118. *Œuvres philosophiques complètes*. Paris: Les Belles Lettres, 2018).

em termos de sucessão (*translatio*). Os primeiros pretendiam ser os sucessores dos persas e dos faraós. Os romanos, assim que conquistaram o Oriente, apresentaram-se como os sucessores de Alexandre e, em pouco tempo, como os senhores do mundo – em princípio, para sempre, pois a Roma estava prometida uma dominação eterna. Por isso, desde Augusto, o Império tinha de ser mantido, e não estendido. De resto, Daniel fixara o número dos impérios em quatro, sendo o quinto o reino eterno de Deus. Pelas razões que relembramos, os cristãos rapidamente fizeram do *Livro de Daniel* uma pedra angular do regime cristão de historicidade. Bastava-lhes, com efeito, lê-lo como uma profecia de Jesus Cristo, substituir os gregos, a quarta besta mais feroz, pelos romanos, e já ver em Antíoco IV uma figura do Anticristo.

O importante era a manutenção do esquema dos quatro reinos e o reforço da ideia de sucessão. Como eles só são quatro, passa-se de uma dominação para outra – até a última, a de Roma, que acompanha a Encarnação. Repensemos nas colunas das *Tábuas* de Eusébio de Cesareia: a coluna romana é a última e seu fim será também o fim dos tempos. O próprio movimento da sucessão indica o sentido da marcha da história. A "paz romana" era o melhor momento na escala do tempo *chronos* para que se difundisse essa plenitude do tempo que é o *Kairós* crístico. Para Orósio, assim como para Agostinho, a Babilônia era o primeiro império, e Roma, a nova Babilônia, o último. São, no fundo, os dois que realmente contam. Mas enquanto Orósio, seguindo os passos de Eusébio, é tentado pela ideia de "tempos cristãos" e de um império cristão, que poderíamos nos arriscar a ver como o princípio de um quinto império, Agostinho rejeita decididamente tal possibilidade. A teologia da história não poderia se degradar em teologia política. Resulta daí o seu silêncio sobre a *História* de Orósio, a despeito da homenagem que este último lhe prestou com o trabalho feito a seu pedido. "Meu reino não é deste mundo"[353] e "Dai, pois, o que é de César a César"[354]: tais palavras de Jesus decidiram definitivamente a questão. É exatamente por isso que toda história universal não pode se encerrar senão com o apocalipse e com o Juízo, isto é, a vitória derradeira de *Kairós* sobre *Chronos* e a absorção de *Kairós* na eternidade de Deus. Agostinho, como salientamos, não deixa de dedicar a isso os últimos livros d'*A cidade de Deus*.

---

[353] *João* 18, 36. (N.R.T.)

[354] *Mateus* 22, 21. (N.R.T.)

Surge, porém, um sério problema. Se a história da cidade terrestre não deve ultrapassar o número quatro e se o Império Romano é o último império, o que acontecerá se o Império Romano vier a cair ou parecer aproximar-se de seu fim? Para os romanos pagãos, apegados às tradições e defensores da velha religião, a eternidade prometida a Roma é um dos mitos fundadores. Por conseguinte, ter expulsado os deuses ancestrais e proibido o seu culto, como ordenou Teodósio, constitui seguramente uma falta. E os primeiros a serem responsabilizados são os cristãos. Para estes últimos, nada disso é verdade (como rapidamente demonstraram Orósio e Agostinho); a tomada de Roma por Alarico é apenas o sinal de que a sexta idade, a da velhice do mundo, está cada vez mais velha e, portanto, mais próxima de seu fim. Mas as desgraças atuais não devem, sob hipótese alguma, ser confundidas com aquelas, muito mais terríveis, que acompanharão o apocalipse. O derradeiro combate entre o Anticristo e o Senhor ainda não foi travado. Nem os dois planos nem as duas temporalidades devem ser confundidos.[355]

A translatio *medieval*

Antes mesmo da adoção da doutrina da "transferência" do Império Romano pelos historiadores medievais, houve a de seu "renascimento" (*renovatio imperii Romani*).[356] Assim, Carlos Magno mandou inscrever esse lema no selo imperial. Sua coroação em Roma e sua aclamação pelo povo como "imperador dos romanos" são tantos sinais que simbolizam esse "renascimento". Vale a pena salientar que foi somente no final do século XI que a coroação de Carlos Magno foi qualificada de *translatio*.[357] Um renascimento é, por definição, pontual, e, de fato, ele foi por diversas vezes proclamado por um soberano ou outro ao longo dos séculos anteriores. A *translatio* aspira a algo mais: ela é uma reivindicação de continuidade e a afirmação de um sentido da história. Não se trata mais apenas de fazer

---

[355] Ver p. 111; p. 116-118.

[356] Benson, Robert L. Political Renovatio: Two Models from Roman Antiquity. *In*: Benson, R.; Constable, G. (Ed.). *Renaissance and Renewal in the Twelfth Century*. Oxford: Clarendon Press, 1982, p. 359-371.

[357] Goetz, Werner. *Translatio Imperii: ein Beitrag zur Geschichte des Geschichtsdenkens und der politischen Theorie im Mittelalter und in der frühen Neuzeit*. Tubinga: J. C. B. Mohr (Paul Siebeck), 1958.

Roma renascer, mas de proclamar a continuidade desde Augusto até o tempo presente. Nosso império, passaram a repetir os reis germânicos, é a continuação do de Roma. "Somos romanos", Justiniano é nosso "predecessor" e "Roma", onde eles não residiam, continua, entretanto, sendo a capital do Império – e não Constantinopla, ainda menos a partir do dia, no ano de 1054, em que ela se tornou a cidade dos cismáticos.

Não surpreende que os soberanos alemães tenham procurado esse reforço de legitimidade nos momentos em que seu poder estava enfraquecido (na Alemanha, na Itália, diante do Papa e em Bizâncio). A *renovatio* seguida da *translatio*, que fazia do Sacro Império Romano-Germânico um renascimento duradouro (se pudermos arriscar a expressão) de Roma, atendia a essa necessidade. Mas, simultaneamente, o Sacro Império tornava-se o quarto império e, portanto, o último. Daniel, retomado por Jerônimo, Orósio e Agostinho, continua sendo o quadro e o horizonte da história universal. Pela *translatio*, o Sacro Império se encontrava duplamente legitimado: politicamente, como instituição, e teologicamente, como quarto império. Permanecia-se, portanto, no tempo do fim e da velhice do mundo, embora se entendesse que o fim (efetivo) dos tempos era indeterminado.

Compreende-se como, nessas condições, a doutrina da *translatio* pôde levar alguns a considerar o império como a força ou a única força capaz de "deter" (retardar) o fim, segundo a interpretação antiga dada já por Tertuliano e outros teólogos do *katechon* paulino, e reativada, pela última vez, por Carl Schmitt, como relembrou Giorgio Agamben.[358] O Império Romano torna-se essa grande formação teológico-política que é o próprio local da marcha da história e que a baliza. Roma é, por assim dizer, o seu horizonte intransponível. De modo geral, a *translatio* é um novo e poderoso instrumento ideológico, político e teológico a serviço do regime cristão de historicidade. Pode-se também reconhecer nela uma forma temporalizada da acomodação que, permanecendo fiel a Daniel, permite mobilizar a antiguidade romana (não somente desde Constantino, mas já desde Augusto) e escrever a história.

Otão de Freising

Em sua *História das duas cidades*, Otão de Freising (1112-1158) expõe plenamente a teoria da *translatio*. Homem de alta linhagem, meio-irmão do

---

[358] Ver p. 70-71.

rei Conrado III, ele fez seus estudos em Paris; bom teólogo e bom historiador, ele se tornou bispo de Freising, participou da Segunda Cruzada e foi próximo de Frederico Barba Ruiva. Ao escolher esse título, ele segue evidentemente os passos de Agostinho. Pode-se, contudo, notar que, dos oito livros que compõem a obra, sete são dedicados à cidade terrestre, desde a Babilônia até a metade do século XII. O oitavo trata, oportunamente, do fim, isto é, do Anticristo, da ressurreição dos mortos e do fim das duas cidades. Mas, na realidade, segundo a visão da história de Otão de Freising, só existem propriamente duas cidades distintas até Constantino. Com efeito, ele ressalta:

"A partir dessa época, dado que não somente todos os homens, mas mesmo os imperadores, com algumas exceções, foram católicos, parece-me que escrevi a história não de duas cidades, mas, por assim dizer, de uma só, que denomino a Igreja. Isso porque, ainda que os eleitos e os reprovados estejam em uma única morada, não posso chamar essas cidades de duas, como fiz acima; devo dizer que elas são propriamente uma só, ainda que ela seja misturada, pois o trigo se encontra nela misturado ao joio".[359]

Embora retome o vocabulário de Agostinho, o bispo distancia-se nitidamente dele, ao passo que se aproxima de Orósio ou mesmo de Eusébio. De fato, ele passa da teologia agostiniana da história para uma teologia política, que Agostinho absolutamente não queria. Sete séculos mais tarde e em um mundo bem diferente, seria a abordagem de Otão de Freising uma decorrência da acomodação ou uma forma de traição, quando não já uma forma de acomodamento? Ela contribuirá para consolidar ainda mais firmemente o regime cristão de historicidade, mantendo as suas articulações essenciais (os quatro impérios e o horizonte apocalíptico), ao mesmo tempo que lhe permite também contemplar o tempo presente?[360] No entanto, pretendendo-se fiel a Agostinho, quando ele lhe era infiel, e provavelmente sem sequer o perceber, não teria ele fragilizado o regime cristão de historicidade, inscrevendo-o ainda mais no tempo *chronos* e entre os assuntos do "século"?

---

[359] Otão de Freising, *Chronica sive Historia de duabus civitatibus*, livro 5, prólogo (Otto, Bishop of Freising. *The Two Cities: A Chronicle of Universal History to the Year 1146 A.D.* Translated with an introduction and notes by Charles C. Mierow, with a foreword and update bibliography by Karl F. Morrison. Edited by Austin P. Evans and Charles Knapp. New York: Columbia University Press, 2002, p. 323-324).

[360] Ao designar a Igreja como a única cidade, Otão de Freising recusa, com efeito, toda oposição de princípio entre o poder imperial (*regnum*) e o sacerdócio (*sacerdotium*), embora ela tenha sido muito intensa, em particular por ocasião da querela das investiduras.

A *translatio* é, pelas razões já mencionadas, o conceito que estrutura todo o livro do bispo. Ora, entre os impérios, dois dominam, a Babilônia e Roma; como sabemos, a Babilônia começa e Roma termina. Otão vai levar ainda mais longe a analogia entre as duas potências. Como ele aborda e resolve o caso da primeira transferência? Quando a Babilônia cai, "a realidade" (*in re*) do poder passa para os caldeus, os medos e, em seguida, os persas, mas "nominalmente" (*in nomine*) o poder permanece com a Babilônia.[361] Por que inventar essa distinção entre o nome e a coisa? Porque, em nome da analogia estabelecida e explorada por Orósio e Agostinho, ele vai poder aplicá-la também ao Império de Roma. Assim, Constantino transfere a "sede do Império" para Constantinopla. Então, com a queda do Império do Ocidente, a realidade do poder passa para os gregos, mas "sob o nome de Roma" (*sub Romano nomine*). Donde, ainda sob o nome de Roma, o poder passou para os francos, que vivem no Oeste e, em seguida, dos francos para os lombardos; por fim, dos lombardos ele chegou aos francos germânicos.[362] Dessa maneira, a *translatio* pode preservar sua força teológica, sem com isso atentar contra a realidade dos fatos, tornando-se assim um instrumento da história. Além de ser um deslocamento no tempo, ela é também um movimento no espaço. Com efeito, ela se desloca de leste a oeste. E a transferência vale tanto para o poder quanto para o saber: eles começam no leste e terminam no oeste, sendo que a Espanha marca o limite.[363] Afinal, a marcha é sempre uma progressão rumo ao fim.

Se Constantino é o mediador que permite passar das duas cidades para uma só, ele também é aquele por quem o conceito de *translatio* é levado à sua plena extensão. Há a realidade do poder e o nome do poder, mas o nome em si mesmo não é desprovido de poder, de um poder que a noção de legitimação explica somente de maneira incompleta. O grande nome de Roma alimenta todo um imaginário do poder, e aquele que pode pretender ser o seu depositário reforça, senão seu poder, ao menos

---

[361] Otão de Freising. *Chronica sive Historia de duabus civitatibus*, p. 283

[362] Otão de Freising. *Chronica sive Historia de duabus civitatibus*, p. 94.

[363] O tema da marcha para oeste não é exclusivo de Otão de Freising: Hugo de São Vítor também considerava que essa era uma disposição da divina Providência e que, quando fossem atingidos os limites do mundo, seria também o fim dos tempos; citado por: Chenu, M.-D., *La théologie au XIIe siècle*, p. 79. Em seu prólogo, Otão de Freising afirmou que da Babilônia a ciência passa para o Egito, os gregos, os romanos, os gauleses e os espanhóis.

sua autoridade (*auctoritas*). Não é difícil imaginar a rudeza das lutas para controlar a atribuição do título de imperador. Desse duplo registro da *translatio* decorre, com efeito, a longa história afetada por essa estranha construção teológico-política que foi, pelo menos até o século XVII, o Sacro Império Romano-Germânico. Assim, demonstrar o caráter operatório do conceito é, para Otão de Freising, algo da mais alta importância.

Compreende-se então melhor por que era importante que o Sacro Império Romano-Germânico se apresentasse como o continuador direto do de Roma. O número canônico quatro era preservado. Além de romano, germânico e santo, esse império era de fato o último. Isso legitima ainda, aos olhos de Carl Schmitt, o seu papel histórico de "retardador" (*katechon*) do fim. Inversamente, anunciar a iminência de um Quinto Império, como o chama no século XVII o surpreendente padre jesuíta Vieira, em uma leitura atualista de Daniel, significa "apressar" a chegada do fim, abrindo ou reabrindo uma perspectiva apocalíptica.[364] Simultaneamente temporal e espiritual, este último império deve ter por primeiro imperador o rei de Portugal. No lugar onde Joaquim de Fiore situava os Espirituais, os monges, ele instala o rei de Portugal.

Com a terceira idade, estado ou estágio de Joaquim de Fiore, com a acomodação, tal como praticada por Anselmo de Havelberg, e, finalmente, com a *translatio* segundo Otão de Freising, temos três propostas de extensão do regime cristão de historicidade na direção de seu presente, o do século XII, e três operações de temporalização. Suas maneiras de responder não são as mesmas, mas elas têm uma preocupação comum de mostrar que a história não está encerrada. A do abade mobiliza a profecia e o apocalipse, e se abre para o porvir; a de Anselmo de Havelberg, ao justificar pela acomodação as "novidades" em uma Igreja que não cessa de se renovar, aponta para uma história, ela também, por vir; a de Otão, mais institucional e imperial, demonstra que o Império Romano, que foi o horizonte do mundo, ainda não concluiu, a despeito de suas tribulações, sua trajetória.

Todos os três cumprimentam com o maior respeito Agostinho, que afirmam não contradizer em nada, mas todos os três lhe são, à sua maneira, infiéis. Como escapar ao cercamento da grande máquina que é *A cidade de Deus*, sem romper com o poderoso doutor da Igreja que é seu autor? Esse é,

---

[364] Ver p. 169-174.

em grande parte, o problema desses autores, e isso a despeito de seu desejo provavelmente inexistente de se separar de Agostinho. Ainda assim, ao se afastarem da versão forte do regime cristão de historicidade, a sua versão definitiva ou canônica, eles acabam, aos poucos, por enfraquecê-lo. Essas fissuras, essas distâncias poderão se tornar pontos de fraqueza e conferir força a contestações e, em seguida, rejeições. Em uma palavra, o tempo *chronos*, uma vez introduzido, tal qual o lobo no curral, ganhará uma extensão cada vez maior, ao passo que, por um movimento inverso, o tempo *kairós* refluirá progressivamente até ser praticamente expulso da história, ao menos sob a forma que os primeiros cristãos lhe haviam atribuído.

A *reformatio*

Em nosso inventário dos principais operadores temporais, restou um, ele também muito importante: a *reformatio*. Seria um grande eufemismo dizer que ela acompanhou toda a história do cristianismo, pois está no próprio âmago da vida do crente e da Igreja. Os clérigos souberam mobilizá-la, como faziam com a *accommodatio* e a *translatio*, mas ocorreu que a *reformatio* acabou por se tornar a Reformação ou a Reforma, aquela lançada por Lutero, designando, por conseguinte, o nome de uma ruptura.

Como o homem foi criado à imagem de Deus, a *reformatio*, a *renovatio* ou a *regeneratio* designaram imediatamente a via a ser seguida para reencontrar essa semelhança perdida por conta do pecado original.[365] Para Paulo, a *re-formatio* é o retorno à forma de origem no presente da conversão. A alma passa, assim, da dessemelhança à semelhança perdida. Pelo batismo, o homem velho é abandonado em proveito do homem novo. Mais tarde, a escolha da vida monástica terá o mesmo significado. Pela *reformatio*, o homem pecador enviscado no tempo *chronos* abre para si um acesso ao tempo *kairós* e caminha para a perfeição. Ao imitar Cristo, ele retorna à verdade do Evangelho.

Com Gregório, o Grande, Papa em 590, enfatiza-se a reforma pessoal, ao passo que, no caso de Gregório VII, Papa em 1073, a reforma diz respeito

---

[365] "Reform", *In*: *New Catholic Encyclopedia*. New York: McGraw-Hill, 1967, v. XII, p. 169-174; Ladner, Gerhart B. *The Idea of Reform, Its Impact on Christian Thought and Action in the Age of the Fathers*. Cambridge: Harvard University Press, 1959; Constable, Giles. Renewal and Reform in Religious Life, Concepts and Realities. *In*: Benson, R.; Constable, G. (Ed.). *Renaissance and Renewal in the Twelfth Century*, p. 37-67; Constable, Giles. *The Reformation of the Twelfth Century*. Cambridge: Cambridge University Press, 1996.

à Igreja em seu conjunto. Assim, vai se instalar pouco a pouco a ideia de que a Igreja deve constantemente se reformar, isto é, tender a reencontrar "a Igreja primitiva" (a de Constantino, a de Gregório, o Grande, aquela que as diferentes reformas monásticas nunca deixarão de procurar). Já é possível entender como a *reformatio*, que em sua acepção paulina não era temporalizada, passa a se impregnar de tempo, assim que o *re-* do *retour* [retorno] ao passado começa a suplantar o *re-* da *ressemblance*[366] [semelhança] (mas sem com isso obliterá-lo, pois a finalidade permanece a mesma).

Paralelamente, *reformatio* também adquiriu na Idade Média um sentido político absolutamente claro. O que, nesse caso, deve ser reencontrado e ressuscitado não é, evidentemente, a Igreja primitiva, mas o Império Romano. Assim, o Império carolíngio soube muito bem fazer desse programa um instrumento de sua legitimação, mobilizando conjuntamente dois operadores, o da *translatio*, cuja força acabamos de expor, e o da *reformatio*. Sendo Carlos Magno o sucessor dos imperadores romanos, ele possui toda a legitimidade para trazer o Império de volta à vida e, ao proclamar a restauração do Império, ele prova que é o sucessor legítimo dos imperadores romanos. Da mesma forma, o imperador Otão III (coroado em 996) inscreve em seus selos "o renascimento do Império Romano".[367] Imediatamente temporalizada, essa *reformatio* política tem a mesma necessidade de transitar pela epifania de um renascimento.

Ao longo do século XII, *reformatio* adquire ainda outro sentido, que faz da noção uma verdadeira encruzilhada temporal. Com efeito, o *re-* de *reformatio* pode também abrir para algo novo: para o que ainda não existiu. Mesmo olhando para trás, a *reformatio* pode também olhar para frente. Em um mundo onde a novidade (*novitas*) ainda é encarada com desconfiança ou simplesmente recusada – pois da novidade à heresia é apenas um passo –, a *reformatio* é um meio de fazer passar (como que contrabandeando) algo novo, cobrindo-o com o manto da reforma. O arco da *reformatio* pode assim ir do retorno a formas de vida religiosa que existiram em um passado mais ou menos longínquo à promoção de formas que ainda não existiram, mas que são justificadas pelo desvendamento de uma nova etapa do plano de Deus para a humanidade. Nesse ponto, a *reformatio* e a *accommodatio*

---

[366] Mantemos aqui as palavras *retour* e *ressemblance* em francês para preservar a intenção do autor de contrapor dois termos iniciados com o prefixo "re-". (N.T.)

[367] Benson, Robert L. Political Renovatio: Two Models from Roman Antiquity, p. 359-360.

convergem. Para Anselmo de Havelberg, por exemplo, que opta por uma interpretação otimista e confiante da *reformatio*, o conhecimento da verdade aumenta com o decurso do tempo.[368] Os anões empoleirados sobre os ombros dos gigantes, segundo a famosa imagem atribuída a Bernardo de Chartres, não são mais sábios do que seus grandes predecessores, mas enxergam, a despeito disso, mais longe do que eles. A comparação combina habilmente a reverência devida aos Pais da Igreja e uma abertura, na absoluta humildade, para um progresso dos conhecimentos.

Isso ainda não é tudo, pois essa acepção otimista da reforma encontra outra, mais antiga, ainda presente no século XII, e desta vez pessimista, que se baseia na certeza (agostiniana) de que o mundo envelhece e se aproxima de seu fim. Aqui também, a velhice, por assim dizer, temporaliza-se, ao passo que a Encarnação introduzia, da noite para o dia, o mundo em sua última idade, a da velhice. De agora em diante, o tempo *chronos* que nos separa do fim mede-se pelas degradações que ele traz. Quanto mais esse tempo se estende, mais as coisas pioram. Por isso, a *reformatio* é a melhor maneira de se preparar para o fim. Em uma carta a Abelardo, Heloísa[369] escreve que vê "quase todo mundo correr para a vida monástica".[370] Mas essa deterioração tem, pelo menos, a virtude de obrigar a reescrever as antigas regras ou a redigir outras, mais adaptadas às situações atuais, esperando que elas permitirão um melhoramento no futuro. Assim, mesmo a versão pessimista da reforma pode conter a possibilidade do novo.

Nesse ponto, a *reformatio* encontra novamente a *accommodatio* divina.[371] Cabe aos homens adaptar e transcrever a acomodação como *reformatio*. A reforma deve estar a serviço da palavra de Deus, que sabe desvendar seu plano para a humanidade, adaptando-se ao mesmo tempo às diferentes situações. Nesse encontro entre a reforma e a acomodação, estabelece-se e opera-se uma temporalização do plano divino por meio de sua inserção na história efetiva. Se ele abre possibilidades, esse ponto de junção não está desprovido de riscos, pois se pode facilmente passar da acomodação (instrumento divino)

---

[368] Ver p. 134-135.

[369] Hartog refere-se aqui à correspondência entre o teólogo e filósofo Pedro Abelardo e sua mulher e discípula Heloísa de Argenteuil, célebres amantes do século XII cujas cartas constituem um documento importante para a compreensão da sociedade e das mentalidades da Idade Média. (N.T.).

[370] Citada por: Constable, Giles. *The Reformation of the Twelfth Century*, p. 163.

[371] Ver p. 131-134.

aos acomodamentos (com o mundo). É exatamente nesse tocante que, em meados do século XVII, Pascal empregará toda a sua ironia contra os jesuítas n'*As provinciais*, condenando seus acomodamentos ultrajantes com o século, em desprezo à tradição da *reformatio*.[372] Mas, com Anselmo de Havelberg, Otão de Freising e os reformadores do século XII, estamos ainda muito longe dessa conjuntura marcada por um domínio crescente do tempo *chronos*.

Quando, em 31 de outubro de 1517, o monge agostiniano Martinho Lutero afixa suas 95 teses à porta da igreja do castelo de Wittenberg, ele ainda reivindica o sentido usual de *reformatio*. Ele protesta, por certo, contra a venda das indulgências, que supostamente deveriam apressar a elevação das almas do purgatório para o céu, mas, sobretudo, ele insta os cristãos a colocar Cristo no âmago de sua vida: "É preciso exortar os cristãos a que se esforcem por seguir a Cristo, seu cabeça, através das penas, da morte e do inferno", enuncia a penúltima tese. A questão, como se vê, vai muito além das indulgências. "Quando, em 1517, ele se insurgiu contra a Igreja, o que ele pretendia?", perguntava Lucien Febvre. "Reformar a Alemanha? Fundar uma Igreja Luterana? Não, Lutero decidira mudar as bases da Igreja cristã [...] para reencontrar fontes perdidas e que não jorravam mais no pátio das igrejas e no claustro dos conventos."[373] Essas poucas linhas indicam precisamente o sentido do movimento preconizado. Lutero deseja uma nova *reformatio*, como já houve outras anteriormente, lançadas no próprio seio das ordens monásticas. Porém, e isto muda tudo, ele não se contenta em afixar suas teses e chamar as pessoas para discuti-las; ele as faz imprimir.

Muito rapidamente reimpressas e traduzidas do latim para o alemão, elas começam a circular e se tornam um objeto e um problema políticos. Os teólogos perdem então a mão, ao passo que os príncipes, o novíssimo imperador Carlos Quinto e, em seguida, o Papa envolvem-se na questão, cada qual com seus próprios objetivos. Enquanto isso, Lutero, pela sua parte, rejeita retratar-se. É assim que a *reformatio* amadurecida e desejada por Lutero transforma-se em ruptura com a Igreja, marcando o início da Reforma e daquilo a que a Igreja católica chamou "a religião pretensamente reformada", para salientar que a verdadeira reforma ainda era de sua

---

[372] Ver p. 177-178.

[373] Febvre, Lucien. *Un destin, Martin Luther*. Paris: PUF, 1968 [1928], p. 192; Lienhard, Marc. *Luther, ses sources, sa pensée, sa place dans l'histoire*. Genève: Labor et Fides, 2016.

alçada.[374] Embora, em sua inspiração, a Reforma situe-se na continuidade do que os medievais entendiam por *reformatio*, ela acentua a carga temporal desta última, pois Lutero é levado a recusar a autoridade dos concílios, do direito canônico e dos papas, isto é, toda a tradição secular da Igreja que é preciso ousar superar para esperar reencontrar a pureza das origens.

Ora, ao se radicalizar, a Reforma encontra ou se junta ao gesto já realizado pelos humanistas que também desejam superar os séculos obscuros da Idade Média, mas, para eles, trata-se prioritariamente de reencontrar e de fazer renascer a antiguidade pagã. Se a abordagem é análoga e igualmente audaciosa, os objetivos visados diferem. É preciso ser Erasmo para querer conciliar os dois: a Escritura e os Antigos. Não obstante, entre os reformados e os humanistas, existem muitas pontes, a começar pela atenção que ambos dedicam às três línguas: o latim, o grego e o hebraico. De fato, a insistência dos primeiros reformados em retornar às fontes e ater-se apenas à Escritura (*sola scriptura*) está plenamente alinhada com as aspirações dos humanistas de encontrar, editar, traduzir e imprimir os textos dos Antigos e de fazer deles um novo começo. Assim, Lutero, criticando um ensinamento puramente utilitário "para o dinheiro e para o ventre", defende o aprendizado do latim, do grego e do hebraico nas escolas.[375] Se a Reforma marca um momento capital na temporalização da *reformatio*, ela não significa com isso o fim de seu percurso. Longe disso! Desse operador que durante séculos provou seu valor nas mãos da Igreja, *Chronos*, tornando-se o tempo moderno, saberá, como veremos mais adiante, utilizar-se, submetendo-o ao seu próprio uso.[376]

Graças a esses estudos exploratórios, encontra-se confirmada a importância dos grandes operadores temporais que, desenvolvidos pelos clérigos, permitiram estender pontes, por vezes perigosas, entre *Kairós* e *Krisis* de um lado, e *Chronos* do outro. Graças à eficiência desses instrumentos de temporalização, o presentismo cristão pôde ganhar densidade, abrir espaço não somente para o passado, mas ainda mais para o novo, e levar em conta o futuro, sem questionar a qualidade nem os limites do tempo novo que se iniciou com a Encarnação e que deverá encerrar-se com o Juízo Final.

---

[374] O próprio Lutero raramente utilizou o termo *reformatio*. Foi somente um século e meio após sua morte que *reformatio* (ou luteranismo) foi empregado para designar sua obra ("Reform", *New Catholic Encyclopedia*).

[375] Saladin, Jean-Christophe. *La bataille du grec à la Renaissance*. Paris: Les Belles Lettres, 2000. Em particular, p. 355-361: "Le grec, instrument de prosélytisme pour les Réformés".

[376] Ver p. 217-218.

CAPÍTULO 4

Dissonâncias e fissuras

Entre as mãos dos clérigos, os grandes operadores temporais acompanharam a acomodação divina, sob o risco de por vezes ultrapassá-la, superá-la, ou mesmo traí-la, mas sempre com a finalidade de reforçar o regime cristão de historicidade, jamais de enfraquecê-lo ou contestá-lo. Eles são, com efeito, como as teclas de instrumentos tocados pelos homens da Igreja, para interpretar da maneira mais precisa a grande partitura do regime cristão, sob a direção daquele que Agostinho representara como maestro. Mas as dissonâncias, as notas falsas surgirão e se multiplicarão. Os clérigos perderão o monopólio. Outros intérpretes começarão a tocar outras partituras: as deles. E, o que é ainda mais grave, fissuras aparecerão na ordem cristã do tempo.

As respectivas relações entre o antigo e o novo foram perturbadas a partir do instante em que houve um Antigo Testamento e um Novo, uma antiga Aliança e uma nova. Disso resultou uma economia do tempo, até então inaudita, onde o novo prevalecia sobre o antigo, que não era de modo algum suprimido, mas superado. Chega-se aqui ao próprio âmago do regime cristão de historicidade, tal como Agostinho o traduziu, depois de outros, mas melhor do que eles: "Por que é, na verdade, que se diz Velha Aliança senão porque é encobrimento da Nova (*occultatio novi*)? E por que é que se chama a outra Nova senão porque é o descobrimento da Velha (*veteris revelatio*)?"[377] Ou, segundo outra imagem, o "velho" é a "sombra" do "novo": a luz vem do novo, sendo ela que permite ver o velho como ele é e por aquilo que é. A Jerusalém terrestre onde reinou

---

[377] Agostinho. *A cidade de Deus*, 16, 26.

Davi estava na "sombra da futura" (*in umbra futuri*).[378] Nessa configuração, o passado não é mais modelo, mas exatamente pré-figuração. Ele deve ser lido tipologicamente, na medida em que é preparação e marcha para esse momento de "plenitude" do tempo que foi marcado pelo surgimento do *Kairós* crístico: a luz do novo. Decorre daí a fórmula, à primeira vista paradoxal, também de autoria de Agostinho, segundo a qual a Escritura encontra-se "tão atenta, senão mais, a predizer o futuro como a contar o passado".[379] Ela é, na sua própria essência, profética. Estamos aqui quase nos antípodas do modelo da *historia magistra vitæ*, segundo a qual, estruturalmente, o passado vem antes (em todos os sentidos do termo) do presente. Ele o precede e tem preeminência sobre ele. Vai-se do passado para o presente, e não o inverso. E o novo se encontra na sombra do passado, para inverter a fórmula agostiniana. Ou, para levar a lógica ao seu limite e reencontrar Eclesiastes, não há nada de novo, não há lugar para o novo em um tempo que só conhece a repetição:

> *O que foi, será*
> *o que se fez, se tornará a fazer*
> *nada há de novo debaixo do sol.*[380]

No regime cristão, porém, há espaço para o novo – e que novo! – mas ele não é repetível. Ou, mais precisamente, Jesus é aquele que vem, o veniente, e a Parusia é, propriamente falando, o único acontecimento ainda por vir: acontecimento anunciado, até mesmo alardeado, aguardado e que não se poderia, portanto, chamar de novo, mas que, assim mesmo, será inédito.[381] Cada qual deve se preparar para ele pela conversão, que é um novo nascimento ou um renascimento (*regeneratio, renovatio, reformatio*). Este tempo que resta, cuja duração é ignorada e que apenas a Deus pertence, é o próprio objeto do regime cristão de historicidade, este presente apocalíptico, situado entre a Encarnação e o Juízo, e que se tornará o tempo da história da Salvação.

Nesse espaço, em princípio inteiramente regido pelo par *Kairós* e *Krisis*, acabamos de ver como os grandes operadores temporais desenvol-

---

[378] Agostinho. *A cidade de Deus*, 17, 14.
[379] Agostinho. *A cidade de Deus*, 17, 1. (N.R.T.)
[380] *Eclesiastes* 1, 9.
[381] Ver p. 45-47.

vidos pelos clérigos haviam progressivamente permitido atribuir um lugar comedido a *Chronos*. Assim, empregando todos os recursos da *translatio*, Otão de Freising ordena e confere sentido ao tempo que resta, isto é, a essa história que se estende agora sobre doze séculos, amparando-se na resiliência do grande nome de Roma, mas sem perder de vista o horizonte apocalíptico. Seu livro, entretanto, é mais retrospectivo do que prospectivo, mais cioso do passado do que do porvir. Qual é, com efeito, o futuro do Sacro Império além de resistir ou conservar?

Enquanto isso, vários de seus contemporâneos do século XII posicionam seu presente em relação ao passado, reivindicando para si a qualidade de "moderno", e olham para o futuro mobilizando a noção de *renovatio*. Esse é o caso de Walter Map que, no fim do século XII, valoriza os últimos cem anos como "nossa modernidade".[382] Anselmo de Havelberg, de sua parte, estendendo o recurso à acomodação na direção do presente e mesmo do futuro, pode abrir espaço para as "novidades". Mas tais novidades, resultantes da *renovatio*, não são novidades absolutas, uma vez que a Igreja nunca deixa, na realidade, de se renovar para avançar na via da perfeição. Para Joaquim de Fiore, sobretudo, há algo de novo no horizonte do tempo *chronos*, enquanto ele vê aproximar-se a terceira idade dos Espirituais. Assim, sem que seja contestado o "novo" único e insuperável do *Kairós* crístico, homens da Igreja encontram um meio de, por assim dizer, aclimatar algo novo (como categoria positiva) no curso da história.

A *renovatio* desviada: os humanistas

É, assim, nesse terreno, balizado e praticado pela Igreja e com instrumentos já operatórios (o moderno, a *renovatio*, assim como a *reformatio*), que os humanistas realizarão seu gesto audacioso. Como? Operando uma transferência e um desvio que criam, a longo prazo, as condições para uma ruptura. Apropriam-se da *renovatio*, mas com o intuito de fazer renascer a

---

[382] Walter Map, *Das minúcias dos cortesãos* (Map, Walter. *De nugis curialium*. Translated by Montague R. James. With historical notes by John Edward Lloyd. Edited by E. Sidney Hartland. London: Honourable Society of Cymmrodorion, 1923), citado por: Chenu, M.-D., *La théologie au XIIe siècle*, p. 392. Formado a partir do advérbio *modo* (que significa "recentemente"), o adjetivo *modernus* significa recente, a partir de agora, atual. Ele serve para circunscrever um tempo qualitativamente diferente do precedente.

Antiguidade, renascendo para ela. Permanece-se no registro da conversão. Enquanto inicialmente a *renovatio* designava o renascimento em Cristo, antes de se rotinizar até certo ponto como capacidade ou necessidade para a Igreja de saber se renovar ou se reformar, os humanistas querem fazer do retorno à Antiguidade um verdadeiro renascimento. Eles operam, portanto, uma captação ou um desvio e um deslocamento. Enquanto a *renovatio*, tal como aclimatada por Anselmo de Havelberg, supunha um tempo contínuo, a dos humanistas implica uma ruptura com os séculos obscuros que se iniciaram com a tomada de Roma pelos bárbaros e que, graças ao que eles têm a audácia de empreender, finalmente chegarão ao fim.

Entre essas duas datas, há este tempo que eles vão designar (e difamar) como "Tempo intermediário" (*media aetas*), isto é, um parêntese de ignorância a ser fechado. Antes disso, brilhava a Roma antiga. É por isso que a *renovatio*/renascimento é também um retorno: um retorno de Roma (Roma vai renascer) e um retorno a Roma, aquela que se deve, a partir de agora, exumar, mobilizando todos os procedimentos eruditos da restituição (*restitutio*).[383] Nesse sentido, o retorno também é uma forma de *reformatio* (pagã). É admirável ver Maquiavel apresentar, no início do século XVI, o retorno à Antiguidade como análogo à descoberta do Novo Mundo. Escolher Tito Lívio como guia é, com efeito, abrir uma "nova rota" para o mundo dos Antigos, o qual, por ser demasiado ignorado ou esquecido, pode ser tido como um mundo novo. Assim, toda a força do imaginário do novo (contida no Novo Mundo) pode ser captada – é, pelo menos, o que espera Maquiavel – para ser colocada a serviço do exemplo antigo: não para si mesmo, mas para oferecê-la à imitação. E isso não somente quando se trata de medicina ou de direito, mas também, ressalta Maquiavel, quando nos interrogamos sobre a maneira de fundar e, mais do que isso, manter hoje um Estado.[384] Essa é a questão lançada pelos *Discursos sobre a primeira década de Tito Lívio*. O retorno – retorno ao novo – tem, de fato, por finalidade renovar um mundo que se tornou antigo, ou mesmo duplamente antigo. Ele assim se tornou em relação àquele que foi recentemente descoberto ("tão novo e tão criança", segundo as palavras de Montaigne), e ele assim é por tudo o que, nele, ainda pertence à Idade Média.

---

[383] Hartog, François. *Partir pour la Grèce*, p. 29-30.

[384] Maquiavel, Nicolau. *Comentários sobre a primeira década de Tito Lívio (Discorsi)*. Tradução de Sérgio Bath. Brasília: Ed. Unb, 1982, p. 15-18.

Por meio desse retorno proclamado à Antiguidade, também se reativa um tempo, o mesmo da história mestra da vida, que faz do passado uma reserva de exemplos a serem imitados. Esse regime temporal, no qual se vai do passado ao presente, era aquele com o qual o regime de historicidade cristão tivera de romper. Sem essa ruptura, era impensável a relação entre o Antigo e o Novo Testamentos, assim como o reconhecimento da novidade e, por conseguinte, da *renovatio*, mas também a acomodação; em suma, o próprio regime de historicidade cristão em sua singularidade e em sua capacidade de levar em consideração a "diversidade dos tempos".

Mas essa rejeição de princípio, inicialmente necessária, não levara a recusar ou a ignorar a cultura antiga (caso contrário, a patrística não existiria) e, na própria Igreja, a formação da tradição e do sistema das autoridades conduzia a atribuir novamente ao passado – mas o seu – um lugar considerável. A *História eclesiástica* de Eusébio de Cesareia, fundada no estabelecimento de uma corrente contínua de testemunhas – primeiramente, testemunhas oculares, depois testemunhas de testemunhas, e assim sucessivamente até o seu próprio tempo –, foi a primeira a dar-lhe forma. Essa linhagem testemunhante, coluna vertebral da autoridade da Igreja como servidora de Jesus Cristo, induz, com efeito, uma forma de reverência para com esse passado, que deve ser conservado e honrado. Os primeiros discípulos viram e acreditaram. Imagina-se, portanto, como pôde ser reativada uma forma de *historia magistra vitæ* própria à Igreja a partir da novidade insuperável da vida de Jesus. Quem fala em história mestra fala em imitação, e a Igreja não deixou de preconizá-la, começando pela de seu fundador.

Reivindicando a abordagem da *historia magistra vitæ*, os humanistas, mais uma vez, não inovam radicalmente, mas vivenciam a imitação da Antiguidade como uma libertação da camisa de força da escolástica. E assumem alegremente o risco de mostrar-se muito injustos com aquelas gerações de monges que, nos *scriptoria* dos mosteiros, copiaram e recopiaram os manuscritos antigos, dos quais eles vão poder se tornar os editores e os difusores. Mas eles querem também acreditar que, pela prática das "boas letras", a correção dos textos e o domínio do latim de Cícero, Roma, a republicana, vai renascer e vai novamente estar em Roma. Com efeito, esse apelo ao passado antigo tem também uma dimensão política, mais precisamente antifrancesa. O retorno é também uma tomada de posição contra a *translatio studii*, contra a história da transferência, da qual vimos a que ponto os clérigos se tinham apropriado: transferência do império e transferência dos estudos. Ora, pelo acesso direto aos textos e aos monumentos de Roma, os humanistas eliminam a ideia de uma migração do poder e, sobretudo, dos estudos: com eles, por eles, através deles, Roma renasce verdadeiramente, aqui e agora. Mostrar-se injusto com o passado medieval era, para eles, necessário para ter a audácia de empreender sua ação. Eles tinham "necessidade de um exemplo, e não podia haver outro [...] senão toda a realidade, literariamente conhecida, de um mundo antigo resplandecente de glória e bastando-se a si mesmo antes do nascimento do cristianismo".[385]

Pode-se, por certo, cristianizar alguns dos autores pagãos e ler tipologicamente Platão (como já fizera Agostinho), mas a segregação desse tempo, declarado "intermediário", não deixa de ser uma brecha muito séria no *continuum* do presente cristão. Eis que, entre a Encarnação e a Parusia, seria preciso deixar de lado toda uma sequência de séculos que são decretados obscuros por alguns adeptos de uma Antiguidade que, no entanto, era pagã. Ademais, seu "fervor de esperança" voltado para o passado é tudo exceto um descompromisso com o mundo que lhes pertence: trata-se de um programa de ação sobre o seu próprio tempo e de uma "visão de um mundo novo reconstruído a partir de uma palavra antiga".[386] Pois eles têm por ambição elevar seu presente à altura do glorioso passado romano. Essa valorização do presente e esse otimismo do tempo são pouco compatíveis com o esquema agostiniano da velhice do mundo. Os humanistas têm, ao contrário, o sentimento de uma "plenitude" do presente que confere à sua *renovatio* algo da força inaugural daquela operada por Cristo. Este tempo novo aberto pelo retorno a Roma é concebido como um novo *Kairós* (mas mundano e pertencente ao tempo *chronos*) do qual os humanistas são os apóstolos e os missionários. De modo geral, mobilizar a forma da ressurreição (figura cristã por excelência) para uma *renovatio* (cujo objeto é inteiramente diferente) é uma segunda brecha aberta no regime cristão de historicidade. Identificar essas brechas ou essas fissuras é tanto mais importante por não ser sua intenção provocá-las. Afinal, ao

---

[385] Dupront, Alphonse. *Genèses des Temps modernes*. Paris: Gallimard; Le Seuil, "Hautes études", 2001, p. 49.

[386] Rico, Francisco. *Le rêve de l'humanisme*. Traduction française d' Alain Philippe Segonds. Paris: Les Belles Lettres, 2002, p. 19.

romper com a Idade Média, com aqueles "séculos obscuros" que Petrarca fora o primeiro a denunciar, não pretendiam confrontar diretamente nem o tempo cristão nem a história da Salvação, mas sim habitar plenamente a sua própria época, elegendo um homólogo glorioso. Essa aspiração a uma plenitude induz uma forma de presentismo (recorrendo à *imitatio*) que passa a contestar fortemente, senão contradizer, o indiscutível presentismo apocalíptico do cristianismo.

Aquele que seguisse até o fim a via traçada pelos humanistas, operando por transferência dos operadores (como a *renovatio*) e por desvio de objeto, encontrar-se-ia, seguramente, fora do regime cristão de historicidade, para além da heresia. A fortuna de Lucrécio naqueles anos, seu quadro dos primórdios miseráveis da humanidade e a reativação de esquemas de um tempo cíclico constituem indícios de uma dificuldade.[387] Pode-se conciliar Lucrécio e o *Gênesis*? Formular a pergunta já é respondê-la. À sua maneira, os humanistas dizem o que estão construindo com as palavras daquilo que correm o risco de perder. Pesará também sobre todo o período o grande drama que testemunha a *reformatio/retorno* transformar-se, com Lutero, em ruptura.[388] O regime cristão não é contestado, mas a Igreja Católica vê-se dele desapropriada por, segundo os reformadores, tê-lo desnaturado.

A todos esses abalos que reabrem o caso *Chronos*, questionando sua sujeição a *Kairós* e *Krisis*, vem ainda juntar-se a comoção produzida pelo encontro com populações que nem a Bíblia nem os Antigos haviam visto ou sequer previsto. E, no entanto, os *índios* de fato existem. Com eles, os conquistadores fazem a experiência perturbadora do simultâneo do não simultâneo. Partilhamos o mesmo tempo, o do encontro; somos, portanto, contemporâneos e, no entanto, tudo indica que eles não o são. Eles são, por certo, selvagens e bárbaros, mas, mais do que isso, são povos-crianças: são tantas denominações que visam a expressar a distância, incluindo-se a distância temporal.[389] Por isso, a única boa maneira de compensar essa distância é

---

[387] Vesperini, Pierre. *Lucrèce, Archéologie d'un classique européen*. Paris: Fayard, 2017.

[388] Ver p. 157-158.

[389] Hartog, François. À distance de loge: Découverte du monde et discordance des temps. *Actes du Colloque en l'honneur de Jean Starobinski*. Genebra: La Dogana, 2013, p. 379-394, texto em que estudo algumas experiências do simultâneo do não simultâneo, notadamente nas páginas de Montaigne dedicadas aos indígenas do Novo Mundo. Ver p. 118.

introduzi-los o mais rápido possível no tempo cristão, por meio do batismo. Cabe a eles também viver sob o regime de *Kairós* e de *Krisis*, do qual foram até então privados. Essa missão imperativa da Igreja desde os primórdios, que universaliza efetivamente o regime cristão, concorre também para a preparação do fim dos tempos, pois se entende que ela não intervirá senão após a conversão do mundo inteiro, incluindo-se a dos judeus. Para o Novo Mundo também, o horizonte só pode ser o do *Apocalipse*. "Deus fez de mim o mensageiro", escreve Cristóvão Colombo em 1500, "dos novos céus e da nova terra, das quais falou no *Apocalipse* de São João, após já ter falado disso pela boca de Isaías. E ele me mostrou onde encontrá-las".[390]

A *translatio* recusada e transformada

O poderoso operador, simultaneamente teológico, apocalíptico, histórico e político, da *translatio* tem por fundamento e ponto de partida o *Livro de Daniel*. Ele estrutura na longa duração o regime de historicidade cristão e escande, escatologizando-a, a história dos impérios. Repousa sobre ele, em particular, a construção e a justificação do Sacro Império Romano-Germânico. Naturalmente, Bossuet também recorreu a ele para organizar seu *Discurso sobre a história universal*. No entanto, ele tampouco escapou às críticas. Uma das mais devastadoras foi a formulada por Jean Bodin, que dedicou todo um capítulo d'*O método da história* (1566) a uma ordenada demolição desse "erro inveterado a respeito dos quatro impérios". Como a ideia conta com "um número quase infinito de exegetas" (entre outros, Lutero, Melâncton e Sleidanus) e "a autoridade de Daniel", ele diz ter levado tempo para poder adotar "a fórmula bem conhecida dos jurados: minha convicção não está formada".[391]

Com efeito, a partir do instante em que se abandona uma perspectiva providencialista, todo o edifício desmorona. Por que diabos quatro

---

[390] Em seu *Livro das profecias*, citado por: Delumeau, Jean. *Mille ans de bonheur*. Paris: Fayard, 1995, p. 227.

[391] Bodin, Jean. *La méthode de l'histoire pour faciliter la connaissance*. Traduction de Pierre Mesnard. Paris: Les Belles Lettres, 1941, p. 287. Sobre o lugar eminente de Daniel no século XVI: Dubois, Claude-Gilbert. *La conception de l'histoire en France au XVIe siècle (1560-1610)*. Paris: Nizet, 1977, p. 387-500, e, sobre o capítulo VII de Bodin, p. 485-495.

impérios? Por que estes quatro em especial, quando nunca é definido o que se entende por império ou por monarquia? Quem fala é o jurista. Em seguida, vem um ataque contra os alemães que "pretendem" governar o Império Romano, que é, de resto, o último. Sua pretensão de "suceder" a Roma é "bem excessiva", quando eles ocupam apenas "um centésimo do mundo" e os reis da Espanha e de Portugal possuem territórios muito mais vastos. Se formos além, em havendo uma autoridade realmente "digna do nome de império", essa é o "sultão dos turcos" – para não mencionar o príncipe da Etiópia, nem o "imperador dos tártaros que reina sobre nações bárbaras e indomadas, em número quase ilimitado", tanto que, em comparação, a Alemanha "parece uma mosca diante de um elefante".[392] Por conseguinte, quem abre os olhos para o mundo tal como ele se apresenta hoje deveria "reconhecer que a profecia de Daniel deve ser mais apropriadamente aplicada ao Grande Turco".[393]

Após sustentar essa tese fortemente herética e provocadora (pois o sultão otomano é frequentemente apresentado pelos exegetas como uma figura do Anticristo), Bodin chega à sua conclusão. O que fazer hoje com Daniel? Conservá-lo, evidentemente, mas também reduzindo drasticamente o alcance de sua profecia apenas à Babilônia que, de fato, "caiu sucessivamente em poder dos medos, dos persas, dos gregos e dos partos". O erro inveterado, portanto, "veio do fato de que cada qual reduziu as profecias de Daniel à sua opinião pessoal e não ao testemunho da história".[394] Eis Daniel reconduzido aos limites da história e aos de um tempo *chronos* encerrado.

Após ter reduzido a estátua do sonho de Nabucodonosor a pó, Bodin passa imediatamente a focalizar outro erro da mesma ordem: o que consiste em ver nos metais que a compõem (ouro, prata, bronze e mistura de ferro e de argila) quatro idades da humanidade. Parte-se da idade de ouro, encerrada para sempre, para chegar à idade de ferro, ou mesmo a uma idade de lama. Mas, contrariando essa visão de um gênero humano que não para de "degenerar", Bodin defende, inversamente, a dos progressos realizados desde a vida selvagem dos primórdios.[395] Essa suposta idade de

---

[392] Bodin, Jean. *La méthode de l'histoire pour faciliter la connaissance*, p. 289

[393] Bodin, Jean. *La méthode de l'histoire pour faciliter la connaissance*, p. 290.

[394] Bodin, Jean. *La méthode de l'histoire pour faciliter la connaissance*, p. 292-293.

[395] Para apresentar os tempos do início, Bodin recorre aos primeiros capítulos de Tucídides.

ouro! Hoje, por outro lado, "nossos contemporâneos colonizaram, por assim dizer, um novo mundo". Disso "decorre não somente que o comércio, até agora mesquinho e pouco desenvolvido, tornou-se próspero e lucrativo, mas que todos os homens estão ligados entre si e participam maravilhosamente da República universal, como se formassem apenas uma única e mesma cidade".[396] Última idade, velhice de um mundo que se aproxima do fim: toda essa visão agostiniana da ordem do tempo também se encontra, portanto, suprimida. Mas, se há realmente progresso, Bodin não o apresenta como contínuo, e ainda menos como indefinido ou definitivo. Longe disso, pois "a natureza parece submetida a uma lei de retorno eterno, onde cada coisa é objeto de uma revolução circular".[397] Vale a pena notar que, para se operar, essa recusa do "declinismo", como se diria hoje, deve-se mobilizar um esquema inteiramente diferente, o de um tempo cíclico vindo da Antiguidade, mas perfeitamente incompatível com a ordem cristã do tempo. Em *A cidade de Deus*, Agostinho demonstrara a sua falsidade. Bodin não leva sua crítica mais adiante, e tampouco concebe as consequências de tamanha mudança de paradigma temporal. Dos três tipos de história (história humana, história natural e história sagrada) por ele discernidos desde o início de seu livro, ele indicara de imediato que se ocuparia sobretudo do primeiro.

Ao dinamitar Daniel e a *translatio*, Bodin tomava nitidamente posição contra os comentadores protestantes e "da Alemanha", que defendiam o Sacro Império como sucessor de Roma e como último império. Sua interpretação "objetiva" estava, portanto, ela também ligada ao seu presente, e não isenta de polêmica.[398] Se ele não é nem o primeiro nem o único a duvidar do esquema de Daniel, ele é aquele que mais avança em sua crítica em nome da história, amparando-se ao mesmo tempo na geografia, que permite hoje compreender um mundo sem medida comum com o estreitíssimo mundo de Daniel e, portanto, relativizar sua já superada profecia.

Em sentido inverso, porém, esse mesmo alargamento do mundo será, para o padre jesuíta Antônio Vieira, uma razão para apoiar-se ainda mais em Daniel e nos outros profetas para demonstrar que, na realidade, eles descreveram com precisão o Novo Mundo. Da mesma forma, a sucessão

---

[396] Bodin, Jean. *La méthode de l'histoire pour faciliter la connaissance*, p. 298.

[397] Bodin, Jean. *La méthode de l'histoire pour faciliter la connaissance*, p. 299.

[398] Bodin, Jean. *La méthode de l'histoire pour faciliter la connaissance*, p. 288.

dos impérios ainda estará muito presente em Bossuet, como um quadro familiar, sem que seja necessário o examinar ou discutir. Esses dois exemplos bastam para mostrar que, um século depois de Bodin, a *translatio* continua sendo um esquema operatório para organizar a história universal. Vieira esforça-se até mesmo para abrir a *translatio* ao futuro, separando-a do Sacro Império, pois é justamente porque o quarto império, o de Roma, chega ao seu fim que um quinto vai poder se impor. No entanto, essa *translatio* revisitada é, como veremos, portadora de toda sua carga apocalíptica, como ela era em Daniel (antes mesmo que ele tivesse se tornado um autor "cristão"). E ela não deixará de chamar a atenção da Inquisição, que tem por missão impedir a confusão dos tempos (entre o tempo do fim e o fim dos tempos) e proibir qualquer tentação milenarista.

A translatio *cronologizada*

Jesuíta português e pregador renomado, Antônio Vieira (1608-1697) passou parte de sua vida no Brasil como missionário. Mas ele também frequentou a corte portuguesa, cumpriu missões diplomáticas e viveu na corte pontifícia, em Roma.[399] Embora tenha gozado de uma posição estabelecida e reconhecida, ele teve também sérios litígios com a Inquisição. E por boas razões! Com efeito, a sua grande ideia do "Quinto Império", confiado a Portugal e passando pela ressurreição do rei João IV, tinha tudo para fazer sobressaltar até o mais plácido dos Inquisidores.[400] Após um

---

[399] Para fins de comodidade, pode-se recorrer, na língua francesa, a: Vieyra, R. P. Antoine. *Histoire du futur*. Traduction, introduction et notes de Bernard Émery, avec la collaboration de Brigitte Pereira. Grenoble: Ellug Université Stendhal, 2015. [Há muitas edições da obra de Padre Vieira em português. Aqui utilizaremos, com as devidas adaptações à ortografia e à linguagem contemporâneas: Vieira, Padre António. História do futuro. In: *Obras escolhidas*. Lisboa: Sá da Costa, 1953. v. VIII (Parte I) e v. IX (Parte II). (N.T.)].

[400] *Espérances du Portugal Quint Empire du Monde, première et seconde vie du roi Jean IV. Écrites par Gonsallanes Bandarra, et commentées par le père Antoine Vieira... et remises à l'évêque du Japon* (1659) (Vieira, Padre António. Esperanças de Portugal, Quinto império do mundo. Primeira e segunda vida de El-rei D. João IV, escritas por Gonçalo Eanes Bandarra e comentadas por Vieira, em carta ao bispo do Japão, D. André Fernandes. In: *Obras escolhidas*. Lisboa: Sá da Costa, 1952, p. 1-66). Remendeiro de ofício, Bandarra profetizara o nascimento de um grande rei, que restabeleceria a justiça e o direito, e reuniria o mundo sob um único cetro e uma única fé. Suas profecias

longo processo e inumeráveis páginas escritas em sua defesa, ele escapou, afinal, da condenação graças a uma anistia papal – prova de que não era tido como um iluminado completo. De sua convicção rapidamente formada na escolha de Portugal, que deve ser relacionada ao sebastianismo, decorre a elaboração de sua obra exegética.[401]

Assim como Joaquim de Fiore, cuja abordagem histórico-apocalíptica ele estende ou reativa, Vieira está persuadido de que a leitura da Bíblia permite prever o porvir. Há espaço para o futuro no presentismo cristão. Para isso, ele opta menos por uma leitura alegórica do Antigo Testamento, como a que os antigos Pais desenvolveram e que procurava nele acima de tudo Jesus Cristo, do que por uma atenção dada à própria letra do texto. Assim, ele empreende a redação de um livro, nunca realmente concluído, que ele não hesita em intitular *História do futuro*. Trata-se de uma iniciativa inaudita, ele ressalta, na medida em que, se os historiadores se acostumaram a escrever "histórias do passado para os futuros, nós escreveremos a do futuro para os presentes".[402] E, levado por esse ímpeto, ele chega a acrescentar: nossa história "começa no tempo em que se escreve, continua por toda a duração do mundo e acaba com o fim dele".[403] O fim está, portanto, próximo. Com ele, a *translatio* não é somente temporalizada, mas propriamente cronologizada e apocaliptizada. Ela se abre para um futuro calculável.

Se Moisés, que escreveu a história do início, é qualificado pelos doutores da Igreja de profeta e, portanto, de profeta do passado, "por que não haverá um historiador do futuro?".[404] Vale a pena ressaltar que ele

---

"tiveram grande popularidade em Portugal, especialmente entre os cristãos novos e judaizantes, convencidos da iminência do fim derradeiro"; ver: Valensi, Lucette. *Fables de la mémoire. La glorieuse bataille des trois rois*. Paris: Le Seuil, 1992, p. 167; Didier, Hugues. La fin des temps selon História do Futuro et Clavis Prophetarum de P. António Vieira. *Eidôlon*, n. 78, p. 53-66, 2007.

[401] O rei Sebastião I desaparecera após sua batalha perdida para as tropas do sultão Abedal Maleque em 1578, no norte do Marrocos. O mito de seu retorno glorioso está no âmago do sebastianismo. Vieira reconheceu em João IV, o rei de Portugal a quem serviu, o "Sebastião invisível". Após a morte deste último, ele esperou e anunciou sua ressurreição próxima (Valensi, Lucette. *Fables de la mémoire. La glorieuse bataille des trois rois*, p. 162-163, 169-170).

[402] Vieira, Padre António. História do futuro, I, p. 6.

[403] Vieira, Padre António. História do futuro, I, p. 6.

[404] Vieira, Padre António. História do futuro, I, p. 9.

não pretende ser profeta do futuro, mas historiador. Joaquim não se fazia essa pergunta. Quando Ricardo Coração de Leão o consulta, é o profeta que ele interroga. No meio do século XVII, Vieira pretende não cometer "injúria" contra nenhum dos dois termos de seu título, *História e futuro*.[405] É por isso que ele pretende seguir "religiosa e pontualmente todas as leis da história"[406] – sobretudo porque o futuro que é o verdadeiro objeto de sua *História* é um futuro próximo: o das "breves e deleitosas esperanças que a Portugal ofereço", que "hão de ver os que vivem, ainda que não vivam muitos anos".[407] Ele entende ocupar uma posição análoga àquela, única, de João Batista, que anunciara a vinda de Cristo e que o viu presente. O mesmo acontecerá com o reino de Portugal, que ele hoje anuncia e que ele apontará com o dedo, assim como Batista designou Cristo.[408]

Após Moisés e João Batista, Vieira não podia deixar de convocar Daniel, de onde tudo provém, e de reler atentamente as profecias de Isaías, pois o importante agora é demonstrar que eles falaram do mundo presente – e também para ele –, assim como do futuro. Entre o abade de Fiore ou Otão de Freising e o Padre Vieira, o mundo foi abalado. Para eles, a Cristandade ainda era "adequada à superfície do mundo, a despeito da ruptura do Islã".[409] Mas, desde a descoberta desse mundo novo, ignorado pelos Antigos, isso acabou. E o Extremo-Oriente, se não era desconhecido, escapava também às referências bíblicas. Não obstante, com a ajuda da experiência e tendo se ampliado o saber, pode-se de agora em diante compreender que essas terras não estavam fora de suas profecias. Vieira toma o exemplo dos antípodas, nos quais Agostinho, em função do saber disponível à sua época, não podia de modo algum acreditar; pois bem, "chegaram os portugueses com a espada onde Santo Agostinho não chegou com o entendimento".[410]

Compreendem-se, portanto, melhor alguns textos a partir das descobertas portuguesas. Por isso, Vieira se lança em uma explicação palavra por palavra de passagens de *Isaías* que se aplicam exatamente ao Brasil e

---

[405] Vieira, Padre António. História do futuro, I, p. 9. (N.R.T.)

[406] Vieira, Padre António. História do futuro, I, p. 9.

[407] Vieira, Padre António. História do futuro, I, p. 16.

[408] Vieira, Padre António. História do futuro, I, p. 17.

[409] Chenu, M.-D. *La théologie au XIIe siècle*, p. 80.

[410] Vieira, Padre António. História do futuro, I, p. 205.

até mesmo, mais precisamente, à província do Maranhão (onde Vieira exercera seu ministério). Tudo se encaixa! Isaías descreve o Maranhão e, em contrapartida, traços da cultura da região esclarecem passagens até então obscuras ou mal compreendidas do profeta. Mas condenar os Antigos por não o terem visto não faria nenhum sentido, pois como "lhes havia de vir ao pensamento que os profetas falavam dos americanos, se não sabiam que havia América?". E o mesmo vale para os indígenas do Brasil, os japoneses ou os chineses.[411] É preciso compreender que Deus assim quis: "era disposição mui assentada da sua providência que estas cousas se não soubesse, e estivessem ocultas até àqueles tempos medidos e taxados por ele, em que tinha decretado que se soubessem e descobrissem".[412] O que era invisível e que os profetas viram, por revelação, torna-se com o tempo visível para os mortais comuns.

Esse dispositivo proposto por Vieira é uma forma temporalizada da acomodação. As profecias sempre foram verdadeiras, mas, com o tempo, descobre-se seu sentido derradeiro. A verdade, segundo as palavras de Bernardo de Chartres, é "filha do tempo".[413] Vieira apenas se reivindica do princípio hermenêutico no âmago do cristianismo: o presente esclarece o passado. Assim como Jesus Cristo é a verdade do Antigo Testamento, o mundo do século XVII esclarece as profecias de Isaías ou de Zacarias. O jesuíta efetua somente uma atualização das profecias. Conclusão: todas essas terras novas não são exorbitantes ao universo da Bíblia, pois os profetas trataram delas, e elas são, portanto, muito evidentemente terras de missão e sobre elas deve ter pleno domínio o regime cristão de historicidade.

Mas Vieira não se detém aí. Assim como ele atualiza *Isaías*, ele atualiza *Daniel*, que permanece a pedra angular de toda exposição sobre a sucessão dos impérios, e recorre ao capítulo 20 do *Apocalipse* de João. Ele tem, com efeito, de combinar os dois para fundar seu quinto império, ao mesmo tempo português, terrestre e de Cristo. Aos assírios, sucederam os persas, os gregos e os romanos. Quanto ao Império de Roma, cujas vicissitudes ele examina até a sua época, considera que está na "sua última declinação".[414] Interpretando por sua vez a estátua

---

[411] Vieira, Padre António. História do futuro, I, p. 262.

[412] Vieira, Padre António. História do futuro, I, p. 264.

[413] "*Veritas, filia temporis*", citado por: Chenu, M.-D. *La théologie au XIIe siècle*, p. 62.

[414] Vieira, Padre António. História do futuro, II, p. 16.

do sonho de Nabucodonosor, ele reconhece evidentemente nas duas pernas e nos dois pés o Império Romano do Oriente e o do Ocidente, e nos dez dedos, "uns maiores outros menores", os dez reinos entre os quais o Império "na sua última declinação, se havia de dividir".[415] Vêm em seguida as considerações sobre a argila, de que são feitos, em parte, os pés da estátua. Ela representa "aquelas províncias e aquelas nações que, sendo partes do antigo Império Romano, se desuniram" e o "enfraqueceram": é o caso dos reinos da França, da Inglaterra, da Suécia e da Espanha.[416] Resta-lhe então apenas identificar o quinto império de Daniel, esta pedra que se desprende e pulveriza a estátua, inaugurando assim o reino eterno de Deus, com seu próprio quinto império, aquele anunciado pela profecia do remendeiro Bandarra e supondo, além disso, a ressurreição do rei João IV. Para essa operação, o recurso ao capítulo 20 do *Apocalipse* é muito cômodo, pois, mais uma vez, essa dominação prometida para breve ao povo eleito de Portugal é um império "da Terra", "espiritual e temporal juntamente".[417]

Para designar esse novo reino de Portugal, ele emprega, ao menos uma vez, a expressão "terceiro estado" (*status*), que, nesse contexto apocalíptico, remete inexoravelmente ao "terceiro estado" de Joaquim de Fiore, aquele que está por vir e que é muito próximo dos Espirituais.[418] É tentador concluir que, onde o abade situava os monges, Vieira instala seu quinto reino português e crístico (mas sem se pronunciar sobre sua duração). E, se Otão de Freising defendia a legitimidade do Sacro Império, Vieira, cinco séculos mais tarde, não hesita em passar por cima dele para sonhar com um Portugal que reencontra toda a sua glória. À sua maneira de exegeta obsessivo, Vieira procura, portanto, assegurar o domínio do regime cristão de historicidade sobre o mundo que tanto se estendeu desde o século XII e restaurá-lo no Antigo Mundo, graças à Casa de Bragança. Porém, mesmo sob a forma de uma *História do futuro*, e não de profecia, isso já não funciona. Foi até mesmo graças ao Papa que, como dissemos, ele conseguiu escapar da Inquisição! O pregador famoso prevalece sobre o exegeta duvidoso, cujas profecias não são, portanto, levadas muito a

---

[415] Vieira, Padre António. História do futuro, II, p. 13.
[416] Vieira, Padre António. História do futuro, II, p. 16-17.
[417] Vieira, Padre António. História do futuro, II, p. 72.
[418] Vieira, Padre António. História do futuro, I, p. 33.

sério pelo papado. Sua *translatio* temporalizada e especializada, herética, não causa grande inquietação.

Se compararmos as profecias de Vieira com o *Discurso sobre a história universal* (1681) de seu contemporâneo Bossuet, o contraste é impressionante. Não se trata para o bispo de Meaux de aventurar-se além dos limites estabelecidos por Agostinho, nem de especular sobre um quinto reino, seja ele terrestre ou não. Quando o Império Romano caiu, ele ensina ao Delfim, "Roma conservou por meio da religião sua antiga majestade"; então, de Roma "saíram os maiores reinos do mundo que habitamos", e é com o novo império de Carlos Magno que vemos "acabar-se inteiramente o antigo Império Romano".[419] Dirigindo-se ao seu aluno real, Bossuet mostra-se, portanto, expeditivo. Nem as considerações sobre uma ou duas cidades a partir de Constantino, nem aquelas sobre a *translatio* e o *status* do Sacro Império merecem a sua atenção.

Insistir, em contrapartida, nos "segredos da divina Providência" e em seus modos de ação lhe parece capital. Afinal, se Deus "forma os reinos para dá-los a quem quiser", ele sabe também "fazê-los servir, nos tempos e na ordem que decidiu, aos desígnios que tem para seu povo".[420] Manifesta-se aqui uma forma de astúcia de Deus, que na linguagem de Bossuet chama-se "os segredos da Providência", pois, "excetuados alguns eventos extraordinários, em que Deus queria que sua mão aparecesse sozinha, não aconteceram quaisquer grandes mudanças que não tenham tido causas nos séculos precedentes". O exame dessas causas particulares é o próprio objeto da história, à qual compete "observar em cada tempo aquelas disposições secretas que prepararam as grandes mudanças, e as conjunturas importantes que as acarretaram".[421] Há, de um lado, o registro das causas particulares – elas têm seu encadeamento e sua pertinência, que um futuro soberano deve aprender a reconhecer –, e há, de outro lado, o registro divino, onde, "do mais alto dos céus", Deus "toma as rédeas de todos os reinos".[422] Apenas os profetas, a quem Deus revela o que ele "decidiu executar", possuem a capacidade de passar de um registro a outro, e de

---

[419] Bossuet, Jacques-Bénigne. *Discours sur l'histoire universelle*, p. 41.

[420] Bossuet, Jacques-Bénigne. *Discours sur l'histoire universelle*, p. 353.

[421] Bossuet, Jacques-Bénigne. *Discours sur l'histoire universelle*, p. 354.

[422] Bossuet, Jacques-Bénigne. *Discours sur l'histoire universelle*, p. 427.

uma temporalidade a outra. Assim é Daniel, em cujas "admiráveis visões" se "veem esses famosos impérios caírem uns após os outros".[423] Mas, para quem não recebeu esse dom, a começar pelos príncipes, a história está aí para lhes desvendar *post eventum* os desígnios de Deus, não podendo deixar de incitá-los à humildade e à prudência em sua própria ação. A história é realmente história, e é portadora de lições, para quem sabe decifrá-la como sendo portadora de profecias retrospectivas.

A *accommodatio* pervertida

Ao se temporalizar, a *accommodatio* pôde tornar-se um instrumento de história (de uma história que não poderia ser outra que não a história da Salvação), mas capaz de se mostrar atenta "às mudanças memoráveis que a sequência dos tempos produziu no mundo", para citar novamente Bossuet, cujo *Discurso sobre a história universal* se apresenta como o desenrolar da acomodação na sequência dos séculos. "Vedes", ele escreve ao Delfim, "como os impérios se sucedem uns aos outros, e como a religião, em seus diferentes estados, se sustenta igualmente desde o início do mundo até o nosso tempo."[424] É a retomada exata da marcha das duas cidades de Agostinho. Evidentemente, Deus "vê tudo mudar sem que ele próprio mude", e "faz todas as mudanças por um conselho imutável". Deus, que "preside todos os tempos", está no comando. Por isso, quando os homens acreditam fazer uma coisa, eles fazem, afinal, outra, pois "não há potência humana que não sirva, a despeito de sua vontade, a outros desígnios que não os seus". Com essa parte invisível da acomodação, apresentada como a lei de toda ação humana (seus efeitos imprevistos), Bossuet opera um duplo movimento: ele avança o tanto quanto pode no terreno da cidade terrestre, mas, em sentido inverso, ele reafirma o todo-poder da Providência: "Apenas Deus pode reduzir tudo à sua vontade".[425]

Com Bossuet, a acomodação é reafirmada, reforçada, mas também transformada ou adaptada. Os segredos da Providência estão, com efeito, relacionados aos segredos do poder, estes *arcana imperii* aos quais estão atrelados os nomes de Maquiavel e de Tácito. Essa defesa da acomodação está,

---

[423] Bossuet, Jacques-Bénigne. *Discours sur l'histoire universelle*, p. 352.

[424] Bossuet, Jacques-Bénigne. *Discours sur l'histoire universelle*, Prefácio, p. 40.

[425] Bossuet, Jacques-Bénigne. *Discours sur l'histoire universelle*, p. 428.

portanto, alinhada com o momento das monarquias absolutas, ao mesmo tempo que se encontra minada pelos discursos e pelas ações daqueles que pregam a favor de acomodamentos.

De fato, alguns anos antes do *Discurso* de Bossuet, uma personagem de Molière entoava outra canção. Tartufo, o devoto hipócrita, não fala, com efeito, de acomodação, mas, com sua voz afetada, de acomodamentos, quando declara a Elmira, a esposa de Orgon que ele secretamente deseja:

> *O céu proíbe, é verdade, certos contentamentos,*
> *Mas encontram-se com ele acomodamentos.*[426]

Basta que se comece a falar de acomodamentos para que a situação até então prevalecente inverta-se. Não é mais Deus que se adapta às fraquezas da natureza humana ou que age secretamente, mas os homens que se acreditam autorizados a adaptar os mandamentos divinos às suas próprias práticas. Tal inversão, que põe em questão toda a economia da acomodação, abre uma brecha adicional no regime cristão. E quanto mais o homem pretender estar no comando, mais a brecha se aprofundará, e mais se ampliarão o lugar e o papel do tempo *chronos*.

Evidentemente, Tartufo não está sozinho. Se lermos Blaise Pascal, encontraremos até mesmo clérigos na vanguarda dessa perigosa deriva. Os clérigos medievais também haviam estado na vanguarda, mas eles queriam reforçar e estender o regime cristão; agora, os casuístas jesuítas são, para Pascal, os coveiros da tradição da Igreja. De que ele os acusa? Primeiramente, e acima de tudo, de ter pervertido a *accommodatio* divina sob a forma de acomodamentos humanos, demasiado humanos. Esse é o próprio objeto de suas cartas *Provinciais* (1657). Por sua "conduta obsequiosa e acomodante", eles inverteram a acomodação, colocando a serviço de todos aqueles que "procuram o relaxamento" uma multidão de casuístas, eles mesmos "relaxados".[427] Ao contrário, para o Pai provincial, o suposto destinatário das cartas, sobre quem incide a ironia mordaz de Pascal, muito longe de serem excessivamente acomodantes, esses casuístas, que são

---

[426] Molière. *O Tartufo*. Ato IV, cena V. Traduzido por Jorge Coli. São Paulo: Ed. Unesp Digital, 2021. A versão definitiva foi encenada em 1669. Por acomodamentos, ele designa o laxismo (a "ciência de estender os laços de nossa consciência/ e de retificar o mal da ação/ com a pureza de nossa intenção").

[427] Pascal, Blaise. *Les Provinciales*. Paris: Armand Colin, 1962, p. 77.

simplesmente "novos", estão de acordo com a moral de seu tempo, assim como estavam os Pais [da Igreja] com a de sua própria época.[428] *Chronos* deixou sua marca.

Hoje, com efeito, os homens estão tão corrompidos "que não podendo fazê-los vir ao nosso encontro, é preciso irmos ao seu encontro. De outro modo, eles nos deixariam; fariam pior, abandonar-se-iam inteiramente a si mesmos". Nessas condições, "o desígnio capital que nossa Sociedade adotou para o bem da religião consiste em não repelir ninguém, para não desesperar o mundo".[429] Assim apresentada, a casuística é uma moral do "salve-se quem puder", donde a imperativa necessidade de ter toda espécie de máximas para toda espécie de pessoas e de situações. Destarte, na impossibilidade de poder impedir uma ação, pode-se, pelo menos, "purificar" a sua intenção e corrigir "o vício do meio pela pureza do fim".[430] Pascal leva novamente o bom Pai para o terreno da confissão, a qual foi preciso, ele diz, "suavizar" para torná-la mais fácil, e de nada serviria a suavizar, se não se fizesse o mesmo com a penitência.[431] Exasperado com todos esses "artifícios de devoção bem acomodantes" e com os "desvarios" dos novos casuístas, o autor decide não ir adiante e abandona o Provincial à sua cegueira.

Ainda que Pascal exagere a fim de alimentar a polêmica, *As Provinciais* marcam um ponto de inflexão. Elas são um grito e a expressão de uma grave inquietação. O século está em vias de prevalecer sobre a tradição, da qual o leitor assíduo e discípulo de Agostinho que é Pascal se faz defensor. A acomodação, registrada, transmitida, interpretada pelos Pais, pelos concílios e pelos papas é, por assim dizer, devorada por *Chronos* que a regurgita sob a forma de acomodamentos, devendo eles mesmos ser continuamente adaptados. Nessa inversão da *accommodatio* em acomodamentos, apresentada pelo Provincial como uma concessão inexorável, pode-se também ver uma deformação ou uma perversão da *reformatio*. Estamos, com efeito, nos antípodas da *reformatio*, que tinha por ideal a vida monástica e que exortava à elevação a uma vida mais conforme o Evangelho. Com a casuística jesuíta, ocorre rigorosamente

---

[428] Pascal, Blaise. *Les Provinciales*, p. 87.
[429] Pascal, Blaise. *Les Provinciales*, p. 95.
[430] Pascal, Blaise. *Les Provinciales*, p. 107.
[431] Pascal, Blaise. *Les Provinciales*, p. 156.

o movimento inverso. Não se trata mais de uma elevação à perfeição, mas somente de um rebaixamento interminável na direção de fiéis que o são cada vez menos. Deste modo, dois dos operadores temporais por meio dos quais o regime cristão de historicidade assegurou seu domínio sobre o tempo *chronos* estão sendo deturpados, e justamente por aqueles que pretendem ser (hipocritamente, segundo Pascal e Molière) os seus mais ardentes defensores.

Carrasco dos acomodamentos e advogado da tradição, Pascal também é um defensor convicto do presentismo cristão. "Vagamos por tempos que não são nossos", ele escreve, "e nunca pensamos no único que nos pertence". "Nunca nos atemos ao tempo presente": "o presente nunca é o nosso fim"; tanto é que "nós nunca vivemos, mas esperamos viver".[432] Essas considerações sobre a nossa relação falseada com o tempo pertencem ao famoso fragmento sobre o Divertimento. De nossa incapacidade de nos atermos ao presente do *Kairós* decorre, com efeito, que nós nos abandonamos ao tempo *chronos* do divertimento e recorremos à doutrina dos acomodamentos e às suas facilidades.

A cronologia bíblica emendada

No quadro das estratégias elaboradas para enfrentar *Chronos*, os cronógrafos cristãos, de Júlio Africano a Beda, desempenharam, como vimos no Capítulo 2, um papel discreto, porém capital. Mostrando por meio de seus cálculos que o mundo era, na realidade, mais jovem do que se havia inicialmente pensado, eles adiavam o seu fim na mesma medida. Demonstrando que o fim não estava na ordem do dia, eles reforçavam ainda mais a palavra do Evangelho, afirmando que o dia e a hora pertenciam ao Pai e apenas a ele, e, sobretudo, apresentavam argumentos para recusar todas as iniciativas milenaristas, sem abdicar da escatologia.[433] Em contrapartida, a data exata da Criação não era de modo algum um problema, pois somente variava, segundo as maneiras de contar (seja a partir dos Setenta, seja a partir da Bíblia hebraica), o número de anos decorridos entre a Criação e a Encarnação, isto é, a idade do mundo.

---

[432] Pascal, Blaise. *Pensées et Opuscules*. Introduction, notices et notes de Léon Brunschvicg. Paris: Hachette, 1945, 172.

[433] Ver p. 101-102.

A duração do tempo *chronos* na direção do início tornou-se, por outro lado, um objeto de debates e de conflitos cada vez mais intensos, entre os séculos XVI e XVII, quando rapidamente estenderam-se os horizontes espacial e temporal. Não era mais preciso encaixar no quadro bíblico somente os antigos egípcios ou os mesopotâmios, mas também povos ainda presentes, como os mexicanos ou, sobretudo, os chineses. Esse foi um desafio fundamental da Cronologia, ciência cujo grande mestre foi José Escalígero. Porém, como era de se esperar, a questão também gerou mobilização no seio da própria Igreja, onde ela assumiu a seguinte forma: como conciliar a cronologia bíblica e a possibilidade, ou mesmo a necessidade, de um tempo de antes, mais antigo? Um tempo antes do tempo? Hoje absolutamente esquecida, a resposta elaborada por Isaac La Peyrère merece reter nossa atenção justamente porque ele pensava ter encontrado um meio de satisfazer essa dupla exigência, e isso a partir dos próprios textos canônicos. Segundo o autor, a boa resposta consistia em admitir a existência de uma humanidade anterior a Adão. A acusação de heresia foi imediata. Ele mal teve tempo de publicar o resultado de suas cogitações, que, aliás, já haviam começado a circular.

Isaac La Peyrère (1596-1676)

Praticamente desconhecido hoje, La Peyrère foi considerado, em sua época, um grande herético, ainda pior do que Espinosa (que foi, aliás, um de seus leitores). Por conseguinte, ele foi refutado, combatido, aprisionado, obrigado a abjurar e reduzido ao silêncio pela Igreja Católica.[434] Seu crime mais grave, e do qual decorrem os outros, foi ter sustentado que Adão não era o primeiro homem e que teriam existido, portanto, pré-adamitas. O livro em que ele expõe sua tese foi publicado anonimamente na Holanda, em 1655, e desde então foi alvo de ataques prolongados. Como secretário e protegido do príncipe de Condé, La Peyrère frequentara os principais sábios e filósofos da época, viajara, visitara a Europa do Norte e tivera até mesmo a ocasião de ler passagens de seu livro ainda não publicado à jovem rainha Cristina da Suécia. Ele não era, portanto, nem desconhecido nem inteiramente desprezado. Isso não é tudo. La Peyrère tinha ainda a

---

[434] Popkin, Richard H. *Isaac La Peyrère (1596-1676). His Life, Work and Influence.* Brill: Leiden, 1987.

seu favor, ou melhor, contra ele, o fato de ser um milenarista convicto, mas de um tipo diferente de Vieira. O Messias que ele via chegar era o Messias dos judeus. Iria abrir-se uma nova idade, na qual reinaria esse Messias (com o rei da França), desde a Jerusalém reconstruída. Então, todos, judeus, cristãos, pré e pós-adamitas, seriam salvos.[435]

Examinaremos aqui somente a tese dos pré-adamitas, mas é importante notar que ela se inseria nesse horizonte apocalíptico. A teologia de La Peyrère formava um sistema completo do início ao fim dos tempos e permanecia no interior do regime cristão de historicidade. Mas provar que haviam existido humanos antes de Adão tinha a imensa vantagem de transpor a barreira dos seis mil anos sem a suprimir. Tornava-se assim possível e até mesmo fácil atender às reivindicações dos autores antigos em favor da antiguidade dos egípcios ou dos caldeus, e também levar em conta as observações dos viajantes modernos sobre a antiguidade dos chineses ou dos mexicanos. Porém, era preciso lograr fazê-lo do interior da tradição bíblica, sem contradizê-la frontalmente ou recusá-la de imediato.

La Peyrère acreditou ter encontrado a solução. Para ele, a Bíblia é uma história judaica. Ele fala somente dos judeus. Adão e Eva não são nada mais do que os primeiros judeus, e o Dilúvio é somente um acontecimento local, que interveio na Palestina e levou judeus pecadores à morte. Aliás, muitos outros povos também possuem histórias de dilúvios. Todavia, alguns imediatamente objetarão, como pode ele saber disso, se o *Gênesis* nunca sugere que tenham podido existir homens antes de Adão? Sua resposta: essa é a prova de que Moisés conta apenas a história dos judeus.[436] Para que esse argumento pelo silêncio não passe simplesmente por especioso, ele necessitava

---

[435] Popkin, Richard H. *Isaac La Peyrère (1596-1676). His Life, Work and Influence*, p. 3. Popkin qualifica de "teologia marrana" a teologia de La Peyrère. Nathan Wachtel (Théologies marranes. Une configuration millénariste. *Annales HSS*, n. 1, p. 69-100, 2007), comparando uma série de casos, dentre os quais os de La Peyrère e de Vieira, identifica neles uma "constelação de teologias marranas". Encontra-se em seus milenarismos uma inspiração joaquinista.

[436] De fato, quando examinamos de perto, fica claro que Moisés não é o autor do Pentateuco, sustenta La Peyrère. Este suplemento de heresia influenciará Espinosa e Richard Simon. Este último, que mantinha relações amistosas com La Peyrère, não o considerava, entretanto, um verdadeiro sábio. Ele recusou os pré-adamitas e a aproximação iminente do messias judeu, mas levou a sério o exame crítico do texto bíblico. Popkin, Richard H. *Isaac La Peyrère (1596-1676). His Life, Work and Influence*, p. 87.

de uma prova positiva. Onde ele a encontra? Em uma autoridade do mais alto patamar: Paulo, e, mais precisamente, em três versículos da *Epístola aos Romanos*. Está claro, explica La Peyrère, que a Lei não foi instaurada com Moisés, mas já com Adão. O pecado existia, portanto, antes de Adão, mas foi com a Lei – e, portanto, com Adão – que o pecado ganhou uma conotação moral. Em contrapartida, se a Lei só começou com Moisés, não fica claro como o pecado poderia ter começado com Adão.[437] Antes da Lei e, portanto, antes de Adão, existia um mundo sem Lei, com pagãos que tinham surgido por ocasião de uma primeira criação. Então, Deus determinou, em certo momento, uma segunda criação, a relatada na Bíblia, em favor do povo que ele escolhera e que acabou por abandonar – mas não para sempre, pois se aproximam "a redenção dos judeus" e o advento de seu Messias.[438] Decorre dessa interpretação que havia homens antes de Adão, que entre a criação e Adão pode ter decorrido um tempo indefinido, e até mesmo que o mundo pode perfeitamente ser eterno. Apenas a história dos judeus possui um início e um fim fixados pelo plano divino.

Graças a esse trecho de exegese (que também pode ser considerado um artifício um tanto rústico), La Peyrère acreditava servir à causa da religião, e não a abalar. No entanto, ninguém lhe reservou uma boa acolhida: nem os rabinos, nem os pastores, nem os sacerdotes. E a Igreja Católica encarregou-se de fazê-lo abjurar e de impedi-lo de difundir suas heresias. No fim, ficou acertado, em 1657, que se ele viesse a Roma, declarasse seu arrependimento perante o Papa e se tornasse católico (ele era oficialmente calvinista), isso poria fim à história. Relata-se que a audiência foi um tanto jocosa: o Papa e o general dos jesuítas que tinham, ao que parece, rido muito ao ler os *pré-adamitas*, o receberam, dizendo: "Abracemos então este homem de antes de Adão!".[439]

Denunciado como multi-herético, La Peyrère seguramente não queria arruinar o regime cristão de historicidade, ainda que seu milenarismo

---

[437] *Epístola aos Romanos* 5, 12-14, onde Paulo declara apenas que o pecado entrou no mundo por meio de um único homem, e por meio do pecado veio a morte: "Pois até à Lei havia pecado no mundo; o pecado, porém, não é levado em conta quando não existe lei. Todavia, a morte imperou desde Adão até Moisés, mesmo sobre aqueles que não pecaram de modo semelhante à transgressão de Adão, que é figura daquele que devia vir".

[438] La Peyrère, Isaac. *Du rappel des juifs*. Paris: [s.n.], 1643.

[439] Popkin, Richard H. *Isaac La Peyrère (1596-1676). His Life, Work and Influence*, p. 14.

judaico e sua teologia marrana o afetassem, operando um desvio da Parusia em proveito de um redentor de sua estirpe. Em contrapartida, remontando ao passado, e derrubando a barreira intransponível do ano da criação, ele abria ao tempo *chronos* um espaço considerável, senão indefinido, onde todas as cronologias do mundo, tanto aquelas de há muito conhecidas como as recentemente reconhecidas, conseguiam facilmente se encaixar. Não há mais necessidade de escarnecer os cálculos de uns ou de outros, pretendendo que seus anos não são verdadeiros anos. Do próprio interior da tradição cristã, o quadro dos seis mil anos se encontra relativizado (pois ele vale apenas para o mundo local da Bíblia). Se Isaac La Peyrère teve de pagar com severidade o preço de suas heresias, ele não foi, a despeito disso, completamente levado a sério. A anedota de sua audiência com o Papa Alexandre VII o sugeriria. Semelhantemente, seu contemporâneo, Antônio Vieira, foi subtraído à Inquisição pelo Papa, a despeito de sua crença milenarista no Quinto Império prometido a Portugal. Mas, quer se trate de crítica bíblica ou de poligenismo da espécie humana, as ideias lançadas por La Peyrère resistiram mais do que as de Vieira. No segundo número da *Anthropological Review* (1864), um artigo assinado por Philalethes (Filaletes, isto é, o amigo da verdade) elogiou La Peyrère que, "estando dois séculos à frente de seu tempo", foi, é claro, perseguido. Por "ter ousado sair do círculo mágico que a exegese teológica erguera em torno de todas as ciências", ele foi prontamente punido.[440] Esse círculo mágico é aquele traçado por *Kairós* e *Krisis*.

José Escalígero (1540-1609): Eusébio emendado e completado

Meio século mais cedo, um sábio, este aqui verdadeiro, José Escalígero, dedica sua vida ao problema dos tempos do início, mas ele o faz por um caminho inteiramente diferente, voltando às *Tábuas* de Eusébio de Cesareia. Graças à extensão de seus conhecimentos em matéria de calendário, ao seu domínio dos métodos da filologia e da astronomia, ele leva a Cronologia ao mais alto patamar e o mais longe possível. Para ele, ela não se reduz nem a uma ajuda para ler a Bíblia e os historiado-

---

[440] Philalethes. Peyrerius, and Textual Criticism. *Anthropological Review*, v. 2, n. 5, p. 109-110, May 1864. Citado também por: Popkin, Richard H. *Isaac La Peyrère (1596-1676). His Life, Work and Influence*, p. 161.

res antigos, nem a uma tabela de correção dos erros cometidos por seus predecessores. Ela tem a vocação de se tornar uma disciplina à parte. De fato, combinando todas as fontes disponíveis, Escalígero tem a ambição de fazer dela a verdadeira ciência dos tempos, isto é, de todos os tempos e para todos os lugares. Um instrumento universal de apreensão ordenada do mundo, tanto do passado quanto do futuro.

Sem examinar o seu imenso trabalho, sábia e excelentemente reconstituído por Anthony Grafton, deter-me-ei apenas em uma inovação que afeta diretamente a questão dos tempos bíblicos.[441] Por mais indispensável que seja o estudo de todos os calendários disponíveis, isso ainda não é suficiente. Escalígero necessita, com efeito, de um tempo-padrão, no qual todas as datas passadas, presentes e futuras possam encontrar seu lugar. Eusébio inventara as décadas de Abraão (que eram uma primeira maneira de cronologizar o tempo bíblico). Doravante, será preciso um instrumento que não esteja mais ligado a uma cronologia precisa e que permita o estabelecimento de uma cronologia absoluta (*chronicon absolutissimum*). Partindo do ano juliano (o do calendário introduzido por Júlio César), Escalígero cria um ciclo que ele denomina "Período Juliano". Esse período é o produto do ciclo solar de 28 anos e do ciclo lunar de 19 anos (isto é, os 532 anos do ciclo pascal de Dionísio, o Exíguo), que ele multiplica pelo ciclo da indicção, que era de 15 anos.[442] Ele chega ao número de 7.980 anos para o Período Juliano. No interior do ciclo, cada ano recebe então um lugar preciso, um "caractere" (em razão de sua posição em cada um dos três ciclos). O Período Juliano é, assim, um poderoso instrumento de ordenação das diversas cronologias existentes. Ele não depende da cronologia bíblica nem é limitado por ela, e, de resto, Escalígero, como bom cristão, não a contesta. Mas ele se situa em outro terreno. Embora tenha passado muito tempo tentando reconstituir as *Tábuas* de Eusébio, ele vai muito mais longe do que ele: toda data, mesmo ainda não advinda, encontra um lugar, e todas as datas podem ser relacionadas umas às outras e comparadas. O importante é naturalmente essa dupla abertura.

---

[441] Grafton, Anthony. Joseph Scaliger and Historical Chronology: the Rise and Fall of a Discipline. *History and Theory*, v. 14, n. 2, p. 156-185, 1975 – primeiro estudo, seguido dos dois volumes seguintes: Grafton, Anthony. *Joseph Scaliger. A Study in the History of Classical Scholarship*. Oxford: Clarendon Press. v. I, 1983; v. II, 1993.

[442] Ver p. 124-127.

Conhecendo o "caractere" do ano do nascimento de Cristo, ele procura o ano no ciclo juliano que possui esse caractere: o ano 4713. Disso decorre que o Período Juliano deve iniciar-se em 4713 a.C. Isso abre, portanto, margens tanto antes quanto depois de Jesus Cristo (mais de três mil anos ainda). Essa vasta faixa temporal deve permitir encaixar tudo o que se produziu em todos os lugares e o que ainda está por vir (por volta do ano 1600, ainda permanecem disponíveis 1.700 anos do ciclo). Observemos, entretanto, que esse tempo hipotético, cientificamente fabricado e pretensamente absoluto, não deixa de recorrer à Natividade para fixar seu ponto de origem. Intelectualmente, o Período Juliano representava uma tentativa original e engenhosa de elaborar uma cronologia universal. Houve, ao menos, um bispo anglicano que a levou muito a sério. James Ussher ficou famoso por ter conseguido determinar, graças a ela e com uma precisão completa, o ano, o dia e até mesmo a hora da Criação:

"In the beginning God created Heaven and Earth which happened at the beginning of time (according to our chronology) in the first part of the night which preceded the 23rd of October in the year of the Julian period 710".[443] [No início, Deus criou o Céu e a Terra, o que aconteceu no início do tempo (segundo a nossa cronologia), na primeira parte da noite que precedeu o dia 23 de outubro do ano 710 do Período Juliano.]

Uma precisão absoluta! Escalígero confrontou-se, apesar de tudo, a uma dificuldade que nem sequer o Período Juliano conseguia resolver. Essa dificuldade tem um nome: o sacerdote egípcio Manetão e sua lista das dinastias egípcias. Se a questão da antiguidade dos egípcios não era nova, e vimos como os primeiros cronógrafos cristãos livravam-se dela, Escalígero, como filólogo sério, não pode fazer o mesmo – sobretudo porque ele considera ter sólidas razões para aceitar o testemunho do sacerdote egípcio (século III a.C.). Ora, as dinastias de Manetão ultrapassam em muito a data da Criação (3949 a.C.) e mesmo os limites do Período Juliano (4713 a.C.). Se, como cristão que é, ele não pode acreditar que qualquer coisa tenha podido se produzir antes da data da Criação, ele tem, como cronógrafo íntegro, razões para aceitar o testemunho de Manetão. Por isso, desejoso de publicar, em seu novo livro *Thesaurus temporum* (1606), a lista

---

[443] Em inglês no original. Ussher, James. *Annales Veteris Testamenti a prima mundi origine deducti*. Londrini: J. Flesher, 1650.

de Manetão, ele resolveu o problema concebendo um primeiro Período Juliano com a mesma duração do segundo. Ele o denominou "proléptico", pois vem antes e antecipa o seguinte. Por meio dessa criação matemática, ele abre todo o espaço necessário às dinastias egípcias e, se preciso, a outras. Cronologicamente satisfatório, o procedimento o era menos do ponto de vista histórico. Afinal, que "história" poderia haver em um tempo anterior à Criação? Empregar a categoria "mítico" não resolve nada. E falar em acontecimentos produzidos quando o tempo não existia remete, ele diz, a esta figura que os gregos chamam de oxímoro.[444] Em resumo, ele está bem consciente de que seu tempo proléptico mais causa do que resolve problemas, sobretudo porque tal artifício não podia deixar de contestar a autoridade da Bíblia. Nunca, escreve Grafton, ele atacou abertamente a Bíblia, mas ele tampouco declarou explicitamente que não a atacava.[445] Posteriormente, vários defensores da cronologia bíblica criticaram vigorosamente suas posições. Porém, com Manetão, a questão da antiguidade dos egípcios voltara ao primeiro plano e, simultaneamente, a da duração do tempo *chronos* antes de Moisés, antes de Abraão ou até mesmo antes da data da Criação adquiria maior importância.

Dionísio Petávio (1583-1652)

Jesuíta, ele também muito erudito, o padre Dionísio Petávio é agraciado por Chateaubriand com o título de "oráculo da cronologia".[446] Trata-se de outro jesuíta, mas muito diferente tanto de Vieira, o apocalíptico, quanto do provincial de Pascal, defensor dos acomodamentos com o século. Embora afirme-se como crítico vigoroso de Escalígero, Petávio também procura, assim como ele, ordenar e fundamentar a cronologia como uma disciplina à parte, distinta da história. Em suas duas obras dotadas de títulos expressivos, *Opus de doctrina temporum* e *Rationarium temporum*, ele estabelece que há, de um lado, uma "doutrina" dos tempos

---

[444] Grafton, Anthony. Joseph Scaliger and Historical Chronology: the Rise and Fall of a Discipline, p. 173.

[445] Grafton, Anthony. Joseph Scaliger and Historical Chronology: the Rise and Fall of a Discipline, p. 173.

[446] Chateaubriand, René. *Œuvres complètes. Études historiques*. Paris: Ladvocat, 1831. Preface, p. XX.

e, de outro, um uso ponderado e prático da cronologia.[447] Três princípios devem guiar o trabalho do cronólogo. Para ser verdadeira, uma data deve ser estabelecida pelo recurso à autoridade, à demonstração e à hipótese. Por autoridade, deve-se entender a análise das fontes; por demonstração, o recurso às provas irrefutáveis trazidas pela astronomia; e por hipótese, uma data que, por convenção, pode servir de referência a todas as outras.[448]

Assim como Escalígero, Petávio tem imperativamente necessidade de um tempo absoluto, mas, não podendo nem querendo cair nos impasses ou nos artifícios dos períodos julianos, ele opta decididamente pela data de nascimento de Cristo. Aí está algo pouco original, alguns observarão! Só que ele separa a data do próprio acontecimento, para tratá-la como uma data fixada por "convenção" e à qual todas as demais podem ser facilmente relacionadas. Assim como os gregos contavam a partir da primeira olimpíada, ou outros a partir da Criação do mundo, os cristãos contam a partir da Encarnação. Os cristãos têm, portanto, o seu tempo, e os outros os deles. Ninguém parece sair do tempo relativo. Mas Petávio dedica-se a superar esse primeiro nível, absolutizando a data de nascimento de Jesus.

Para levar a bom termo semelhante operação, há uma condição prévia, que é poder contar *da mesma maneira* para frente (em anos d.C.) quanto para trás (em anos a.C.). Logo, salienta Petávio, concorda-se em fazer do ano da Natividade o "pivô" (*cardo*) dos tempos: ele é "o centro da história e da cronologia", de onde – a imagem que ele utiliza é expressiva – partem "os anos em números variados", que são "como linhas que se propagam em espaços infinitos, tanto na direção do passado quanto na do porvir", antes de "voltarem a este centro único no qual elas se conjugam".[449] Para fundamentar seu tempo absoluto, Escalígero tinha ainda necessidade de um ponto de origem que fosse equivalente à data da Criação e a substituísse – Petávio, teólogo católico e homem de ciência, pode abster-se disso. Pois, pela mesma operação, ele absolutiza o *Kairós* crístico e o

---

[447] Sobre Dionísio Petávio, ver: Wilcox, Donald J. *The Measure of Times Past, Pre-Newtonian Chronologies and the Rhetoric of Relative Time*, p. 203-208.

[448] "Que eu esteja escrevendo em 1627", observa Petávio, "é verdade não por demonstração, mas por convenção, não podendo ser refutado. Deve-se aceitá-lo por hipótese" (Wilcox, Donald J. *The Measure of Times Past, Pre-Newtonian Chronologies and the Rhetoric of Relative Time*, p. 207).

[449] Klempt, Adalbert. *Die Säkularisierung der Universalhistorischen Auffassung. Zum Wandel des Geschichtsdenkens in 16. und 17. Jahrhundert*. Göttingen: Musterschmidt, 1960, p. 86.

cronologiza, tratando-o como uma "hipótese", isto é, uma convenção. A partir de então, a Encarnação torna-se um objeto, seguramente não qualquer um, mas um objeto assim mesmo, pertencendo também de pleno direito à cronologia. Situa-se aqui a possibilidade de que essa data cardeal torne-se um dia uma data simplesmente usual, aquilo a que se convirá chamar pudicamente a era comum.

Enfim, esta dupla abertura para o passado e para o futuro, potencialmente ilimitada, ao menos para quem raciocina somente como cronólogo, poderá convir (pelo menos, por um tempo) a uma idade que se satisfará cada vez menos com o limite dos seis mil anos, ao qual a Igreja não estava então de modo algum preparada para renunciar. Mas reconhecer Cristo como o "pivô" (*cardo*) do tempo, tanto para frente quanto para trás, deslocava a questão. Era, em suma, a conclusão do longo trabalho iniciado com os primeiros cronógrafos cristãos que rejuvenesciam o mundo, avançando a data do nascimento de Cristo. Ao mesmo tempo, a data da Criação passava para o segundo plano, enquanto se alongava o tempo que restava até o Apocalipse. Com a operação conduzida por Petávio, o tempo *chronos*, tornando-se completamente cristocêntrico, encontra ou reencontra um certo espaço. Esse é o paradoxo. De fato, graças a essa abertura possível, tanto na direção do passado quanto na do futuro, ele não se encontra mais tão estreitamente enquadrado pela cronologia bíblica, ainda que ela não seja de modo algum recusada. Porém, encontra-se doravante estabelecido e inscrito nas tábuas do tempo que o *Kairós* crístico se propaga pela totalidade do tempo – até o fim dos tempos.

Duas sentinelas: Bossuet e Newton

Enquanto abrem-se falhas que, de diversas maneiras, fragilizam, ou mesmo minam, o regime cristão de historicidade, vale a pena terminar este capítulo com dois personagens da maior importância que são aparentemente opostos em tudo: o primeiro é um prelado da Igreja Católica, o segundo um antipapista convicto, mas ambos se juntam na defesa do tempo cristão. O primeiro é Bossuet, o segundo é Newton. Em nome de que se permitiria tal associação, que beira a blasfêmia? De um lado, tem-se o maior sábio de seu tempo, senão um dos maiores de todos os tempos; do outro, um bispo, por certo famoso, de rara eloquência, incansável defensor do catolicismo e do galicanismo, envolvido em numerosas controvérsias, em particular contra os protestantes. Tudo opõe, portanto, o protestante Newton (para quem Roma é o Anticristo) ao prelado Bossuet, exceto que ambos defenderam o regime cristão de historicidade. Eles são como duas sentinelas que estão de guarda, enquanto os ataques tomam forma. Isso é normal para o bispo de Meaux, mas mais surpreendente para Newton. Com efeito, tenderíamos a pensar que ele se dedicou sobretudo ao tempo sem início nem fim da gravitação universal, mas ele nunca deixou, ao longo de toda a sua vida, de conduzir pesquisas sobre as antigas cronologias e até mesmo redigiu *Observações sobre as profecias*, nas quais defende a veracidade da cronologia bíblica.

Bossuet abria espaço para a história, mas sujeitando-a a uma Providência confinada em seus mistérios, relançando assim o operador da acomodação divina. Nessas condições, ele não podia deixar de apresentar, por sua vez, uma explicação dos "mistérios divinos" contidos no *Apocalipse*, pois este era e permanecia incontornável.[450] Previsivelmente, ele se volta para a história. "Quem não vê então que é muito possível encontrar um sentido muito coerente e muito literal do *Apocalipse* perfeitamente realizado no saque de Roma sob Alarico", mas "sem prejuízo de qualquer outro sentido que, segundo entendimento, deverá realizar-se no fim dos séculos?."[451] Historicizar dessa maneira o livro de João oferece, ademais, a grande vantagem de recusar todas as interpretações protestantes que designavam a Roma papal como a sede do Anticristo. A Babilônia de João – isto é, Roma – é uma cidade "puramente profana" e "é o Império romano que ele teve constantemente em vista". Não se encontra, portanto, em sua obra "a menor marca de uma Igreja corrompida".[452]

É diferente o contexto no caso de Isaac Newton (1642-1727), pois o tempo ao qual ele dedicou a parte mais conhecida de sua reflexão era o da mecânica. Com efeito, ele apresentou, em seus *Principia* (1687), uma definição do tempo segundo a qual, decorrendo-se uniformemente, o tempo é universal e absoluto. Há, de um lado, "o tempo relativo, aparente e comum" e, de outro, "o tempo absoluto, verdadeiro e matemático que,

---

[450] Armogathe, Jean-Robert. *L'Antéchrist à l'âge classique, Exégèse et politique*. Paris: Fayard, 2005, p. 149-150.

[451] Bossuet, Jacques-Bénigne. L'Apocalypse avec une explication. *In: Œuvres complètes*. Besançon: Outhenin-Chalandée, 1840. v. II, p. 12.

[452] Bossuet, Jacques-Bénigne. L'Apocalypse avec une explication, p. 9-10.

em si próprio e de sua natureza, flui uniformemente sem relação com o exterior e se chama duração".[453] Para Condorcet, "Newton fez mais, talvez, pelos progressos da mente humana do que descobrir essa lei geral da natureza: ele ensinou os homens a admitir na física somente teorias precisas e calculadas, que explicassem não somente a existência de um fenômeno, mas sua quantidade, sua extensão".[454] Como escreve Étienne Klein, "o movimento dos corpos no espaço é descrito pela indicação de suas posições em instantes sucessivos. Nos cálculos de trajetórias, o tempo aparece como um parâmetro externo da dinâmica, sobre o qual Newton postulou que ele decorre do passado para o futuro, conforme um curso invariável [...] O tempo de Newton é escrupulosamente neutro. Ele não cria e tampouco destrói. Ele se limita a marcar a medida e balizar as trajetórias. Ele decorre de modo idêntico a si mesmo, imperturbavelmente. Ele permanece fora da história. É um tempo indiferente, sem qualidade, sem acidente, que torna equivalentes entre si todos os instantes".[455] Esse tempo é, portanto, absoluto.

Quando ele faz física, Newton não se pronuncia sobre o começo. Ele procura apenas identificar as leis do movimento dos corpos celestes, tal como ele é. Mesmo assim, somos levados a nos perguntar como tal tempo pode articular-se ao tempo e ao regime cristãos? Resposta: ele não se articula, mas, para Newton, os dois coexistem muito bem. Poder-se-ia acreditar então que ele se dedicou apenas a ordenar os fenômenos celestes, introduzindo este fator tempo que "marca a medida", e que, de resto, ele não cuidou do tempo banal da história. Ora, é exatamente o contrário.

Em seu *Isaac Newton Historian*, Frank Manuel compõe o seguinte retrato: "Um inglês protestante e devoto escrevendo uma história do mundo por volta de 1700 podia combinar uma absoluta aceitação de cada fato relatado na Bíblia, uma historicização evemerista dos mitos pagãos

---

[453] Newton, Isaac. *Principes mathématiques de la philosophie naturelle*. Traduction par le marquise du Châtelet. Paris: Dunod, 2005. Définition VIII, Scholie 1, p. 7; Koyre, Alexandre. *Du monde clos à l'univers infini*. Paris: PUF, 1962, p. 155-156.

[454] Condorcet, Nicolas de. *Esquisse d'un tableau historique des progrès de l'esprit humain*. Introduction, chronologie et bibliographie par Alain Pons. Paris: GF Flammarion, 1988, p. 240.

[455] Klein, Étienne. Le temps de la physique. *Bulletin interactif du centre International de recherches et études transdisciplinaires*, n. 12, février 1998. Disponível em: http://cirettransdisciplinarity.org/bulletin/b12c5.php#n7. Acesso em: 15 fev. 2025.

e uma leitura literal dos historiadores gregos e romanos posteriores em uma grande tabela de concordância. Tivesse a formação exigida, ele poderia até mesmo tentar acrescentar um quarto componente, a nova ciência físico-astronômica".[456] Esse retrato corresponde, é claro, traço por traço a Newton. De fato, ele se dedicou, ao longo de toda a sua vida, à cronologia, e com seriedade, pois preencheu milhares de páginas sobre a questão e finalmente foi publicada, um ano após sua morte, sua *Cronologia dos antigos reinos amendada*. Por quê? Porque ele considerava que, a despeito dos trabalhos conduzidos por grandes cronógrafos, como Escalígero ou Petávio, restava ainda muito por fazer, muitos erros ainda deviam ser corrigidos. Também nesse terreno, era preciso pôr ordem, e ele considerava que a astronomia – que ninguém podia acusá-lo de não dominar – devia desempenhar um papel decisivo, pois ela operava tanto na direção do futuro, por sua capacidade de previsão, quando na direção do passado, por sua capacidade de verificação de fenômenos que haviam ocorrido. Mas o desafio não era, é claro, somente corrigir datas; tratava-se primeiramente de provar a veracidade da revelação bíblica, a começar pela anterioridade dos hebreus. O Newton cronógrafo se inscreve, com efeito, na longa coorte dos cronógrafos cristãos de Eusébio a Escalígero, sem omitir o poderoso esquema das duas cidades de Agostinho. Se o tempo da física é tempo *chronos* puro, o da cronologia, tal qual Newton a pratica, combina *chronos* e *kairós*, sendo o primeiro colocado a serviço do segundo.

Ele trabalha como os demais cronógrafos e dispõe das mesmas fontes que eles – a Bíblia, os autores antigos e as observações astronômicas –, que são todas portadoras de verdade. Mas ele pretende ser ainda mais rigoroso na crítica dos textos e sabe nitidamente mais do que seus predecessores em matéria de astronomia. Ele recorre, em particular, ao fenômeno (de há muito observado) da precessão dos equinócios para chegar a datações precisas. Pode, assim, demonstrar que a primeira empresa grega importante, a dos argonautas (à qual ele dedicou trinta ou quarenta anos de sua vida!), é posterior ao reinado de Salomão em quase meio século.[457] Se não duvida nem por um instante da realidade da viagem dos argonautas, ele está convencido da primazia do reino de Salomão sobre todos os demais

---

[456] Manuel, Frank E. *Newton Historian*. Cambridge: Harvard University Press, 1963, p. 37.

[457] Manuel, Frank E. *Newton Historian*, p. 92.

em matéria de civilização. Isso não é tudo. Ele faz da data da viagem dos argonautas a chave de uma cronologia científica (ela lhe permite, em particular, datar com segurança a Guerra de Troia e, portanto, também a fundação de Roma). Em um fragmento de seus manuscritos, ele considerava que, de modo geral, "ele dera uma ideia da idade das trevas mais conforme ao curso da natureza e mais consoante as Escrituras, que são, de longe, os mais antigos arquivos que possuímos".[458] Sua cronologia é, em suma, o Antigo Testamento, Eusébio e alguns outros, mais a precessão dos equinócios. Mesmo a narrativa do *Gênesis* é verídica. Simplesmente, Moisés, que sabia alguma coisa em matéria de astronomia coperniciana, expressou-se de modo a ser compreendido pelas pessoas ordinárias. Se sua linguagem é figurada, ela não deixa de ser cientificamente verdadeira. Buffon dirá aproximadamente a mesma coisa.

Diferentemente do que acontece com Eusébio, todavia, o horizonte apocalíptico não apavora Newton, ao contrário, e ele não tem qualquer preocupação em rejuvenescer o mundo. Ele não deixa, aliás, de evocar, em numerosos fragmentos, "a vinda do reino pelo qual rezamos diariamente". Ele aguarda, ele espera o apocalipse. Em suas *Observações sobre as profecias*, também publicadas após sua morte, ele sustenta a veracidade histórica do *Livro de Daniel* e do *Apocalipse* de João.[459] É a mesma linha de Bossuet, mas com diferenças (pois aqui Roma é de fato a Cidade do Anticristo). O que é anunciado por João verificou-se, ponto por ponto. E Newton formara o projeto de demonstrá-lo em uma obra à parte. Assim, ele também retoma a estátua do sonho de Nabucodonosor e as quatro bestas saídas do mar. Os chifres da quarta não designam mais os reinos helenísticos, mas os visigodos, os hunos, os francos, etc. E, no que diz respeito ao décimo primeiro chifre, o último e o pior, Antíoco IV foi substituído pela Igreja romana: no mesmo lugar do Anticristo, segundo a identificação ordinária desde Lutero. Estamos em pleno regime cristão de historicidade, mas operado por um puritano particularmente zeloso.

Sobre as profecias, ele sustenta, portanto, uma posição absolutamente tradicional. "Assim como as profecias do Antigo Testamento", ele observa

---

[458] Manuel, Frank E. *Newton Historian*, p. 89.
[459] Sobre Newton na tradição apocalíptica protestante: Iliffe, Rob. *Priest of Nature, The Religious Worlds of Isaac Newton*. Oxford: Oxford University Press, 2017, p. 222-259.

em um fragmento, "permaneceram na obscuridade até a primeira vinda de Cristo, foram então interpretadas por Cristo e suas interpretações tornaram-se a religião cristã, as profecias dos dois Testamentos relativas à segunda vinda de Cristo podem permanecer na obscuridade até esta vinda", para então se esclarecerem e "se tornarem a religião do povo de Deus", até que "Cristo entregue o reino ao pai".[460] No fim, conclui com razão Frank Manuel, a *Cronologia amendada* de um lado e as *Observações sobre a profecia* de outro são, para Newton, duas abordagens complementares para escrever "uma história completa da humanidade, ao mesmo tempo sagrada e profana, desde a Criação", que seja a contraparte de uma história do mundo físico. A ordenação dos acontecimentos históricos mostra que há um quadro que os organiza, assim como há um sistema por trás do movimento dos planetas. Os dois mundos provêm do mesmo Criador, e competia a Newton aumentar o conhecimento de ambos.[461] Destarte, como Daniel profetizou de modo verídico a história dos reinos, a astronomia prediz os movimentos das esferas. Se Newton não se considerava um Daniel, ele talvez não estivesse tão longe disso.

Tal como determinado por Agostinho, o regime cristão nunca deixou de adaptar-se e de perdurar, de adaptar-se para manter ou mesmo estender seu domínio sobre o tempo. Pela acomodação, cujo mecanismo ele mesmo expusera, o autor d'*A cidade de Deus* abrira, aliás, espaço para esta ação contínua de Deus na história. Por meio dela, podia ser reconhecida uma variedade dos tempos e o novo podia encontrar sua razão de ser. Por meio dela também, o tempo *chronos* podia ter alguma relevância, sem que o tempo *kairós* perdesse seu domínio. A história universal de Bossuet representa o grandioso e derradeiro desenvolvimento dos avatares da *translatio* e da *accommodatio*. Como observamos, há, de um lado, o registro das "causas particulares", que é o da história, e, de outro, o dos "segredos da Providência", que corresponde ao domínio reservado de Deus. Aqui, a acomodação tende a assumir a forma de uma astúcia de Deus que, salvo alguma exceção, não intervém ele próprio de maneira direta. Chega-se quase a uma acomodação negativa. Com efeito, se os soberanos acreditam servir aos seus próprios interesses, muito frequentemente eles, ao contrário, os arruínam, fazendo avançar *in fine* os desígnios de Deus. Bossuet

---

[460] Manuel, Frank E. *Newton Historian*, p. 160.
[461] Manuel, Frank E. *Newton Historian*, p. 164-165.

também tem a prudência de não se aventurar além de Carlos Magno, que marca o fim da história antiga. A sequência de sua história, embora anunciada, não virá.

Muito rapidamente, porém, o *Discurso* de Bossuet, que se pretende fiel à cronologia de Eusébio de Cesareia e ao espírito da recapitulação agostiniana, vai atrair todas as críticas, a começar pelas de Voltaire que, no *Ensaio sobre os costumes* (1756), pretende fazer o oposto dele. Bossuet é de imediato qualificado de "eloquente escritor", o que não é propriamente um elogio. Acima de tudo, sua história não é, em nenhum aspecto, universal: centrando-se no destino do povo hebreu, ela "esquece inteiramente os antigos povos do Oriente, como os indianos ou os chineses, que foram tão consideráveis antes que as demais nações fossem formadas".[462] Com a exceção dessa observação sobre a anterioridade desses povos, nova alfinetada em Bossuet, Voltaire não tem muito a dizer sobre os tempos, o tempo, o regime cristão, ele cuja principal preocupação é a história moderna: a de seu século. Uma nota de seu *Dicionário filosófico* (1764) mostra que ele estava pouco impressionado com os comentários ao *Apocalipse* feitos por Bossuet e Newton: "ambos comentaram o *Apocalipse*; mas, no fim, as declamações eloquentes de um e as sublimes descobertas do outro os honram mais do que os seus comentários".[463]

Ao longo dos séculos XVI e XVII, o regime cristão de historicidade continua sendo o quadro de pensamento obrigatório e difundido: ele é o horizonte da cidade terrestre. Surgiram, porém, fissuras e falhas, e prosperaram contestações, portadoras de rupturas possíveis ou já em curso. Se *Kairós* e *Krisis* permanecem centrais, eles devem dar mais espaço a *Chronos*, um pouco como quando se sacrifica uma parte para preservar o essencial. Aos operadores temporais, elaborados e manuseados pelos clérigos, e depois somente por eles, coube a tarefa de reforçar e de adaptar o regime cristão de historicidade. Mas, de tanto suavizá-lo, de tanto abrir espaço para *Chronos*, ele se encontrava fragilizado. Logo, as sentinelas ficarão sobrecarregadas e o regime cristão de historicidade, maltratado e perdendo cada vez mais seu domínio, acabará por ser varrido.

---

[462] Voltaire. *Essai sur les mœurs et l'esprit des nations et sur les principaux faits de l'histoire depuis Charlemagne jusqu'à Louis XIII*. In: *Œuvres complètes*. Oxford: Voltaire Foundation, 2009. t. 22, p. 4, 5.

[463] Voltaire. *Dictionnaire philosophique*. Paris: Garnier-Flammarion, 1964, p. 48.

CAPÍTULO 5

Sob o império de *Chronos*

Nos três primeiros capítulos, acompanhamos a formação, a expansão e o triunfo do regime cristão de historicidade, isto é, as maneiras como *Kairós* e *Krisis* penetraram, delimitaram, regeram e demarcaram *Chronos*. Com o quarto capítulo, atentamos para as dissonâncias e as falhas, algumas das quais potencialmente ruinosas, que apareceram na ordem cristã do tempo. Inicia-se uma virada. Levar *Chronos* em conta tornava-se mais difícil, ainda que a conquista do tempo parecesse encerrar-se, com a datação por anos depois e antes de Jesus Cristo. A Encarnação era reconhecida como o pivô do tempo *chronos* e do tempo *kairós*, ou melhor, ela o era desde sempre e para sempre. Contra as dúvidas e as contestações, duas sentinelas, um papista e o outro violentamente antipapista, ainda defenderam decididamente o quadro bíblico e o horizonte cristão do tempo. Era possível ser newtoniano e sustentar a veracidade do *Livro de Daniel*, enquanto Bossuet podia historicizar o *Apocalipse* de João, conservando ao mesmo tempo sua abertura profética.

Mas as sentinelas não tardarão a ficar definitivamente sobrecarregadas. Escapando ao domínio de *Kairós*, que propriamente o transcendia, *Chronos* arrastará tudo em seu caminho. Este é o objeto do presente capítulo: o triunfo de *Chronos* entre o final do século XVIII e a metade do século XX. Isto não se deu sem resistências e oposições, mas a cidade dos homens passa sob o império e o domínio de *Chronos*. A formulação mais acabada e a imagem mais poderosa do regime cristão haviam sido dadas por Agostinho com sua narrativa das duas cidades, a de Deus e a da terra, ao mesmo tempo distintas e misturadas e tendo de marchar conjuntamente até o último dia. Após Constantino, alguns cristãos consideraram que, na realidade, já não havia mais do que uma única cidade: a cidade cristã encarnada pela Igreja. No século XII, Otão de Freising fez deste o argumento central de seu grande livro. Mas, mesmo com a ficção por muito tempo mantida do Sacro Império Romano-Germânico como herdeiro e continuador de Roma, essa visão de uma cidade única torna-se pouco a pouco insustentável. Haverá novamente duas cidades, mas, desta vez, a Igreja deve progressivamente bater em retirada e renunciar ao seu domínio sobre o tempo *chronos*, reorientando-se ou retraindo-se no tempo *kairós*: seu domínio.

As últimas etapas desse recuo da esfera do temporal intervirão somente com a dissolução dos Estados pontifícios em 1870 e, na França, com a separação da Igreja e do Estado em 1905. Mas, em 1846, a Virgem aparece diante dos dois jovens pastores de La Salette, ditando-lhes uma carta onde ela anuncia penúrias e castigos. Em seu combate contra o mundo moderno, Pio IX proclama, em 1854, o dogma da Imaculada Concepção. Em 1858, a Virgem aparece dezoito vezes na gruta de Massabielle diante de uma jovem de 14 anos, Bernadette Soubirous. Ela lhe declara: "Sou a Imaculada Concepção".[464] Essas aparições, que constituem tantas centelhas de *Kairós* dirigidas a crianças inocentes, suscitaram um grande alvoroço e controvérsias, ao passo que, imediatamente, iniciaram-se peregrinações a Lurdes e a Nossa Senhora de La Salette. Essas são, para a Igreja, maneiras renovadas de estar presente no mundo, graças a essa renovação do *Kairós* através da mãe de Jesus.

No que diz respeito ao tempo, a grande transformação que conduziu à emergência do tempo moderno tem por condição a desarticulação do regime cristão de historicidade. Isso não significa seu desaparecimento, longe disso. Inteiramente prontas, as categorias de secularização ou de laicização, que foram abundantemente utilizadas, são demasiado amplas e vagas para apreender a passagem de um regime a outro, a qual não se opera em um só dia e requer a convergência de numerosos fatores políticos, sociais, econômicos e culturais.[465] Mas o resultado preciso é que o presentismo apocalíptico das origens é imperceptivelmente substituído pelo futurismo do regime moderno de historicidade. Para nos atermos aos limites da investigação, sigamos o que se tornaram *Kairós* e *Krisis*, assim como os grandes operadores

---

[464] Harris, Ruth. *Lourdes, Body and Spirit in the Secular Age*. New York: Viking, 1999.

[465] Blumenberg, Hans. *La légitimité des temps modernes*, 1ª parte, onde ele critica a categoria de "secularização". Monod, Jean-Claude. *La querelle de la sécularisation de Hegel à Blumenberg*. Paris: Vrin, 2002.

de temporalização (a *translatio*, a *renovatio*, a *accommodatio* e a *reformatio*) que, desenvolvidos pelos Pais, foram mobilizados e retrabalhados até o fim do século XVII. Possuem eles ainda um lugar, um papel possível, e sob qual forma na nova economia do tempo que se instaura? São eles, de alguma maneira, recicláveis? A pergunta é complexa, mas ela é central para compreender como se moldou e se impôs o tempo moderno.

O ferrolho bíblico cede

O quadro cronológico da Bíblia foi um desafio permanente. Formulá-lo, mantê-lo, defendê-lo, adaptá-lo, declaradamente ou não, foram preocupações que nunca deixaram de mobilizar a Igreja, tendo na linha de frente os cronógrafos, os teólogos, os exegetas, sem por certo omitir os milenaristas e apocalípticos de múltiplas obediências. Em suma, este nunca foi um assunto menor. Já salientamos a que ponto esse quadro tornara-se um grilhão do qual todos procuravam, por diversos artifícios, escapar, embora garantindo que ele fosse mantido, quando não reforçado.[466]

Ao longo do século XVIII, o grilhão cede. Não são mais então fissuras no regime cristão de historicidade que se abrem ou falhas que se propagam, mas é propriamente seu desmantelamento que se inicia. As controvérsias travam-se em torno da idade da Terra: quanto mais ela vai recuar, mais se tornarão insustentáveis os seis mil anos da cronologia sagrada. Dois sábios da segunda metade do século XVIII atestam exemplarmente um abandono de fato do horizonte cristão do tempo: o conde de Buffon e o marquês de Condorcet. Com seus trabalhos, os limites, tanto em direção ao passado quanto ao futuro, tornam-se obsoletos. Privado de suas balizas referenciais, o presentismo cristão encontra-se a partir de então desconectado. Mesmo o Dilúvio perde sua centralidade, e o *Gênesis* já não é mais do que uma alegoria; ele se torna uma simples fábula, da qual Voltaire pode zombar.

"O sombrio abismo do tempo"

São, porém, *As Épocas da Natureza* do conde de Buffon, muito mais do que os comentários mordazes de Voltaire, que dilaceram o regime

---
[466] Ver p. 179-187.

cristão. Procurando esclarecer o que ele denominou o "sombrio abismo do tempo" e mesmo afirmando seu respeito às verdades da Bíblia, ele empreende nada menos do que um desmembramento do regime cristão, desqualificando seu quadro.[467] Único em operação, o tempo *chronos* torna-se ator e um ator autossuficiente, pois é por meio e através dele que a Terra, inicialmente em fusão, lentamente se resfriou e que teve início a história da Natureza, cujas etapas sucessivas Buffon reconstitui. "O grande operário da Natureza é o tempo", ele já escrevia na *História natural*.[468] Assim como existe uma história da Natureza viva, existe uma história da Terra, e as duas estão ligadas entre si, como demonstra a *História natural das épocas da Natureza* (1779). A escolha das palavras do título é significativa. Natural, essa história, cujo motor é o tempo, não necessita de Deus. A Natureza tem uma história própria que é escandida por "épocas". Pensa-se evidentemente nas épocas de Bossuet, mas Jacques Roger, seu editor moderno, ressalta que a palavra era corrente no século XVIII e que Buffon não é primeiro a empregá-la para designar acontecimentos marcantes que balizam a história da Terra.[469] Em contrapartida, observa-se um deslize do sentido da palavra: de ponto de parada de onde se pode contemplar o antes e o depois, passa-se ao sentido de período, cuja duração convém justamente medir. Fiel à etimologia grega da palavra, Bossuet conhecia apenas o primeiro sentido, o de ponto de parada e, portanto, de ponto de vista.

"Assim como na história civil", escreve Buffon, "consultam-se os títulos, buscam-se as medalhas, deciframlhas-se as inscrições antigas, para determinar as épocas das revoluções humanas e constatar as datas dos acontecimentos morais; na História natural, da mesma forma, é preciso vasculhar os arquivos do mundo, tirar das entranhas da terra os velhos monumentos, recolher seus fragmentos, e reunir num corpo probatório todos os indícios das mudanças físicas que podem nos fazer remontar às diferentes idades da Natureza. Esse é o único meio de fixar alguns pontos

---

[467] Já em 1749, na defesa de sua *Teoria da Terra*, Buffon dizia ter "apresentado sua hipótese sobre a formação dos planetas apenas como uma pura suposição filosófica", sem "nenhuma intenção de contradizer o texto da Escritura". Relatado por Jacques Roger na introdução de: Buffon. *Les époques de la Nature*. Édition critique de Jacques Roger. Paris: Éditions du Museum, 1988, p. C.

[468] Buffon. *Œuvres complètes*. Paris: P. Duménil, 1835, p. 119. t. V. (N.R.T.)

[469] Buffon. *Les époques de la Nature*, p. XLI.

na imensidão do espaço, e de situar um certo número de pedras numerárias no caminho eterno do tempo."[470]

À "imensidão do espaço" responde "o caminho eterno do tempo": as palavras contam. Após essa primeira frase majestosa, que anuncia com tranquila segurança a abordagem e a ambição desta nova História, Buffon acrescenta ainda que "a História natural abrange igualmente todos os espaços, todos os tempos, e não tem outras balizas além das do Universo", ao passo que a história civil se move em estreitos limites cronológicos e espaciais.[471] A começar por esses limites que são "os seis ou oito mil anos das tradições sagradas": eles são claramente incompatíveis com as durações necessárias ao resfriamento da Terra. Buffon, que se dedicou a cálculos experimentais sobre o tempo necessário para que balas de ferro incandescentes se resfriassem, estabeleceu diversas cronologias. A que ele finalmente publicou é uma cronologia curta, se comparada a outras que ele guardou entre seus documentos. Entre a formação dos planetas e o século XVIII d.C., passaram-se 75 mil anos. Ao término de 168 mil anos, o resfriamento porá fim à natureza viva sobre a Terra.[472] Essas durações já superam em muito as durações bíblicas, mas excedem até mesmo, como observa Buffon, "a limitada potência de nossa inteligência". Por isso, expor sua cronologia longa, que abrangia perto de três milhões de anos até o século XVIII e situava o fim ao término de sete milhões de anos, não teria causado maior indignação na Sorbonne e teria ultrapassado em muito tudo o que seus contemporâneos consideravam verossímil. Ele teria apenas trocado algo incrível por outro! De fato, como escreve Jacques Roger, "as mentes mais desprendidas da letra do dogma não estavam livres de hábitos intelectuais já muito antigos. Elas não podiam imaginar 'o sombrio abismo' de tão prodigiosa antiguidade, abismo no qual o homem não era mais nada, abismo mais inconcebível ainda do que o dos espaços infinitos cujo silêncio eterno apavorava Pascal. Era toda a Criação que mudava de rosto".[473] É por isso que Buffon conclui, dirigindo-se talvez mais à posteridade, que "em vez de recuar demasiadamente os limites da duração,

---

[470] Buffon. *Les époques de la Nature*, p. XLI. (N.R.T.)
[471] Buffon. *Les époques de la Nature*, p. 3, 4.
[472] Buffon. *Les époques de la Nature*, p. LXV.
[473] Buffon. *Les époques de la Nature*, p. LXVII.

eu os aproximei tanto quanto me foi possível".[474] Tanto quanto lhe foi possível, para não exceder demasiadamente o verossímil de seu tempo.

Quando ele se confronta aos primeiros versículos do *Gênesis*, na esperança, ele diz, de "conciliar para sempre a ciência da Natureza com a da Teologia", ele adota uma estratégia muito simples que consiste em temporalizar a narrativa, injetando nela tempo, muito tempo. O primeiro versículo, comumente traduzido como "No princípio, Deus criou o céu e a terra", deve, na verdade, ser lido da seguinte maneira: "No princípio, Deus tirou do nada a matéria do céu e da terra". E foi somente em um segundo momento que eles assumiram a forma que conhecemos, pois está escrito que "a terra estava vazia e vaga" e que "as trevas cobriam o abismo".[475] Além disso, é evidente que os seis dias não são dias de 24 horas, mas "seis espaços de tempo", nos quais as "verdades físicas" podem perfeitamente encontrar seu lugar. Sem originalidade particular (e talvez sem realmente dar-se conta disso), Buffon retoma uma versão da acomodação, ao admitir que o relato de Moisés devia falar ao "homem vulgar", e não "demonstrar o verdadeiro sistema do mundo".[476] Isso o autoriza a dar um passo a mais, sustentando que "as verdades da Natureza só deviam aparecer com o tempo", justamente na medida em que Deus "se serve do homem para revelar e manifestar as maravilhas com as quais ele encheu o seio da Natureza". Ele retoma simplesmente a fórmula da "verdade filha do tempo". Portanto, a marcha da ciência, que consiste em tomar a justa medida do fator tempo, e os desígnios da Providência (para falar como Bossuet) não são, na realidade, contraditórios. Esse pequeno trecho de exegese *ad hoc* encerra-se com uma última palinódia. Se algumas mentes "apegadas de modo demasiado estrito à letra" permanecem insatisfeitas, que estejam bem persuadidas de que "meu sistema, sendo puramente hipotético, não pode atentar contra as verdades reveladas, que são axiomas imutáveis, independentes de qualquer hipótese, e aos quais submeti e submeto meus pensamentos".[477] O axioma prevalece sobre a hipótese;

---

[474] Buffon. *Les époques de la Nature*, p. 43.

[475] *Gênesis* 1, 1-2. Buffon chega a encontrar nos verbos no imperfeito uma prova de que o tempo durou muito. O problema é que o imperfeito existe apenas na tradução que ele utilizou, e não no texto em hebraico!

[476] Essa também era a opinião de Newton, ver p. 191.

[477] Buffon. *Les époques de la Nature*, p. 19-24.

tudo está, desse modo, em boa ordem, exceto pelo fato de que a hipótese não tem qualquer necessidade do axioma!

Inicialmente, as épocas da Natureza, previstas por Buffon, eram seis. Era grande a força simbólica do número seis: aos seis dias da Criação, juntavam-se as seis idades do mundo de Agostinho. O *Primeiro discurso* (1773) também anuncia seis épocas. Ora, Buffon finalmente acrescentou uma sétima, na qual o homem, e não mais a Natureza, desempenha o papel principal.[478] Seria este sétimo dia o encerramento e o coroamento da obra da Natureza? Por certo, a sétima época é realmente uma espécie de parusia humana, mas ela é lenta e progressiva, partindo de um início absolutamente miserável, mais próximo do quadro montado por Lucrécio do que da Bíblia. Aqui também, o tempo é o fator capital. E essa conquista da soberania não é, em nenhum caso, de direito divino: ela é fruto do trabalho e, sobretudo, ainda está longe de estar concluída. "Foram necessários seiscentos séculos à Natureza para construir suas grandes obras [...]; quantos não serão necessários para que os homens cheguem ao mesmo ponto e deixem de se inquietar, de se agitar e de se destruírem uns aos outros?".[479] O homem não nasce senhor e possuidor da Natureza; ele assim se torna: depende dele realmente o ser, mas sempre auxiliando e aperfeiçoando a potência da Natureza. "E o que ele não poderia fazer para si mesmo, isto é, para sua própria espécie", conclui Buffon, "se a vontade estivesse sempre dirigida pela inteligência? Quem sabe até que ponto o homem poderia aperfeiçoar sua natureza, seja no plano moral, seja no plano físico?".[480] Passa-se do tempo longo da Natureza ao tempo dos homens, cuja principal força é a perfectibilidade; e este último vai acelerando à medida que nos aproximamos do tempo presente. Temporalizada, a sétima época adquire as cores de uma utopia.

"Progressos indefinidos"

Uma vez que a humanidade chegou a esta sétima época e às perspectivas otimistas que poderiam se abrir, será fácil para Condorcet dar continuidade

---

[478] Jacques Roger indica que foram Boulanger e o astrônomo Bailly que conduziram Buffon a esse acréscimo. Buffon. *Les époques de la Nature*, p. XXXV.
[479] Buffon. *Les époques de la Nature*, p. 212.
[480] Buffon. *Les époques de la Nature*, p. 220.

ao trabalho, desenvolvendo sua visão dos "progressos indefinidos do espírito humano".[481] Ele não precisa mais agir como se a marcha da razão se conciliasse com a teologia. A Revolução mudou tudo. Ele pode agora, ao contrário, denunciar os efeitos retardadores da superstição. De fato, é o fim das condenações da Sorbonne, às quais Buffon ainda se expusera. Partindo, com efeito, da sétima época de Buffon, ele cuida apenas do tempo dos homens, deixando de lado ou ignorando o tempo da Natureza. Voltaire, que gostava de zombar de Buffon, claramente proclamara no artigo "História" (redigido para a *Enciclopédia*) que "a história natural é impropriamente chamada história", pois "ela é da alçada da física."[482] Quanto à história, a filosoficamente mais rica é a do "espírito humano". Assim andava a história do século de Luís XIV. "Não são de modo algum os anais de seu reino [que escrevo]; é, antes, a história do espírito humano, extraída do século mais glorioso para o espírito humano."[483] Mas, em vez de focalizar essa história no momento em que ela se aproxima de seu apogeu, Condorcet a examina desde o "primeiro estado de civilização". O tempo dos homens torna-se o principal objeto, ao passo que o tempo da Natureza é relegado ao campo da Física, isto é, para fora do quadro.

O que devia, com efeito, demonstrar o *Quadro histórico dos progressos do espírito humano*? "Que não foi estabelecido nenhum limite para o aperfeiçoamento das faculdades humanas; que a perfectibilidade do homem é realmente indefinida; que os progressos dessa perfectibilidade, doravante independente de qualquer potência que os queira deter, não têm outro limite além da duração do globo em que a natureza nos lançou".[484] Do *Quadro*, Condorcet teve tempo de redigir apenas o *Esboço*, enquanto, proscrito, escondia-se. Em 1795, a Convenção determinou a compra e a distribuição de três mil exemplares da obra, que a sra. de Condorcet acabava de editar. Por esse ato de reparação, Condorcet era reconhecido como o pensador oficial do novo regime. O homem é perfectível e a história mostra que, desde o início, ele nunca

---

[481] Fouquière, L. Bec. André Chénier, sa vie et ses écrits politique. In: *Œuvres en prose de André Chénier*. Paris: G. Charpentier, 1886, p. XVI. (N.R.T.)

[482] Voltaire. Histoire. In: *Encyclopédie, ou Dictionnaire raisonné des Sciences, des Arts et des Métiers, par une Société de Gens de Lettres*. Neufchastel: Samuel Faulche & Compagnie, Libraires & Imprimeurs, 1765. Tome Huitième (H–IT), p. 220-221. (N.R.T.)

[483] Voltaire. Le siècle de Louis XIV. Lettre à M. L'abbé Dubos. In: *Œuvres historiques*. Bibliothèque de la Pléiade. Paris: Gallimard, 1957, p. 605.

[484] Condorcet. *Esquisse d'un tableau historique des progrès de l'esprit humain*, p. 81.

deixou de se aperfeiçoar, a partir dessa faculdade primordial que consiste em receber sensações, primeiramente das mais simples até, ao longo do tempo, as mais elaboradas. A teoria das sensações é suficiente: ela está no fundamento da perfectibilidade. Não há evidentemente mais necessidade do padrão da perfeição divina na direção da qual a humanidade decaída e redimida deve tender. As sensações substituem a acomodação, e o progresso substitui a *reformatio*. Certamente, os preconceitos e as superstições contrariaram, retardaram e ainda retardam essa marcha, mas, a despeito dos obstáculos, o movimento para frente não para, pois "tudo nos diz que alcançamos uma época de uma das grandes revoluções da espécie humana".[485] Trata-se de um belo otimismo por parte de um homem obrigado a se esconder e próximo da morte.

O *Quadro* é concebido como "a história hipotética de um povo único".[486] Nove "épocas" escandirão os seus progressos, e uma décima projetar-se-á para o porvir, tratando "Dos futuros progressos do espírito humano". Afinal, nada proíbe conceber, a prazo, um progresso das próprias "faculdades naturais". Aparece aqui um Condorcet que qualificaríamos hoje de transumanista! Ou melhor, um Condorcet do qual os trans e pós-humanistas são continuadores afoitos. Os progressos da medicina, o melhoramento das moradias, da alimentação e dos gêneros de vida só poderão acarretar um prolongamento da expectativa de vida, prevê Condorcet. Se formos ainda mais longe, seria "absurdo supor que esse aperfeiçoamento da espécie humana deva ser encarado como suscetível de um progresso indefinido, que deva chegar um tempo em que a morte não seria mais do que o efeito de acidentes extraordinários ou da destruição cada vez mais lenta das forças vitais, e que, por fim, a própria duração do intervalo médio entre o nascimento e essa destruição não tenha nenhum fim determinado?".[487] Assim avançaria esta última época, não limitada por nenhum fim que seja visível, de uma humanidade "livre de todas as suas correntes" e "marchando a passo firme e seguro no caminho da verdade, da virtude e da felicidade".[488]

Com o *Esboço*, deixamos as seis idades de Agostinho, as sete épocas de Buffon para chegar às dez épocas de Condorcet. O sistema métrico e sua racionalidade dominadora deixaram sua marca. As épocas também

---

[485] Condorcet. *Esquisse d'un tableau historique des progrès de l'esprit humain*, p. 89.

[486] Condorcet. *Esquisse d'un tableau historique des progrès de l'esprit humain*, p. 86.

[487] Condorcet. *Esquisse d'un tableau historique des progrès de l'esprit humain*, p. 294.

[488] Condorcet. *Esquisse d'un tableau historique des progrès de l'esprit humain*, p. 296.

seguem a decimalização. O tempo *chronos* opera sozinho, e ninguém mais fala em tempo *kairós*. A própria Revolução não é pensada nesses termos. Após a revolução americana, pergunta Condorcet, o que de fato "precipitou" a revolução na França? "A falta de habilidade de seu governo", sabendo que a "filosofia dirigiu os princípios" de que a revolução se reivindica e que "a força popular destruiu os obstáculos que podiam deter o seu movimento".[489] Mesmo o "acaso" pode ser delimitado pelo cálculo das probabilidades, que "é o único que pode revelar o verdadeiro sentido" dessa palavra. Se todas as ciências ganharam em precisão graças à aplicação do cálculo, essa matemática social que é o cálculo das probabilidades abre um campo imenso "ao determinar a verossimilhança dos fatos extraordinários" e "os diversos graus de certeza que podemos esperar alcançar".[490] O próprio futuro torna-se racionalmente escrutável e calculável. O tempo não deveria mais ser inapreensível ou inescrutável.

Em suma, os progressos de todas as ordens que Condorcet concebe não constituem saltos na intemporalidade das antigas utopias, mas extrapolações racionais, incluindo-se quando se trata da prolongação da duração da vida humana. Qualificá-los de indefinidos significa que só se sabe que eles não devem parar e que não possuem limite previamente fixado. Trata-se, portanto, realmente do tempo *chronos* e de seu domínio, incluindo-se na direção do futuro, mesmo muito longínquo. Com o cálculo das probabilidades, torna-se, com efeito, possível avançar na via da previsão, reduzindo cada vez mais o lugar do *kairós*. Se, ao se difundir, o *Kairós* crístico estendia seu domínio sobre o tempo *chronos*, com o cálculo das probabilidades inicia-se uma operação em sentido inverso: *Chronos* avança e *Kairós* recua, pois está cercado, pressionado, dissecado e, por fim, conduzido, senão reduzido, a explicar-se. Então, ele é expulso.

A Criação temporalizada

Depois de Buffon, depois de Condorcet, que derrubaram as balizas do tempo, tanto na direção do passado quanto na do futuro, o golpe de misericórdia no regime cristão de historicidade é desferido por Charles

---

[489] Condorcet. *Esquisse d'un tableau historique des progrès de l'esprit humain*, p. 235.
[490] Condorcet. *Esquisse d'un tableau historique des progrès de l'esprit humain*, p. 251.

Darwin. Se os naturalistas acreditaram por muito tempo que as espécies eram "produções imutáveis e haviam sido criadas separadamente", Darwin demonstra que nada disso é verdade, pois as transformações das espécies vivas são elas mesmas efeito do tempo.[491]

Em seu longo prefácio à edição francesa d'*A origem das espécies* de Charles Darwin, publicada em 1862, Clémence Royer, sua tradutora, mobiliza intencionalmente os conceitos de revelação e de progresso. Associar revelação e progresso é, com efeito, uma espécie de oxímoro, construído expressamente por essa filósofa positivista para provocar os teólogos de todo gênero e aumentar ainda mais o alvoroço dos meios católicos. Ao que se resume, com efeito, a doutrina de Darwin, senão, segundo a interpretação que ela oferece, à "revelação racional do progresso"? Essa mesma revelação que é impulsionada pelos progressos da ciência, com, em última instância, a lei da seleção natural reconhecida e demonstrada por Darwin. Ela trata do tempo, e de um tempo longo e contínuo. A natureza não dá saltos. O título dessa edição não poderia ser mais claro: *Da origem das espécies ou das leis do progresso entre os seres organizados*. "Acredito no progresso" são as últimas palavras do prefácio, que mostra bem a preocupação de Clémence Royer em inscrever a teoria de Darwin na sequência das "épocas reveladoras" da história da humanidade, ecoando assim as épocas de Condorcet.

De fato, *A origem das espécies* (1859) arruína a crença de que as espécies eram produções imutáveis e haviam sido criadas separadamente. "Todas as leis mais importantes da paleontologia proclamavam claramente", observa Darwin, "que as espécies foram produzidas por geração ordinária: antigas formas foram suplantadas por formas de vida novas e melhoradas, produtos da Variação e da Sobrevivência do mais Apto".[492] Foi simplesmente preciso tempo, uma enorme quantidade de tempo. Mas assim como "a mente não pode compreender todo o significado da expressão um milhão de anos", acrescenta Darwin, "ela não pode somar e perceber todos os efeitos de múltiplas variações, acumuladas durante um número quase infinito de gerações".[493]

Se, ao final e como que de passagem, uma breve menção é feita ao Criador, é para imediatamente explicar que "o que sabemos das leis que

---

[491] Darwin, Charles. L'origine des espèces par le moyen de la sélection naturelle. *In*: *Œuvres complètes*. Genebra: Slatkine, 2009. XVII, Édition du Bicentenaire, p. 201.

[492] Darwin, Charles. *L'origine des espèces par le moyen de la sélection naturelle*, p. 536.

[493] Darwin, Charles. *L'origine des espèces par le moyen de la sélection naturelle*, p. 646.

ele imprimiu à matéria se concilia melhor com a ideia de que a produção e a extinção dos habitantes passados e presentes do mundo devem ter sido o efeito de causas secundárias, como as que determinam o nascimento e a morte de um indivíduo".[494] Essa referência às causas secundárias lhe parece, no fundo, exprimir uma concepção mais nobre da Divindade, em vez de imaginá-la multiplicando incessantemente os atos de criação. Decorre disso a seguinte conclusão, na qual se evidencia mais prudência do que convicção: "Não vejo nenhuma boa razão para pensar que as ideias expostas neste volume devam chocar os sentimentos religiosos de quem quer que seja".[495] A despeito dessa defesa protocolar da religião, "todas as críticas naturalistas negativas dirigidas a Darwin [foram] inspiradas por motivações essencial e inevitavelmente teológicas".[496] Esse foi, em particular, o caso de seu antigo professor de geologia em Cambridge e amigo, Adam Sedgwick, que considera seu livro "malfazejo", por questionar a "ordem natural" e o lugar do homem no centro da Natureza.

Antes de chegar à formulação do transformismo, Darwin praticara a *Theory of the Earth* [Teoria da Terra] (1788) de James Hutton e, sobretudo, os *Principles of Geology* [Princípios de Geologia] (1830-1833) de Charles Lyell, o principal geólogo do período. Adepto de uma concepção cíclica do tempo, Hutton chegara à conclusão de que era fútil procurar os vestígios de uma origem ou os sinais de um fim da Terra: "Não encontramos o menor vestígio de um começo, nem a menor perspectiva de um fim". Comentando esse aforismo, Stephen Jay Gould explica que a Terra teve, é verdade, um início de existência, mas que incessantes modificações fizeram com que esse começo não deixasse nenhum vestígio geológico. E se nenhuma perspectiva de fim se deixa entrever, é porque "o ciclo do tempo só governa a Terra quando opera sob o regime das leis naturais atualmente em vigor". Um fim ou uma mudança de estado ocorrerá quando "os poderes superiores" abolirem "o regime atual de leis naturais".[497] Hutton pretendia ser newtoniano, e, assim como Newton, ele não se pronuncia sobre o início e

---

[494] Darwin, Charles. *L'origine des espèces par le moyen de la sélection naturelle*, p. 651.

[495] Darwin, Charles. *L'origine des espèces par le moyen de la sélection naturelle*, p. 645.

[496] Tort, Patrick (avec la collaboration de Solange Willefert). *Darwin et la religion. La conversion matérialiste*. Paris: Ellipses, 2011, p. 371.

[497] Gould, Stephen Jay. *Aux racines du temps*. Traduction française de Bernard Ribault. Paris: Grasset, 1990, p. 136.

o fim. O tempo *chronos* se basta a si próprio, mas sem prejudicar a possível manifestação de um tempo *kairós*, que deveria, em todo caso, pertencer a um registro inteiramente diferente (o dos "poderes superiores").

Os primeiros volumes de Charles Lyell acompanharam Darwin quando de sua viagem de exploração a bordo do *Beagle*.[498] Posteriormente, os dois homens mantiveram relações estreitas, sobretudo porque Lyell tornara-se um apoiador ativo de Darwin. Para Lyell, as mudanças terrestres não eram devidas a catástrofes mais ou menos periódicas, mas a causas naturais que, tendo sempre sido as mesmas tanto ontem como hoje, produzem os mesmos efeitos. Contra Georges Cuvier, defensor da teoria das "revoluções do globo" e contra todos os catastrofistas cristãos, ele sustenta uma posição dita "uniformitarista". "A mente", ele escreve, "desviou-se lenta e imperceptivelmente destas representações imaginárias de catástrofes e de confusão caótica, semelhantes às que assombravam a imaginação dos primeiros cosmogonistas. Foram encontradas numerosas provas de que a matéria sedimentar se depositou tranquilamente e que a vida orgânica desenvolveu-se conforme uma lenta progressão."[499] Pela própria escolha dos advérbios, ele quer persuadir de que as mudanças sempre foram progressivas, graduais e contínuas. Não há nenhum cataclisma e, portanto, nenhum dilúvio. *Chronos* basta, não havendo qualquer necessidade de mobilizar um *Kairós* ou mesmo algum *kairós*.

Em sentido contrário, a teoria de Cuvier podia ser facilmente colocada a serviço da religião, considerando que o último cataclisma fora justamente o Dilúvio bíblico. Em *Bouvard e Pécuchet*, Flaubert não desperdiçou a ocasião de zombar dessa anexação. Quando seus dois protagonistas imbecis, no auge de sua fase geológica, reviram alguns sílex no meio da estrada, o pároco que passa por eles lhes diz "com uma voz bajuladora": "'Estes senhores dedicam-se à geologia? Muito bem.' Pois ele estimava essa ciência. Ela confirma a autoridade das Escrituras, provando o dilúvio".[500] Isso diz tudo!

---

[498] O texto refere-se aqui à expedição de levantamento topográfico do navio HMS *Beagle*, ocorrida entre 1831 e 1836. A viagem deu a Darwin a ocasião de explorar e observar diferentes localidades (como as Ilhas Galápagos), permitindo-lhe compor um rico diário científico com observações sobre biologia, geologia e antropologia, e rever suas posições sobre a fixidez das espécies. (N.T.)

[499] Lyell, Charles. *Principles of Geology*. London: John Murray, 1830, v. I, p. 72, citado por Gould, Stephen Jay, *Aux racines du temps*, p. 178.

[500] Flaubert, Gustave. *Bouvard et Pécuchet*. Paris: Gallimard, 1959, p. 109.

De fato, Bouvard e Pécuchet acabavam de ler com entusiasmo o *Discurso de Cuvier sobre as revoluções do globo*. Em contrapartida, o pároco se mostra claramente menos conciliador quando eles vêm provocá-lo sobre a interpretação dos primeiros versículos do *Gênesis*. Para Stephen Jay Gould, essas duas posições, a de Cuvier e a de Lyell, remetem, em suma, a duas visões opostas do tempo. Uma delas defende "uma concepção direcional da história, que, pontuada por catástrofes ocasionais, conduz como um vetor a climas mais rudes e uma vida mais complexa, contra a visão, sustentada por Lyell, de um mundo em constante movimento, mas imutável em sua substância e sua condição, modificando-se pouco a pouco, em uma valsa lenta que não leva a lugar algum".[501] Ao tempo visto como cíclico opunha-se um tempo sagital. Se o primeiro é um longuíssimo tempo *chronos* que, em último caso, não passa, o segundo, que age por rupturas, pode dar a impressão de substituir o tempo cristão, combinando *Chronos* e *Kairós*. O pároco de Chavignolles (ainda) pode facilmente sair satisfeito.

O progresso

A partir da convocação dos trabalhos desses três sábios, evidencia-se que *Chronos* de fato tornou-se o fator mais importante. Eles tiveram a audácia de reconhecê-lo e de extrair disso todas as consequências. *Chronos* basta, ou até mesmo se basta a si mesmo; e o que é *Chronos*, senão tempo, mas em grande quantidade, pois é preciso contá-lo em milhões de anos? Uma das dificuldades residia no fato de que era impossível conceber tais durações, inauditas para a mente humana, como justamente observava Buffon e concordava Darwin. Esse tempo contínuo, que transcorre lentamente, agindo gradualmente muito antes do aparecimento do homem, não tem mais necessidade do estímulo de um *kairós* (senão apenas de modo marginal). E a marcha para frente da humanidade, guiada pela da razão, tem diante dela um futuro aberto. O esquema agostiniano das idades do mundo já não podia mais funcionar. A Terra era velha, mas falar da "velhice do mundo", que entrara em sua última idade, não fazia mais nenhum sentido. A história humana, ao contrário, é a mais recente. Quando Ernest Renan apresenta, em 1863, um quadro das ciências, ele atribui a cada uma delas, como campo de atuação, "um momento da duração". Elas são, portanto, todas

---

[501] Gould, Stephen Jay. *Aux racines du temps*, p. 192.

igualmente históricas, e "a história propriamente dita", esclarecendo-nos "sobre o último período", é "a mais jovem das ciências".[502]

Se Buffon ainda está preocupado em calcular uma data para o início da Terra, mas também para o fim de sua habitabilidade, Condorcet emancipa-se de tal obrigação, caracterizando os progressos vindouros como "indefinidos". Apagando-se as balizas canônicas e familiares, também perde sua pertinência a representação do tempo presente como inscrito entre a Encarnação e a Parusia, isto é, entre o início do tempo do fim e o próprio fim dos tempos. É, como vimos, consubstancial ao regime cristão essa distância entre tempo do fim e fim dos tempos. É entre esses dois polos, que seguramente irão se reunir um dia – mas em qual dia, ninguém sabe –, que esse presente puro, presentista, aos poucos se temporalizou e se tornou histórico, mantendo tanto quanto possível a polaridade entre o "já" e o "ainda não", entre a experiência e a expectativa. Inicialmente a-histórico, o presentismo apocalíptico dos primeiros cristãos teve, com efeito, de negociar muito rapidamente com *Chronos* para dominá-lo e, em seguida, colocá-lo a serviço da cidade de Deus centrada no *Kairós* crístico. Nesse tocante, foi decisivo o papel dos grandes operadores temporais, dos quais examinamos algumas das mobilizações e reformulações.

Relembremos uma última vez, agora que a rede que eles haviam formado está prestes a desfazer-se, que sua finalidade era conduzir o homem decaído e redimido à perfeição divina. Pela *accommodatio*, Deus vinha, com efeito, ao encontro dos homens, ainda semelhantes a crianças. A *renovatio* e a *reformatio* eram, por parte dos homens, os modos de responder a essa atenção divina, dotando-se precisamente de um meio de levar em conta o tempo *chronos*, ao passo que *translatio* permitia abranger todo o curso da história universal, conferindo-lhe um sentido. Mas fissuras haviam se formado e propagado nesse sistema bem ajustado. Por muito tempo, os clérigos dedicaram-se a manter ou até mesmo a estender ainda mais o domínio de *Kairós* sobre *Chronos*, correndo, por vezes, o risco da heresia, como Joaquim de Fiore ou, mais clara e ingenuamente, Antônio Vieira.

Mas a contestação mais séria, e potencialmente disruptiva, veio dos humanistas, pois ela saía do quadro e, retomando certas peças do sistema, as fazia funcionar de outra maneira, conferindo-lhes um novo conteúdo.

---

[502] Renan, Ernest. Lettre à Marcellin Berthelot. *In*: *Œuvres complètes*. Paris: Calmann-Lévy, 1947. v. I, p. 634.

Assim, embora eles mobilizem amplamente o operador da *renovatio*, o objetivo é outro. Não se trata mais de renascer em Jesus, mas de reencontrar e fazer renascer a Antiguidade, estando conscientes de que algum tempo *chronos* os separa irremediavelmente dela. Por isso, para ter uma chance de lograr êxito, a *renovatio* (que se vincula plenamente ao *Kairós*) deve recorrer às técnicas eruditas da *restitutio*, que, exercendo-se no tempo *chronos*, procuram medir os seus efeitos e atenuar os seus danos. A própria *renovatio* descobre, então, que deve abrir espaço a *Chronos*. Ao recusar o providencialismo da *translatio*, Jean Bodin ia ainda mais longe. Ele desferia, na realidade, um golpe mortal no regime cristão de historicidade. Mas, para ter a audácia de sair do quadro, ele tivera de mobilizar uma representação alternativa do tempo: a de um tempo cíclico, retomada da Antiguidade.[503]

Perfeição, perfectibilidade, progresso

Um século mais tarde, a questão da perfeição se estabelece como um ponto de discórdia na ordem cristã do tempo. Atributo da eternidade de Deus, a perfeição não se relaciona de fato com o tempo *chronos*. Os operadores temporais são justamente instrumentos para conduzir os homens no caminho de uma perfeição, por definição, inatingível neste mundo. Ora, ao longo do século XVII e, mais precisamente, no quadro da Querela dos Antigos e dos Modernos, produz-se uma forma de secularização e de temporalização da perfeição que desce do céu sobre a Terra. E quanto à suposta perfeição dos Antigos? Quem, entre os Antigos ou os Modernos, prevalece em matéria de perfeição? Em seu *Paralelo dos Antigos e dos Modernos* (1688), Charles Perrault responde a essas perguntas mobilizando duas representações da perfeição: a do "ponto de perfeição" e a dos "graus de perfeição".[504] A imagem dos graus de perfeição é a de uma ascensão, isto é, sobe-se gradualmente até o mais alto grau de perfeição, ao passo que a imagem do ponto de perfeição é a de uma curva: ascendente, a curva conduz ao "ponto de perfeição". Ambas as imagens suscitam (sem a tratar) a questão do que vem depois do mais alto grau ou após o ponto de perfeição. Assim que se ultrapassa o ponto de perfeição, vem a queda ou a recaída? Isso remete a um tempo cíclico, que

---

[503] Ver p. 167-169.

[504] Hartog, François. *Antigos, modernos, selvagens*. Rio de Janeiro: FGV Editora, 2021, p. 250-258.

ainda era denominado o das "vicissitudes". Ou seria uma desaceleração, senão uma quase parada da progressão que ocorre quando nos aproximamos do "mais alto grau" de perfeição? Deixando de lado essas dificuldades (pelas quais Perrault passa por alto), quero reter aqui apenas a temporalização que essas projeções espaciais da perfeição transpõem. Quer se trate, com efeito, da perfeição "ponto" ou da perfeição "grau", suas progressões são ambas uma questão de tempo: de um tempo simplesmente *chronos*, e em nenhum aspecto *kairós*. Entrando no tempo dos homens, era inevitável que a perfeição se temporalizasse.

Uma etapa posterior do deslocamento intervém quando passamos da perfeição à perfectibilidade. Desta vez, o impulso da perfeição é claramente relacionado à perfectibilidade do agente, isto é, à capacidade do homem de se aperfeiçoar – com o tempo e por si mesmo. Fazendo dela o critério de distinção entre a espécie humana e o animal, Rousseau foi o seu principal introdutor. "Não pode haver contestação", ele escreve no *Discurso sobre a origem da desigualdade* (1755), "é a faculdade de se aperfeiçoar; faculdade que, com a ajuda das circunstâncias, desenvolve sucessivamente todas as demais, e reside entre nós tanto na espécie quanto no indivíduo, ao passo que um animal é, após alguns meses, o que ele será durante toda a sua vida, e sua espécie, após mil anos, o que ela foi no primeiro desses mil anos. Por que apenas o homem está sujeito a tornar-se imbecil? Não seria porque que ele retorna assim ao seu estado primitivo e porque, enquanto a besta, que nada adquiriu e também nada tem a perder, permanece sempre com seu instinto, o homem, tornando a perder pela velhice ou outros acidentes tudo o que sua perfectibilidade o fizera adquirir, volta a cair mais baixo do que a própria besta?"[505] Sendo característico do homem, tanto como espécie quanto como indivíduo, a perfectibilidade não é separável do tempo *chronos*. Essa aptidão a tirar proveito do tempo *chronos* é o que distingue o homem do animal. O tempo é próprio do homem, mas mais no sentido negativo em que o entendia Agostinho, para quem a falta de Adão era responsável pela queda no tempo.

Condorcet vai ainda mais longe que Rousseau, ao afirmar que a perfectibilidade do homem, que decorre de sua faculdade primordial de

---

[505] Rousseau, Jean-Jacques. Discours sur l'origine de l'inégalité. *In*: *Œuvres complètes*. Bibliothèque de la Pléiade. Paris: Gallimard, 1964. v. III, p. 142.

receber sensações, é "realmente indefinida" e que seus "progressos" não têm "outro limite senão a duração do globo em que a natureza nos lançou". Entre perfeição e perfectibilidade, o que poderia parecer, à primeira vista, como uma simples passagem é, na realidade, uma ruptura, pois tudo está relacionado à própria natureza do homem. A partir de então, o sistema cristão que, para responder à *accommodatio* divina, construíra os grandes operadores, pouco a pouco temporalizados, da *renovatio* e da *reformatio*, para conduzir e reconduzir o homem à perfeição original, perde toda a influência. Ao denunciar a casuística dos jesuítas, que abria um espaço excessivo para os "acomodamentos", Pascal já estigmatizava essa guinada mortífera.[506] O par perfeição e *accommodatio* é substituído por outro, formado pela perfectibilidade e pelo progresso.

Dos progressos de Condorcet, chegar-se-á logo ao Progresso, enquanto singular coletivo – o Deus-Progresso do século XIX –, ele mesmo sustentado pelo tempo moderno. Se, para a cidade dos homens, a forma da marcha persiste, serão doravante outros o seu objeto e sua finalidade. Acaso Condorcet não a via marchar "com um passo firme e seguro no caminho da verdade, da virtude, da felicidade?". N'*A Lenda dos séculos*, Victor Hugo quer expressar a experiência da humanidade sob a forma de "um único e imenso movimento de ascensão à luz". Ele vê o século XX como o da "Liberdade na luz":

> *Aonde vai este navio? Ele ruma, vestido de dia,*
> *Para o futuro divino e puro, para a virtude,*
> *Para a ciência que se vê reluzir,*
> *Para a morte dos flagelos, para o esquecimento generoso,*
> *[...] ele sobe até as estrelas!*[507]

Em meio às inúmeras declarações, proclamações e manifestos em favor do progresso, as exposições universais desempenharam um papel da maior importância.[508] De fato, como se poderia celebrar, promover,

---

[506] Ver p. 177-178.

[507] Hugo, Victor. Vingtième siècle, II. Plein ciel, v. 579-583, 590. *La légende des siècles*. Paris: Hachette, 1922, p. 835-836.

[508] As exposições foram o "campo de experiência predileto do saint-simonismo" (Ory, Pascal. *Les expositions universelles de Paris*. Paris: Ramsay, 1982, p. 18).

popularizar melhor o progresso como "a religião geral dos tempos modernos", como anuncia a apresentação da Exposição Universal de 1900? Elas deviam permitir que se visse, que se tocasse o progresso, fazendo com que o maior público possível penetrasse neste Novo Mundo, para fazer deles, tanto quanto possível, devotos da nova religião.

Algumas das realizações mais emblemáticas falam por si sós. O famoso Crystal Palace, a grande estufa de vidro e de metal da Exposição Universal de Londres em 1851, abre a série. Em 1889, vem a Exposição Universal em Paris, com a Torre Eiffel. Paris novamente, em 1900, com o Palácio da Eletricidade, onde o historiador americano Henry Adams passa muitas horas. "Familiarizando-se com a grande galeria das Máquinas, ele [H. Adams] começou a sentir nos dínamos de quarenta pés de comprimento uma força moral mais ou menos semelhante à que os primeiros cristãos sentiram na Cruz [...] A vontade de rezar não demorava a vir."[509] A associação operada por Adams (ainda que seja pouco provável que ela tivesse sido feita por todos os visitantes) não é menos significativa: entre o mistério da cruz e o da eletricidade, há alguma analogia, e a geração de eletricidade relaciona-se, a seu ver, a uma forma de *kairós*, mas produzido e controlado, na realidade, pela técnica. Ainda em 1900, uma passarela rolante, instalada entre o Campo de Marte e os Inválidos, recebe o nome de "Rua do futuro". Por fim, a Exposição Universal de Nova York, inaugurada em 1939, anuncia, com otimismo tanto quanto com cegueira, "O mundo de amanhã". Todo o propósito é levar a crer que este mundo já chegou, que o futuro está apenas ao alcance da mão. E que futuro? O de amanhã também ia ser aquele que, alguns anos depois, resultaria em Auschwitz e Hiroshima.

Tempo moderno e regime moderno de historicidade

Em todas essas evocações do progresso, a imagem da marcha permanece muito presente, mas agora é o próprio tempo que marcha, e que vai marchar cada vez mais rápido. Segui-lo torna-se, portanto, um imperativo para ser, tornar-se ou permanecer moderno. Ele dita o ritmo. *Chronos* não é mais somente o número do movimento segundo o antes e o depois, para citar uma última vez Aristóteles; ele é percebido como um ator de

---

[509] Henry, Adams. *Mon éducation*. Traduction française de Régis Michaud et Franck L. Schoell. Paris: Boivin et Cie éditeurs, 1931, p. 162-164.

pleno direito. Como analisou minuciosamente Reinhart Koselleck, o que acontece não sucede somente "no tempo", mas "através dele".[510] Emerge, assim, entre o fim do século XVIII e a metade do século XIX, aquilo a que chamei o regime moderno de historicidade.

Ele se define pela predominância da categoria do futuro e por uma distância crescente entre o campo de experiência e o horizonte de expectativa, para retomar as categorias empregadas pelo próprio Koselleck.[511] Nesta nova configuração temporal, o futuro é a meta, e dele provém a luz, que ilumina o passado. O tempo, que não é mais simples princípio de classificação, torna-se o operador de uma história-processo, que é o outro nome ou o nome verdadeiro do Progresso. Coube a Alexis de Tocqueville dar, em 1840, no final d'*A Democracia na América*, a formulação mais clara do novo regime de historicidade. "Quando o passado não ilumina mais o futuro", ele escreve, "o espírito marcha nas trevas."[512] Com essas palavras, ele reconhece o fim do antigo regime de historicidade (quando a luz vinha do passado) e apresenta, simultaneamente, a fórmula do regime moderno, isto é, a chave de inteligibilidade do mundo desde 1789, em que é doravante o futuro que está encarregado de esclarecer o passado e de traçar o plano de ação. Assim, o espírito não marcha ou não marcha mais nas trevas. Rompendo com o antigo regime de historicidade, aquele no qual o passado era a categoria dominante, aquele que foi acompanhado pelo antigo e poderoso modelo da *historia magistra vitæ*, o regime moderno de historicidade está também em ruptura com o regime cristão, cujo desmantelamento ele vem completar.

À medida que cedia o ferrolho da cronologia bíblica, *Chronos* desprendeu-se da tutela do tempo *kairós*. Inevitavelmente, a dupla abertura do tempo, tanto na direção do passado quanto na do futuro, deixa o presentismo cristão completamente desconectado. Os grandes operadores temporais, por tanto tempo eficazes, não têm mais utilidade, uma vez que só eram plenamente operatórios entre as duas balizas do tempo do fim (aberto com a Encarnação) e do fim dos tempos (que chega com a Parusia). Eles haviam permitido cronologizar esse espaço, que era inicialmente apenas um

---

[510] Koselleck, Reinhart. *Le futur passé*, p. 331-332.

[511] Koselleck, Reinhart. *Le futur passé*, p. 362-366.

[512] Tocqueville, Alexis de. De la démocratie em Amérique. IV, 8. In: *Œuvres complètes*. Paris: Gallimard, 1961. t. I, 2, p. 336. (N.R.T.)

simples presente sem consistência. Cronologizar significava abrir espaço para algum tempo *chronos*, mas mantendo-o sob o domínio do tempo *kairós*, e tornar assim possível uma história: História eclesiástica, é claro, História da Igreja, História universal providencial, a mesma que Bossuet, guardião autorizado e eloquente do regime de historicidade cristão, quisera fixar uma última vez em todo o seu esplendor para a instrução do futuro rei. Mas ele não se estendera para além de Carlos Magno.

A aceleração

O tempo moderno é percebido pelos contemporâneos não apenas como processo, mas também como um tempo que acelera. Para Koselleck, a aceleração é o próprio conceito da experiência do tempo moderno, tendo na Revolução Francesa o seu momento forte. A rapidíssima sucessão dos regimes políticos entre 1789 e 1815 é, com efeito, sua manifestação mais perturbadora. Mas isso não é tudo. Quando, em 1793, Robespierre declara, por ocasião da festa da Constituição, que "nosso dever é acelerar esta grande revolução preparada pelos progressos da razão", ele pressupõe que uma ação decidida pode acelerar o curso da história. O tempo acelera, mas fazer a história consiste justamente em acelerá-la ainda mais, e essa é a tarefa, o dever do revolucionário.[513] Goethe já expressava essa nova experiência do tempo, quando fazia um de seus heróis dizer: "Agora não podemos mais aprender nada para a vida. Nossos ancestrais permaneciam fiéis ao ensino que recebiam na juventude; nós, porém, precisamos reciclar nossos conhecimentos se não quisermos sair de moda".[514] Entramos de fato em um tempo novo, que "ultrapassa a si mesmo" de modo permanente e constrange aqueles que caíram sob o seu domínio a fazer o mesmo.[515]

Retomando o que ele denomina as "precondições apocalípticas dos axiomas modernos da aceleração", Koselleck convidava a distinguir fortemente dois fenômenos: o de um encurtamento do tempo e o de sua

---

[513] Koselleck, Reinhart. *Le futur passé*, p. 22.

[514] Koselleck, Reinhart. Existe uma aceleração da história? *In: Estratos do tempo. Estudos sobre história*. Rio de Janeiro: Contraponto; PUC-Rio, 2014, p. 153. [O trecho em questão foi originalmente extraído da obra *As afinidades eletivas* (1809) (N.T.)]

[515] Koselleck, Reinhart. Existe uma aceleração da história?, p. 153. (N.R.T.)

aceleração.[516] O encurtamento insere-se plenamente na perspectiva de expectativa cristã, de tonalidade apocalíptica mais ou menos acentuada.[517] "Que Deus apresse o fim!" (Newton rezava cotidianamente pela vinda do Reino). Ou então vem a pergunta, que no fundo significa a mesma coisa: "Quanto tempo ainda" devemos esperar até a volta de Cristo? Mas não se deve jamais esquecer que, para Deus, um dia é como mil anos, e mil anos são como um dia. Isso abre todas as possibilidades e relembra que Deus, em sua imutável eternidade, é o único senhor do tempo. Por isso, somente ele pode abreviar o tempo *chronos*, ainda que o crente deva ou devesse esperar que a espera seja curta. Essa disposição também é a de Lutero, o reformador, que com certa frequência mostra-se apocalíptico em suas *Conversas à mesa*. Mas, no século XVI, desponta também outra relação com o tempo moldada pelas descobertas da ciência e os avanços técnicos. Francis Bacon (1561-1626) é um bom exemplo disso, quando aponta que se obtêm melhoramentos de todas as espécies e sempre maiores em tempos cada vez mais breves: *per minora intervalla*,[518] ele escreve.

Se a aceleração ainda não é propriamente a do tempo em si mesmo, não estamos longe disso. Será, com efeito, fácil passar de uma sucessão mais rápida das invenções a uma agentividade do próprio tempo. Em todo caso, esse tempo de ritmo mais rápido se mede unicamente com os relógios dos homens. A oposição entre o céu e a terra, o tempo de Deus e o tempo dos homens, é então substituída pela oposição entre o passado e o futuro somente no tempo dos homens, com uma distância que se acentua de forma acelerada entre os dois. Da mesma forma, o *já* e o *ainda não* do regime cristão, expressão temporalizada da distância existente entre a Encarnação e a Parusia, encontram-se transferidos para o próprio tempo *chronos*, sob a forma da experiência e da expectativa. Estas se tornarão, para Koselleck, as duas categorias meta-históricas do "campo de experiência" de um lado e do "horizonte de expectativa" do outro. Essa reinvestida se acompanha, na realidade, de uma profunda transformação, que equivale a uma ruptura. Isso porque, se a estrutura do *já* e do *ainda não* perdura, seu conteúdo muda

---

[516] Koselleck, Reinhart. Existe uma aceleração da história?, p. 157. (N.R.T.)

[517] Koselleck, Reinhart. Existe uma aceleração da história?, p. 157-163.

[518] Em português, "em intervalos menores". Cf. Bacon, Francis. *The New Organon*. Edited by L. Jardine & M. Silverthorne. Cambridge: Cambridge University Press. Book I, CVIII, p. 85. (N.R.T.).

completamente. Enquanto, no regime cristão, o *já* e o *ainda não* marcavam balizas temporais efetivas, o regime moderno pressupõe o abandono das balizas. Por conseguinte, o *já* e o *ainda não*, isto é, a experiência e a expectativa, tornam-se propriedades do próprio tempo-processo: a tradução de sua efetividade e as formas da experiência que se pode ter dele. Para Koselleck, assim como, depois dele, para Ricœur e para todas as hermenêuticas do tempo, é até mesmo a distância entre o campo de experiência e o horizonte de expectativa que gera o tempo moderno ou o tempo histórico. No regime cristão de historicidade, a distância fundadora entre o *já* e o *ainda não* nada tem de um tempo histórico, pois ela foi primeiramente vivida como um simples presente apocalíptico. Ela se temporalizou apenas progressivamente, sobretudo por intermédio dos grandes operadores, mas, mais uma vez, sem se autonomizar, pois, enquanto as balizas continuavam sendo o horizonte insuperável, a questão não tinha sentido algum.

A reforma

Em contrapartida, assim que sucumbem as balizas, os operadores perdem sua eficácia. De modo muito interessante para nós, a única exceção é a *reformatio* que, sob o nome de "reforma", vai continuar ativa, passando, na sua integralidade, para o campo do tempo moderno. A transferência era, afinal, fácil, na medida em que a *reformatio*, que, recordemos, olhava tanto para trás como para frente, constituía, desde o início do século XII, uma verdadeira encruzilhada temporal.[519] Doravante, a reforma, olhando apenas para o futuro, pode tornar-se um operador ativo do tempo moderno. Embora a Reforma luterana tenha tido, inicialmente, o passado em vista, o fato de que ela tenha aberto uma nova era do cristianismo facilitou, sem nenhuma dúvida, a passagem da *reformatio* ao tempo moderno e à ideia de que reformar consiste em desvincular-se de um passado superado, que entrava e retarda, para fazer emergir algo novo e melhor.

Assim, na França, por volta de 1840 e no contexto da Monarquia de Julho, a "Reforma" se tornou um *slogan* político, como atesta a fundação de um jornal (republicano) que leva esse título. Ademais, reivindicar a reforma é uma maneira prudente (para contornar a censura) de reivindicar

---

[519] Ver p. 154-158.

a Revolução. Deseja-se em última instância a revolução, mas por etapas, começando pela instauração do sufrágio universal, que, embora tenha sido previsto pela Constituição de 1793, jamais fora aplicado. Para os republicanos, querer a reforma é a boa maneira de desenrolar no tempo *chronos* o que a Revolução, indo rápido demais, não logrou fazer. Pela reforma, reabre-se a marcha para o progresso, contra todos aqueles que, nos últimos anos do Regime de Julho, dedicam-se a impedi-la ou a retardá-la. Quando se reivindica a instauração do sufrágio universal, não se deseja voltar a 1793, mas, ao contrário, fazer existir esse progresso até então impedido, mas que os novos tempos reclamam. A reforma transforma-se, desse modo, em um conceito político de movimento (controlado e progressivo) que traz em si o tempo moderno e que é por ele trazido. De operador a serviço do regime cristão, ela pôde, então, tornar-se, graças à sua plasticidade, um operador fundamental do regime moderno de historicidade.

A história e as retomadas de *Kairós* e *Krisis*

Este novo regime é também o da consagração da história. Ao singular do Progresso corresponde o singular coletivo História que, entre o final do século XVIII e a metade do século XIX, impõe-se como a potência dominante do mundo moderno. Novalis (1772-1801) já notava, em seus rascunhos, estes aforismas: "O tempo é o mais seguro dos historiadores"[520] ou "A história engendra-se a si própria".[521] Setenta anos mais tarde, Pierre Larousse vai mais longe, quando define assim a história em seu *Dicionário*: "Hoje, a história tornou-se, por assim dizer, uma religião universal. Ela substitui em todas as almas as crenças extintas e abaladas [...] Ela está destinada a tornar-se, no seio da civilização moderna, o que a teologia foi na Idade Média e na Antiguidade, a rainha e a moderadora das consciências".[522] Essa transferência de sacralidade, reconhecida e até mesmo

---

[520] Novalis. *Notes for a Romantic Encyclopedia: Das Allgemeine Brouillon*. Translated, edited, and with an introduction by David W. Wood. Albany: State University of New York Press, 2007, p. 38. (N.R.T.)

[521] Novalis. *Œuvres complètes*. Édition établie, traduite et présentée par Armel Guerne. Éditions de la Pléiade. Paris: Gallimard, 1975. t. II, p. 395. (N.R.T.)

[522] Larousse, Pierre. Histoire. *In: Grand Dictionnaire universel du XIXe siècle*. Paris: Administration du grand Dictionnaire universel, 1866. t. IX, p. 301.

reivindicada por Larousse, o republicano laico, nada tem de excepcional, muito pelo contrário. Assim como existe a religião do Progresso, existe a nova religião universal da História, e os dois nomes designam, na verdade, uma única e mesma crença: a que convém a um mundo regido por um tempo-processo, mergulhando no passado mais longínquo, que dá para o futuro, e cuja aceleração apresenta-se como a nova lei.[523] Um quarto de século mais tarde, Charles Péguy, tendo por consolidada esta "situação da história nos tempos modernos", denunciava os danos dela decorrentes. Atacando com virulência Ernest Renan, em quem ele via o precursor do mundo moderno, ele denunciava esta humanidade "que se tornou Deus" e o historiador que "meio inconscientemente, meio complacentemente" se transformara "ele mesmo em Deus".[524] De modo certamente oposto, Larousse (para celebrá-lo) e Péguy (para deplorá-lo) não deixavam de apontar o mesmo fenômeno: o desaparecimento do regime cristão de historicidade e sua substituição pelo da História. Pouco depois, o marxismo instalou uma forma de religião secular que não aspirava a nada menos do que a salvação da humanidade e a realização do homem na e pela História.

Isso é tudo? Teria *Chronos* pura e simplesmente estendido seu domínio sobre o mundo, livrando-se de *Kairós* e de *Krisis*, que já não seriam mais do que os resquícios de uma era acabada? Será que *Chronos*, e apenas ele, permitiria enfrentar todas as situações históricas, explicar tudo o que acontece e lhe conferir sentido? Os gregos haviam confiado a *kairós* o cuidado de dinamizar *chronos*. De Buffon a Darwin, dos geólogos aos naturalistas, vimos que *Chronos*, contanto que se aceitasse contá-lo em milhões de anos, bastava para explicar as transformações da Terra e a evolução das espécies. As teorias catastrofistas, que ainda eram um meio de conservar ou de reintroduzir algum *kairós* (com uma tonalidade cristã ou não), não eram sequer mais indispensáveis. Mas poderia o mesmo ocorrer com o tempo das sociedades modernas, tal como o vimos se constituir? Isto é, um tempo-processo, um tempo futurista, portador de progressos cada vez mais rápidos, motor de uma História sobre a qual se estabeleceu que é feita pelos homens, ainda que em condições que eles não escolheram,

---

[523] Hartog, François. *Crer em história*. Tradução de Camila Dias. Belo Horizonte: Autêntica, 2017, p. 9-14.

[524] Péguy, Charles. Zangwill. In: *Œuvres en prose complète*. Bibliothèque de la Pléiade. Paris: Gallimard, 1987. t. I, p. 1401, 1416.

para retomar as palavras de Marx. Está claro que o tempo uniforme da Natureza (para falar como Buffon) não pode bastar e que é preciso não um só, mas vários tempos para esperar apreender a marcha complexa das sociedades. Lembremos que, para Voltaire, o tempo da Natureza pertencia à física e que os progressos indefinidos de Condorcet concerniam apenas à humanidade.

Limitar-me-ei, aqui, a identificar a maneira como *Kairós* e *Krisis* foram absorvidos e retomados por *Chronos*, a ponto de se tornarem alguns de seus traços ou propriedades. A formação do regime cristão foi esta empresa grandiosa e bem-sucedida de controlar e de transformar *Chronos* pelo recurso a *Kairós* e *Krisis*, todos eles conceitos retomados dos gregos. Nós a examinamos ao longo dos dois primeiros capítulos. Ora, uma vez emancipado, *Chronos* não abandonou, entretanto, os dois conceitos de *Kairós* e de *Krisis*, que por tanto tempo haviam provado sua eficácia. Ele os recolocou, por assim dizer, a seu serviço, mas sob sua autoridade, senão sob o seu controle. Assim, *Krisis* permanece ativo e no horizonte, o Juízo se mantém, mas uma transferência opera-se: a faculdade de julgar passa de Deus para a própria História, que se encontra investida dessa atribuição. A imagem do Tribunal da História torna-se até mesmo um lugar comum. A famosa fórmula de Schiller, para quem "a história do mundo é o tribunal do mundo", é retomada por Hegel e por muitos outros depois dele.[525] Em 1910, num discurso no Reichstag sobre o tema dos privilégios, o socialista Karl Liebknecht afirma: "Senhores, como sabem, é verdadeira a palavra que diz que a história do mundo é o tribunal do mundo; e virão as trombetas do juízo final – as trombetas do juízo final, as trombetas do juízo dos povos, Senhores, ressoarão terrivelmente em seus ouvidos, o dia da vingança e da revanche virá, *dies irae, dies illa*!".[526] Passa-se efetivamente de um apocalipse a outro, e do céu à terra. Em sentido contrário, a fórmula também pode servir para justificar a dominação dos mais fortes. É assim

---

[525] Bouton, Christophe. L'histoire du monde est le tribunal du monde. *In*: Kervegan, Jean-François; Marmasse, Gilles (Dir.). *Hegel penseur du droit*. Paris: CNRS, 2004, p. 263-277.

[526] Bouton, Christophe. L'histoire du monde est le tribunal du monde, p. 263-264. A citação de Karl Liebknecht utilizada por Bouton encontra-se em: Gumbrecht, Hans Ulrich. Das neue Millennium als Weltgericht: über Zusammenspiel von Philosophie, Geschichtsschreibung und politischer Rhetorik. *In*: Bubner, R.; Mesch, W. *Die Weltgeschichte: das Weltgericht*. Stuttgart: Stuttgarter Hegel-Kongress, 1999, 2001, p. 422.

que Oswald Spengler a entende. "A história universal é o tribunal universal: ela sempre conferiu à vida mais forte, mais completa, mais segura de si, o direito à existência [...]; ela sempre sacrificou a verdade à potência, à raça, e condenou à morte os homens e os povos que prezavam a verdade mais do que os atos, a justiça mais do que a potência".[527] Ainda que essas interpretações "realistas" ou cínicas da fórmula não correspondam de modo algum ao que queria dizer Hegel, para quem o tribunal do mundo era "o espírito do mundo", que era a marcha para a liberdade, o fato é que o tempo da História é doravante aquele em que tudo se resolve.[528]

Kairós e Revolução

Entre o surgimento do *kairós* crístico e o dia do Juízo, estendia-se esse tempo intermediário escandido por *já* e *ainda não* (tudo já está consumado, tudo ainda não está terminado). Se *Krisis* consegue aplicar-se como Juízo na e pela História, *Kairós* vai servir, antes de tudo, para pensar a Revolução Francesa como reviravolta e marco zero de um tempo novo, semelhantemente àquele que havia sido aberto pela Encarnação, ou radicalmente diferente, como aquele que seria aberto pelo Apocalipse. Mudando de sentido, a revolução já não designa mais o retorno regular de um astro ao seu ponto de partida, mas uma fratura no tempo, pela qual irrompe na história. A adoção do calendário revolucionário, em 1793, é sua manifestação brutal, que visava a competir com o tempo da Igreja e, em seguida, eliminá-lo. Por ocasião da Proclamação da República, em 22 de setembro de 1792, um decreto da Convenção estipula que, doravante, todos os documentos públicos serão datados do "ano 1 da República". Ao longo de sua breve existência, tendo encontrado fortíssimas resistências, ele foi ab-rogado, em 1806, por Napoleão, que acabava de fazer-se sagrar imperador. Iniciava-se uma nova era, mas ela se situava no curso do tempo tradicional e punha fim à experiência inédita de um tempo revolucionário.

Para Gilbert Romme, que foi o principal artesão do novo calendário, "o tempo abre um novo livro para a história; e, em sua marcha nova,

---

[527] Spengler, Oswald. *Le déclin de l'Occident*. Traduction française de Mohand Tazerout. Paris: Gallimard, 1948. t. II, p. 466.
[528] Sem falar das "lixeiras da história" prometidas aos inimigos da revolução, versão mais trivial do Juízo.

majestosa e simples como a igualdade, ele deve gravar, com um novo buril, os anais da França regenerada".[529] O tempo é ator; é ele que abre o novo livro e sua marcha segue as regras da razão. Ele pretende ser o instrumento da regeneração da cidade nova. O tempo do calendário cristão, misto de tempo *chronos* e de tempo *kairós*, e o tempo dos monarcas devem ser substituídos por um tempo unicamente *chronos*, isto é, neutro. Dois princípios devem ser aplicados: "fazer conciliar", indica Romme, "o ano republicano com os movimentos celestes" e "medir o tempo por meio de cálculos mais exatos e mais simétricos", aplicando o sistema decimal.[530] Embora neutro, este tempo novo não é vazio. Enchem-no de símbolos e de imagens para fazer dele um instrumento de pedagogia cívica. Festas republicanas vêm ditar-lhe o ritmo.

Mas um calendário, por mais novo e resplandecente que seja, não é suficiente para transformar as experiências do tempo. Como vimos, foram necessários séculos à Igreja para colonizar completamente *Chronos*, graças ao jogo combinado de *Kairós* e *Krisis*. De sua parte, renunciam os revolucionários a qualquer recurso ao tempo *kairós*? A rápida e frequente mobilização que fazem da "regeneração" mostra que isso está longe de ser verdade. Segundo Lamourette, que se tornará bispo constitucional de Lyon, "a regeneração de Licurgo vai das leis aos costumes", ao passo que "a de Jesus Cristo", a verdadeira, a que é visada pela Revolução, "transforma primeiramente os corações". "Mesmo aqueles que não cogitam estabelecer entre a Revolução e o cristianismo a consubstancialidade postulada por Lamourette", escreve Mona Ozouf, "aceitariam, no entanto, a ideia de que a Revolução é uma conversão: sinal da dimensão religiosa do empreendimento e de sua singularidade".[531] Dessa regeneração decorrem, com efeito, a ideologia do homem novo e o messianismo revolucionário da República. Em sentido inverso, na escatologia dos contrarrevolucionários, a regeneração também é mobilizada, mas é preciso concebê-la como

---

[529] Baczko, Bronislaw. Le calendrier républicain. *In*: Nora, Pierre (Dir.). *Les lieux de mémoire*. Paris: Gallimard, 1997. v. I, "La République", p. 71.

[530] Baczko, Bronislaw. Le calendrier républicain, p. 76. A Convenção tentou "decimalizar" o tempo para conciliá-lo com o calendário: em vez de semanas, decêndios (dez dias); dias divididos em dez horas e ângulos retos de 100°, e não de 90°.

[531] Ozouf, Mona. Régénération. *In*: Furet, François; Ozouf, Mona. *Dictionnaire critique de la Révolution française*. Paris: Flammarion, 1988, p. 822.

castigo. A expiação e as perseguições preparam uma nova era. E nem tudo, portanto, está realizado. A Providência vigia. Ressurge a grande pulsação dos profetas bíblicos e dos apocalipses.

Esse é o credo de Joseph de Maistre e de todos aqueles que, pregando restaurações, reivindicam-se abertamente da reação ou que, mesmo defendendo a tradição, estão dispostos a compromissos. Dois exemplos bastarão para balizar sumariamente este campo: de um lado, o de Joseph de Maistre e, de outro, o de Chateaubriand. Aí estão dois nobres, ambos vítimas e derrotados da Revolução, dois defensores da fé cristã, mas cujas posições, afinal, divergem profundamente. O primeiro é um opositor frontal que recusa completamente o tempo moderno, ao passo que o segundo nunca deixou de navegar entre o antigo e o novo regimes de historicidade.[532] No rastro de Edmund Burke, Joseph de Maistre (1753-1821) ambiciona ser reconhecido como o teórico da Contrarrevolução. Baseado em quê? Denunciar, como Burke e o abade Barruel, o seu "caráter satânico" não é suficiente; é ainda mais importante reconhecer nela o papel da Providência. De fato, Maistre, repudiando a impiedade do século decorrido e o colocando, por assim dizer, entre parênteses, retoma as opiniões de Bossuet sobre as vias da Providência para explicar este acontecimento monstruoso e, à primeira vista, incompreensível.

"'Não compreendo nada', era o grande lema da época", ele relembra. Mas tudo fica claro a partir do instante em que se reconhece que se trata de uma "revolução decretada", que não se pode nem prevenir nem impedir. Ela arrasta tudo, incluindo-se "os celerados que parecem a conduzir, mas dela participam apenas como simples instrumentos; e assim que têm a ambição de a dominar, caem de maneira ignóbil".[533] "Ela caminha sozinha", ele diz ainda, e "se ela emprega os instrumentos mais vis, é porque pune para regenerar".[534] A palavra bombástica é, portanto, lançada: a regeneração é efetivamente remobilizada. Trata-se da outra acepção, negativa, da regeneração. Os crimes tornam-se "os instrumentos da Providência". Por isso, a regeneração é mais purificação

---

[532] Hartog, François. *Régimes d'historicité*, p. 97-140. [Ed. bras.: Hartog, François. *Regimes de historicidade*, p. 94-129.]

[533] Maistre, Joseph de. *Considérations sur la France* [1796]. Introduction, notes et bibliographie par Jean Tulard. Paris: Garnier, 1980, p. 32-33.

[534] Maistre, Joseph de. *Considérations sur la France*, p. 34.

do que renascimento. Ela julga e castiga os franceses: a gravidade do crime justifica a extensão do castigo. Mas a Providência faz mais do que isso: ao impedir o desmantelamento da França, as forças armadas da República trabalharam, sem saber o que faziam, "pela França e pelo futuro rei".[535] Punindo os franceses, ela protege a França. "Se a Providência *apaga*, é sem dúvida para escrever."[536] Essa é a versão maistriana dos segredos da Providência e das vias da regeneração.

Em profundo desacordo com a teocracia de Joseph de Maistre, Chateaubriand está em busca de um compromisso entre o progresso, ao qual ele adere, e o cristianismo, no qual ele acredita. Ele tenta indicar uma via a que se poderia chamar modernista, embora esteja consciente de que "a antiga sociedade desaparece debaixo dela".[537] Legitimista até o seu último dia e sabendo perfeitamente que os Bourbon estão acabados, ele gostaria de persuadir e talvez de persuadir-se a si próprio de que "a ideia cristã é o futuro do mundo."[538] Enquanto Maistre, para rejeitar o tempo *chronos*, enxerga somente uma teocracia capaz de restaurar o tempo *kairós*, Chateaubriand procura atribuir um lugar importante ao tempo *chronos*, mas envolvendo-o no tempo *kairós* da Igreja. "O cristianismo", ele pensa, "estável em seus dogmas, é móvel em suas luzes."[539] Outra maneira de expressar sua mobilidade consiste em dizer que ele sabe negociar com o tempo *chronos*. "O homem tende a uma perfeição indefinida", ele escreve em 1831, "ele não cessa de subir a encosta íngreme deste Sinai desconhecido, no topo do qual ele tornará a ver Deus. Ao avançar, a sociedade realiza certas transformações gerais e chegamos a uma destas grandes mudanças da espécie humana."[540] Cunhando a expressão "perfeição indefinida", ele tenta conciliar a antiga perfeição cristã (a da *imitatio* e da *reformatio*) com os progressos indefinidos de Condorcet e a perfectibilidade. Essa dupla profissão de fé tinha, pelo menos, a vantagem de reforçar a coerência de

---

[535] Maistre, Joseph de. *Considérations sur la France*, p. 41.

[536] Maistre, Joseph de. *Considérations sur la France*, p. 42.

[537] Chateaubriand, René de. *Mémoires d'outre-tombe*. Édition établie, présentée et annotée par J.-Cl. Berchet. Paris: Classiques Garnier, 1989-1998. t. I, p. 1020.

[538] Chateaubriand, René de. *Mémoires d'outre-tombe*, t. I, p. 1020.

[539] Chateaubriand, René de. *Mémoires d'outre-tombe*, t. I, p. 1022.

[540] Chateaubriand, René de. Études ou Discours historiques. In: *Œuvres complètes*. Paris: Ladvocat, 1831. t. IV, Préface, p. 151.

seu percurso de homem situado entre dois tempos, ao mesmo tempo autor do *Gênio do cristianismo* e defensor da liberdade de imprensa.

As Histórias da França

Para apreender a Revolução, a mobilização de uma forma do *Kairós* vai perdurar e marcar, de modo mais ou menos pronunciado, a redação das *Histórias da França* ao longo de todo o século XIX. O esquema é o seguinte: há uma analogia entre a Revolução e a Encarnação, na medida em que ela é este ponto cardeal a partir do qual se desenrola toda a história passada, mas também a história por vir da França. Tendo ocorrido, ela não precisa mais ser feita – estamos no "já" – mas, tendo sido interrompida, desperdiçada, desvirtuada (com o Terror), ela está inacabada – nem tudo está consumado. Encontramo-nos aqui também em um tempo intermediário e orientado, no qual a revolução de 1830, a de 1848 e a Comuna puderam levar seus adeptos a acreditar que as promessas estavam, finalmente, prestes a cumprir-se. E que a história estava a ponto de se encerrar em uma espécie de parusia.

Lançando, em 1869, um olhar retrospectivo sobre a sua *História da França*, Jules Michelet inicia seu "Prefácio" com as seguintes palavras: "Esta obra trabalhosa de cerca de quarenta anos foi concebida em um momento, o do lampejo de Julho. Naqueles dias memoráveis, fez-se uma grande luz, e pude ver a França".[541] O que ele sugere, senão que a tarefa à qual dedicou quarenta anos de sua vida decorre de uma verdadeira experiência mística? No "lampejo" dos Três Dias de julho de 1830, a França revelou-se a ele, assim como Cristo revelara-se a João nos primeiros versículos do *Apocalipse*. Escrever é, portanto, dar o testemunho sobre o que ele viu. Evidentemente, 1830 é somente a projeção de 1789, mas uma projeção bem-sucedida: instaurando quase sem desferir nenhum golpe a monarquia constitucional, 1830 cumpre as promessas traídas de 1789. Assim, nos anos seguintes, os vencedores, os historiadores liberais em primeiro lugar, quiseram acreditar que a História estava encerrada, a ponto de alguns, como Guizot ou Augustin Thierry, ficarem estupefatos quando veio 1848. A Parusia, eles acreditavam, ocorrera em 1830! E ela

---

[541] Michelet, Jules. Histoire de France. *In*: *Œuvres complètes*. Paris: Flammarion, 1974. t. IV, Préface de 1869, p. 11-14.

se inscrevera apenas no tempo *chronos*. Indo ainda mais longe, Roland Barthes considerava que, para Michelet, a Revolução, a de 1789, "tendo cumprido o tempo", o tempo de depois não podia ser vivido senão como "uma suspensão da História". É, portanto, nessa suspensão que ele viveu, de tal modo que ele só pôde "introduzir o século XIX no processo do tempo na condição de Apocalipse", não sendo ele próprio "republicano senão em sua História".[542]

Paralelamente a essas reinvestidas maiores de *Krisis* (que deixa a História em posição de *alpha* e de *ômega*) e de *Kairós* (que vê na Revolução um fenômeno análogo do *Kairós* crístico), surgem mobilizações dos dois conceitos que podem ser qualificadas de menores, e até mesmo frequentemente pouco explícitas. São, por assim dizer, maneiras de enriquecer o tempo *chronos*, tornando-o mais flexível, mais apto de apreender o que advém por parte dos homens, "humanizando-o". Bossuet devia distinguir dois planos: de um lado, o das "causas particulares" e do que os homens acreditam fazer, e, de outro, o das "ordens secretas da Providência" e do que eles realmente fazem. Assim, "tudo é surpreendente se olharmos apenas para as causas particulares e, no entanto, tudo avança conforme uma sequência regrada".[543] O tempo *kairós* permanece no comando, como deve ser, mas age secretamente. É o preço que teve de pagar Bossuet para manter ativa e regente a ordem cristã do tempo. Menos de dois séculos mais tarde, Hegel mantém a pergunta, mas reformula a resposta. Ele chama a distância entre o particular (a ação individual) e o geral (a manifestação da Ideia) de "astúcia da razão", mas tudo se dá de agora em diante apenas no plano da História, que é concebida como a verdadeira doutrina da Salvação.[544]

Fica claro também que o grande homem, tão escrutinizado e celebrado pelo século XIX, pôde ser o vetor de um tempo *kairós*. Assim se apresentava Napoleão, nascido de si mesmo e vivendo sempre à frente de si mesmo. Hegel, justamente, vendo-o atravessar, em 1806, Jena a cavalo,

---

[542] Barthes, Roland. *Michelet*. Paris: Le Seuil, 1954, p. 58; Barthes, Roland. Michelet, l'Histoire et la mort. *In: Œuvres complètes*. Paris: Le Seuil, 1995. t. I, p. 94.

[543] Ver p. 174-175. Bossuet, Jacques-Bénigne. *Discours sur l'histoire universelle*, p. 354.

[544] Hegel, G. W. F. *Leçons sur la philosophie de l'histoire*. Traduction française de Jacques Gibelin. Paris: Vrin, 1963, p. 37.

reconheceu nele "a alma do mundo" ou um momento da manifestação do Espírito. Mais frequentemente percebido como estando à frente de seu tempo, o grande homem vem modificar o curso do tempo ordinário no qual, por vezes, tem dificuldade em encontrar o seu lugar, ainda que sua tarefa histórica seja a de transformá-lo, geralmente acelerando-o.[545] Ele se torna uma ponta de lança do tempo *chronos* e, nesse sentido, portador de uma forma de *kairós*.

De Krisis *a crise*

O que acontece com *Krisis* é ainda mais importante. Reconciliando-se diretamente com o sentido médico do termo, *krisis* retorna como crise, simples crise, como alguns ficariam tentados a dizer. No vocabulário hipocrático, "crise" designa uma passagem. Esse foi o ponto de partida de nossa investigação. Há crise nas enfermidades quando elas se agravam, enfraquecem-se, transformam-se em outra moléstia ou acabam, de modo favorável ou desfavorável.[546] Diferentemente de *Krisis* como Juízo Final e saída do tempo, a crise hipocrática é uma fase de um ciclo inscrita no tempo *chronos*. O dicionário *Grand Larousse du XIXe siècle* dá três definições para a palavra: um primeiro sentido, médico; um sentido figurado, a crise como "situação de incerteza"; e, por fim, um terceiro sentido, novo, a crise sob o aspecto da crise comercial, referindo-se ao então recente livro de Clément Juglar. Em *Des crises commerciales et de leur retour périodique en France, en Angleterre et aux États-Unis* [Sobre as crises comerciais e seu retorno periódico na França, na Inglaterra e nos Estados Unidos], publicado em 1862, Juglar apresenta, com efeito, uma primeira análise cíclica da crise:

"As crises, assim como as doenças", ele escreve, "parecem ser uma das condições de existência das sociedades em que dominam o comércio e a indústria. Pode-se prevê-las, suavizá-las, proteger-se delas até certo

---

[545] Hartog, François. *Antigos, modernos, selvagens*, p. 162-173.
[546] Ver p. 36-37. Koselleck, Reinhart. Some Questions Regarding the Conceptual History of Crisis. *In: The Practice of Conceptual History, Timing History, Spacing Concepts.* Stanford: Stanford University Press, 2002, p. 236-247; Ricœur, Paul. La crise, un phénomène spécifiquement moderne? *In: Politique, Économie et Société.* Paris: Le Seuil, 2019, p. 165-196.

ponto, facilitar a retomada dos negócios, mas suprimi-las é o que, até aqui, a despeito das mais diversas combinações, ninguém foi capaz de fazer. Propor, por nossa vez, um remédio quando reconhecemos a pouca eficácia dos outros não era possível, sobretudo porque sua evolução natural restabelece o equilíbrio, e prepara um solo firme sobre o qual podemos nos apoiar sem medo para percorrer um novo período."[547]

Segundo essa visão liberal e otimista, a crise não é nem excepcional nem mortal. Ela é até mesmo um fenômeno normal, cujo retorno regular pode ser observado. Desapocaliptizada, ela retorna como simples componente do tempo *chronos*. Juglar atribuiu seu nome a um ciclo que cobre uma dezena de anos, sendo que a crise propriamente dita ocupa um de seus quatro tempos: prosperidade seguida de crise, depressão seguida de retomada. Ela se inscreve no tempo novo da economia que rapidamente dota-se de suas próprias datas-referências e de sua periodização. Atento ao tempo cíclico, Juglar não renuncia, entretanto, ao tempo linear: o tempo da economia é cumulativo e abre, a cada retomada, para um futuro melhor. Seu tempo *chronos* permanece orientado.

Nas décadas seguintes, os economistas, seguidos dos historiadores promotores de uma história econômica e social, desenvolverão e complexificarão essa abordagem, discernindo, ao lado dos ciclos curtos, ciclos longos, ou mesmo muito longos. Plenamente inscrita no tempo *chronos*, a análise da crise é, em todo caso, um meio de apreender e de domesticar o acontecimento. Como a doença, a crise segue um certo curso, e assim como o médico é capaz de, a partir dos sintomas, apresentar um diagnóstico e, em seguida, um prognóstico, o economista pode prever, a partir de suas premissas, o curso de uma crise. Vale a pena notar que, quanto mais se desenvolverá a análise da crise – indo do que se vê para o que não se vê, do mais breve ao mais longo, ou até ao quase imóvel –, mais será rejeitada qualquer intervenção de uma forma de tempo *kairós* no surgimento do acontecimento "crítico". Afastando o acidental em proveito da repetição, a história da longa duração, a história serial e, depois, a história estrutural irão mais longe nessa direção. No fim, concluirá o historiador Ernest Labrousse, "as economias têm as crises de suas estruturas".[548]

---

[547] Juglar, Clément. *Des crises commerciales et de leur retour périodique en France, en Angleterre et aux États-Unis*. Paris: Guillaumin et Cie, 1862, p. VII.

[548] Pomian, Krzysztof. *L'ordre du temps*, p. 59-83.

Nesse aprofundamento de um pensamento da crise, é certo que a Revolução Francesa constituiu, ao longo do século XIX e também de boa parte do século XX, o exemplo típico. Acabamos de evocar a que ponto ela pôde ser interpretada ora como uma figura moderna do *Kairós* crístico, ora como uma prefiguração do dia do Juízo, ou ainda como um misto dos dois. Em sentido contrário, para os adeptos da História e os defensores do tempo *chronos*, e somente do tempo *chronos*, era crucial demonstrar que ela havia sido provocada e trazida pelo tempo ordinário, um pouco como as nuvens trazem a tempestade, mas sem que tenha sido requerida a intervenção de outro tempo. O desafio era considerável, pois envolvia a capacidade da História de se afirmar como a ciência que ela pretendia ser: capaz de dizer, da maneira mais precisa possível, a verdade do real. Devidamente elaborado, ainda mais após a crise de 1929, o conceito de crise devia permitir atender a essa exigência. Aqui também se impõe o nome de Labrousse, que, para compreender a Revolução Francesa, envolver-se-á em uma grande análise das crises, construindo a noção de crise do antigo regime ou ainda de crise de tipo antigo. Assim, a Revolução emergia no ponto de confluência de várias crises: uma crise de tipo antigo (a penúria de 1789) e uma recessão "anômala" ou "intercíclica", que se estendia pelo reinado de Luís XVI, tudo isso tendo por pano de fundo uma "onda longa", que permitiu, ao longo do século, o enriquecimento dos rentistas e dos mercadores.[549] Era, portanto, "a conjuntura econômica que criara, em grande parte, a conjuntura revolucionária".[550] O importante é que a Revolução perde assim todo caráter de surgimento de apocalipse para remeter a níveis mais profundos e explicativos, onde tudo é questão de ritmos que não somente não são os mesmos de um nível para outro, mas acabam contrariando-se uns aos outros.

No fim, portanto, não há uma crise única, mas várias, cada qual com seu ritmo e sua temporalidade, ainda que existam interferências e recobrimentos parciais. Chega-se assim a uma verdadeira representação geológica da crise: assim como não há um só tempo, não há uma só crise. O médico calcula e ordena, enquanto o historiador e o economista,

---

[549] Labrousse, Ernest. *La crise de l'économie française à la fin de l'Ancien Régime et au début de la Révolution*. Paris: PUF, 1944. t. I, p. VIII-LII.

[550] Labrousse, Ernest. *Esquisse du mouvement des prix et des revenus en France au XVIIIe siècle*. Paris: Dalloz, 1933, p. 640.

eles também para enxergar melhor, desmultiplicam a crise, no intuito de domesticá-la, contendo-a em diversos tempos que se vinculam todos a um único e mesmo tempo *chronos*. A elaboração de toda uma analítica da crise permite, portanto, reduzir a quase nada o tempo *kairós*, incluindo-se no caso de um acontecimento fundador tão emblemático quanto enigmático como é uma revolução. É notável, para não dizer paradoxal, constatar até onde se desfez a antiquíssima aliança entre *Kairós* e *Krisis*, a tal ponto que *krisis* (como crise inteiramente inscrita no tempo *chronos*) tornou-se uma arma contra toda forma de tempo *kairós*. É como se *Krisis*, após ter por tanto tempo caminhado com *Kairós*, tivesse-se voltado contra ele, retornando, por assim dizer, aos gregos.

Concebendo-se a si mesma mais como uma ciência, a história moderna perseguirá cada vez mais o tempo *kairós*. Recorrendo ao tratamento estatístico dos fatos humanos, estabelecendo séries, calculando índices e traçando curvas, são as multidões, e não mais os grandes homens, que ela procura, e são, enfim, os anônimos que ela interroga. Condorcet, o matemático, esperava que aquilo a que se chamava por ignorância o acaso poderia ser cada vez mais reduzido por meio do cálculo das probabilidades. Estender-se-ia assim o domínio do tempo *chronos* também na direção do futuro. A previsão e, depois, a prospectiva, concebida como auxílio à decisão, iriam sistematizar essa abordagem e se reunir por muito tempo sob o estandarte da futurologia. São técnicas e saberes que, acompanhando o regime moderno de historicidade na direção do futuro, aprofundam o domínio do tempo *chronos* como tempo incontestado – isto é, como a totalidade do tempo e como único tempo passado, presente e futuro.

O caso Ernest Renan

Desta expansão do tempo *chronos*, que se tornou ator, quando não o único ator, Ernest Renan (1823-1892), antigo seminarista, é mais do que uma testemunha.[551] Ele contribui ativamente para ela. De fato, ele frequentemente evoca "a incalculável série dos séculos" ou "o infinito da duração". Ele representa uma versão forte do regime moderno de historicidade. Convencido de que o futuro se conta em milhões de anos, ele

---

[551] Hartog, François. *La nation, la religion, l'avenir. Sur les traces d'Ernest Renan*. Paris: Gallimard, 2017.

professa que "o devir é a grande lei". Evidentemente, não se trata mais da velhice do mundo e do tempo do fim. No que diz respeito ao fim dos tempos, ele intervirá, mas dentro de milhões ou mesmo bilhões de anos. "O tempo", ele escreve, "parece-me cada vez mais o fator universal, o grande coeficiente do eterno devir."[552] *Chronos*, apreendido sob a forma do devir e moldado pelo progresso, é a força que explica o universo. Ele "impele tudo à vida, e a uma vida cada vez mais desenvolvida."[553] Imbuído dessa fé, Renan reconfigura todo o sistema das ciências da natureza e da humanidade em função dela. Contudo, o adepto constante e eloquente que ele é do tempo *chronos* não renuncia, porém, a todas as formas de *kairós*. O autor d'*O futuro da ciência* é também o da *Vida de Jesus*.[554] De um lado, a religião da ciência encontra-se inteiramente sob a influência de *chronos*, enquanto a de Jesus pertence a um puro *kairós*. É precisamente essa dupla profissão de fé que justifica evocá-lo aqui como figura do entremeio – assim como Chateaubriand, mas de outra maneira.

Uma humanidade divinizada

Primeiramente, o que ele entende por progresso? No nível mais geral, que vale para o planeta Terra, existe uma "tendência ao progresso": "uma marcha" "onde tudo está ligado, onde cada momento tem sua razão de ser no momento anterior". Esse "desenvolvimento regular", concebido a partir do modelo da embriogenia, conduz à "formação lenta da humanidade", isto é, ao "progresso rumo à consciência."[555] Em um segundo nível, este propriamente histórico, o progresso (no sentido hegeliano) representa o momento em que a humanidade, pela primeira vez, "compreendeu-se e refletiu sobre si mesma". E a Revolução Francesa marca "a primeira tentativa da humanidade de tomar suas próprias rédeas e dirigir-se a si mesma".[556] Essa convicção de que a humanidade

---

[552] Renan, Ernest. L'avenir de la science. In: *Œuvres complètes*. Paris: Calmann Lévy, 1949. t. III, p. 634.

[553] Renan, Ernest. *L'avenir de la science*, p. 644.

[554] Ernest Renan publica a *Vida de Jesus* em 1863 e *O futuro da ciência* somente em 1892, mas esse último livro já estava essencialmente concluído em 1849.

[555] Renan, Ernest. *Lettre à Marcellin Berthelot*, p. 639, 644-645.

[556] Renan, Ernest. *L'avenir de la science*, p. 747.

é, para si mesma, seu próprio Prometeu, para usar a expressão de Michelet tradutor de Vico, é então amplamente difundida. O homem molda o mundo e o tempo da história. "O direito é o progresso da humanidade", entende Renan: "não há direito contra esse progresso; e, reciprocamente, o progresso basta para tudo legitimar. Tudo o que contribui para o avanço de Deus é permitido".[557] O futuro é portador da inteligibilidade de todo o desenvolvimento precedente. Enquanto, para os cristãos, o ponto de vista de onde tudo se revela é a Encarnação, para Renan, a revelação (ainda) está por vir; ela será este momento em que a humanidade chegará à plena consciência de si mesma. "O objetivo da humanidade é [...] que a perfeição se faça carne".[558] Assim será a Parusia. Pode-se entender que a Igreja o tenha condenado como um perigoso blasfemador, ou mesmo como figura do Antecristo.

Em sua linguagem, esse dia será aquele em que a humanidade será um Deus perfeito, e não mais *in fieri* (em devir), pois é preciso somente substituir o ser pelo devir, como ele salienta, em 1863, em sua *Carta a Marcellin Berthelot*. A "plenitude" do tempo, que, desde Paulo, é para o cristão alcançada com a Encarnação, não intervirá senão no futuro – e será precisamente esse o Futuro. Ele é o *telos*, e a marcha na sua direção é a razão de ser do universo. Renan opera assim uma retomada e uma transferência (ou um desvio) do esquema cardeal do cristianismo. Mas ele introduz também, com o mesmo movimento, uma ruptura irremediável com ele. Isso porque, ao levar ao extremo a extensão e o movimento para frente do tempo *chronos*, e nada além de *chronos*, o *kairós* intervém apenas no fim, quando a humanidade, plenamente realizada, torna-se Deus por meio de uma espécie de apocalipse desdramatizado e cronologizado. Enquanto isso, e esta é outra forma de o dizer, Deus (já) existe como "ideal", e ele existirá (um dia) como "realidade". Esta inserção do Deus-Humanidade no tempo *chronos* ou esta redução de Deus ao tempo *chronos* retoma ou resgata algo do gesto realizado, no século XII, por Joaquim de Fiore. Distinguindo o Evangelho do Pai, o do Filho e o do Espírito, que estava prestes a iniciar-se e seria o Evangelho eterno, ele operava uma temporalização da Trindade.[559] A religião do futuro de Renan é também uma

---

[557] Renan, Ernest. *L'avenir de la science*, p. 1032.

[558] Renan, Ernest. *L'avenir de la science*, p. 1035.

[559] Ver p. 136-140.

forma de Evangelho eterno *in fieri* e cuja realização pode levar milhões de anos. Joaquim fixava o seu início em 1260...

Mas a marcha nem sempre é tranquila: paradas, quedas, recuos não deixam de ocorrer. São as guerras, as derrotas, as revoluções: tantas crises do futuro, que parece então distanciar-se. Para Renan, esse foi o caso em 1870-1871. Oscilando então entre desespero e exaltação, ele mantém-se firme em sua crença no futuro a ponto de desatinar. Por meio de uma personagem de seus *Diálogos filosóficos*, que ele denomina Teotiste, o fundador de Deus, Renan aparece como cientista louco, autorizando-se fantasmagorias perto das quais os transumanistas do Vale do Silício passariam quase por aprendizes amáveis e um tanto receosos. Nos fragmentos, redigidos em maio de 1871, ele quer enxergar além da humanidade atual, que, segundo todas as evidências, não será a que conhecerá a realização do reinado da razão. "A ciência criará um ser onisciente e onipotente. Corpo sábio, senhor do mundo, armado de poderosos meios de destruição." Ou ainda: "Época em que a ciência suprimirá o homem e os animais e os substituirá, assim como as matérias gordurosas da natureza são substituídas por outras melhores".[560] O futuro recuou, talvez até mesmo em milhões de anos, mas ele virá. A diferença com os transumanistas de hoje é que estes têm por projeto presentificar o futuro: o homem transformado e melhorado é para agora. Para Renan, ao contrário, esse futuro não era para amanhã (ele não imaginava, nem por um segundo, conhecê-lo). Uns convocam o futuro no presente, enquanto o outro relativiza o presente (e suas desgraças), esclarecendo-o por meio de um futuro até mesmo muito longínquo. Uns inscrevem o futuro em uma conjuntura presentista, o outro leva aos seus últimos limites o regime moderno de historicidade.[561] Entretanto, tanto este como aqueles partem de um momento de crise do futuro, isto é, do presente.

O Kairós *Jesus*

Um *Chronos* divinizado, desprendido do regime cristão, não é, todavia, a última palavra de Renan nem em matéria de religião nem em

---

[560] Renan, Ernest. *Dialogues philosophiques*. Édition critique par Laudyce Rétat. Paris: CNRS, 1992, fragments 214, 226, 244.

[561] Ver p. 277-279.

matéria de tempo. O antigo seminarista nunca é simplesmente unívoco: durante toda a sua vida, ele foi um virtuoso da dualidade e da prática de contemplar os dois lados. Adepto convicto de *Chronos*, ele nunca renunciou, entretanto, a uma forma de *kairós*. Se, n'*O futuro da ciência*, ele quer fazer ceder a "barragem" do cristianismo que já não tinha mais razão de ser, na *Vida de Jesus*, ele quer convencer que, mais do que nunca, Jesus tem um futuro. Para isso, era preciso ousar um primeiro gesto, o da ruptura: com a teologia, a escolástica, o papado, isto é, com tudo o que, a partir de um certo momento, tendeu a sufocar o germe inicial. Muitos outros antes dele realizaram esse gesto de *reformatio*, no intuito de resgatar a verdade das origens. Reconhecemos o lugar cardeal desse operador no cristianismo.

Assim, para promover sua reforma, ele empreende um trabalho de exegeta, mas começando por estabelecer que não há nem milagre nem revelação e mobilizando a ciência contemporânea, isto é, a filologia e uma forma de psicologia histórica. Ao partir, principalmente, dos *Evangelhos*, ele quer apreender o Jesus histórico (o que ele chama de "fato" Jesus), aquele, portanto, de antes dos *Evangelhos*; aquele cuja "espontaneidade" ainda não foi deformada pela "lenda"; aquele que até mesmo seus discípulos não compreenderam realmente e traíram, muito distante, portanto, do fundador de dogmas que ele rapidamente tornou-se. O desprendimento do verdadeiro espírito passa, portanto, por uma apreensão exata e fina da letra, ou melhor, aquém mesmo da letra, mas a partir dela. E o Jesus que ele encontra é, ao mesmo tempo, "incomparável" e "insuperável". Criador do "céu das almas puras", ele é o fundador "de uma religião universal e eterna". "Ninguém se tornava seu discípulo", ele afirma, "acreditando nisto ou naquilo, mas afeiçoando-se à sua pessoa e amando-o".[562] Nem fundador de dogmas, nem artífice de símbolos, ele introduz no mundo um espírito novo. "Aderir a Jesus com vistas ao reino de Deus, eis o que se chamava inicialmente ser cristão. Os menos cristãos dos homens foram, de um lado, os Pais gregos, seguidos dos escolásticos da Idade Média latina [...] Jesus fundou a religião na humanidade, assim como Sócrates nela fundou a filosofia, e Aristóteles nela fundou a ciência".[563]

---

[562] Renan, Ernest. Vie de Jésus. In: *Œuvres complètes*. Paris: Calmann-Lévy, 1950. t. IV, p. 362.

[563] Renan, Ernest. *Vie de Jésus*, p. 363.

O Jesus de Renan mantém-se, portanto, no tempo, o seu, e também o excede (pois ele foi morto e tornou-se, na realidade, infinitamente mais presente hoje do que foi durante sua vida). No fim, ele está no tempo *chronos* (como Sócrates e Aristóteles) e também escapa dele, assim como escapa aos limites do *Kairós* cristão. Puro surgimento, ele é este germe sempre suscetível de ser reativado, sempre disponível, pois "superá-lo" é inconcebível. Jesus é de fato homem, mas "incomparável" e "insuperável", como o autor o definia em sua *Aula inaugural* no Collège de France, que logo lhe valeu a revogação de sua cátedra e a glória.

A *Vida de Jesus* manifesta uma dupla exigência: uma exigência de ruptura, de distanciamento, e uma exigência de fidelidade, pois romper impôs-se como a maneira de ser mais profundamente fiel à sua vocação. "A ideia de que, abandonando a Igreja, eu permaneceria fiel a Jesus apoderou-se de mim, como se eu ouvisse Jesus dizer-me: 'Abandona-me para ser meu discípulo'."[564] Assim, há, de um lado, a religião de Jesus, forma de amor puro e pertencente a um tempo *kairós* (que não se mede) e, de outro, a de uma humanidade destinada a uma plena consciência de si graças à ciência e conforme a progressão (lenta) do tempo *chronos*. Esta segunda via retoma, na verdade, o esquema de Condorcet, mas inscrevendo em um horizonte temporal os progressos da razão. Por outro lado, a primeira, a de (seu) Jesus, não é mais atribuível a um lugar do que a um tempo. A todo instante, ele pode enviar um sinal a quem estiver disponível para o seguir. "Seu culto rejuvenescer-se-á continuamente; sua lenda provocará lágrimas sem fim".[565]

Por sua posição de entremeio, mas em nenhum caso de justo meio, Renan é para nós um marco importante nas trocas de posição entre tempo *chronos* e tempo *kairós*. Ele está completamente inserido no campo do tempo *chronos*, mas estando firmemente apegado a uma presença perpétua de um presente extratemporal. Mas esse tempo *kairós* puro deve pertencer apenas à esfera privada. O Estado não deve interferir, ainda que o espaço público seja inteiramente regido pelo tempo *chronos*. "A religião deve tornar-se algo inteiramente livre, isto é, uma coisa que não diz respeito ao Estado."[566]

---

[564] Renan, Ernest. Souvenirs d'enfance et de jeunesse. *In: Œuvres complètes*. Paris: Calmann-Lévy, 1948. t. II, p. 876.

[565] Renan, Ernest. *Vie de Jésus*, p. 371.

[566] Hartog, François. *La nation, la religion, l'avenir*, p. 72.

É precisamente por isso que ele foi reconhecido e honrado pela Terceira República como advogado da separação entre a Igreja e o Estado e como defensor da laicidade. Atesta-o a inauguração, em 1903, da estátua erigida em sua honra em Tréguier, sua cidade natal, sob a presidência do novo presidente do Conselho, Émile Combes. A futura Lei da Separação das Igrejas e do Estado virá dois anos depois.

Chronos abalado e contestado

Por volta de 1900, o império de *Chronos* estabelecia-se da seguinte forma: de um lado, um tempo do mundo em várias velocidades; de outro, um tempo absoluto, aquele que Newton qualificava de *"sensorium Dei"*. Porém, uma vez desmantelado o regime cristão, o tempo absoluto passa a ser contestado do próprio interior da física. A discussão articula-se em torno da questão da simultaneidade. O aspecto prático dessa questão teórica é a sincronização dos relógios, cujas implicações são consideráveis. Mobilizando a física, as técnicas, o comércio, as rivalidades coloniais e imperiais, ela se situa na junção dos saberes e do poder.

Sincronizar os relógios

Em 1889, o metro padrão e o quilograma foram oficialmente registrados com seu "enterro" no pavilhão de Breteuil em Paris.[567] A ciência é reconhecida como a medida de todas as coisas, e o sistema métrico é o seu profeta. A etapa seguinte deveria ser o tempo. Uma primeira tentativa de sincronizar os relógios é feita, ligando-os por um cabo telegráfico ao relógio-mãe do Observatório de Paris. Bastaria em seguida estender aos poucos a rede até cobrir o conjunto do território e, por fim, o mundo inteiro. Mas as coisas não ocorreram com tal simplicidade. Com efeito, nesse avanço progressivo da sincronização, foram as ferrovias que desempenharam o papel fundamental, muito particularmente nos Estados Unidos e no Canadá, haja vista a extensão das redes ferroviárias. Como declara William Allen perante

---

[567] Em 1889, a primeira Conferência Geral dos Pesos e Medidas sancionou os novos protótipos do metro e do quilograma e solicitou que fossem levados ao Pavilhão de Breteuil, onde funcionava o Gabinete Internacional dos Pesos e Medidas. Os objetos foram trancados em um jazigo do prédio. (N.T.)

a sociedade metrológica americana: "As ferrovias são os grandes educadores e instrutores do povo para ensinar e manter o tempo exato".[568] Veio então a instalação dos grandes cabos oceânicos que permitiram a sincronização dos continentes e os cálculos precisos das longitudes para a revisão dos mapas. Em 1878, o imperador Dom Pedro II do Brasil deslocou-se para testemunhar a chegada elétrica do tempo europeu perto da Bahia. Em Paris, o centro é o Gabinete das Longitudes. Henri Poincaré, que foi o seu diretor, desempenha um papel eminente na extensão de uma rede primeiramente nacional e, depois, imperial e mundial. Como os ingleses e os americanos faziam o mesmo, a questão da fixação de um meridiano-origem de referência foi formulada com acuidade cada vez maior. Qual deveria ser escolhido? Em princípio, qualquer um poderia servir, pois se trata de uma pura e simples convenção. Quando da Conferência de Washington, em 1884, os franceses defenderam evidentemente o meridiano de Paris, mas, muito isolados, não puderam opor-se à adoção de Greenwich como meridiano-origem. Eles perderam essa batalha do tempo de referência. Os ingleses tornaram-se os senhores do tempo do mundo. A Alemanha aderiu de bom grado à escolha de Greenwich. Em um discurso perante o Parlamento alemão, em 1891, o Marechal von Moltke exaltou as vantagens da sincronização dos trens, sobretudo para a mobilização rápida das tropas.

A datação em antes e depois de Jesus Cristo inscrevera o triunfo do regime cristão nas tábuas do tempo, pois a descida do tempo *kairós* no tempo *chronos* era instituída como "pivô" do tempo universal. Em 1884, a adoção do meridiano de Greenwich como meridiano-origem, que permite uma sincronização do mundo, fez de Greenwich o "pivô" do tempo do mundo (o Tempo universal). Coordenar relógios não é, portanto, um passatempo inocente! Entretanto, as consequências no plano teórico não foram menores, pois elas se chamam teoria da relatividade, enunciada pela primeira vez por Albert Einstein em 1905. Com efeito, o sistema de sincronização dos relógios concebido por Einstein "reduz o tempo a uma sincronicidade procedimental, ligando os relógios uns aos outros por meio de sinais eletromagnéticos".[569] O tempo absoluto de Newton estava morto. Com a teoria da relatividade, não há mais tempo de referência

---

[568] Galison, Peter. *Einstein's Clocks, Poincaré's Maps, Empires of Time*, p. 125.
[569] Galison, Peter. *Einstein's Clocks, Poincaré's Maps, Empires of Time*, p. 292. Ver também: Klein, Étienne. *Les tactiques de Chronos*, p. 112-117.

nem relógio central.⁵⁷⁰ Da mesma forma, para Henri Poincaré (1854-1912), a simultaneidade era uma "convenção". "Seu modernismo", escreve Peter Galison, "era o de alguém que esperava que as relações entre as coisas fossem apreensíveis por nós sem Deus, sem formas platônicas, e sem coisas-em-si kantianas."⁵⁷¹ Para Poincaré, assim como para Einstein, a emergência da ideia de que o tempo não é uma verdade absoluta, mas uma convenção se deu, portanto, em torno da simultaneidade. Decorreu disso tamanha alteração do tempo que ela abalou a física, a filosofia, a tecnologia e mesmo a história. Com efeito, substituindo a simultaneidade (que era um atributo da eternidade divina) por "uma convenção obtida por meio das máquinas", eles fizeram-na definitivamente "cair de seu pedestal metafísico".⁵⁷²

Examinamos o que tornou possível essa mutação que foi simultaneamente a passagem do regime cristão ao regime moderno e a ruptura completa entre ambos. *Chronos* autonomiza-se e impõe-se, libertando-se da cisão entre o tempo do fim e o fim dos tempos, ao mesmo tempo que retoma e recicla os grandes conceitos de *Krisis* e de *Kairós*, sem omitir a fácil incorporação da *reformatio*/reforma. O progresso torna-se, simultaneamente, o combustível e a finalidade do movimento. Receptáculo dessas transformações, a História, ao adquirir uma nova acepção, vem reuni-las sob um único nome e conferir-lhes sentido. Sob o regime moderno, é menos a cidade dos homens que peregrina do que o tempo e a História que marcham: aos homens cabe segui-los ou, se possível, ultrapassá-los. A História é, segundo a imagem frequentemente empregada, o trem no qual é preciso embarcar e que avança a todo vapor rumo ao futuro: alcançar, superar, reformar, modernizar, desenvolver serão as grandes palavras de ordem ao longo de todo o século XX. Em 1929, o decretado ano da "grande virada", Stalin escreve: "Avançamos a todo vapor na via da industrialização, rumo ao socialismo, deixando para trás nosso atraso 'russo' secular".⁵⁷³ Deixa-se para

---

⁵⁷⁰ Galison, Peter. *Einstein's Clocks, Poincaré's Maps, Empires of Time*, p. 293. Ver também: Hawking, Stephen H. *A Brief History of Time*. New York: Bantam, 1988, p. 20-35.

⁵⁷¹ Galison, Peter. *Einstein's Clocks, Poincaré's Maps, Empires of Time*, p. 316.

⁵⁷² Galison, Peter. *Einstein's Clocks, Poincaré's Maps, Empires of Time*, p. 319-320.

⁵⁷³ Stalin, Josef. Discours prononcé à la conférence des marxistes spécialistes de la question agraire. Citado por: Gauchet, Marcel. *À l'épreuve des totalitarismes (1914-1974)*. Paris: Gallimard, 2017, p. 315.

trás o atraso. Trinta anos mais tarde, lançando a China no "Grande salto para frente", Mao Tsé-Tung ainda ecoará diretamente suas palavras – com os mesmos "danos colaterais". Após a independência, a Índia de Nehru desejará modernizar e continuar modernizando cada vez mais.

Contestações ao regime moderno de historicidade

Paralelamente às diversas recusas do tempo moderno e aos recursos ou retornos preconizados a um regime cristão, no entanto, irremediavelmente derrotado, surgiram questionamentos oriundos do próprio âmago do regime moderno. O grande drama da relatividade, para retomar uma expressão de Lucien Febvre, foi um deles. Acabamos de observar, todavia, que a sincronização também propiciou um fortalecimento do império de *Chronos* sobre o tempo do mundo. Apesar de tudo, surgiram não mais simples questionamentos sobre *Chronos*, mas verdadeiras contestações.

A nova associação formada por *Chronos*, *kairós* e *krisis* não deixou de se ver, em diversas ocasiões, desestabilizada. Metabolizada por *Chronos*, *krisis* enquanto crise tornou-se um componente ou uma forma da vida de uma sociedade, como é a doença para um indivíduo. Mas se a crise vem a estender-se e a prolongar-se, *Chronos* pode então se encontrar contaminado e, por assim dizer, bloqueado, detido, como se já não fosse mais do que um tempo de crise: uma crise sem fim ou permanente. A crise de 1929 inaugurou esse tipo de crise, que só foi dissolvida com o desencadeamento de outra crise, de tipo diferente, a que a guerra trouxe e que também acarretou a remobilização de esquemas de tipo apocalíptico, reativando ao mesmo tempo o antigo sentido de *Krisis* (como Juízo Final).

De sua parte, *Kairós* também pode escapar à tutela do tempo moderno – tempo-processo e orientado para o futuro –, assumindo a forma da contingência ou da pura contingência, na qual, no limite, todo sentido da História se dissolve, pois ela já não é então mais do que uma sucessão aleatória de acontecimentos.[574] Ela é apenas "uma história contada por

---

[574] Theodor Lessing, em *A história como atribuição de sentido ao que é sem sentido*, publicado em 1919, quer mostrar que a História pertence ao campo da crença e não da ciência (Lessing, Theodor. *Geschichte als Sinngebung des Sinnlosen*. München: C. H. Beck, 1919).

um idiota, cheia de som e fúria, e que não significa nada", para retomar as famosíssimas palavras de Macbeth sobre a vida.[575] Isso foi reformulado por James Joyce em *Ulisses* (1922) da seguinte maneira: "A História é um pesadelo de que eu estou tentando acordar".[576] No âmbito da disciplina histórica, a história que é chamada de "história-batalhas", ou meramente "acontecimental", criticada notadamente pelos primeiros historiadores dos *Annales*, parece-lhes seguir nessa direção em que a vontade de compreender corre o risco de sucumbir ao prazer de surpreender e de entreter.

Ainda mais grave, tendo o progresso como motor e como finalidade, o regime moderno de historicidade encontrou-se em dificuldade assim que surgiram contestações ao próprio progresso. A religião do progresso converte-se então em mito do progresso.[577] Após a guerra franco-prussiana de 1870, viu-se a antiga figura da regeneração (*regeneratio*) ser mobilizada em várias frentes, ao menos em sua forma, esvaziada, porém, de seu conteúdo, para louvar a guerra como instrumento de regeneração: um batismo sangrento capaz de combater a apatia das sociedades modernas e de fortalecer o espírito de sacrifício. Mal necessário, a regeneração tornava-se quase uma forma mística do progresso. Em todo lugar, os nacionalistas e os militaristas podiam discursar em uníssono sobre esse tema. No entanto, marcado por sua curta experiência da guerra de 1870, Friedrich Nietzsche considerava, nos anos 1880, que "uma humanidade muito erudita e, portanto, necessariamente fraca, como a dos europeus atuais, necessita não somente de guerras, mas das maiores e mais terríveis guerras".[578] Essas recaídas provisórias na barbárie são necessárias para, no fim, preservar a própria civilização. Velha ladainha!

A singularidade de Nietzsche estava, todavia, alhures. Ele poderia, com efeito, ocupar um lugar seleto entre os adversários mais radicais do

---

[575] Shakespeare, William. Macbeth. *Œuvres complètes*. Tragédies II. Paris: Robert Laffont, 1997. v. 5, p. 717-719. (N.R.T.)

[576] Joyce, James. *Ulysses*. Tradução de Caetano W. Galindo. São Paulo: Penguin--Companhia, 2012, p. 137. (N.R.T.)

[577] Bouveresse, Jacques. *Le mythe moderne du progrès*. Marselha: Agone, 2017. Obra na qual ele estuda pensadores que criticaram, não o progresso, mas o que o filósofo finlandês Georg Henrik von Wright designou como *O mito do progresso* em uma em uma coletânea publicada em sueco em 1993.

[578] Citado por: Gentile, Emilio. *L'apocalypse de la modernité. La Grande Guerre et l'homme nouveau*. Traduction française de Stéphanie Lanfranchi. Paris: Aubier, 2011, p. 195.

regime moderno de historicidade, mas nos deteremos apenas naquilo que o distingue dos críticos tradicionalistas ou simplesmente reacionários. Isso porque, ao apelar para o advento de um super-homem, ele é ao mesmo tempo violentamente anticristão (Deus está morto) e antimoderno. E é até mesmo duplamente antimoderno, porque este mundo que se pretende moderno ainda permanece inteiramente impregnado de valores cristãos: ele não sabe ou finge não saber que Deus está morto. Se ele tinha apenas desprezo pela "Europa imperial e industrial, a sociedade de massa, a fé no progresso, o liberalismo, a democracia, o humanitarismo e o igualitarismo em todas as suas versões antigas e modernas, do cristianismo ao socialismo", Nietzsche acreditava, apesar de tudo, que a decadência e o niilismo não eram a última palavra e que podia e devia ocorrer uma regeneração[579] – a mesma que seu profeta Zaratustra pregava. E, para fazê-lo, Nietzsche mobiliza todo o aparato apocalíptico cristão para o seu confronto trágico com o "Crucificado". Colocando, em suma, no mesmo saco a Idade Média e o mundo moderno, que, na verdade, não saiu da Idade Média, ele considera que a melhor maneira de lutar é pela retomada dos textos fundadores do cristianismo, desvirtuando-os e reinvestindo-os, para anunciar o seu Contraevangelho. Deve-se, porém, partir do primeiro, caso se deseje propriamente dividir a história em duas e obter a necessária "transmutação" dos valores que ele preconiza. É como se o combate só pudesse ser travado mediante o recurso a uma forma de mimetismo destruidor.

"O cadáver do Deus-Progresso"

Conjugando imensas carnificinas e rápidos avanços técnicos, a Grande Guerra acentuou e radicalizou as dúvidas sobre o progresso que haviam surgido anteriormente. Entretanto, após o desencadeamento da guerra, é evidente que se exaltou menos a regeneração e que se recorreu nitidamente mais ao apocalipse, embora, na maioria das vezes, a uma representação truncada ou puramente negativa do apocalipse, desprovida de regeneração final. O apocalipse é visto somente como destruição e fim, ou mesmo fim da humanidade.[580] Apenas Léon Bloy, que conhece bem a Bíblia, sabe que

---

[579] Gentile, Emilio. *L'apocalypse de la modernité. La Grande Guerre et l'homme nouveau*, p 189.

[580] Em seu livro, Emilio Gentile estuda toda uma série de testemunhos em torno dos temas da regeneração e do apocalipse.

a guerra não é o apocalipse, mas, quando muito, seu "preâmbulo". Por isso, ele intitula seu *Diário* dos anos 1914-1915 "No limiar do Apocalipse", e inscreve na última entrada do ano de 1915: "Aguardo os cossacos e o Espírito Santo". A inevitável expiação está apenas no começo.

Ao lado da mobilização mais ou menos insistente de esquemas apocalípticos para nomear o que estava acontecendo ou acabara de acontecer, foram multiformes as contestações ao regime moderno nos anos 1920 e 1930. O que acontecia com o tempo *chronos* assim que se via privado do motor do progresso? Em 1919, Paul Valéry lançou sua prosopopeia, que logo se tornou famosa: "Nós, civilizações, sabemos agora que somos mortais [...] Elão, Nínive, Babilônia eram nomes belos e vagos [...] Lusitânia também é um belo nome. E vemos agora que o abismo da História é grande o bastante para o mundo todo".[581] O confronto suicida das potências restabeleceu a perspectiva de um naufrágio das civilizações e de um fim da história. Não se trata mais do abismo do tempo da Natureza encontrado por Buffon, mas do da História, do tempo da História, onde jazem nomes belos e vagos. Doravante, não cabe mais o otimismo da razão de Condorcet. A respeito do progresso, Lucien Febvre não hesita em falar, em 1937, no "cadáver do Deus progresso", sobre o qual puderam prosperar as ditaduras; e ele acrescenta: "O desmoronamento súbito de uma potência tão reverenciada – não há drama comparável na história de nossa vida".[582] Potência, reverência, drama: as palavras são fortes. Para aqueles um pouco mais jovens que Febvre, como Henri-Irénée Marrou, que tinham "nascido para a vida do espírito na esteira das grandes matanças de 1914-1918 [...], uma ilusão dissipara-se para sempre: a crença confortável e ingênua em um progresso linear e contínuo que justificava a civilização ocidental como a última etapa alcançada pela evolução da humanidade".[583]

Em sua grande (e inacabada) investigação sobre os apocalipses culturais, o antropólogo italiano Ernesto De Martino reuniu todo um dossiê sobre a "crise" do Ocidente, a "crise" do progresso, a "morte" do Ocidente, na qual ele identifica traços apocalípticos, mas, evidentemente, apenas

---

[581] Valéry, Paul. La crise de l'esprit. *Œuvres*. Bibliothèque de la Pléiade. Paris: Gallimard, 1957. t. I, p. 988.

[582] Febvre, Lucien. Puissance et déclin d'une croyance. *Annales d'histoire économique et sociale*, n. 43, 1937, p. 89.

[583] Marrou, Henri-Irénée. *Théologie de l'histoire*. Paris: Le Seuil, 1968, p. 15.

negativos. Se há apocalipses, eles carecem de *eschaton*.[584] São trazidos por um tempo *chronos*, em princípio inteiramente desprovido de *kairós*. A gênese desse estado de crise que assumiu "uma amplitude particular no período que se estende dos anos 1920 aos anos 1950", remonta, segundo De Martino, à segunda metade do século XIX. Desde então, ele escreve, relacionando os dois pós-guerras, "não somente a 'náusea' de Sartre, o 'absurdo' de Camus, a 'doença dos objetos' de Moravia e o teatro de Beckett refletem o clima apocalíptico de nossa época, mas o 'sucesso' dessas obras literárias também mostra o quanto elas encontram um eco nas mentes e, portanto, o quanto a sensibilidade que elas reivindicam é difundida. Em outro nível de cultura, a literatura de ficção científica euro-americana, tão rica em obscuras profecias sociais e em presságios de degenerescência e de extinção do homem e de seu mundo [...] prova, por sua vez, que o tema do apocalipse sem *eschaton* adquiriu uma dimensão por assim dizer coletiva, utilizando para sua difusão toda a potência dos chamados meios de comunicação de massa".[585] Essa maneira de fazer aparecer um pano de fundo apocalíptico ou que remete ao apocalipse em numerosas produções culturais é esclarecedora. Ela permite, com efeito, medir a persistência desses esquemas e dos recursos que eles continuam a oferecer para traduzir facilmente mal-estares, dúvidas e ansiedades diante do tempo moderno.

Em *A náusea* de Jean-Paul Sartre, publicado em 1938, não há nenhum apocalipse, mas Roquentin, o herói, descobre subitamente que não há nada além do presente: o passado absolutamente não existe, e o futuro tampouco. Não há nada além do "eu existo". Da mesma forma, n'*O estrangeiro*, publicado em 1942, Albert Camus apresenta, desde a primeira frase, um homem "estrangeiro" ao tempo ordinário e que só conhece o presente:

"Hoje, mamãe morreu. Ou talvez ontem, não sei. Recebi um telegrama do asilo: 'Sua mãe faleceu. Enterro amanhã. Sinceros sentimentos'. Isso não quer dizer nada. Talvez tenha sido ontem".[586]

Sua incapacidade de se situar no tempo (ele sequer sabe a idade de sua mãe) terá um papel em sua condenação final. É verdade que ele assassinou

---

[584] Martino, Ernesto De. *La fin du monde. Essai sur les apocalypses culturelles*. Texte établi, traduit de l'italien et annoté sous la direction de Giordana Charuty, Daniel Fabre et Marcello Massenzio. Paris: Éditions de l'EHESS, 2016, p. 277-319.

[585] Martino, Ernesto De. *La fin du monde. Essai sur les apocalypses culturelles*, p. 71.

[586] Camus, Albert. *L'étranger*. Paris: Gallimard, 1942, p. 9.

sem razão um árabe, mas ele é, sobretudo, um ser associal: um estrangeiro absoluto. Para ele, assim como para Roquentin, não é tanto que o tempo esteja "fora de seus gonzos"; ele foi bloqueado, interrompido.

Um kairós *singular*

Com suas teses *Sobre o conceito de história* (1940), Walter Benjamin insere-se nesta aura apocalíptica, mas ocupando uma posição muito singular: a de um marxista crítico do progresso. Porém, se ele critica ferozmente o regime moderno e seu tempo "homogêneo", "linear e vazio" (o tempo absoluto da física newtoniana) que conduz diretamente à catástrofe, ele não se volta para um hipotético super-homem nem se fecha na perspectiva de um apocalipse negativo ou em um presente lúgubre ou repugnante, como o Roquentin d'*A náusea*. Muito pelo contrário, ele procura um meio de reabrir o futuro e de apressar a emancipação, reintroduzindo *kairós* no tempo *chronos*.[587] Mas qual *kairós*? Ele substitui a imagem das revoluções, que Marx via como as "locomotivas" que puxam o trem da história, por outra em sentido contrário: "É possível que elas [revoluções] sejam o ato, por parte da humanidade que viaja neste trem, de acionar o freio de emergência".[588] A revolução torna-se então aquilo que interrompe a corrida em direção ao abismo. Ao contrário do tempo da tábula rasa e da mera aceleração, Benjamin procura o de uma conjunção fulgurante entre um momento do presente e um momento do passado. Resultam disso uma relação intensa entre o presente e o passado, e a possibilidade de uma história viva que rompe com a história positivista, tão preocupada em se apresentar como a ciência do passado (morto), e somente dele.

Nessa configuração, o futuro, embora transfigurado, permanece, ou melhor, torna-se verdadeiramente a categoria dirigente, abrindo

---

[587] Benjamin, Walter. *Sur le concept d'histoire*. Édition de Michael Löwy. Paris: PUF, 2001. Benjamin não é o único a procurar um caminho ao longo desses anos apocalípticos; pensamos notadamente em Bloch e sua obra publicada em 1921: Bloch, Ernst. *Thomas Muntzer: o teólogo da revolução*. Tradução de Vamireh Chacon e Celeste Aída Galeão. Rio de Janeiro: Tempo Brasileiro, 1973. Ver também: Löwy, Michael. Eschatologies et utopies révolutionnaires modernes. *In: Encyclopédie des religions*. Paris: Bayard, 1997. t. 2, p. 2099-2108.

[588] Citado por: Löwy, Michael. *Walter Benjamin. Avertissement d'incendie. Une lecture des Thèses "Sur le concept d'histoire"*. Paris: Éditions de l'éclat, 2014, p. 86.

todo o espaço para o simultâneo do não simultâneo. Sob o efeito do encontro entre tal momento do presente e tal momento do passado, na evidência de uma rememoração, emerge, com efeito, a possibilidade e a força para os revolucionários de fazer a história. Se esse tempo pode ser chamado de messiânico, não é porque ele é o da expectativa de um Messias, mas porque ele é um tempo no qual penetram "lampejos de tempo messiânico". Em suma, a revolução vindoura não é nem *Kairós* nem *Krisis* com letras maiúsculas, mas resulta de uma constelação de *kairoi*, ao mesmo tempo provocados e apanhados no ar, pois "cada segundo [é] a porta estreita pela qual [pode] passar o Messias".[589] Aberto aos *kairoi*, *Chronos* revivificado não é mais nem vazio, nem homogêneo, nem linear; ele está repleto de lampejos ou de relâmpagos messiânicos (*Jetztzeit*) e é fundamentalmente descontínuo.[590]

Redigidas apressadamente antes de seu suicídio em 1940, as teses de Benjamin só foram publicadas após a guerra, e tiveram pouca repercussão até os anos 1960, justamente quando começaram a emergir radicais contestações do regime moderno de historicidade. Nesse intervalo, este último encontrou-se quer reforçado (em nome dos progressos rápidos da técnica e do marxismo triunfante), quer contestado ou mesmo dilacerado, a partir do momento em que, após a Segunda Guerra Mundial, já era absolutamente impossível acreditar em um progresso da humanidade. A "marcha segura e firme" que anunciava ou tinha anunciado, ou ainda que teria querido anunciar Condorcet, a despeito da iminência de sua morte, interrompera-se – pelo menos, para a Europa. Dois nomes tornaram-se emblemáticos dessa ruptura de *Chronos*: Auschwitz e Hiroshima.

---

[589] Benjamin, Walter. *Sur le concept d'histoire*, XVIII, A e B, p. 118, 120.

[590] O relâmpago surge desses curtos-circuitos temporais; Benjamin lhe dá o nome de *Jetztzeit*, traduzido por "o agora" ou o "tempo do agora". Giorgio Agamben o compreende como uma retomada do "*kairós* de agora" de Paulo (Agamben, Giorgio. *Le temps qui reste*, p. 222-223).

CAPÍTULO 6

Chronos destituído, *Chronos* restituído

Em que estágio encontra-se *Chronos* na segunda metade do século XX e no início do século XXI, isto é, após Auschwitz e de Hiroshima, para retomarmos esses dois nomes de intensa carga simbólica? Que nova economia do tempo se inaugura com eles? Que fim levaram os dois conceitos de *kairós* e de *krisis*, com ou sem maiúsculas, cujos avatares nós examinamos desde a sua mobilização inédita e poderosa pelos primeiros cristãos, leitores zelosos da Bíblia? Como, após terem permitido subjugar *Chronos* durante o tempo em que vigorou o regime cristão de historicidade, eles foram reciclados para colocar-se a serviço de um *Chronos* triunfante? Como, em particular, sob a figura de um apocalipse truncado, eles continuaram a assombrar o horizonte temporal do mundo ocidental, nas suas margens, na maioria das vezes, mas não somente nelas? Ao longo desse novo período, hoje quase octogenário, foram eles vistos ainda ocupando um lugar ou mesmo sendo investidos de um papel operacional? Eles ainda compõem, de uma maneira ou de outra, a corrente do presente de hoje?

O capítulo anterior encerrava-se com contestações de *Chronos*, isto é, o tempo do regime moderno de historicidade, sob a forma de uma crítica do Progresso, das ilusões ou do mito do Progresso, e por meio daquilo a que De Martino chamava "um clima apocalíptico" – entendendo-se que só podia tratar-se de apocalipses negativos. Já contestada anteriormente, a "marcha segura e firme" da humanidade que Condorcet esperava perde toda credibilidade após a Segunda Guerra mundial. Dela resultarão, com efeito, uma radicalização das dúvidas sobre o Progresso e uma nova clivagem de *Chronos* entre um tempo parado, que não passa ou não passa mais, e outro que, em último caso, será apenas aceleração, incessantemente mais rápida até sua quase supressão: um tempo que, a exemplo da "pele de onagro" do romance de Balzac, não para de diminuir até quase se aniquilar.

Uma nova clivagem de *Chronos*

Chronos, o inapreensível, sempre esteve clivado na tradição ocidental, desde as primeiras redes tecidas pelos gregos, que instituíram uma dupla divisão: de um lado, entre tempo e eternidade; de outro, entre *chronos* e *kairós*. Essa foi a armação das primeiras redes concebidas para capturá-lo, antes que o regime cristão conjugasse de modo duradouro os dois registros, e muito antes que *Chronos* escapasse e impusesse o seu império. Reconhecemos, em seguida, como o regime moderno de historicidade, a rede moderna, perdera pouco a pouco seu domínio, ou mesmo se deu por vencido. Após a Segunda Guerra Mundial, a rede revela-se cada vez mais rasgada, e remendá-la torna-se muito problemático. Forma-se, então, uma nova clivagem cujos efeitos manifestar-se-ão ao longo de várias décadas, na esteira dos acontecimentos. As experiências do tempo, como não cessamos de verificar, não se modificam nem em um dia, nem no mesmo ritmo em todo lugar e para todos. Por isso, é preciso tempo para adaptar-se a elas ou recusá-las, e, antes de tudo, para que delas se tome consciência.

Do processo de Nuremberg (1945-1946) e da punição de uma fileira de grandes criminosos nazistas saiu, com efeito, um tempo *chronos* que parecia retomar sua marcha para o futuro. O regime moderno de historicidade era relançado. Esta primeira grande exibição de uma justiça transicional aos olhos do mundo inteiro cumprira seu papel. Da Alemanha "ano zero" podiam nascer uma, ou melhor, duas Alemanhas novas: uma democrática, a outra socialista. Emergindo das ruínas, a Europa ocidental reconstruía-se e modernizava-se rapidamente; o Plano Marshall devia mantê-la no campo do mundo livre, enquanto a Guerra Fria não tardava a envolver os dois Blocos em uma longa corrida-confrontação inteiramente voltada para o domínio do futuro. Em suma, *Chronos* e progresso tornavam a marchar conjuntamente; o regime moderno de historicidade, voltando à carga, galoparia melhor do que nunca. Modernização no Oeste e desenvolvimento no mundo dos ex-colonizados deviam ser as grandes forças transformadoras. Os Estados Unidos ditavam o ritmo e emprestavam dinheiro.

Mas de Auschwitz saiu também um tempo inicialmente menos perceptível: um tempo que pode ser chamado de parado, isto é, um passado que não passava ou um presente que se prolongava, mais precisamente o do imprescritível. Traduzindo em termos jurídicos, quando do processo de Nuremberg, o crime de extermínio torna-se crime de genocídio e crime contra a humanidade.[591] Este último instaura explicitamente uma temporalidade até então inédita, a de um tempo que não passa, justamente em função do caráter imprescritível do crime cometido. O tempo judiciário, cujo regime normal é o da prescrição, não tem curso. Suspenso, ele deve permanecer parado enquanto viver o suposto culpado. Os processos por crimes contra a humanidade (ou de cumplicidades de crimes contra a humanidade), desde o de Adolf Eichmann em 1961, em Jerusalém, até o de Maurice Papon em 1997, na França, afrontaram essa discordância fundamental dos tempos, à qual seria preciso acostumar-se.[592]

A bomba atômica

Qual foi o impacto sobre *Chronos* das bombas atômicas lançadas sobre Hiroshima e Nagasaki em 6 e 9 de agosto de 1945, que puseram fim à Segunda Guerra Mundial? O jornal *Le Monde* traz a seguinte manchete: "Uma proeza técnica". Paul Langevin, físico renomado e militante do Movimento pela Paz no entreguerras, enxerga no acontecimento a abertura de uma nova era: "Ninguém poderia exagerar a importância do acontecimento que o surgimento da bomba atômica representa para o futuro da humanidade. Trata-se, com efeito, de algo bem diferente da invenção de uma nova arma cuja terrível eficácia acaba de apressar o fim do conflito que, há seis anos, incendiava o planeta. Assistimos, na realidade, sob uma forma particularmente dramática, ao início de uma nova era, a das transmutações provocadas".[593] Em seu editorial do jornal

---

[591] Sands, Philippe. *Retour à Lemberg*. Traduction française de Astrid von Busekist. Paris: Albin Michel, 2017.

[592] Thomas, Yan. *Les opérations du droit*. Paris: EHESS; Gallimard; Le Seuil, 2011, p. 255-280; Garapon, Antoine. *Des crimes qu'on ne peut ni punir ni pardonner* Paris: Odile Jacob, 2002.

[593] Langevin, Paul. L'ère des Transmutations. *La pensée. Revue du rationalisme modern*, Paris, juil./août/sept. 1945, p. 3. Sobre tudo isso, indico: Bensaude-Vincent, Bernadette.

Combat, Albert Camus se mostra inquieto com o uso que pode ser feito dos progressos científicos, mas não os rejeita em si mesmos: "A civilização mecânica acaba de chegar ao seu último grau de selvageria. Será preciso escolher, em um futuro mais ou menos próximo, entre o suicídio coletivo ou a utilização inteligente das conquistas científicas".[594] Ele gostaria de apostar em sua utilização inteligente.

No primeiro número da revista *Temps modernes* (1º de outubro de 1945), Jean-Paul Sartre reflete sobre "o fim da guerra" que deixa "o homem nu, sem ilusão", "tendo finalmente compreendido que ele só pode contar consigo mesmo", posto que "era realmente preciso que um dia a humanidade fosse colocada em posse de sua morte [...] Eis-nos de volta ao Ano Mil, estaremos a cada manhã à véspera do fim dos tempos [...] A comunidade que se fez guardiã da bomba atômica está acima do reinado natural, pois é responsável por sua vida e sua morte". Decorrem disso duas conclusões: "não há mais *espécie humana*" e nossa "liberdade é mais pura", pois, "se a humanidade continuar a viver", é "porque ela terá decidido prolongar sua vida".[595] A bomba nos faz sair definitivamente do reinado natural. Com ela, chega ao fim o processo de separação entre o tempo da Natureza e o dos homens. Essa reflexão harmoniza-se com a tonalidade de seu editorial no mesmo número: escrevemos para o dia de hoje, para os nossos contemporâneos, imbuídos desta responsabilidade que é também liberdade. "Não queremos ver o mundo com olhos futuros".[596]

A posição de Emmanuel Mounier, o fundador da revista *Esprit*, traz um esclarecimento adicional e diferente, ainda que apenas em parte. Em uma série de conferências, ministradas entre 1946 e 1948 e reunidas em uma coletânea intitulada *Sombras de medo sobre o século XX*, ele convida, como cristão que sabe do que está falando, a não confundir apocalipse e catástrofe. Nesse ponto doutrinário, ele está de acordo com Léon Bloy, mas não tira disso, é claro, as mesmas conclusões. Invocar, de fato, o apocalipse

---

Framing a Nuclear Order of Time. *In*: Bensaude-Vincent, Bernadette; Boudia, Soraya; Sato, Kyoko (Ed.). *Living in a Nuclear World. From Fukushima to Hiroshima*. London; New York: Routledge, 2022, p. 261-278.

[594] Camus, Albert. *Combat. De la résistance à la révolution*, Paris, 8 août 1945.

[595] Sartre, Jean-Paul. *Les Temps modernes*, Paris, n. 1, 1945, p. 165-166.

[596] Sartre, Jean-Paul. *Les Temps modernes*, Paris, n. 1, 1945, p. 6.

a respeito da bomba decorre, para ele, de um "niilismo de aflição". O apocalipse "entra em jogo", ele escreve, "para nos impedir de empreender as medidas de salvação pública: a má consciência leva a anunciar o apocalipse".[597] Convém, ao contrário, ver no minuto da explosão o momento em que "o homem deixava a sua menoridade. Ele se tornava realmente, nos limites de sua capacidade, senhor da criação".[598] Para Mounier, assim como para Sartre, encerra-se o movimento que o *Esclarecimento* havia iniciado: atesta-o a saída da menoridade, retomada direta da famosa fórmula de Kant em *O que é a Esclarecimento?* (1784). Mas esse novo domínio vem acompanhado de uma responsabilidade, também ela inédita. Até então, a humanidade estava condenada a um futuro; agora, é senhora dele.

Em uma conferência ministrada em 1956, o filósofo Karl Jaspers também reflete sobre a bomba atômica e o porvir do homem. Diante da gravidade da ameaça que pesa sobre a humanidade, ele considera que "não é hora de dormir" e que, "sem uma conversão, a vida do homem está perdida". Embora recorra a um vocabulário de teor religioso, ele não ruma, de modo algum, para considerações apocalípticas. E isso por dois motivos: porque a situação atual foi criada pela técnica e porque "a razão nos ensina que não é corajoso pronunciar juízos sobre o fim e a ruína inevitáveis".[599] Ele também não quer "provocar o apocalipse".

N'*A obsolescência do homem*, publicado em Munique, também em 1956, Günther Anders, ele também filósofo, mobiliza, ao contrário, o apocalipse, mas de modo nenhum por falta de coragem. Convocar o apocalipse é uma maneira de refletir sobre a transformação da experiência do tempo que ele induz. Ele faz da humanidade "mortos em sursis", pois impõe a perspectiva de um fim dos tempos. Enquanto, para Mounier, nós nos tornamos os "senhores da criação", saindo de nossa "menoridade", Anders nos vê como "senhores do Apocalipse", na medida em que possuímos o

---

[597] Mounier, Emmanuel. La petite peur du XXe siècle. In: *Œuvres*. Paris: Le Seuil, 1962. t. III, "1944-1950", p. 359.

[598] "Esclarecimento é a saída do ser humano da menoridade à qual ele mesmo se relegou" (Kant, Immanuel. *Resposta à pergunta: O que é esclarecimento?* – E outros textos. Tradução de Estevão C. de Rezende Martins. São Paulo: Companhia das Letras, 2022).

[599] Jaspers, Karl. *La bombe atomique et l'avenir de l'homme*. Traduction française de Ré Soupault. Paris: Plon, 1958, p. 22, 46, 63.

poder de "nos destruirmos uns aos outros".[600] Somos agora os primeiros "a ser mortais enquanto grupo, e não enquanto indivíduos". Era o que dizia Sartre. Do ponto de vista do tempo, pode-se passar da antiga fórmula "o que foi será" (a de Eclesiastes), ou simplesmente "o que foi, foi" (a irreversibilidade do que adveio), a "nada foi", pois, em caso de guerra nuclear, nada subsistiria.[601]

Ademais, Anders qualifica esses senhores de "cegos", e isso por duas razões complementares. A primeira, a mais geral, é a crença no progresso. Ela nos impede de ver o apocalipse, pois apagou a ideia do fim e, em particular, do nosso fim, ao passo que "o dever de angústia deveria ser o nosso destino".[602] Como exemplo de apagamento, ele aponta que a morte tornou-se "desaparecida" nos Estados Unidos, onde é comum o eufemismo *"change of residence"*.[603] A segunda razão, mais precisa, vem da distância entre "o homem e o mundo que ele produziu", isto é, a nossa incapacidade de mudar no mesmo ritmo que as nossas próprias produções e de "alcançar os instrumentos que se adiantaram em relação a nós".[604] O progresso vai rápido demais – novamente a aceleração – e o "corpo humano" fica para trás. Ele denomina essa dessincronização, a cada dia crescente, a "distância prometeica".[605]

A crença no progresso tem ainda outro efeito. Ela transforma a relação com o futuro. Anders observa, com efeito, que o progresso assumiu a partir de então a forma do "projeto". Ele pensa nas economias planificadas dos países do Leste. Mesmo no Oeste, não foi a planificação declarada "uma ardente obrigação" pelo general de Gaulle? O futuro tornou-se ali uma "espécie de espaço" no interior do qual os objetivos da planificação são realizados (ou não, mas essa é outra questão). O futuro não "vem" mais

---

[600] Anders, Günther. *L'obsolescence de l'homme. Sur l'âme à l'époque de la deuxième révolution industrielle*. Traduction française de Christophe David. Paris: Ivrea, 2002, p. 266.

[601] Anders, Günther. *L'obsolescence de l'homme. Sur l'âme à l'époque de la deuxième révolution industrielle*, p. 269, 272.

[602] Anders, Günther. *L'obsolescence de l'homme. Sur l'âme à l'époque de la deuxième révolution industrielle*, p. 309.

[603] Em inglês no original: "mudança/transferência de residência". (N.R.T.)

[604] Anders, Günther. *L'obsolescence de l'homme. Sur l'âme à l'époque de la deuxième révolution industrielle*, p. 30. (N.R.T.)

[605] Anders, Günther. *L'obsolescence de l'homme. Sur l'âme à l'époque de la deuxième révolution industrielle*, p. 31.

até nós; "somos nós que o fazemos".[606] Segue-se um encolhimento do futuro: "depois de amanhã já não é mais futuro".[607] Decorre disso também a possibilidade de sua interrupção, isto é, a ausência de futuro. Ela pode intervir amanhã, depois de manhã ou na "sétima geração", "por causa do que fazemos hoje". "Como os efeitos do que fazemos hoje *persistem*, já alcançamos hoje esse futuro – o que significa, pragmaticamente falando, que ele já está *presente*."[608]

A partir dessa constatação, muito pouco difundida na época, Anders extrai uma consequência prática: é preciso que transformemos nossa relação com o tempo, apropriando-nos de um "horizonte temporal ampliado". É necessário, ele diz, que "nos apropriemos dos acontecimentos futuros mais distantes de nós para os sincronizar, na medida em que eles, na realidade, produzem-se agora, com o nosso único ponto de inserção no tempo: a saber, o instante presente. É de fato agora que eles se produzem, pois dependem de nosso presente; e é na medida em que se produzem agora que eles nos interessam, pois é agora que os preparamos, por meio do que fazemos".[609] É dessa distância inédita que é preciso tomar consciência para começar a reduzi-la.

Decorre daí a seguinte conclusão: "O futuro não deve mais, de agora em diante, ficar *à nossa frente*, devemos capturá-lo, ele deve estar *conosco*, tornar-se nosso presente". Ao que acrescenta: "Não se trata de um pequeno aprendizado; esperemos que nos reste tempo suficiente para empreendê-lo e levá-lo a bom termo".[610] Trata-se de aprender a dominar, "capturar", diz Anders, este *chronos* por vir – com a ajuda de uma nova rede. Se substituirmos bomba atômica por aquecimento climático, fica claro que a proposta de horizonte temporal ampliado de Anders fornece ou teria podido fornecer uma pista para compreender os efeitos sobre a

---

[606] Anders, Günther. *L'obsolescence de l'homme. Sur l'âme à l'époque de la deuxième révolution industrielle*, p. 315. (N.R.T.)

[607] Anders, Günther. *L'obsolescence de l'homme. Sur l'âme à l'époque de la deuxième révolution industrielle*, p. 314.

[608] Anders, Günther. *L'obsolescence de l'homme. Sur l'âme à l'époque de la deuxième révolution industrielle*, p. 315.

[609] Anders, Günther. *L'obsolescence de l'homme. Sur l'âme à l'époque de la deuxième révolution industrielle*, p. 316.

[610] Anders, Günther. *L'obsolescence de l'homme. Sur l'âme à l'époque de la deuxième révolution industrielle*, p. 316.

relação com o tempo da irreversibilidade à qual estamos hoje confrontados. Com a bomba atômica, o aprendizado era provavelmente mais fácil, na medida em que não se podia duvidar de que a bomba era, do início ao fim, obra nossa. Ela se inscrevia no tempo do mundo, o tempo humano: o tempo *chronos* da guerra e, depois, da Guerra Fria, e dos rápidos progressos tecnológicos. Pouca atenção era dada então aos efeitos de longo prazo da irradiação e, ainda menos, aos problemas dos resíduos nucleares, tão graves hoje. A energia nuclear era anunciada como a energia de amanhã: abundante e pouco custosa. Era preciso orientá-la para "a melhoria da condição dos homens", para retomar as palavras de Langevin.[611] Nos anos seguintes, a França gaulliana vai apostar tudo na marcha rápida para o futuro, graças ao seu programa nuclear (militar e civil).

A virada dos anos 1970

Nos anos 1970, opera-se, entretanto, uma virada: o tempo de Auschwitz prevalece, por assim dizer, sobre o de Nuremberg, enquanto a energia nuclear suscita oposições e contestações. Assim, o filósofo Michel Serres relaciona explicitamente Hiroshima aos campos de extermínio. "Aos campos de extermínio", ele escreve, "respondem Nagasaki e Hiroshima, que na mesma medida dilaceraram a história e as consciências e, nos dois casos, de maneira radical, atacando as próprias raízes da humanidade: não somente o tempo da história, mas o da hominização".[612] Ele alarga assim o horizonte temporal, excedendo o tempo "dilacerado" da história para fazer intervir o da hominização, comprometido em suas próprias raízes. Próximo, quanto ao fundo, de Anders e de seus "senhores do Apocalipse", ele questiona de maneira mais precisa a ciência e "o otimismo cientificista". "Sabemos agora o que significa dominar a natureza: produzir máquinas equivalentes a ela, estabelecendo uma paridade entre o natural e o artificial". Produzimos objetos por ele designados como "objetos-mundo", com as dimensões do mundo. Consequentemente, "o tempo não se define mais com base nos episódios sucessivos do jogo, nas promessas e nos riscos das partidas a serem reiniciadas, mas na expectativa tenebrosa do único lance

---

[611] Langevin, Paul. *L'ère des Transmutations*, p. 15. (N.R.T.)
[612] Serres, Michel. *Éclaircissements*. Paris: François Bourin, 1992, p. 13.

doravante possível. O tempo não tem mais rumo, nem definição: ele só tem um fim e um limite. Nossa história é um incoativo suspenso".[613] Assim, vindo da "direção de Hiroshima", nasce a consciência de um tempo mais ou menos parado e de uma história, não encerrada, mas suspensa.

Ademais, um certo número de cientistas começa a levar em conta as mudanças que uma guerra nuclear total provocaria na atmosfera, isto é, os riscos de um inverno nuclear, segundo o cenário apresentado por Paul Crutzen e John Birks em 1982.[614] Todas essas observações levam a sair do mero tempo *chronos* dos homens, do curto tempo da história moderna, e a encontrar, novamente, o da Natureza, ou melhor, do planeta Terra. Nessa nova configuração, o futuro, que não se deixa mais apreender no tempo progressivo da história, torna-se calculável com base em modelos teóricos e diagramas que mostram o crescimento exponencial de atores físico-químicos, tais como a temperatura, o dióxido de carbono, o azoto, etc.[615] Provenientes de diversos horizontes, essas reflexões (para ater-me a esses três exemplos) compartilham um mesmo diagnóstico, uma mesma inquietude, e constatam que o tempo *chronos* moderno falhou: não há mais caminho nem definição, para retomar as palavras de Serres. Como fazer efetivamente o aprendizado de um horizonte temporal alargado, como gostaria Anders? Isso não seria nada mais do que formular um conceito de *Chronos* renovado, abrindo o caminho para outras clivagens, muito embora nem as tecnologias que avançam cada vez mais rápido, nem os Estados, envolvidos na competição da Guerra Fria, precisem ou queiram ouvir falar disso. Com efeito, o regime moderno de historicidade e seu futurismo mantêm oficialmente sua função, casando-se com a aceleração, que é sua principal agente. E, no entanto, de maneira à primeira vista paradoxal, as últimas décadas do século XX serão, particularmente na Europa, as de um tempo suspenso, de um *Chronos* que pode ser qualificado de destituído ou rebaixado: um tempo onde o presente tende a apoderar-se de tudo. É o momento do presentismo.

---

[613] Serres, Michel. Trahison: la Thanatocratie. *In*: *Hermès III*, *La traduction*. Paris: Éditions de Minuit, 1974, p. 101.

[614] Crutzen, Paul; Birks, John. The Atmosphere after a Nuclear War: Twilight at Noon. *Ambio*, n. 11, v. 2-3, p. 114-125, 1982.

[615] Para uma visão mais ampla, ver: Bensaude-Vincent, Bernadette. *Framing a Nuclear Order of Time*, p. 261-275. (N.R.T.)

Chronos destituído, rebaixado: o presentismo

Um texto anuncia e enuncia com singular força esta destituição do tempo moderno. Mais radical do que *A náusea* ou do que *O estrangeiro*, *Esperando Godot*, a peça de Samuel Beckett, encenada em 1953, manifesta o desamparo de um tempo sem passado nem futuro, irremediavelmente presente. Para Vladimir e Estragon, os dois "heróis", o tempo de fato não passa, "o tempo parou", e sua preocupação é encontrar um meio de fazê-lo passar, inventando passatempos. De onde eles vêm exatamente? Por que estão aqui e neste estado lamentável? Não o saberemos. Para eles, os dias passam e não passam: é a noite que cai ou o dia que nasce? Sua desorientação é completa, não somente no tempo, mas também no espaço. Eles estão no mesmo lugar que na véspera? Foi, aliás, ontem? É realmente noite?

O ato II da peça parece repetir o ato I, mas Beckett registrou como indicação cênica absolutamente precisa "dia seguinte, mesma hora, mesmo lugar", ao passo que a árvore é por ele descrita como desprovida de folhas no primeiro ato e coberta de folhas no segundo: uma incoerência adicional. Eles querem partir o tempo todo, mas não se mexem. Como se tivessem acabado de chegar de uma longa travessia, eles mal conseguem ficar em pé. Eles se acusam mutuamente de esquecer, mas o único esquecimento que eles não podem permitir-se é o da espera por Godot, que envia um rapaz para avisá-los de que ele virá amanhã. Seria um sonho ou um pesadelo? Seriam eles os últimos sobreviventes de um desastre recente? Como que para ter algum projeto, por diversas vezes eles pensam em se enforcar, mas renunciam à ideia (ao menos provisoriamente):

> VLADIMIR: Nós nos enforcaremos amanhã. (Um tempo.) A não ser que Godot venha.
>
> ESTRAGON: E se ele vier?
> VLADIMIR: Então estaremos salvos.[616]

Em dado momento de suas conversas, são subitamente evocadas:

> Todas as vozes mortas.
> Elas sussurram [...]

---

[616] Beckett, Samuel. *En attendant Godot*. Paris: Éditions de Minuit, 1952, p. 123.

> Fazem um ruído de asas.
> De folhas.
> De cinzas
> De folhas.[617]

E ainda:

> "De onde vêm todos estes cadáveres?", pergunta Vladimir.
> Estes esqueletos.
> Um ossário! Um ossário!
> Não precisa olhar.[618]

Sim, de quem são estes sussurros? De onde vêm estas vozes mortas, estas cinzas, estes cadáveres? É difícil não ouvir as vozes daquelas e daqueles que, há pouco, foram assassinados, incinerados, exterminados.

Um novo presentismo

Na esteira de Auschwitz e de Hiroshima, assim avançaram as contestações ao regime moderno, que tornaram possível uma destituição ou um rebaixamento de *Chronos* que poderíamos qualificar de ordem ética: há uma suspensão do tempo, como se fosse uma imagem pausada. No campo das ciências sociais e humanas, esse recuo traduz-se pelo abandono do evolucionismo e a crítica dos grandes funcionalismos, fundamentalmente futuristas. Pouco sensível ao acontecimento, como ele mesmo escreve, Fernand Braudel, que passou cinco anos em um campo de prisioneiros de guerra, volta-se cada vez mais para a longa duração e uma história estrutural. Logo, alguns arriscarão até mesmo o oxímoro de uma história imóvel.[619] De volta dos Estados Unidos, onde encontrou refúgio, Claude Lévi-Strauss expõe sua antropologia estrutural que vai dominar os anos 1960. A sincronia prevalece sobre a diacronia. A língua, o inconsciente, os sistemas atraem os pesquisadores, ao passo que o sujeito se apaga. Michel Foucault não tarda a anunciar a morte do homem e, se ele reconhece uma pertinência no rótulo estruturalista, é

---

[617] Beckett, Samuel. *En attendant Godot*, p. 81.
[618] Beckett, Samuel. *En attendant Godot*, p. 83.
[619] Ladurie, Emmanuel Le Roy. L'histoire immobile. *Annales. Economies, sociétés, civilisations*, 29ᵉ année, n. 3, p. 673-692, 1974. (N.R.T.)

somente por reunir pessoas que, conduzindo trabalhos muito diferentes, têm como "ponto comum" tentar "pôr um fim" a uma filosofia fundada na "afirmação da primazia do sujeito".[620] A tarefa do filósofo, ele logo escreverá, é "diagnosticar o presente".[621]

A manifestação mais marcante dessa conjuntura é precisamente a ascensão do presente: trata-se de um presentismo novo, na medida em que difere fortemente daquele que lançou e orientou esta investigação sobre *Chronos* e seus avatares entre *Kairós* e *Krisis*. O que de fato é ele, ou qual é sua textura? A primeira definição que se pode dar é negativa. Ele entra em cena ou ascende precisamente a partir do momento em que o futuro perde seu *status* de categoria regente que o tempo moderno lhe atribuíra. Ele se define, portanto, primeiramente pela ausência: ele designa um recuo. Enquanto o futuro ocupa o papel principal, ele esclarece o presente e o passado, e, sustentado pelo Progresso, convida e, na maioria das vezes, obriga a marchar cada vez mais rápido rumo a um porvir repleto de promessas, quer ele se chame "o sonho americano", "o paraíso socialista", "o milagre alemão" ou "os Trinta Gloriosos (1945-1975)". Acelerar, modernizar, desenvolver, superar, alcançar foram suas palavras de ordem. O futurismo reinava, ainda que nunca tenha sido sem divisão, sem contestações e sem quedas. Entre 1850 e 1960 (para adotar números redondos), ele tendeu a dominar o mundo pacificamente ou à força, e a definir também o que era preciso entender por política.

Mas, após duas guerras mundiais e algumas revoluções, quando as promessas mais radiantes acabaram em pesadelo, acreditar que progressos científicos, tecnológicos e progressos da humanidade caminhavam juntos tornou-se impossível. Abriu-se então, mas não antes do início dos anos 1970, o que rapidamente se designou como uma crise de futuro, isto é, um futuro percebido como cada vez mais fechado, ao passo que, em contrapartida (como se *Chronos* também tivesse horror ao vazio), o presente ocupava um lugar cada vez maior. Essa transformação concerne primeiramente ao mundo ocidental. É certo que a Índia pós-independência, a China maoísta, os novos países africanos e parte do mundo árabe

---

[620] Foucault, Michel. *Dits et Écrits*. Paris: Gallimard, 2001. t. II, p. 881.

[621] Hartog, François. Michel Foucault, guetteur du présent. *In*: Braunstein, Jean-François; Lorenzini, Daniele; Revel, Ariane; Revel, Judith; Sforzini, Arianna (Dir.). *Foucault(s)*. Paris: Éditions de la Sorbonne, 2017, p. 97-104.

acreditam então, ou querem acreditar, no futurismo do regime moderno de historicidade e em suas virtudes em matéria de desenvolvimento. Eles fazem de tudo para que, entre seu espaço de experiência e o horizonte de expectativa, amplie-se a distância, e rapidamente. São as décadas das marchas que se querem aceleradas em direção ao desenvolvimento.

"Quando o passado não ilumina mais o futuro, o espírito marcha nas trevas", diagnosticara Tocqueville,[622] para tornar seu presente, senão dedutível, ao menos inteligível. Ele ratificava assim o fim do antigo regime de historicidade, oferecendo pelo mesmo movimento a fórmula do regime moderno, a saber, quando o futuro ilumina o passado (e o presente), o espírito não marcha mais nas trevas. Essa foi a corrida veloz, vibrante, violenta do tempo moderno. Mas, se a crença no Progresso se fissura ou desaparece, se o futuro não ilumina mais o passado (e o presente), o espírito novamente marcha nas trevas. O regime moderno perde sua influência e *Chronos* entra em crise. O futuro fecha-se e o passado se obscurece. O primeiro "choque do petróleo" de 1973 e suas consequências para as economias ocidentais foram a ocasião, em escala real, de uma tomada de consciência inquieta. O modo de vida ocidental podia ver-se comprometido por uma decisão dos países produtores de petróleo. Pela primeira vez, uma decisão de alcance mundial escapava ao Ocidente. O ídolo do crescimento vacilava. O PIB podia então recuar.

Nos anos seguintes, o presente fica em voga e se torna, muito rapidamente, uma injunção: é preciso não somente ser de seu tempo, mas trabalhar e viver no presente. A palavra "presente" é valorizada. Nunca estar em repouso, ser flexível, móvel, atender à demanda, inovar ininterruptamente são suas palavras de ordem. É a fase vitoriosa do presentismo. Muito rapidamente, as novas tecnologias da informação promoveram, difundiram, desmultiplicaram as possibilidades de explorar aquilo a que se chamava o "tempo real", isto é, a instantaneidade e a simultaneidade. A globalização, que se põe em marcha nesses mesmos anos e que se traduz pela emergência de novos mercados e novos atores econômicos, privilegia o curto prazo, sobretudo porque ela é impulsionada por um capitalismo cada vez mais financeiro, que espera retornos cada vez mais velozes para os investimentos.

"A história do capitalismo depois dos anos 1970", explica o sociólogo da economia Wolfgang Streeck, "é verdadeiramente uma história de

---

[622] Tocqueville, Alexis de. *De la démocratie em Amérique*, p. 336. (N.R.T.)

evasão: o capital se evadiu da regulação social que lhe fora imposta após 1945, mas que ele mesmo nunca desejara".[623] Tudo o que limitava o mercado e a concorrência devia então ser eliminado, enquanto acentuava-se a financeirização da economia. Fernand Braudel lembrava que, se há uma unidade do capitalismo desde a Itália do século XIII até o Ocidente contemporâneo, é preciso situá-la em sua plasticidade a toda prova. Ele sempre vai aonde o lucro é maior. Mas o capitalismo financeiro atual exige os maiores lucros (quase) imediatamente. Desde os anos 1970, a trajetória do capitalismo foi, segundo Streeck, a seguinte: ela se reduz, "para desarmar conflitos sociais potencialmente desestabilizadores", à "compra de tempo por meio de dinheiro", de modo a adiar ou "esticar" a crise: primeiramente, pela "inflação"; em seguida, pelo "endividamento estatal"; por meio do "desenvolvimento dos mercados de crédito privado"; e, finalmente – hoje –, por meio da "compra das dívidas estatais e das dívidas bancárias pelos bancos centrais".[624] Comprar assim tempo *chronos* significa alongar o presente, esperando que ele dure o tanto quanto for possível. Oxalá dure!

 Paradoxalmente, enquanto, por um lado, o presente tende quase a abolir-se no instante, ele não para, por outro, de estender-se tanto na direção do passado quanto na do futuro, até se transformar em uma espécie de presente perpétuo. Para essa extensão do domínio do presente, contribuem, evidentemente, a ampliação da expectativa de vida e a entrada das sociedades ocidentais em um processo de envelhecimento. Permanecer jovem torna-se um imperativo e as múltiplas maneiras de o "conseguir" compõem um mercado efervescente. Onipresente, o presente canibaliza as categorias do passado e do futuro: ele fabrica, primeiro cotidianamente e, em seguida, a cada instante e de maneira contínua, o passado e o futuro, de que necessita. Fomos do noticiário das 20 horas aos canais de informação ininterrupta e ao Facebook e ao X (antigo Twitter). Praticamente em todo lugar, a publicidade não parou de anunciar que o futuro começava "Amanhã" ou, melhor ainda, "Agora". Em 2012, quando das eleições presidenciais francesas, não foi a "mudança" anunciada para "Agora" pelo

---

[623] Streeck, Wolfgang. *Du temps acheté. La crise sans cesse ajournée du capitalisme démocratique.* Traduction française de Frédéric Joly. Paris: Gallimard, 2014, p. 45.

[624] Streeck, Wolfgang. *Du temps acheté. La crise sans cesse ajournée du capitalisme démocratique*, p. 15.

candidato François Hollande? Presentista ao extremo, esse *slogan* de campanha não tardou a voltar-se contra o seu promotor, assim que foi eleito.

Palavras e lugares do presentismo

Aceleração/Urgência

Atentar para as palavras do presentismo permite medir o domínio exercido sobre o cotidiano de nossas sociedades por este tempo *chronos* que, valorizando o agora, recusa a duração. Se a aceleração é, como mostrou Koselleck, um traço constitutivo do tempo moderno, ela parece ainda acelerar e se impor como algo característico deste momento presentista que o sociólogo Hartmut Rosa chama de "modernidade tardia". Estudando nossas sociedades pelo ângulo da aceleração social, ele se dedica a formular uma teoria crítica da aceleração. Para ele, além de um certo limiar, a aceleração volta-se, de algum modo, contra si mesma: "A aceleração social, que é parte constitutiva da modernidade, ultrapassa, na modernidade tardia, um ponto crítico além do qual é impossível atender à demanda de sincronização societal e de integração social".[625] Quais são os seus traços principais? Ciclos de consumo cada vez mais curtos, uma obsolescência cada vez mais rápida de tudo, retornos imediatos para investimentos, uma valorização da instantaneidade e da simultaneidade. Com os computadores tomando decisões em nanosegundos, estamos à beira da supressão do tempo. A aceleração reina, mas diferentemente daquela que era promovida pelo regime moderno de historicidade, e que era, portanto, futurista, a aceleração presentista encontra, em último caso, sua própria finalidade em si mesma. Sob a sua lei de ferro, somos como o hamster que faz girar a roda de sua gaiola cada vez mais rápido, mas sem avançar de um único centímetro. Consequentemente, a emancipação, que era o horizonte da primeira aceleração, converte-se, segundo Rosa, em alienação e mesmo em autoalienação, pois cada qual é instado a seguir o ritmo da aceleração. Daí provém a ansiedade de não conseguir realizá-lo.

A aceleração caminha lado a lado com a inovação, que é uma das grandes palavras do momento. É preciso inovar, isto é, inovar incessantemente e, em último caso, inovar por inovar. É preciso ser o primeiro

---

[625] Rosa, Hartmut. *Accélération. Une critique sociale du temps*. Traduction française de Didier Renault. Paris: La Découverte, 2010, p. 35.

a propor tal objeto ou tal serviço; em seguida, criar-se-á a demanda. Ao tempo mais longo da invenção sucedeu a corrida à inovação. Para os poderes públicos, o auxílio à inovação tornou-se uma "ardente obrigação", como antigamente era a planificação. À inovação responde a obsolescência, ou mesmo a obsolescência programada, sem a qual a engrenagem da inovação correria o risco de enguiçar. À pesquisa básica, demasiado lenta, pesada e incerta, tende-se a preferir a pesquisa e o desenvolvimento, a pesquisa em projetos e as licitações, cujos horizontes temporais estão mais próximos. Essas práticas vão todas no sentido de uma reorientação na direção do presente.

A aceleração da aceleração é acompanhada por uma intensificação da urgência, que é uma das palavras-chave do presentismo. Contração do tempo *chronos*, a urgência está em todo lugar e não requer qualquer outra explicação ou justificativa: "há urgência". Ela se tornou, assim, um "fato social total", afetando todos os setores da sociedade.[626] "Urgente" não sendo, aliás, mais suficiente, foi preciso recorrer a superlativos: "muito urgente", "urgentíssimo", etc. Exigem-se incessantemente planos de urgência, cuja demora nunca deixa de causar indignação. De maneira cada vez mais aguda, emerge a questão destas urgências por excelência que são as urgências médicas. Na França, o SAMU (Serviço de Atendimento Médico Urgente) foi criado em 1972. Hoje, as urgências são vítimas de seu próprio nome, visto que, com o afluxo de pacientes de toda ordem, os tempos de espera não cessam de aumentar. Podem elas ser ao mesmo tempo espécies de dispensários (as pessoas vão até as urgências) e serviços especializados (as pessoas são trazidas às urgências)? O imperativo social da urgência tem seu reverso ou suas patologias: a depressão que deixa ao indivíduo apenas um "presente letárgico sem passado nem futuro" e, cada vez mais, o *burnout*, o esgotamento.[627]

No horizonte próximo da urgência, surge a catástrofe. Ela é, sem nenhuma dúvida, uma palavra frequente do presentismo. Enquanto a história da segunda metade do século XX quisera distanciar-se do acontecimento, o regime presentista resgatou o acontecimento, a ponto de não conhecer mais nada além dele. Tudo é acontecimento e o "acontecimental" está em todo lugar. Toda instituição, toda empresa, toda organização

---

[626] Bouton, Christophe. *Le temps de l'urgence.* Lormont: Le Bord de l'eau, 2013, p. 17.

[627] Bouton, Christophe. *Le temps de l'urgence*, p. 132.

devem produzir acontecimentos, cada vez mais e cada vez mais rápido. A catástrofe vem inserir-se no quadro: ela sobrevém, advém, é um acontecimento inesperado e, é claro, negativo, mas a maneira de falar dela e de enfrentá-la pertence ao registro do acontecimento. E, como no caso do acontecimento, uma catástrofe segue a outra.

O historiador Alphonse Dupront dizia justamente, a respeito da urgência, que ela era "uma escatologia às avessas", na medida em que o imediato faz as vezes de *eschaton*, ou, em outras palavras, não há outra perspectiva além da do instante.[628] Consequentemente, poder-se-ia ver na urgência uma forma de *kairós* própria ao regime presentista contemporâneo. No tempo estreitado, contraído da urgência, a decisão a tomar, o gesto a ser feito chegam quase tarde demais. Em todo caso, não há mais um segundo a perder. Não se trata nem de dar tempo ao tempo, espreitando o momento propício (a forma grega do *kairós*), nem de entrar por uma conversão no presente do *kairós* crístico; não, pois a uma primeira urgência sucederá outra, e depois outra, com, a cada vez, o risco de estar atrasado, de ser pego de surpresa, de ficar sobrecarregado. Instala-se então uma tirania da urgência, que tem por horizonte a catástrofe (anunciada).

Uma política presentista

Em regime presentista, a política tende a reduzir-se a uma política presentista, dependente de ou mesmo submetida à urgência e ao fluxo das emoções. Em sua acepção moderna, a política estava coligada com o regime moderno de historicidade, quer ela o acompanhasse ou a ele se opusesse, quer ela fosse progressista ou reacionária. No segundo caso, aspirando a um retrocesso, ela era passadista, ao passo que, no primeiro, ela era decididamente futurista, acreditava no progresso, nos avanços da democracia, na emancipação, no progresso da humanidade. Os grandes discursos de Jean Jaurès sobre a escola, entre muitos outros, são emblemáticos. Por definição e por posição, o político tinha, com efeito, uma visão, e convidava ou mesmo forçava a avançar o mais rápido possível na direção de um futuro, senão radiante, ao menos melhor. Hoje, condenamos políticos que nada podem fazer por não terem visão. Mas, assim que

---

[628] Dupront, Alphonse. Présent, passé, histoire. *L'histoire et l'historien. Recherches et débats du Centre catholique des intellectuels français*, n. 47, juin 1964, p. 25. (N.R.T.)

o futuro não os ilumina mais, eles marcham às cegas ou estagnam. Eles se limitam, aliás, a seguir seus concidadãos que estão na mesma situação. Verifica-se o "teorema" de Tocqueville.

Por isso, os responsáveis políticos dedicam-se à governança, à comunicação e à reação. Eles são imediatamente julgados pela rapidez com que reagem a um acontecimento e, notadamente, pela prontidão em se apresentarem nos locais de uma catástrofe. Mais ainda do que a reação em si, importa o tempo levado para reagir. O tempo político usual é constituído de vários estratos, cada qual com seu ritmo e sua duração. Além do tempo imperioso das datas eleitorais, existe aquele, conhecido desde a noite dos tempos, que consiste em "ganhar tempo" (adiando uma decisão para mais tarde), e outro, mais recente e não menos exigente, que é o da comunicação política. Esta última está diretamente confrontada e conectada ao presente imediato. Por meio dela, presentismo e política entram em contato, com o risco de ver a política aspirada pelo presentismo.

Nossas já velhas democracias representativas descobrem que elas não sabem muito bem como ajustar os modos e os ritmos da tomada de decisão a estas tiranias concorrentes e concomitantes – a do instante, mas também a de um futuro já quase consumado (hoje, a urgência climática), e frequentemente a de um passado traumático ou criminoso –, e isso sem correr o risco de comprometer o que, justamente, aos poucos fez delas democracias. Pode a democracia ser instantânea e operar em tempo real? O que fazer diante do imediatismo do e-mail e, agora, das redes sociais? O que fazer quando a política parece reduzir-se aos posts que, a cada instante, são feitos, compartilhados, contradizem-se e desaparecem? Passa-se então da política exercida em regime presentista a uma política decididamente (e pobremente) presentista, onde as incessantes pesquisas de opinião pela internet, o recurso aos *big data* e aos algoritmos, os elementos de linguagem e os efeitos de anúncios ditam o que se deve dizer e a quem, dia após dia, quando não de hora em hora. Recentemente, as redes sociais nas quais tudo circula instantaneamente (imagens, palavras de ordem, insultos, bem como *fake news* conscientes e organizadas) reforçaram ainda mais a força do presentismo, na medida em que a emoção e o egotismo tendem a tornar-se um dos principais motores de uma informação instantânea e não mediada, que pretende cada vez mais satisfazer uma exigência assintomática de transparência completa.

Agora

Revolução, emancipação, reforma, aí estão três palavras que seguramente não guardam relação com o presentismo. Muito pelo contrário. A questão é, portanto, que lugar o presentismo reserva a essas três palavras que tanto peso tiveram na história moderna. A revolução, que, como vimos, era, em parte, a inscrição no tempo *chronos* do *Kairós* crístico, foi uma figura central do regime moderno de historicidade e das lutas políticas. Ou ela era conduzida pelo próprio tempo (as transformações das forças produtivas deviam acarretá-la), ou era preciso acelerá-la, como queria Robespierre e como Lênin procurou fazer. Mas, assim que o futuro perde sua evidência, a luz da revolução também se enfraquece. Maio de 1968, que foi ao mesmo tempo futurista e já presentista, marca os seus últimos lampejos no Oeste. Os manifestantes ainda se reivindicavam do futurismo da revolução, mas não estavam dispostos a sacrificar o presente por um futuro hipotético. Os *slogans* meio lúdicos e meio sérios – "Tudo, agora mesmo" ou "Sob os pavimentos, a praia" – anunciavam-no.

Hoje, ao menos uma parte do que se chama a ultraesquerda ou a esquerda radical reivindica explicitamente o presente, e somente o presente. Assim, de modo significativo, uma publicação recente do ou dos autores anônimos que compõem o Comitê Invisível se intitula *Agora*. Ao assumirem o exato contraponto ao futurismo dos movimentos revolucionários ou simplesmente progressistas, eles postulam como evidente que "um espírito que pensa em termos de futuro é incapaz de agir no presente".[629] Mais do que isso, a esperança deve ser proscrita, pois "esse levíssimo, porém constante *impulso para o amanhã* que nos é transmitido dia após dia, é o melhor agente da manutenção da ordem".[630] Para eles, nenhuma reforma poderia ser portadora da menor esperança – o que confirma *a contrario sensu* o laço estreito entre a reforma e o regime moderno de historicidade. Pode então o passado ser um recurso? Não exatamente, pois "se ele pode exercer uma ação sobre o agora, é porque ele mesmo nunca foi nada além de um agora".[631] Não se poderia, portanto, falar em

---

[629] Comite Invisible. *Maintenant*. Paris: La Fabrique, 2017, p. 17.
[630] Comite Invisible. *Maintenant*, p. 16. (N.R.T.)
[631] Comite Invisible. *Maintenant*, p. 16. (N.T.)

lição do passado. Conclusão lógica: "Nunca houve, não há e nunca haverá nada além do agora".[632] Passa-se de um agora a outro, e é só.

Vem em seguida uma série de fórmulas que especificam este agora e os desafios de que ele é portador. Antes e acima de tudo, ele é o lugar da "decisão".[633] Mas ele é também "o lugar da presença" para si e para os outros, pois sua forma mais manifesta ou mais "incandescente" é o motim.[634] "Ninguém jamais sai ileso de seu primeiro motim", escrevem os autores; ele é "desejável como momento de verdade", pois, por meio dele, "o real é finalmente legível".[635] Todas essas fórmulas, que não rejeitam um certo lirismo, vão além de um simples elogio ao motim: conferem-lhe uma *aura* particular. Com o motim e por meio dele, abre-se, com efeito, um tempo singular que tem algo a ver com um tempo *kairós*. Isso porque para todos os autores do Comitê Invisível e os que os seguem, o motim realmente é uma forma de *kairós*, mas aleatório, pontual e que não deve suscitar nenhuma esperança. Ou, para dizê-lo de outra forma, ele é uma utopia destemporalizada, que se produz e se reproduz unicamente no aqui e agora. Nessas condições, querer "instituir" é uma armadilha: apenas importa a "destituição". É preciso dedicar-se a destituir, entre outros, o Presidente da República.

A emancipação é um conceito de movimento. Deixa-se um estado (de escravidão) para rumar para a liberdade. Se, em seu uso político moderno, ela está completamente ligada ao regime moderno de historicidade, o que acontece com ela a partir do momento em que ela não é mais sustentada por um tempo progressivo? Ela não desaparece, continua sendo um valor da esquerda ou, de modo mais vago, daqueles que se reivindicam do humanismo. Persiste a vontade de promovê-la, de lutar por ela, mas já não se enxerga muito bem o caminho a ser seguido. Como conjugar o apagamento de um tempo processual e progressivo e um horizonte de emancipação? Se quisermos ir direto ao ponto, é preciso ou acreditar ainda em um certo progresso do tempo ou acreditar que é possível reativá-lo, ou então, como no caso da revolução, rumar para uma forma de utopia destemporalizada: algo como uma exigência ética de emancipação.

---

[632] Comite Invisible. *Maintenant*, p. 16.

[633] Comite Invisible. *Maintenant*, p. 16.

[634] Comite Invisible. *Maintenant*, p. 13.

[635] Comite Invisible. *Maintenant*, p. 14.

A Escola, instituição por natureza aberta ao futuro e que promoveu fortemente o ideal de emancipação, não escapa a essas contestações. Ela garantia a autoridade do professor em nome de uma promessa de sucesso, diferida, mas real. Hoje, ela tende a ser percebida como um serviço onde as trocas são regidas pelos cálculos de interesse a curto prazo. Como indicam Philippe Meirieu e Marcel Gauchet, "os olhos estão fixados na eficácia imediata de saberes instrumentais adquiridos ao menor custo".[636] A obsessão das "competências" (noção heteróclita na qual são encaixadas coisas muito diferentes) deriva do produtivismo escolar, tendendo a reduzir a transmissão a uma transação. De modo mais geral, embora os alunos queiram saber, eles não querem aprender: o progresso técnico nos faz acreditar que podemos saber imediatamente sem aprender, economizando, graças a alguns cliques, o tempo do aprendizado. O clique é "cronófago": ele devora o tempo *chronos*.

Resta, por fim, a reforma, que nos acompanhou ao longo de toda a investigação. Sua plasticidade fez dela um operador de temporalização cardinal, desde a *reformatio* dos primeiros séculos até a reforma, no sentido moderno do termo, passando por seus usos medievais e pela Reforma luterana.[637] No século XIX, ela foi um dos grandes *slogans* dos progressistas. Mais aceitável do que a palavra revolução, a reforma oferecia a insigne vantagem de se apresentar como uma revolução por etapas, abrindo caminho para a emancipação ou conduzindo a uma maior emancipação. Ao lutar por ela, ficava muito claro que se caminhava em direção ao futuro.

Em um tempo presentista, a reforma ainda está aqui, sobretudo porque ela se torna um simples sinônimo de ajustamento, de adaptação (já muito tardia) à situação. Ela é o que derruba os obstáculos, o que deve tornar os circuitos mais fluidos, os sistemas mais eficazes, etc. Não há mais, portanto, nem o olhar para trás, nem o olhar para frente que a antiga *reformatio* promovia. Presa também na aceleração e na urgência, a reforma chama a reforma, por vezes antes mesmo que a anterior tenha sido completamente implementada. É preciso reformar, alega-se, antes que seja tarde demais. A urgência está aqui. Nessas condições, não é surpreendente que ela seja imediatamente compreendida pelas pessoas interessadas como uma

---

[636] Marcel Gauchet e Philippe Meirieu, por ocasião de um debate sobre o tema "É possível reinventar a escola?", no quadro dos *Encontros de Avignon* (13 de julho 2011).
[637] Ver p. 154-158; ver p. 217-218.

"regressão" e uma ameaça às "conquistas". Dois exemplos serão suficientes. A Educação nacional é, na França, um campo privilegiado da reforma incessante, pois está permanentemente confrontada a conflitos de temporalidade irredutíveis. Arbitrar entre a urgência (o mais recente incidente), a "necessária adaptação" dos programas, a preparação ao mundo de hoje, ou mesmo de amanhã (que ninguém sabe o que será) e o tempo longo da formação dos alunos é uma missão impossível. Outro exemplo emblemático é o debate, há muito em curso, sobre o sistema das aposentadorias, que foi uma das grandes conquistas do Estado-providência. Assim que foram mais ou menos esgotados os recursos da reforma-ajustamento, como convencer todos os interessados e, sobretudo, os futuros interessados de que é preciso fazer uma projeção de pelo menos trinta anos, quando, para além dos dados demográficos, ninguém consegue prever o que serão, nesse horizonte, o mercado de trabalho ou mesmo a expectativa de vida, sem mencionar o estado das relações internacionais? A isso, seria ainda preciso acrescentar as incertezas ligadas ao aquecimento climático.

De maneira geral, continua correta a seguinte observação de Alphonse Dupront: "Estamos reduzidos a asfixiar cada vez mais, a cada dia, a virtude humana da palavra reforma, que foi, no passado, no longo período da Idade Média, uma grande esperança".[638] Pois bem, ela também o foi muito além da Idade Média, como vimos. Mas à esperança sucederam hoje a desconfiança e a ansiedade, que alguns encarregam-se de alimentar e de amplificar.

Preservação, precaução, prevenção

Desde os anos 1970, essas três palavras ocuparam um lugar crescente no espaço público, mas também no nosso cotidiano. Elas traduzem uma nítida mudança na nossa relação com o futuro. A preservação introduziu-se inicialmente pelo viés do meio ambiente. Em 1972, a primeira conferência mundial sobre o meio ambiente, organizada em Estocolmo sob a égide das Nações Unidas, estabelece que sua preservação é um "dever". No mesmo ano, a Assembleia Geral da Unesco adota a Convenção para "a proteção do patrimônio mundial cultural e natural".[639] A mesma transformação também é atestada pelo rapidíssimo desenvolvimento que teve o princípio

---

[638] Dupront, Alphonse. *Présent, passé, histoire*, p. 25. (N.R.T.)

[639] Hartog, François. *Regimes de historicidade*, p. 239-245. Anatole-Gabriel, Isabelle. *La fabrique du patrimoine de l'humanité. L'Unesco et la protection patrimoniale (1945-1992)*.

da precaução, a ponto de encontrar-se inscrito na Constituição francesa em 2005.[640] Desde então, os debates se concentraram no seu uso. De tanto o alardear, não corremos o risco de transformá-lo em um simples princípio de abstenção e, portanto, de simples conservação de um estado presente? A prevenção não é nova (ela está no âmago do sistema dos seguros), mas ela adquiriu, há pouco, uma nova extensão, ligada aos temas da segurança e da ordem, que se tornaram uma pauta eleitoral severamente disputada ao redor do mundo.

Em matéria penal, a lei francesa relativa à retenção de segurança (25 de fevereiro de 2008) "permite manter um condenado em detenção, após a execução de sua pena, pelo prazo de um ano, renovável de modo indefinido, apenas com base no critério da periculosidade".[641] Avalia-se, portanto, a partir de cálculos de probabilidade, a "periculosidade" de uma pessoa e decide-se, por exemplo, mantê-la encarcerada (mesmo após o cumprimento de sua pena), privando-a assim da possibilidade de um futuro. Este único ponto reterá nossa atenção: considerado como uma ameaça, o futuro é, em suma, impedido ou, ao menos, suspenso, em nome da urgência e a título de proteção do presente.[642] De modo ainda mais amplo, como observa a jurista Mireille Delmas-Marty, certos perigos planetários "têm efeitos potencialmente ilimitados no tempo. Conforme estejam relacionados à violência inter-humana (terrorismo global) ou à superpotência do homem sobre a natureza (perigos ecológicos ou biotecnológicos) [...], esses perigos conduzem a diversas formas de segurança antecipada: ora é o instante que se prolonga quando a urgência torna-se

---

Paris: Publications de la Sorbonne et Éditions de la Maison des sciences de l'homme, 2016.

[640] Definição do princípio de precaução: "Quando a ocorrência de qualquer dano, embora incerta no estado atual dos conhecimentos científicos, possa afetar de maneira grave e irreversível o meio ambiente, os poderes públicos devem garantir a aplicação do princípio de precaução e, no âmbito de suas atribuições, a aplicação de procedimentos de avaliação dos riscos e a adoção de medidas provisórias e proporcionais a fim de evitar a ocorrência do dano" (*Préambule de la Constitution de la Ve République*, Article 5, 2005).

[641] Delmas-Marty, Mireille. *Libertés et sûreté dans un monde dangereux*. Paris: Le Seuil, 2010, p. 7.

[642] Garapon, Antoine. La lutte antiterroriste et le tournant préventif de la justice. *Esprit*, p. 151-154, mars/avr. 2008.

permanente, ora é o futuro que se integra ao direito positivo, por meio de técnicas que vão da prevenção à precaução, das gerações presentes às gerações futuras".[643] Essas são tantas decisões, disposições, maneiras de ser que reforçam o caráter onipresente do presente como horizonte insuperável do nosso contemporâneo. Preservação, conservação, precaução, prevenção, tantas palavras (e políticas) que podem fomentar e, em seguida, manter um presentismo de recuo, de fechamento, do qual apenas os temores e aqueles, cada vez mais numerosos, que os manipulam tirarão proveito.

Memória

A esse presente que oscila entre o quase tudo e o quase nada, é preciso acrescentar uma dimensão: a da memória. É o que denominei o tempo de Auschwitz: aquele tempo parado, aquele passado que não passava, cujo primeiro grande reconhecimento público e internacional veio com o processo de Adolf Eichmann, em 1961. Pela primeira vez, sobreviventes eram chamados a testemunhar, isto é, a dizer o que haviam suportado, embora não tivessem, evidentemente, nunca encontrado diretamente o acusado. Inicia-se, então, o que Annette Wieviorka chamou de *A era da testemunha* e que se poderia, igualmente, designar como "a era da vítima". Afinal, é precisamente na condição de vítimas que essas testemunhas passam a ocupar um lugar cada vez mais proeminente.[644] Como declara uma delas a Daniel Mendelsohn, "queremos esquecer, mas não devemos esquecer, não podemos esquecer".[645] Inauguram-se, com efeito, as décadas que logo foram denominadas "os anos-memória" por Pierre Nora. *Shoah*, o filme de Claude Lanzmann, lançado em 1985, o atesta com uma força perturbadora, enquanto, entre 1984 e 1992, os *Lugares de memória*, concebidos e dirigidos por Nora, recorrem à memória para reescrever a história.[646] É nessa época que as noções de "demanda" de memória, "dever" de memória e "direito" à memória passam a ocupar um lugar cada vez maior

---

[643] Delmas-Marty, Mireille *Libertés et sûreté dans un monde dangereux*, p. 188.

[644] Wieviorka, Annette. *L'ère du témoin*. Paris: Plon, 1998.

[645] Mendelsohn, Daniel. *The Lost: A Search for Six of Six Million*. New York: HarperCollins, 2006, p. 391.

[646] Nora, Pierre. Entre mémoire et histoire. La problématique des lieux (1984). *In*: Nora, Pierre. *Les lieux de mémoire*, p. 23-43.

nos espaços públicos (midiáticos, judiciários, culturais), na Europa e em grande parte do mundo.

Rapidamente, a memória e seu *alter ego*, o patrimônio, tornam-se duas figuras incontornáveis dos discursos e das agendas políticas. Quase por toda parte, as comemorações multiplicam-se e constituem a ocasião de grandes celebrações (nacionais, patrióticas, por vezes chauvinistas, ou ainda de protesto...). Instituem-se políticas memoriais, resultando, em um lugar ou outro, em leis memoriais.[647] O presentismo não acredita mais na história, mas ele recorre à memória, que é, em suma, uma extensão do presente na direção do passado, por evocação, convocação de certos momentos do passado (na maioria das vezes, dolorosos, ocultos, esquecidos...) no presente – mas sem abertura para o futuro, exceto a que promovem os "Nunca mais", que indicam primeiramente um retorno a um passado cujo encerramento é proclamado. De fato, os percursos dos museus da memória, cujo número multiplicou-se ao redor do mundo, se encerram com esta injunção moral: não esquecer, para não repetir. Frequentemente, como na África do Sul e no Chile, esses memoriais são também um gesto arquitetural que inscreve nas paisagens a conclusão deste procedimento chamado "justiça transicional", o qual visava e esperava uma retomada do tempo, permitindo às vítimas revelarem o que haviam suportado. Esse foi o papel atribuído às diferentes Comissões da Verdade e da Justiça. Sair de um tempo bloqueado, sem recorrer ao esquecimento nem à anistia, é, com efeito, o objetivo ao mesmo tempo moral e político. Mas que tempo pode ser relançado, a partir do momento em que o futurismo do regime moderno não cumpre mais suas promessas? Como sair de um tempo suspenso, de um presente que é o das vítimas, quando, ao redor, espreita e ganha terreno o presentismo, que é constituído, por um lado, do presente perpetuado das vítimas e, por outro, de um presentismo triunfante, ou de um primeiro momento triunfante do presentismo?

Em contrapartida, aquela História, a que o século XIX elevara ao patamar de divindade maior, abria-se para o futuro e era teleológica (fossem seus heróis a Nação, o Povo ou o Proletariado).[648] Por esse motivo, ela

---

[647] Koposov, Nikolay. *Memory Laws, Memory Wars: The Politics of the Past in Europe and Russia*. Cambridge: Cambridge University Press, 2018.

[648] Hartog, François. *Croire en l'histoire*. Paris: Champs Histoire; Flammarion, 2016, p. 9-36 (Hartog, François. *Crer em história*, p. 9-30).

tendia a ficar no campo dos vencedores ou daqueles que, provisoriamente vencidos, seriam vitoriosos amanhã, enquanto a memória tornou-se o instrumento ou a arma daqueles que não puderam falar ou que não foram ouvidos, dos esquecidos (pela história), das minorias, das vítimas. Memória e presentismo caminham, portanto, juntos, o que não significa de modo algum que ela se confunda com ele, pois a memória permite escapar de um presente em que os pontos de referência apagam-se rapidamente, sem, no entanto, abandoná-lo. Confrontar esse passado que, como foi dito, não passa (o dos crimes contra a humanidade e dos genocídios) também é, portanto, uma das modalidades de enfrentamento do presente, posto que esse passado não somente ainda está presente, mas é também do presente. Da imprescritibilidade do crime contra a humanidade decorre que o criminoso permanece, por toda a sua vida, contemporâneo de seu crime? Para ele, justamente, o tempo não "passa", não deve passar, mas, da mesma forma, para nós também não. Para além dos criminosos nazistas, é nessa temporalidade jurídica do imprescritível que encontraram fundamento jurídico os diferentes pedidos de reparação, em particular da escravidão, tão logo ela foi reconhecida como crime contra a humanidade.

A guinada presentista do religioso
Não é o cristianismo um presentismo? O início de nossa investigação o estabeleceu com clareza. O presentismo do final do século XX não deveria, portanto, pegá-lo desprevenido. Não obstante, o presentismo contemporâneo não é, de modo algum, uma retomada ou uma reativação do presentismo cristão. Ele não é, em princípio, apocalíptico, nem está contido entre *Kairós* e *Krisis*, entre o tempo do fim e o fim dos tempos, pois ele se absorve no instante e não tem outro horizonte além de si próprio. Ele não se vê como um tempo intermediário. Ademais, a Igreja enquanto instituição encarregara-se de arranjar um lugar, controlando-o tanto quanto possível, para o tempo *chronos* e, portanto, a história. Esses foram todos os compromissos, que devem ser continuamente retomados, entre o presente apocalíptico e o tempo do mundo, cuja marcha acompanhamos.

A Igreja, que é a mais velha instituição existente do mundo ocidental, tem seu próprio tempo, nitidamente defasado em relação ao tempo moderno que ela por tanto tempo recusou e condenou. Em último caso, o presentismo das origens, que é um artigo de fé, continuou sendo seu horizonte, ainda que tenha tido de ceder terreno, negociar com *Chronos* e compor com o século. Mas foi somente com Vaticano II (1962-1965) e com o *aggiornamento*, lançado pelo Papa João XXIII, que ela procurou juntar-se a ele. Ora, essa Igreja, que, não sem suscitar resistências internas, pretendia avançar em seu próprio ritmo, encontrou-se rapidamente perturbada pela ascensão do novo presentismo. Ela teve de acostumar-se à rapidez do tempo midiático, sobretudo porque os papas escolheram tornar-se os grandes comunicadores na cena mundial – e até mesmo vedetes, com João Paulo II, cuja rapidíssima canonização prova que a aceleração penetrou até o coração teológico do Vaticano. A partir de então, o papado encontra-se submetido às mesmas demandas em matéria de reatividade e de transparência que qualquer outra instituição, grande ou pequena.

Isso ainda não é tudo, pois a Igreja deve enfrentar a concorrência das seitas evangélicas, cujo crescimento é exponencial ao redor do mundo. Ora, o traço principal que elas apresentam é a possibilidade de uma relação direta e imediata com Deus.[649] Nessas congregações de crentes, novos crentes, ou *born again*, predomina a emoção e reina o presentismo. Acrescenta-se a isso o fato de que os evangélicos ativam frequentemente perspectivas apocalípticas. Ao contrário da Igreja Católica, que deve compor com dois mil anos de institucionalização e de compromisso com o tempo *chronos*, as seitas evangélicas conseguem transitar, sem interrupção, do presentismo contemporâneo ao presentismo apocalíptico em uma espécie de *revival* permanente.

O mesmo ocorre com o fundamentalismo do Estado Islâmico, que conjuga o presentismo apocalíptico e o presentismo atual (tecnológico), em um contexto de rejeição do tempo moderno ocidental: o dos "descrentes" (e antigos colonizadores). Antes do Profeta, não há nada além de um passado a ser apagado (dinamitando ruínas) e, entre o Profeta e eles, há apenas um presente que se abre para o apocalipse. Seu uso da imagem decorre do presentismo mais deliberado. O Estado Islâmico mata e filma explorando a imediaticidade do digital. "Filmar, registrar, mostrar, transmitir, compartilhar tornaram-se", escreve Jean-Louis Comolli, "*uma mesma operação*. A escolha de um cinema do *choque visual* é", ele acrescenta, "uma característica da época, para muito além dos vídeos do Estado Islâmico".[650]

---

[649] Roy, Olivier. *L'Europe est-elle chrétienne?* Paris: Le Seuil, 2019, p. 112.
[650] Comolli, Jean-Louis. *Daech, le cinéma et la mort.* Lagrasse: Verdier, 2016, p. 36, 72.

Se, para os primeiros cristãos, só existe presente, este presente não constitui, de modo algum, o seu próprio horizonte. "Esquecendo as coisas que ficam atrás, e avançando para as que estão diante de mim", essas são as próprias palavras de Paulo para descrever sua relação com o presente, sua maneira de vivê-lo como cristão. Já salientamos toda a sua importância.[651] Não há nada igual na textura do presentismo contemporâneo, ainda que, como vimos, algumas farpas de um tempo *kairós* podem nele penetrar (o motim, mas também momentos musicais, eventos esportivos, funerais, grandes manifestações, as "comunhões" de que tanto se fala). Ademais, o presentismo atual prosperou inicialmente com a dissolução do regime moderno de historicidade que orientara a marcha do tempo e definira a modernidade, antes que viesse se juntar ou tomar seu lugar um presentismo diferente impulsionado pela revolução digital e difundido pela globalização. Suprimindo a baliza do fim ou (o que lhe era equivalente) lançando-a para um futuro tão remoto que ela já não significava nada, o regime moderno desfizera-se da hipoteca do apocalipse. Foi então o tempo das grandes utopias temporalizadas do século XIX. Mas, assim que a categoria do futuro encontra-se destituída de sua função regente, abre-se um espaço para uma mobilização ou uma reativação de esquemas apocalípticos. As seitas evangélicas, passando facilmente de um presentismo para outro, conciliam-se facilmente com isso. O mesmo ocorre com o Estado Islâmico e seus "mártires". Quanto aos demais, mais leigos, eles também podem convocar o apocalipse, mas são apocalipses negativos, que vimos surgir notadamente no contexto da Grande Guerra e que, desde então, foram episodicamente mobilizados, a ponto de aplicarem-se a um saguão de estação de trem em um dia de greve severa da SNCF [Sociedade Nacional das Ferrovias Francesas].

Sair do presentismo

Se as normas temporais das sociedades, tais como foram inventariadas por Rosa,[652] pertencem a uma "linguagem silenciosa do tempo", em princípio assimilada por cada um, existem também palavras do tempo, como

---

[651] Paulo, *Epístola aos Filipenses* 3, 13, ver p. 50-51.
[652] Rosa, Hartmut. *Aliénation et accélération. Vers une théorie critique de la modernité tardive*. Traduction française de Thomas Chaumont. Paris: La Découverte, 2012, p. 104.

mostra este rápido glossário do presentismo: uma linguagem das épocas do tempo. Após quatro ou cinco décadas de presentismo, temos recuo suficiente para medir seus efeitos. O principal é aquele que, relacionando aceleração e dessincronização entre os lugares, os meios, as gerações, as classes, conduz à formação de um "mosaico de guetos temporais".[653] Por isso, não há um único presentismo, o mesmo para todos, mas tipos de presentismo. Reduzindo-se *Chronos* como uma "pele de onagro", este presente não deixa de ser, ele também, atravessado por clivagens. Em uma extremidade, há o presentismo escolhido, o daqueles que, conectados, móveis e ágeis, são reconhecidos como os "vencedores da mundialização"; e, na outra extremidade, aquele que é suportado, o de todos aqueles a quem os projetos são vedados e que, não podendo literalmente projetar-se no futuro, vivem – ou até sobrevivem – um dia após o outro. Seu único universo é a "precariedade", ou mesmo a "grande" ou "grandissíssima precariedade". Hoje, o mais carente é o "migrante" (ele não é nem um emigrado nem um imigrado, mas um "migrante"). Ele se encontra preso no presente sem fim da migração, que parece ser seu único horizonte: seu destino.

Entre o presentismo escolhido da maneira mais completa e aquele que é suportado com maior intensidade, existem seguramente todas as situações intermediárias. Mas notamos com nitidez cada vez maior que temporalidades demasiadamente discordantes entre grupos sociais, classes etárias ou classes sociais são portadoras de perigos. A discordância dos tempos não produz, mas alimenta o conflito social. Quando contemporâneos compartilham o mesmo presente, mas estando simultaneamente em outro tempo, o desnível, se cresce demais, pode alimentar movimentos de recuo e de recusa, explosões de ira e de ódio. As distâncias espaciais entre centro e periferia constituem, quando menos, distâncias temporais. De há alguns anos, a Europa vivencia esse fenômeno quase cotidianamente, com as traduções políticas que já vimos, que vemos e que corremos o risco de ver.[654]

---

[653] Rosa, Hartmut. *Accélération*, p. 323.

[654] Sobre as discordâncias temporais, as análises de Ernst Bloch, no contexto alemão dos anos 1930, foram generalizadas por Koselleck, que vê no simultâneo do não simultâneo uma das três modalidades da experiência da história (ao lado da irreversibilidade e do caráter repetitivo das estruturas). Com o tempo moderno e o progresso, o simultâneo do não simultâneo torna-se atraso (que se deve sanar) ou avanço

Após o breve momento de um presentismo triunfante e dominador, seguiu-se o das insatisfações e das tentativas de ajustá-lo ou dele se subtrair. Ao imperativo de acelerar respondem tentativas e projetos de desaceleração. Partindo da *Slow food* (movimento fundado na Itália em 1999) como réplica à *fast food*, o movimento *Slow* manifesta-se agora de múltiplas maneiras, a ponto de ser retomado pelo marketing, convertendo então os *"slow* isto ou aquilo" em argumento de venda.[655] É, quando menos, o indício de que a desaceleração adquiriu um valor comercial. Existe desde 1996 uma "Fundação do longo agora" (The Long Now Foundation) cujos promotores são personalidades conhecidas da contracultura americana e da *high-tech*. Seu projeto principal, que ainda é apenas um *work in progress*, é um gigantesco relógio, concebido para durar dez mil anos. O ponteiro maior avançará de uma unidade por ano, o menor a cada cem anos, e o cuco repicará os milênios... A previsão é que ele seja instalado no Texas, na propriedade de Jeff Bezos, o patrão da Amazon e um dos financiadores do projeto, e que se torne um local de peregrinação, onde cada qual será convidado a meditar sobre o longo prazo.[656] Que semelhante iniciativa venha dos mesmos que são os principais vendedores e beneficiários do presentismo tecnológico também constitui um indício. Estariam eles arrependidos, procurando redimir-se pela edificação de um santuário a *Chronos*, aquele que eles ajudaram a destituir, com vistas a reanimar seu culto ou para certificar-se de que ele está realmente morto?

Diante do presentismo e de seus excessos, alguns, aspirando a abandoná-lo, decidem avançar. Assim, para romper com o modo de vida presentista, eles começam por deixar as metrópoles, para privilegiar outros ritmos de vida e outros modos de consumo. São tantas pequenas secessões silenciosas, cujo número continua a aumentar. Poder-se-ia acreditar que foram inspiradas pela nostalgia do "era melhor antes", mas o que se manifesta é, na realidade, a preocupação com o futuro. Para eles

---

(que se deve ampliar). Koselleck, Reinhart. *Le futur passé*, p. 279-280. De Bloch, ver: Bloch, Ernst. *Héritage de ce temps*. Paris: Klincksieck, 2017, p. 82-102.

[655] Bouton, Christophe. *Le temps de l'urgence*, op. cit., p. 261-263.

[656] "Une horloge pour 10 000 ans", *Le Monde*, blog de Frédéric Joignot, 22 fev. 2018. O site da Fundação, baseada em São Francisco, anuncia que o relógio está em construção e que outros foram projetados. O nome da Fundação parece ambíguo: por que esse *Long Now* (presentista) para um projeto cultural voltado para um longo futuro (dez mil anos)?

(que frequentemente são filhos do presentismo, não tendo conhecido nada além dele), não se trata de ressuscitar o "retorno à terra", tal como foi praticado nos anos 1960. Eles estão convictos de sua escolha pelo fato de que se ouvem, vindos de diversos horizontes e em número cada vez maior, apelos ou injunções a sair do "curto-prazismo", a reabrir o futuro e, ao mesmo tempo, a história.[657] Mesmo os políticos tentam fazê-lo, com maior ou menor habilidade, empregando mais o termo "futuro" em suas intervenções públicas e campanhas eleitorais. Mas, para alguns, o caminho mais direto para o futuro é o do passado, isto é, o de um passado mitificado. Esse é o caso do *slogan* vencedor em 2016: *Make America Great Again*.[658]

Acima de tudo, porém, essas críticas vindas do interior, suscitadas pelo próprio presentismo, foram ao mesmo tempo reforçadas e profundamente transformadas pelo surgimento recente de uma ameaça portadora de um tempo *chronos* inédito: o do *Antropoceno*. Passa-se da preocupação com o futuro ao medo do futuro. Subitamente, o presentismo, esse tempo que não para de se reduzir até quase desaparecer, encontra-se confrontado a um tempo *chronos*, e apenas *chronos*, que se conta em milhões e em bilhões de anos. Tudo se passa como se esse novo *Chronos* viesse a fazer estourar a bolha presentista, obrigando seus ocupantes a olhar para além de seus próprios passos ou dos retornos de seus investimentos. O futuro está de fato aqui: um futuro que, ao mesmo tempo, não está à nossa mão, não está mais e ainda está um pouco. Iniciado na década de 2010, o grande movimento de virada ainda está amplamente em curso – não sem ansiedade ou, por vezes, certa euforia.[659]

O presentismo recorre abundantemente à catástrofe, encarada como a forma negativa do acontecimento. Por isso, ela está presente em nosso glossário do presentismo. O Antropoceno também a mobiliza.[660] Nesse

---

[657] Hartog, François. L'histoire à venir? *In*: Boucheron, Patrick; Hartog, François. *L'histoire à venir*. Toulouse: Anacharsis, 2018, p. 43-77.

[658] "Torne a América Grande Novamente", foi o *slogan* da campanha presidencial de Donald Trump em 2016. (N.R.T.)

[659] Segundo uma pesquisa do instituto OpinionWay, realizada em março de 2019, 48% dos franceses consideram que é tarde demais para reverter o curso do aquecimento climático. Desenvolve-se a permacultura, bem como diversas formas de sobrevivencialismo.

[660] Stengers, Isabelle. *Au temps des catastrophes. Résister à la barbarie qui vient*. Paris: Les Empêcheurs de penser en rond; La Découverte, 2009.

quadro, ela pode designar, ao mesmo tempo, a catástrofe em curso (o aquecimento climático, cuja progressão é medida pelos relatórios do Painel Intergovernamental sobre Mudanças Climáticas) ou a catástrofe final (a sexta extinção das espécies terrestres). Também se fala comumente em termos de colapso e, é claro, de apocalipse (somente negativo). Sempre disponível, o apocalipse é mobilizado por numerosos glosadores a respeito e em torno do Antropoceno.[661] Em suma, a catástrofe passa tranquilamente do presentismo ao Antropoceno, com a diferença de que a catástrofe antropocênica é portadora de uma ideia do fim, que a catástrofe presentista ignorava.

No que diz respeito à mobilização do futuro, embora os marcadores presentistas ainda sejam operatórios, fazem-se ouvir estes futuristas ruidosos e afoitos que são os transumanistas e os pós-humanistas. Sua promessa é a de um homem acrescido de uma "Humanidade +" e, finalmente, de uma pós-humanidade.[662] "Acredito na possibilidade de uma nova evolução biológica humana consciente e provocada, pois não vejo como o *Homo sapiens*, este homem apressado e invejoso, pode aguardar paciente e modestamente a emergência de uma nova espécie humana pelas vias anacrônicas da seleção natural", escrevia há 25 anos o geneticista Daniel Cohen.[663] É possível acelerar o movimento, incluindo-se as "lentidões" da seleção natural! O futuro é colocado sob a égide da aceleração. Avaliar o grau de seriedade científica de suas promessas não é possível, o que não os impede de modo algum de mobilizar importantes meios financeiros e de orientar decisões de investimento, em particular por parte de empresas como Google.[664] Para nós, porém, o mais interessante é o que eles nos dizem sobre o nosso presente: a que futuro aspira este presente? Para eles, não há dúvida de que é preciso sair o mais rápido possível do presente ou, pelo menos, que alguns possam fazê-lo e abrir uma nova via: alhures, além da Terra, para além da humanidade. Mas, enquanto isso, é preciso que o

---

[661] Fœssel, Michaël. *Après la fin du monde. Critique de la raison apocalyptique*. Paris: Le Seuil, 2012.

[662] Rey, Olivier. *Leurre et malheur du transhumanisme*. Paris: Desclée de Brouwer, 2018.

[663] Cohen, Daniel. *Les gènes de l'espoir*. Paris: Robert Laffont, 1993, p. 261.

[664] Grunwald, Armin. What Does the Debate on (Post) Human Futures Tell Us. *In*: Hurlbut, J. B.; Tirosh-Samuelson, H. (Ed.). *Perfecting Human Futures*. Wiesbaden: Springer Fachmedien, 2016, p. 35-50.

presente, tal como ele é hoje, ainda dure um pouco. Eles necessitam da criogenia e do ar-condicionado.

Atualmente, o profeta mais conhecido da disrupção vindoura, que ele diz advir da Singularidade, é Ray Kurzweil, engenheiro da Google, futurólogo midiático e fundador da Universidade da Singularidade. Ele prevê a Singularidade para 2045, data na qual "poderemos multiplicar nossa inteligência efetiva por um bilhão, pela fusão com a inteligência artificial que tivermos criado", como ele frequentemente repete.[665] Se os transumanistas dizem-se capazes de suprimir a morte graças à tecnologia, o futuro no qual ele trabalha é, na verdade, um futuro próximo. A cada dia, aproximam-se as promessas da inteligência artificial, que passa por um desenvolvimento exponencial. Em regime de aceleração generalizada, o futuro não poderia escapar à lei da aceleração. Ou, em outras palavras, esse futuro é também um futuro que conserva vestígios presentistas. Ele é profundamente diferente do futuro de Condorcet ou de Renan, que tinha todo o tempo diante de si. Para esses dois, o advento de uma humanidade nova era um horizonte muito longínquo. Condorcet concebia apenas progressos "indefinidos" (sem arriscar uma data), enquanto Renan contava facilmente em milhões de anos o tempo necessário para que a humanidade alcançasse a plena realização de si mesma.[666]

Outro motivo para a pressa dos transumanistas é a consciência que eles têm das ameaças que pesam sobre a Terra, ou mesmo do risco de extinção da espécie humana. Por isso, encontrar uma saída é tão urgente. Para eles, ela provém unicamente dos progressos científicos e tecnológicos, a ponto de fazer, no caso de Kurzweil, da Singularidade uma espécie de apocalipse puramente tecnológico. Se fosse preciso compará-lo a um dos apocalípticos que examinamos anteriormente, seria Joaquim de Fiore. De fato, a exemplo do abade que calcula a data iminente (1260) da Terceira idade, a dos monges e do Evangelho eterno, Ray Kurzweil anuncia 2045 como o ano do advento da Singularidade. Ele poderia, portanto, inserir-se na posteridade longínqua do abade, para retomar o título do livro de Henri de Lubac.[667]

---

[665] Kurzweil, Ray. *The Singularity is Near: When Humans transcend Biology.* Nova York: Viking, 2005.

[666] Ver p. 201-204; ver p. 230-236).

[667] Lubac, Henri de. *La postérité spirituelle de Joachim de Flore.* Ver p. 137.

Chronos restituído: o novo império de *Chronos*

Ainda ontem, o presentismo acreditava poder constituir seu próprio horizonte, mas já contestado do interior, ele se vê subitamente diante de um novo abismo do tempo, um "sombrio abismo do tempo", para retomar a fórmula de Buffon, no momento em que ele confrontava o regime cristão de historicidade ao tempo longo da geologia e da História natural. Hoje, a configuração é outra. A confrontação evidentemente não é mais com o regime de historicidade cristão, nem sequer com o regime moderno, mas muito diretamente com o presentismo. Isso porque, se ele é seguramente questionado de diversos lados, o presentismo não deixa de estar ativo, na medida em que seu principal operador, a saber a revolução digital, continua sua progressão. Ora, esta última, assim como todas as transformações que ela rapidamente induz e provoca em todos os setores das sociedades e nas vidas dos indivíduos, inscreve-se em um tempo que, seguramente, é *chronos*, mas curtíssimo, visto que nos movemos em um universo de nanossegundos. Enquanto os indivíduos e as instituições encontram-se conduzidos ou mesmo instados a ajustarem-se à instantaneidade, eis que um tempo propriamente incomensurável – *chronos*, mas longuíssimo – abre-se sob os seus pés ou, para recorrer a outra imagem, ergue-se diante deles, muito mais alto do que "o muro dos séculos" que se ergueu diante de Victor Hugo, quando ele iniciou sua *Lenda dos séculos*.

Ao tempo destituído do presentismo sucede um *Chronos* restituído, que será preciso aprender a enfrentar. De um lado, o futuro imediato consiste em adentrar numa nova condição, a "condição digital", buscando conferir-lhe um rosto humano; de outro, o futuro imediato parece perder-se em um tempo *chronos* que escapa a qualquer apreensão. Poderíamos ver aí uma nova versão da figura mitológica do deus que devora seus filhos: um *Chronos* propriamente cronófago.[668] Com efeito, que rede deve ser lançada sobre ele e, mesmo antes disso, que rede deve ser fabricada, e com que malhas? Como ele nunca esteve até aqui na história humana, *Chronos* encontra-se clivado entre um tempo tão curto que quase desaparece e um tempo tão longo que escapa a qualquer representação. A nova condição digital também é uma condição dilacerada ou esquartejada entre duas temporalidades radicalmente incomensuráveis. Todo o desafio consiste

---
[668] Ver p. 29-30.

em saber se dessa condição é possível fazer uma nova condição histórica. Entre o tempo do Antropoceno e o dos microprocessadores, o que poderia ser um tempo histórico ou um novo tempo histórico?

A temporalidade do Antropoceno

Quais são os contornos do Antropoceno? De que tempo se trata? E qual é sua textura? Proposto pelo químico Paul Crutzen em 2000, o nome conheceu uma difusão fulgurante.[669] Atestam-no a criação de revistas especializadas, a formação de grupos de pesquisa, a estruturação de um meio, controvérsias e uma bibliografia que se expande cotidianamente. Mais do que isso, o Antropoceno já faz parte hoje do vocabulário corrente. A grande mídia discute a seu respeito, e com frequência cada vez maior.[670] Tendo recebido o Prêmio Nobel por seus trabalhos sobre a redução da camada de ozônio na estratosfera, Paul Crutzen diagnosticava a abertura de uma nova era na história da Terra, a partir da constatação do aumento rápido da taxa de dióxido de carbono na atmosfera. Consequentemente, o Holoceno, no curso do qual se desenrolara até então toda a história humana, devia ser considerado como encerrado (após pouco menos de doze mil anos), enquanto se iniciava uma nova época na qual a espécie humana tornara-se uma força geológica que, como tal, afetava o funcionamento e os equilíbrios do sistema da Terra.[671] Vem daí a proposta do nome Antropoceno.[672]

---

[669] Para um rápido histórico do surgimento da palavra, ver: Bonneuil, Christophe; Fressoz, Jean-Baptiste. *L'événement Anthropocène. La Terre, l'histoire et nous*. Paris: Le Seuil, 2013, p. 17-33.

[670] "Welcome to the Anthropocene": página inicial de *The Economist*, 26 maio 2011. Os leitores do *New York Times* e do *Le Monde* também recebem notícias frequentes (e inquietantes) do Antropoceno.

[671] Por sistema da Terra ou sistema Terra, entende-se um conjunto de processos físicos, geológicos, biológicos em interações uns com os outros, operando em diferentes escalas e segundo temporalidades próprias, implicando viventes e não viventes, a vida em geral.

[672] Zalasiewicz, Jan. The Extraordinary Strata of the Anthropocene. *In*: Oppermann, Serpil; Iovino, Serenella (Ed.). *Environmental Humanities, Voices from the Anthropocene*. London: Rowman and Littlefield, 2017, p. 115-131. Geólogo, professor na Universidade de Leicester, Zalasiewicz preside o Anthropocene Working Group of the International Commission on Stratigraphy.

Competia então aos geólogos e, mais precisamente, à Comissão sobre Estratigrafia no seio da União Internacional das Ciências Geológicas validar ou não a proposta. A União é, com efeito, a guardiã da Escala de Tempo Geológico (*Geological Time Scale*) e a única autorizada a ratificar uma mudança. Embora Crutzen tivesse formulado sua sugestão a partir de observações feitas na atmosfera e embora a redução da camada de ozônio não deixe vestígio estratigráfico, os geólogos deviam verificar se era possível atribuir um estrato geológico próprio ao Antropoceno, justificando que ele fosse reconhecido como uma nova época geológica. Ora, não faltam certamente vestígios capazes de delimitar um estrato. Os mais imediatamente identificáveis são o concreto, esta nova rocha de fabricação humana por excelência, da qual já foram produzidas bilhões de toneladas; e, desde os anos 1950, o plástico, emblema do mundo moderno, do qual se produzem, anualmente, centenas de milhões de toneladas. Ao lado dos resíduos bem visíveis sobre a terra e nos mares, os pesquisadores perseguem hoje os micro e até mesmo os nanoplásticos, que são invisíveis a olho nu, mas que são encontrados absolutamente em todo lugar. A partir desses vestígios doravante inscritos nas camadas geológicas (e que ainda estarão presentes daqui a milênios), pode-se dizer com segurança que o Antropoceno não é uma simples fase, mas já é um "limite fundamental", nos diz o geólogo Jan Zalasiewicz, o que permite "atribuir-lhe um *status* de época".[673] Na escala do tempo geológico, entende-se por limite temporal "uma interface, sem duração própria, entre um intervalo de tempo (que pode se estender por milhões de anos) e outro".[674] O Antropoceno é, portanto, reconhecido como época nos dois sentidos da palavra: a época como ponto de parada (o diagnóstico de Crutzen) e a época como longa duração (a que os geólogos documentam e a partir da qual eles se pronunciam).

Que limite se deve conceber para o Antropoceno? "Em termos de definição de uma estratigrafia do Antropoceno, estamos lidando", explica de modo muito útil Zalasiewicz, "com uma mudança do sistema Terra, mais do que com uma mudança no reconhecimento da extensão da ação humana". Tal definição (a despeito do nome Antropoceno) enfatiza, portanto, mais o planeta Terra do que a própria ação humana. "O importante", ele acrescenta, "é que o sistema do planeta está, de maneira perceptível,

---

[673] Zalasiewicz, Jan. The Extraordinary Strata of the Anthropocene, p. 123.

[674] Zalasiewicz, Jan. The Extraordinary Strata of the Anthropocene, p. 124.

mudando, e ocorre justamente que as atividades da espécie humana são, por ora, a principal força perturbadora. O Antropoceno continuaria sendo igualmente importante, geologicamente falando, em razão de seus efeitos (em termos de estrato) na escala planetária, se ele tivesse outra causa".[675] Se a metade do século XX parece-lhe ser a melhor candidata para o limite, isso não significa que se devam atribuir as modificações de maneira indiferenciada "à humanidade *per se*".[676] Assim como as quedas de asteroides ou as erupções vulcânicas não tiveram todas os mesmos efeitos, existem, em termos de vestígios geológicos, diferenças entre os diversos grupos humanos. Não somente o Antropoceno não é fundamentalmente antropocêntrico, mas ele abre o devido espaço a análises diferenciadas e comparativas, bem como a ações, elas mesmas diferenciadas, para enfrentá-lo.

A distância entre o tempo da História natural de Buffon e o da geologia de hoje é impressionante. O mais importante para ele era documentar e mensurar o passado da Terra, ao passo que a geologia, segundo a definição de Jan Zalasiewicz, tornou-se uma ciência total voltada tanto para o passado quanto para o futuro. Com efeito, não satisfeita em dedicar-se "a tudo o que está presente ou em curso sobre, no interior e acima da Terra, agora e de há quatro bilhões e meio de anos", ela deve doravante levar em conta "o futuro da Terra", isto é, "algo em torno de cinco bilhões de anos suplementares", sem negligenciar as evoluções dos demais corpos celestes.[677] Em suma, passamos de um abismo limitado, o de Buffon, para um abismo generalizado: ele não está apenas atrás de nós, mas também diante de nós e além de nós. Como enfrentá-lo, visto que, enquanto força geológica, somos parte interessada? O *Suave mari magno* de Lucrécio não nos é acessível: "Quando os ventos levantam as ondas", não podemos assistir da terra firme "às rudes provações a que os outros se acham expostos".[678] Não podemos ser espectadores. Estamos a bordo e, se houver naufrágio, seremos nós os náufragos. Mas, nessas condições, como nos perceber como uma força geológica ou, em outras palavras,

---

[675] Zalasiewicz, Jan. The Extraordinary Strata of the Anthropocene, p. 127.

[676] Zalasiewicz, Jan. The Extraordinary Strata of the Anthropocene, p. 129.

[677] Zalasiewicz, Jan. The Extraordinary Strata of the Anthropocene, p. 117.

[678] Lucrécio. *Da natureza das coisas*, 2, 1-3. (Lucrèce. *De la nature*. Texte traduit par Alfred Ernout. Paris: Les Belles Lettres, 1920, p. 43).

como fazer a experiência de si como espécie?[679] Insere-se aqui a delicada questão da construção de um ponto de vista, agora desdobrado, pois somos simultaneamente do mundo e da Terra.

Voltemos por um instante ao uso da noção de época. Buffon, como vimos, contava sete delas. Mas a sétima era mais vindoura do que já realizada, pois o estabelecimento de uma soberania humana sobre a Natureza estava longe de estar terminada. Seria necessária uma longa duração e, sobretudo, que se auxiliasse e aperfeiçoasse com inteligência a potência da Natureza para que essa época pudesse realizar-se. Para Buffon, o homem evidentemente não nasce senhor e possuidor da Natureza; quando muito, ele poderia assim se tornar com trabalho e tempo. Essa sétima época poderia não ser uma utopia, mas somente se conseguissem se conjugar o tempo da Terra e o tempo dos homens ou do mundo. No caso de Condorcet, era diferente, pois ele cuidava apenas do tempo dos homens. Sua décima época, a do triunfo definitivo da humanidade, devia pertencer a um tempo unicamente *chronos*, mas ele se abstinha de qualquer previsão cronológica precisa. Nos dois casos, opera-se uma temporalização da antiga perfeição, fazendo intervir plenamente a poderosa força da perfectibilidade.

Com a nova época do Antropoceno, a perspectiva é menos agradável. A humanidade que acreditava ter se emancipado do tempo da Natureza encontra-se brutalmente reenquadrada. A geologia não mede graus de perfeição e o triunfo do *Homo sapiens*, que se tornou *faber*, também implica sua contestação. A humanidade não poderia subtrair-se à ordem do tempo da Terra, pois ela se tornou um de seus elementos ativos, a partir do momento em que é reconhecida como uma força geológica. Tornar-se uma força geológica é uma grande vitória, mas à maneira de Pirro. Se, para aqueles que desejam ver apenas a vitória, é preciso consumar o triunfo (apostando na ciência, na engenharia climática, no transumanismo e em uma aceleração ainda maior), para os demais, a derrota pode apenas transformar-se em debandada. Basta escutar os catastrofistas, colapsólogos, sobrevivencialistas e apocalípticos de diferentes tipos, que falam cada vez mais alto e cujas vozes são cada vez mais ecoadas.

Com a publicação, em 2009, de seu artigo seminal sobre o clima, o historiador Dipesh Chakrabarty iniciou uma reflexão de longo prazo sobre

---

[679] Chakrabarty, Dipesh. The Climate of History: Four Theses. *Critical Inquiry*, n. 35, v. 2, 2009, p. 220.

como a mudança climática afetava a história, que aos poucos ampliou-se sob a forma de uma interrogação sobre as transformações da condição humana que dela decorrem.[680] Ele, que é uma referência de primeiro plano no campo dos estudos pós-coloniais e da história global, está muito preocupado em marcar e aumentar a distância entre o que ele designa como o "global" da globalização e o "global" do "aquecimento global".[681] No primeiro caso, lida-se, de fato, com uma história homocentrada ou homocêntrica e, no segundo, com uma história do planeta "zoecêntrica" (centrada no que tornou e torna a vida possível). Se os dois registros diferem profundamente, porque são incomensuráveis, chega, entretanto, um momento em que se tangenciam e apresentam até mesmo pontos de fricção. O Antropoceno é justamente tal ponto (que se tornou uma época) de fricção. O reconhecimento da distância e o saber irredutível fundam o que ele logo designará (retomando a noção de Karl Jaspers) como uma nova "consciência histórica de época".[682] Assim como a bomba atômica impôs uma nova consciência de época, o aquecimento climático poderia ser concebido como um apelo para uma nova tomada de consciência. Por si mesma, tal consciência histórica não fornece soluções a uma situação de aporia, mas cria um espaço de reflexão que permite evitar os diagnósticos equivocados ou simplistas. Viver no Antropoceno é fazer a experiência de duas temporalidades que, simultaneamente, não se misturam e estão em tensão constante uma em relação à outra.

A situação é seguramente perturbadora para quem conheceu o tempo do regime moderno de historicidade ou, ainda mais, somente o do presentismo contemporâneo. Mas isso faria dela algo totalmente inédito? O regime cristão de historicidade também não implicava viver ao mesmo tempo em dois tempos igualmente incomensuráveis? Poderia a analogia, e só pode se tratar de analogia, ser frutífera, isto é, nos ajudar a pensar nossa situação? Que tal analogia seja proposta, dado o percurso de nossa investi-

---

[680] Chakrabarty, Dipesh. The Human Condition in the Anthropocene. *The Tanner Lectures in Human Values*, Yale University, Feb. 18-19, 2015. A conclusão de sua reflexão pode ser encontrada em: Chakrabarty, Dipesh. *The Climate of History in a Planetary Age*. Chicago: Chicago University Press, 2021.

[681] Chakrabarty, Dipesh. *Provincializing Europe: Postcolonial thought and historical difference*. Princeton: Princeton University Press, 2000.

[682] Jaspers, Karl. *La situation spirituelle de notre époque* [1931]. Traduction française de Jean Ladrière. Paris: Desclée de Brouwer, 1952, p. 11, 20. Jaspers recorre também, na p. 30 *et seq.*, ao conceito de "situação".

gação, é pouco surpreendente: restará, antes de concluir, interrogá-la um pouco mais. Dada a sua própria defasagem, traria ela um esclarecimento (indireto) sobre o indedutível presente de que fala Valéry?

O Antropoceno e os tempos do mundo

Existem, portanto, doravante duas temporalidades: a do Antropoceno e a dos homens ou do mundo, isto é, um *Chronos* seguramente restituído, mas também clivado. Ele sempre esteve clivado – e nunca deixamos de vivenciar essa clivagem –, mas a nova linha de divisão, se ela é em parte de nossa autoria ou devida aos nossos atos, não está diretamente sob nosso controle. Essa situação é inédita na história da humanidade.[683] A partir da experiência da segunda forma de temporalidade, formou-se, no século XVIII, o tempo moderno e o regime moderno de historicidade; em seguida, na segunda metade do século XX, surgiu o curto regime do presentismo. Poder-se-ia extrair da temporalidade do Antropoceno um regime antropocênico de historicidade? Se é lógico formular a pergunta, teria ela algum sentido e, supondo que a resposta seja positiva, que benefício heurístico poder-se-ia esperar dela? Afinal, como é preciso lembrar, o conceito de regime de historicidade nunca teve outra ambição além de ser uma ferramenta heurística.

Para conferir contornos mais precisos à questão, examinemos o que o Antropoceno faz com as três categorias do tempo do mundo: o passado, o presente e o futuro. A principal perturbação introduzida é que este tempo *chronos* sem balizas, abissal, vem subitamente balizar o tempo do mundo. A emancipação de *Chronos* do domínio de *Kairós* e *Krisis* fora a de um longo esforço para sair da divisão entre o fim dos tempos e o tempo do fim, constitutiva do regime cristão. Em nosso percurso, três nomes resumiram esse esforço: Buffon, Condorcet e Darwin. Ora, eis que um fim possível, provável se projeta, não o do tempo da Terra, mas o do tempo *chronos* do mundo, tal como ele substituíra o regime de historicidade cristão. O choque é brutal. Nem o regime moderno de historicidade nem o presentismo nos preparavam para ele. O presentismo cristão encontrara-se desconectado pelo tempo *chronos* moderno,

---

[683] Simon, Zoltán Boldizsár. *History in Times of Unprecedented Change. A Theory for the 21st Century*. Londres: Bloomsbury Academic, 2019.

precisamente porque apagavam-se as balizas. Afetado pelo Antropoceno, o presentismo contemporâneo perde os frágeis alicerces que possui, vendo-se confrontado ao reaparecimento de balizas. Em um caso, da supressão das balizas surgira a desorientação; no outro, a desorientação surge de sua reaparição.

Afinal, a partir do instante em que vemos projetar-se um fim possível, provável, impõe-se inevitavelmente o outro ramo da divisão, o da entrada em um tempo do fim. A experiência que se tem desse tempo novo torna-se então a de um tempo que fica: seguramente um tempo *chronos*, mas qualitativamente diferente e que tende a ser percebido como presente. É como o tempo cristão, que se encontrava inteiramente contido entre a Encarnação e a Parusia, e já preso na *aura* do *Kairós*. Compreende-se facilmente que esta nova situação possa suscitar reações que vão da negação a todos os humores apocalípticos, passando por uma corrida ao futuro, sustentada pelas inovações tecnológicas e por suas promessas de uma pós-humanidade ao alcance da mão. Se *Kairós* e *Krisis* não são explicitamente convocados, não é difícil ver que eles estão a rondar, em segundo plano ou na fronteira. Esse fim assemelha-se muito a um juízo que estabelece nossa culpa, a nós os humanos, a alguns humanos mais do que a outros, aos homens mais do que às mulheres, a nós como espécie diante dos demais viventes e também em relação aos não viventes. Restituir *Chronos* como tempo da Terra tem por efeito destituir a humanidade que, com o tempo moderno, se instituíra como última época e horizonte intransponível. Está encerrada a décima época de Condorcet, ou mesmo a sétima de Buffon.

A entrada no Antropoceno leva a reconsiderar o passado por dois ângulos. A versão comumente épica da história dos tempos modernos, escandida pela expansão europeia e as revoluções industriais, deve ser drasticamente revisada. À luz da atual situação, pode-se reabrir os arquivos e mostrar que as escolhas que se impuseram nunca foram as únicas propostas,[684] quer se trate de economia, de indústria ou de agricultura. As bifurcações poderiam ter sido outras. Essa história regressiva, que faz girar a bobina ao contrário, é também uma história a contrapelo. Os historiadores que se envolveram nessa reescrita da história não querem que a humanidade, mesmo considerada como força geológica, sirva de guarda-vento para cobrir as torpezas do capitalismo de ontem e de hoje

---

[684] Bonneuil, Christophe; Fressoz, Jean-Baptiste. *L'événement Anthropocène.*

e criar um impasse sobre quem é responsável/culpado de quê, como e quando. Em vez de um Antropoceno que tende a embaralhar as cartas, não seria mais adequado falar francamente em Capitaloceno? Originam-se, também, assim os debates sobre o início efetivo do Antropoceno: seria preciso começar com o Neolítico e os primórdios da agricultura, ou ainda antes? Ou então, mais tarde, com a conquista do Novo Mundo ou com a revolução industrial? Mais tarde ainda? Certo consenso formou-se em torno dos anos 1950, que são os de um crescimento importante e rápido do impacto humano na Terra e na biosfera.[685]

Por mais pertinentes e esclarecedoras que sejam essas reescritas, elas correm o risco de negligenciar, em parte, o ineditismo da situação. Não se pode, com efeito, compreender corretamente a mudança climática, como escreve Clive Hamilton, "se ela for *somente* formulada em termos de relações de poder e de diferenças entre os humanos".[686] O segundo ângulo leva a sair do breve tempo do mundo, ainda mais curto se nos ativermos ao tempo moderno, para reinseri-lo no tempo longo da evolução, o da *Deep History*,[687] e, ainda mais, no do planeta. Vale relembrar que esse modo de ver era o de Renan em sua carta a Marcellin Berthelot de 1863.[688] Para descrever a intrusão deste passado novo, Chakrabarty emprega a imagem de uma queda: "Caímos na história 'profunda', nas profundezas do tempo geológico". Ainda que uma experiência direta dessas temporalidades não nos seja acessível, tomamos subitamente consciência de que elas existem.[689]

O futuro também é afetado de diversas maneiras pelo Antropoceno. Assim como ele conduz à reabertura do passado, ampliando-o consideravelmente, ele obriga a confrontar um futuro muito distante. Os próximos cinco bilhões de anos tornam-se, segundo Jan Zalasiewicz, o horizonte da

---

[685] Mcneill, J. R.; Engelke, Peter. *The Great Acceleration: An Environmental History of the Anthropocene since 1945*. Cambridge: The Belknap Press of Harvard University Press, 2014, p. 6.

[686] Hamilton, Clive. Utopias in the Anthropocene, citado por: Chakrabarty, Dipesh. The Human Condition in the Anthropocene, p. 141. Em francês, ver: Hamilton, Clive. *Requiem pour l'espèce humaine. Faire face à la réalité du changement climatique*. Traduction française de Jacques Trainer et Françoise Gicquel. Paris: Presses de Sciences Po, 2013.

[687] Shryock, Andrew; Smail, Daniel Lord. *Deep History: The Architecture of Past and Present*. Berkeley: University of California Press, 2011.

[688] Ver p. 231.

[689] Chakrabarty, Dipesh. The Human Condition in the Anthropocene, p. 181.

geologia. Estamos, pois, diante de um tempo *chronos* totalmente impossível de ser convertido em tempo humano, isto é, irrepresentável. Embora o presentismo das últimas décadas não ignorasse o futuro, tratava-se de um futuro de curtíssimo alcance, marcado pela aceleração e pela urgência, um futuro apressado e voraz consumidor de inovações tecnológicas, de chamadas de licitações e de investimentos com retornos ultrarrápidos. O transumanismo, como já compreendemos, situa-se no cruzamento do antigo futurismo (aquele próprio ao regime moderno de historicidade), do futurismo do regime presentista (há pouco relembrado) e, para os defensores do iminente advento da Singularidade, de um presentismo apocalíptico. É de fato esse triplo componente temporal que faz dele um sintoma do nosso tempo. A isso veio ainda somar-se, há pouco, a consciência de que o tempo está contado.[690] Reencontramos aqui a catástrofe. Operatória em regime presentista, ela é uma das figuras mobilizadas para apreender o tempo do Antropoceno: um tempo catastrófico.

Mas a torsão mais forte e mais desconcertante que o Antropoceno inflige ao futuro como categoria temporal é a realidade de um futuro ainda longe de advir e, no entanto, já parcialmente consumado. Estamos assim, de agora em diante, seguros de termos alterado o clima para os próximos cem mil anos.[691] Esse é o resultado do que nossos predecessores fizeram, do que nós fazemos e, ainda mais, do que não fazemos. O futuro está de fato presente; em certo sentido, demasiado presente, mas ele não é mais esta página em branco da história que se comprazia em evocar a retórica do começo. Por definição, ainda não advindo, esse futuro já produz efeitos recíprocos no presente e produzirá outros no porvir, mesmo que mudás-

---

[690] O Relógio do Juízo Final, que, desde 1947, mede o tempo que nos separa do apocalipse nuclear, foi adiantado para 2 minutos para meia-noite [23h58] em 2018. A medição ajustou-se às ameaças que pesam sobre a humanidade e o planeta. Nick Bostrom, revisitando as hipóteses para o futuro da humanidade (extinção, derrocadas seguidas de retomada, uma espécie de estado intermediário, pós-humanidade), chega à conclusão de que a quarta é a que tem mais futuro. Ver: Bostrom, Nick. The Future of Humanity. *In*: Olsen, Jan-Kyrre Berg; Selinger, Evan; Riis, Soren (Ed.). *New Waves in Philosophy of Technology*. New York: Palgrave Macmillan, 2009, p. 186-215. [Em janeiro de 2025, o Relógio do Juízo Final foi ajustado para 23:58:31, isto é, 89 segundos para a meia-noite, menor tempo já registrado desde a inauguração do relógio (N.T.).]

[691] Archer, David. *The Long Thaw: How Humans are Changing the Next 100,000 Years of the Earth's Climate*. Princeton: Princeton University Press, 2009, p. 9.

semos radicalmente nossos modos de vida. Eis todo o problema dos ciclos de retroalimentação que se estendem por longos intervalos de tempo. Esse futuro paradoxal, que desestabiliza o agenciamento das três categorias usuais do presente, do passado e do futuro, cria para nós um problema inédito de cognição, do qual decorrem interrogações sobre as ações a serem conduzidas. Como escreve Bruno Latour, com seu talento para fórmulas certeiras, "não podemos continuar a acreditar no antigo futuro, se quisermos ter um porvir".[692] Para transpor, humanizar o tempo do Antropoceno, alguns parecem reciclar antigas figuras como a do Destino (em grego, *Tuchê*; em latim, *Fatum* antigos), ou a de uma Providência mais ou menos cega.

Tamanha transformação das três categorias do tempo *chronos* é desestabilizante. O presentismo do regime cristão tinha, de algum modo, absorvido as categorias do passado e do futuro. Já expusemos detalhadamente como isso ocorreu. O regime moderno conferira decididamente a preeminência ao futuro, que se tornava a categoria regente. Com o presentismo contemporâneo, o presente é, novamente, a categoria dominante, mas sem que seja balizado nem magnetizado pelo par formado por *Kairós* e *Krisis*. Com o tempo do Antropoceno, as cartas são novamente embaralhadas pelo tensionamento das temporalidades para sempre incomensuráveis umas com as outras e que, no entanto, não podem ser mantidas separadas. O tempo do planeta não pode mais ser considerado como um "cenário", enquanto encenamos no palco do tempo do mundo as peças que escrevemos. Não nos é mais possível anunciar, a exemplo de Diderot no verbete *Enciclopédia*, que "o homem é o único limite de onde se deve partir e ao qual tudo deve ser reconduzido. Abstração feita de minha existência e da felicidade de meus semelhantes, que me importa o resto da natureza?".[693] Para continuar sendo uma finalidade legítima, a preocupação com a felicidade de nossos semelhantes deve, de agora em diante, partir de outras premissas: o homem não deve mais ser o único limite. Se o Holoceno foi o tempo dos Humanos, o do Antropoceno deveria ser, segundo Latour, o dos Terrestres, e por Terrestres convém entender tudo o que, vivente e não vivente, está presente sobre a Terra,

---

[692] Latour, Bruno. *Face à Gaïa*. Paris: La Découverte, 2015, p. 316.

[693] Diderot, D. Encyclopédie. *In*: Diderot, D.; Alembert, J. d'. *Encyclopédie, ou Dictionnaire raisonné des sciences, des arts et des métiers*. Paris: Briasson, David, Le Breton et Durand, 1751. t. 5, p. 641. (N.R.T.)

com a plena consciência de que a humanidade chegou tardiamente.[694] Uma vez admitida essa situação, ou melhor, essa condição, a questão de uma articulação possível das categorias temporais transformadas permanece viva. O que é viver no Antropoceno e como viver nele? O que acontece, em particular, com o presente? Esse presente, que se acreditava autossuficiente, descobre que ele é apenas uma minúscula ilhota que a maré cheia de um longuíssimo *Chronos* corre o risco de encobrir.

O choque é brutal. Por isso, é pouco surpreendente que se propague, no Ocidente e, sobretudo, em certos meios, uma espécie de efervescência de tipo ou de teor apocalíptico. As insatisfações geradas pelo presentismo, evocadas acima, encontram nessa nova configuração argumentos irrefutáveis. Não se trata mais somente de constrangimento ou de mal-estar, mas da catástrofe que, à semelhança do planeta *Melancolia* do filme de Lars von Trier, aproxima-se de nós. As saídas do sistema radicalizam-se, os recuos ou retiradas multiplicam-se, os fenômenos de cunho sectário também, e as oposições endurecem-se. Deseja-se salvar a Terra, destruindo o capitalismo. É como se quiséssemos desmentir Fredric Jameson mostrando que era mais fácil imaginar o fim do mundo do que o fim do capitalismo.[695] Na França, o fenômeno recente das ZAD (zonas a defender) atesta esse estado de espírito.[696] "ZAD em todo lugar", podíamos ler recentemente em Paris sobre os muros do Ministério da Transição Ecológica. Não se trata mais de um retorno à terra, mas de uma devolução da Terra. O movimento de desobediência civil Extinction Rebellion, nascido na Inglaterra em setembro de 2018, escolheu como logotipo uma ampulheta pintada de preto inscrita no círculo da Terra. A mensagem é inequívoca: diante da extinção iminente, não há outra ação senão a rebelião – não violenta para este movimento, mas outros consideram que a derrubada do sistema exige o recurso à violência.

Alguns militantes exibem o zelo e a intolerância de recém-convertidos. Eles condenam os que não acreditam, ou não acreditam o suficiente,

---

[694] Latour, Bruno. *Face à Gaïa*, p. 320.

[695] Jameson, Fredric. Future City. *New Left Review*, n. 21, May/June 2003, p. 76. Também citado por: Latour, Bruno. *Face à Gaïa*, p. 144.

[696] O Ordenamento do território ainda inscreve-se na lógica futurista do Plano. Uma época em que os engenheiros das obras públicas e os grandes funcionários do Estado estavam seguros de si e certos de trabalhar para o futuro.

ou fingem acreditar, por sua inação ou sua hipocrisia. Erguem-se gurus, surgem figuras carismáticas, portadoras de advertências, senão de quase revelações. Assim, recentemente, a jovem sueca Greta Thunberg veio fustigar o egoísmo das gerações precedentes e que roubaram o seu futuro. Com ela, não estamos longe dos fenômenos de aparição evocados acima. Se ela não é Bernadette Soubirous (mas sabemos perfeitamente que a verdade sai da boca das crianças), ela recebeu a missão de dar o testemunho a tempo e a contratempo e, antes de tudo, junto aos poderosos da Terra sobre o que lhe foi "revelado". Ela insiste que não é ela que deve ser escutada, mas os cientistas que falam por meio de sua boca. Na tribuna da COP24, em 14 de dezembro de 2018, ela declara: "Nossa biosfera é sacrificada para que os ricos dos países como o meu possam viver no luxo. São os sofrimentos da maioria que pagam pelo luxo da minoria. E se as soluções no seio do sistema são impossíveis de serem encontradas, deveríamos talvez mudar o próprio sistema". Sofrendo de uma forma de autismo, ela reivindica essa divergência. "Sem meu diagnóstico", ela diz, "eu jamais teria iniciado as greves escolares pelo clima, pois eu teria sido como todo mundo. Nossas sociedades precisam mudar; necessitamos de pessoas que saibam pensar fora da caixa e devemos começar a cuidar uns dos outros. E aceitar nossas diferenças".[697] Uma jornalista do *New Yorker* chegou a acrescentar: "O protesto de Greta tem um duplo objetivo. Ele não somente chama a atenção para a política climática, como ela queria, mas também mostra o potencial político da neurodivergência".[698] Sua audiência planetária, sobretudo entre os jovens, mostra, entre outras coisas, um conflito de temporalidades que continua a exacerbar-se. Privando-nos de um futuro (isto é, de um futuro que seja a continuidade do presente que conhecemos até aqui), produzistes uma ruptura dos tempos: nosso tempo não pode mais ser o vosso. Permaneceis no campo do Velho Mundo e do Velho Homem. Entre vós e nós, existe algo que é da ordem da conversão. Se tardardes demais, azar o vosso (o que não é grave), mas também azar o nosso!

---

[697] Greta Thunberg (@gretathunberg), "Today is #AutismAwarenessDay", Instagram, April 1, 2019. Disponível em: www.instagram.com/p/BvviCzVhKpk/. Acesso em: 19 fev. 2025. (N.R.T.)

[698] Gessen, Masha. The Fifteen-Year-Old Climate Activist Who Is Demanding a New Kind of Politics. *New Yorker*, Oct. 2, 2018. (N.R.T.)

Apocalipse no horizonte

Falar em efervescência de tipo apocalíptico para qualificar o espírito da época ou um certo espírito da época não constitui maledicência. Não se trata de opor a razão ao irracional, e de livrar-se assim de todos os apelos à mudança e de todas as manifestações que os acompanham, rotulando-os como irracionais. Apesar de tudo, é pouco questionável que os apelos à razão tenham dificuldade em se fazer ouvir, quer se trate da pedagogia do medo de Hans Jonas ou do "catastrofismo esclarecido" de Jean-Pierre Dupuy. Isso porque nem um nem outro são apocalípticos. Assim como Jaspers chamava para o "despertar" diante da bomba atômica, Jonas também defendia um "despertar". Para fundar "a ética do futuro" que ele desejava, é preciso começar por "ocupar-se do futuro não como cego, mas mantendo os olhos abertos" (atentos ao que a ciência nos ensina quanto às consequências de nossas ações). Poderá, em seguida, vir "a futurologia da advertência", com vistas a "alcançar a autorregulação de nosso poder desenfreado". "Todavia", ele acrescentava, "ela só poderia servir de advertência para aqueles que, além da ciência das causas e dos efeitos, também cultivam uma imagem do homem que os motiva moralmente e que eles sentem como tendo sido confiada à sua guarda."[699] Apoiando-se em Anders e em Jonas, Jean-Pierre Dupuy, justamente para afastar qualquer apocaliptismo, convidava a encarar, não a catástrofe, mas o que vem depois dela. Projetando-nos no pós-catástrofe e agindo como se ela tivesse ocorrido, temos algumas chances de sermos mais capazes de preveni-la. Isso porque teremos passado do saber ao acreditar, ao passo que, hoje, sabemos que a catástrofe vem, mas não acreditamos nela. Eis todo o problema. Longe de ceder ao irracional, essa pedagogia aposta em um incremento de racionalidade.[700]

---

[699] Jonas, Hans. *Pour une éthique du futur*. Traduction française de l'allemand et présenté par Sabine Cornille et Philippe Ivernel. Paris: Payot et Rivages, 1998, p. 78, 107.

[700] Dupuy, Jean-Pierre. *Pour un catastrophisme éclairé. Quand l'impossible est certain*. Paris: Seuil, 2002. Michaël Fœssel critica o que ele denomina "a lógica do pior". "Estabelecendo a catástrofe como já certa, condenamo-nos primeiramente a abandonar as transformações do mundo a processos sobre os quais os homens não têm nenhum controle. Ademais, concebemos o futuro do mundo sob a figura de um destino, na contramão de todas as tentativas modernas de o pensar como um horizonte aberto à incerteza" (Fœssel, Michaël. *Après la fin du monde. Critique de la raison apocalyptique*. Paris: Seuil, p. 16-19).

Mas, desde o seu princípio, nosso percurso sobre os avatares de *Chronos*, *Kairós* e *Krisis* nos mostrou que, de fato, entre *Chronos* e o apocalipse, sempre houve, sob diversas formas, um elo. Por conseguinte, não é de modo algum surpreendente que, em um momento em que *Chronos* mostre-se novamente inapreensível, ou mais inapreensível do que nunca, a figura antiga e sempre mobilizável, reativável do apocalipse seja evocada e convocada de maneira mais ou menos explícita ou precisa, algo rudimentar ou mais elaborada. Paira no ar, em todo caso, uma espécie de *aura* apocalíptica. Calcular e recalcular a data do fim é, como já notamos por mais de uma vez, um de seus traços característicos. Hoje também, os cálculos prosseguem a todo vapor.[701] Mas o apocalipse ao qual se faz referência em nove de cada dez vezes é o negativo ou truncado, o moderno, aquele que via o reverso do progresso e os malefícios da técnica. Ele se confunde facilmente com a catástrofe.[702]

Mobilizado ao longo da guerra de 1914, nós o vimos rondar durante todo o período do entreguerras, como notara De Martino, e ele culmina, por assim dizer, na bomba atômica e, em seguida, na Guerra Fria e no temor do inverno nuclear. A partir do momento em que uma baliza é estabelecida, a de um fim possível, provável, do tempo do mundo, a relação com o tempo altera-se. O presente logo se torna o tempo que resta, e a urgência que pertencia ao vocabulário do presentismo intensifica-se ainda mais: ela está por toda parte e de maneira massiva. Mas para enfrentá-la, repetem os emissores de alertas e os ativistas, só existem "discursos" e a "inação" dos governantes, que é preciso denunciar e combater por todos os meios possíveis, enquanto "a casa está em chamas", a biodiversidade

---

[701] Pierre-Henri Castel propõe-se a explorar as consequências da proposta: "Decorrerá menos tempo entre o último homem e eu do que entre eu e, digamos, Cristóvão Colombo" (Castel, Pierre-Henri. *Le mal qui vient*. Paris: Cerf, 2018). Yves Cochet, antigo ministro do Meio Ambiente, situa o fim de nossos modos de vida entre 2020 e 2035 (Cochet, Yves. *Devant l'effondrement. Essai de collapsologie*. Paris: Les liens qui libèrent, 2019).

[702] Clive Hamilton, que é professor na Universidade de Canberra, inicia da seguinte maneira uma coluna, publicada no jornal *Le Monde* de 11 de janeiro de 2020, a respeito dos incêndios que devastam as províncias do sul da Austrália há vários meses: "Parece o apocalipse. Está se produzindo uma catástrofe nacional que, a cada dia, cria novos choques". E ele conclui com uma nota de pesar, "mais difícil de definir", mas que será preciso reconhecer: "a morte do futuro".

reduz-se em grande velocidade, os "episódios" meteorológicos precipitam-se... O presente, que não é mais o do presentismo de ontem, altera-se qualitativamente: ele volta a ser o momento decisivo. Esse tempo *chronos* incorpora uma forma de *kairós*, ao passo que, em certo sentido, o Juízo já ocorreu. Nós os humanos, a espécie humana, somos culpados e nos condenamos a nós mesmos, mas há alguns que foram ontem e que são hoje mais culpados, muito mais culpados do que outros. E a lista não para de se ampliar, catástrofe após catástrofe.

Ao contrário de todos aqueles que empregam, com maior ou menor discernimento e maior ou menor conhecimento de causa, referências ao apocalipse, há alguém que pode ser qualificado de apocalíptico consequente: Bruno Latour. Pioneiro no campo dos estudos sobre o Antropoceno, ele é uma de suas figuras mais importantes e, provavelmente, a mais conhecida internacionalmente. Contra aqueles que "obscureceram" a noção de apocalipse, isto é, que retêm unicamente a sua visão catastrofista, ele quer tomá-la em seu sentido primordial e cristão de momento de passagem para algo inteiramente diferente. Como um cristão dos primórdios, ele declara em uma recente entrevista: "O apocalipse é entusiasmante!".[703] Falando comumente de "antigo regime" e de "novo regime climático", ou de "humanos de antes" e de uma "Natureza de antes", ele faz mais do que sugerir uma analogia entre o Acontecimento Antropoceno e a Revolução Francesa, cujo ineditismo havia sido, como vimos, compreendido por alguns, ora como *Krisis* (Juízo), ora como *Kairós* (abertura de um tempo novo crístico).[704] O Antropoceno também pode ser ambos. Latour toma francamente o partido do *Kairós*.

Além disso, de maneira à primeira vista curiosa, ele reprova os modernos (aqueles que se acreditaram modernos ou que, no fundo, nunca o foram[705]) por imaginarem estar do "outro lado" do apocalipse, como se

---

[703] Entrevista publicada em *Le Monde*, 31 de maio de 2019. [Disponível em: https://www.lemonde.fr/idees/article/2019/05/31/bruno-latour-l-apocalypse-c-est-enthousiasmant_5469678_3232.html. Acesso em: 19 fev. 2025.]

[704] Ver p. 221-230. Nunca carente de analogias, desta vez não apocalípticas, Latour propõe outra para descrever o momento atual. Assim como século XVI foi abalado pelo choque da descoberta de novas terras, nós também somos desestabilizados pela descoberta de novas maneiras de estar na Terra (Latour, Bruno. *Face à Gaïa*, p. 247).

[705] Latour, Bruno. *Nous n'avons jamais été modernes. Essai d'anthropologie symétrique*. Paris: La Découverte, 1997.

este já tivesse ocorrido precisamente com advento do tempo moderno.[706] Um novo apocalipse não é, portanto, mais possível, donde sua indiferença aos alertas que, no entanto, multiplicam-se. Se a ideia surpreende e é, no meu entender, discutível, ela se concilia com a tese geral do autor, que gostaria que, a exemplo dos primeiros cristãos, nós novamente "tremêssemos de incerteza."[707] Anders falava em "dever de angústia".[708] A pedagogia latouriana visa, ele escreve, a nos fazer "voltar ao presente", "levando-o a sério".[709] Como? "Reaprendendo a viver no tempo do fim."[710] Trata-se de algo que remete ao universo encontrado no Capítulo 1, o de Paulo em particular, que Latour conhece bem, e, mais próximo de nós, o de Charles Péguy.[711] Para os cristãos, como já relembramos por diversas vezes, tudo já está realizado (com a Encarnação), mas nem tudo está terminado (expectativa da Parusia). Latour, por sua parte, nos diz: "Os tempos estão de fato cumpridos, mas eles continuam". Em outras palavras, "há, de fato, o sentimento de uma ruptura radical, mas com a nuance capital de que é preciso constantemente *retomá-la*". Dessa "instabilidade fundamental, não se pode sair", e essa contradição "não deve ser superada".[712] No segundo plano, há, portanto, o "já" e o "ainda não" cristãos, mas Latour o transforma em "já" "ainda": já e ainda. Pois nenhum outro mundo está no horizonte, nem um "além-mundo", nem um "baixo mundo". É por isso que ele pode dizer que "*Gaia* objeta a toda fuga no além", assim

---

[706] Latour, Bruno. *Face à Gaïa*, p. 252.

[707] Latour, Bruno. *Face à Gaïa*, p. 283. Sendo a primeira característica do tempo moderno a supressão das balizas e a abertura de um tempo indefinido, ou mesmo infinito, o apocalipse não pode deixar de apagar-se do horizonte. Em seu lugar, a utopia temporalizada, futurista, pode manifestar-se.

[708] Anders, Günther. *L'obsolescence de l'homme*, p. 309. (N.R.T.)

[709] Latour, Bruno. *Face à Gaïa*, p. 275, 283.

[710] Latour, Bruno. *Face à Gaïa*, p. 365.

[711] Seguindo o caminho das reflexões de Bergson, Charles Péguy trata minuciosamente do presente em *Note conjointe sur M. Descartes*: "Um homem [Bergson] viu que o presente não era de modo algum a borda extrema do passado recente, mas a borda extrema do futuro próximo [...] E que era preciso apreender o presente no próprio presente [...] Que o presente possui um modo próprio de ser" (Péguy, Charles. Note conjointe sur M. Descartes. In: *Œuvres en prose completes*. Bibliothèque de la Pléiade. Paris: Gallimard, 1992. t. III, p. 1440).

[712] Latour, Bruno. *Face à Gaïa*, p. 230.

como ela é "contra a utopia e a ucronia". Ela "pode acolher o presente, mas desconfia do Apocalipse e de tudo o que pretende salvar no fim dos tempos".[713] É um tanto difícil ver uma *Gaia* (a entidade que Latour assim nomeia, seguindo o exemplo de Isabelle Stengers e de James Lovelock) apocalíptica.

De todas as suas formulações e asserções, evidencia-se indubitavelmente que, fazendo do presente um tempo *kairós*, Latour defende, no fim, um novo presentismo, não cristão, mas de tipo cristão. A ortodoxia não é o seu ponto forte. Penso até mesmo que, no auge da Inquisição, esta não teria deixado de interessar-se pelo seu caso, pois sua "contrarreligião" tem cheiro de heresia![714] Temos, aliás, a certeza de que o apocalipse produzir-se-á, do mesmo modo que os primeiros cristãos estavam convictos disso? Não, se o "ainda não" é também um "ainda", e um "ainda" que deve ser continuamente "retomado".

Apesar de tudo, ainda é preciso viver, ele nos diz, como se o apocalipse fosse chegar em breve, e viver no tempo do fim.[715] Esse "como se" lhe permite cumprimentar aqueles que, como Günther Anders, são apocalípticos que ele qualifica de "profiláticos", isto é, que trabalham para impedir o apocalipse. Ele, por sua vez, incitaria antes a se preparar para ele, enfrentando-o com os olhos abertos, considerando-o mais como uma chance de nosso tempo, e uma chance a ser aproveitada. Mas, para fazer desse apocalipse um autêntico *kairós*, ao mesmo tempo no sentido grego (de ocasião) e no sentido cristão (de transformação completa), é preciso que nos coloquemos em condições de "acolher o presente".[716] Se os Humanos que "se apropriaram da Terra" compreenderem que os "Terrestres" que eles são de agora em diante "são apropriados por ela", em uma "apropriação invertida da Terra",[717] o apocalipse-catástrofe (*Krisis*) talvez não se produza, e o *kairós* já terá sido aproveitado. Dissociado de *Krisis*, *kairós* terá então conjurado *Krisis*, mas, com toda certeza, não para sempre.

---

[713] Latour, Bruno. *Face à Gaïa*, p. 370.

[714] Latour, Bruno. *Face à Gaïa*, p. 230.

[715] Latour, Bruno. *Face à Gaïa*, p. 366

[716] Latour, Bruno. *Face à Gaïa*, p. 370.

[717] Latour, Bruno. *Face à Gaïa*, p. 324, 371.

CONCLUSÃO

O Antropoceno e a história

Em geral, apocalipse e história não se conciliam bem. Concentrado no cálculo da data do fim iminente, o apocalíptico já não aguarda nada do passado e espera, ou espera e teme ao mesmo tempo, que se encerre um presente que não oferece mais nenhuma saída. A aporia está completa e o desenlace deve vir de alhures. Para Daniel, apenas o Dia do Senhor podia pôr fim à abominação de Antíoco IV. Todos os milenarismos foram promovidos pela esperança de um novo Céu e de uma nova Terra. Do tempo *chronos*, tempo de miséria, não há nada de bom a esperar, exceto o seu fim. Ora, Latour, apocalíptico decididamente singular, abre espaço para a história. A entrada no Antropoceno pode, na sua opinião, permitir aos Humanos "reencontrar o fio da história" ou "um sentido da história de que eles foram privados pelo que tinham até agora considerado como um quadro desprovido de qualquer capacidade de reação".[718] Eles haviam denominado esse quadro Natureza e o haviam constituído como um pano de fundo do mundo, de seu próprio mundo com seu tempo específico e sua história. Eis, porém, que os cientistas tornaram-se os historiadores da natureza.[719] A geologia, com seus bilhões de anos na direção do passado e do futuro, é uma ciência histórica. Não se deveria conceber *Gaia* como uma "máquina cibernética controlada por ciclos de retroalimentação", mas antes como uma sequência "de acontecimentos históricos" e, portanto, como uma "potência de historicização".[720] Buffon considerava que, para

---

[718] Latour, Bruno. *Face à Gaïa*, p. 145, 281.

[719] Latour, Bruno. *Face à Gaïa*, p. 155.

[720] Latour, Bruno. *Face à Gaïa*, p. 185, 288.

se constituir, a História natural devia adotar o método da "história civil"; hoje, nos diz Latour, são os cientistas que, historicizando a natureza ou o sistema Terra, convidam a repensar "a história civil", isto é, a história e o tempo do mundo. Trata-se apenas de um sinal, mas ele é interessante, pois vem de um sociólogo e filósofo das ciências para quem a história não esteve no centro de suas preocupações. Retenhamos já que o Antropoceno, longe de ser uma enésima versão de um fim da história, poderia levar a uma reabertura da história e a um novo conceito de história.

Relembremos que, já de há várias décadas, o direito foi solicitado para introduzir a natureza no tempo *chronos*, constituindo-a em patrimônio. A humanidade tornou-se, assim, responsável por esse bem, até então inapropriável e inalterável. Isso se deu, em 1972, com a adoção pela Assembleia Geral da Unesco da convenção para a "proteção do patrimônio mundial cultural e natural". Em seguida, em 2003, veio a convenção para a salvaguarda do patrimônio cultural imaterial. A esse título, locais sagrados aos olhos dos habitantes e paisagens poderiam ser incluídos na lista de sítios a proteger. Hoje, a operação jurídica vai mais longe, uma vez que é possível conferir personalidade jurídica a entidades naturais e meios de vida. Assim foi feito com o rio Whanganui na Nova Zelândia. Passa-se, então, de patrimônio da humanidade a "bem comum da humanidade". Assumindo uma nova acepção, o comum engloba ao mesmo tempo conjuntos humanos e não humanos.[721]

Historiador, Dipesh Chakrabarty iniciou sua reflexão, como já indicamos, refletindo sobre como a mudança climática afetava a história, antes de ampliar progressivamente sua investigação no sentido de uma interrogação sobre o que o Antropoceno transformava na condição humana. De imediato, ele apontara o problema maior que suscitavam as cronologias discordantes entre a história do capitalismo e a da espécie humana. Embora separadas, é preciso mantê-las juntas, sem procurar, entretanto, fundi-las uma na outra. Sua tensão, ele escreve com pertinência, "estica a própria ideia de compreensão histórica" (*"stretches the very idea of historical*

---

[721] Em entrevista publicada no jornal *Le Monde* (28 de agosto de 2019), Philippe Descola considerava que se poderia fazer o mesmo com o rio Xingu no Brasil ou com o Loire, acrescentando que se tratava "de uma utopia, talvez, mas urgente". Tampouco a utopia escapa à urgência. [Disponível em: https://www.lemonde.fr/idees/article/2019/08/27/philippe-descola-en-amazonie-c-est-d-abord-le-milieu-de-vie-des-amerindiens-qui-est-detruit_5503139_3232.html. Acesso em: 19 fev. 2025.]

understanding"), estendendo-a ao limite.[722] É essa distância, esse desacordo, por assim dizer, que ele não cessou de explorar desde então, em toda a sua extensão e em todos os seus motivos.[723] Há, de um lado, o tempo *chronos* familiar da história do mundo; de outro, a alteridade do tempo *chronos* da Terra. Em 2009, ele recorria a Walter Benjamin para evocar o que poderia ser uma nova história universal, surgindo, tal qual um relâmpago no momento do perigo, de um sentido disseminado da catástrofe de que é portadora a mudança climática.[724] Verdadeiramente universal, essa história também seria negativa. O relâmpago benjaminiano podia corresponder ao momento de uma tomada de consciência.

Referindo-se mais recentemente a Karl Jaspers, Chakrabarty relaciona mudança climática e "consciência de época".[725] A característica primordial dessa consciência é que ela é clivada, pois há, de um lado, a humanidade entendida como sujeito político (com suas divisões) e, de outro, a humanidade como espécie e força geológica; decorre disso uma distância entre temporalidades fundamentalmente discordantes. O artefato que é o conceito de consciência de época ajuda, segundo Chakrabarty, a ver com mais clareza, evitando a confusão entre os registros e as lógicas que os organizam, mas ele não oferece uma solução inteiramente pronta para a questão mais importante: como viver o Antropoceno e, antes de tudo, como viver no Antropoceno?

Temos uma experiência do tempo, ou melhor, dos tempos do mundo, mas da temporalidade do Antropoceno, nenhuma experiência direta nos é acessível, embora saibamos pertinentemente que ignorá-la não é

---

[722] Chakrabarty, Dipesh. The Climate of History: Four Theses, p. 220.

[723] Propondo e aprofundando uma sequência de antinomias entre o mundo e o globo, entre o globo e o planeta, entre *anthropos* e *homo*, entre sustentável e vivível ou habitável, entre poder e força. Essas são tantas maneiras de abordar a nova condição humana, que é o próprio objeto de seu livro *The Climate of History in a Planetary Age* (Chicago: Chicago University Press, 2021).

[724] Chakrabarty, Dipesh. The Climate of History: Four Theses, p. 222. Sobre W. Benjamin, ver p. 244-245.

[725] Jaspers, Karl. *La situation spirituelle de notre époque*, p. 11, 20. Jaspers emprega também o conceito de situação: tornando-se consciente, ela determina um certo comportamento. O autor também o utiliza em seu texto de 1958 sobre "a bomba atômica" (Jaspers, Karl. *Die Atombombe und die Zukunft des Menschen. Politisches Bewußtsein in unserer Zeit*. München: R. Piper & Co, 1960).

mais possível. Das três categorias que estruturaram o tempo *chronos* do mundo – o passado, o presente e o futuro – foi possível extrair esta forma metabolizada que é o regime de historicidade como ferramenta heurística. A partir da situação hodierna, que consiste em nos encontrarmos simultaneamente no tempo do mundo e no do Antropoceno – que estão em contato um com o outro e interferem um no outro, mas não podem misturar-se, dadas as diferenças de escala que os separam –, seria possível formular a hipótese de um regime antropocênico de historicidade?

Talvez a noção de simultâneo do não simultâneo, encontrada por diversas vezes em nosso percurso,[726] possa nos ajudar a dar um passo adicional. Com efeito, ela permitiu nomear momentos de perturbação no tempo. Quando os espanhóis encontram os *índios*, eles passam por uma experiência do simultâneo do não simultâneo. Esses seres, até então desconhecidos, ignorados pela Bíblia e pelos Antigos, são, sob certos aspectos, contemporâneos, e, sob outros, absolutamente não o são. Eles são, ao mesmo tempo, contemporâneos e não contemporâneos. A alteridade temporal não é, portanto, suprimida, mas canalizada, domesticada. A partir desse reconhecimento da distância, podem ser implementadas políticas para reduzi-la e suprimi-la. Elas se chamaram conversão e colonização. Era preciso introduzir os indígenas no tempo *chronos* europeu e proporcionar-lhes acesso ao tempo *kairós* cristão. Evidentemente, o Antropoceno não é um *índio*, nem sequer como um *índio*. Mas o encontro, o choque com as temporalidades do Antropoceno tem alguma analogia com uma experiência do simultâneo do não simultâneo, ainda que a maneira de enfrentá-lo não possa ser idêntica. Nenhuma conversão ou colonização estão no programa! Ou, se deve haver conversão, ela é de nossa inteira responsabilidade. Hoje, não somos mais nós que nos apoderamos da Terra, mas é ela que se apodera de nós: esta apropriação invertida da Terra que Latour descreve.

O apagamento do regime moderno de historicidade e de seu tempo orientado para o futuro abriu um espaço para o presentismo e também para uma pluralidade de temporalidades discordantes e, portanto, um número crescente de ocorrências do simultâneo do não simultâneo. A individualização crescente do tempo favorece esse fenômeno: meu tempo não é o teu, que não é o vosso, embora compartilhemos da instantaneidade das

---

[726] Ver p. 118, p. 165-166.

mensagens eletrônicas e dos mesmos *smartphones*. Uma das características da relação com o tempo contemporâneo é, portanto, a de uma discordância generalizada, com os efeitos de desconexão social (inclusive familiar) evocados acima. Exorbitante dos tempos do mundo, a que o Antropoceno introduz é de outra ordem, pois é definitivamente irredutível. Esclarecê-la, todavia, pela noção de simultâneo do não simultâneo acrescenta, ao menos, um pouco de inteligibilidade à experiência do encontro com ela (ainda que, mais uma vez, uma experiência direta das temporalidades do Antropoceno não esteja ao nosso alcance).

A noção de simultâneo do não simultâneo nos conduz, na realidade, de volta ao regime cristão de historicidade. E quem o teria teorizado (sem assim o nomear), a ponto de o colocar no âmago da história universal, senão Agostinho? Toda a história das duas cidades, a de Deus e a da Terra, que nos acompanhou desde o início de nossa investigação, é a de suas marchas misturadas e distintas, sempre atravessadas pela experiência do simultâneo do não simultâneo: uma, a da Terra, dos homens, das lutas pelo poder, dos crimes fratricidas, está no tempo *chronos*, e apenas *chronos*, ao passo que a outra, embora estando (ainda) no tempo *chronos*, (já) participa do tempo *kairós*. Elas estão e não estão no mesmo tempo: uma terminará sua trajetória com o próprio tempo, a outra alcançará a eternidade divina à qual ela aspira desde os seus primórdios, fundindo-se então o tempo *kairós* na imutabilidade eterna de Deus. Mas Agostinho não fez nada mais do que generalizar o simultâneo do não simultâneo que Paulo foi o primeiro a ter formulado, senão concebido. Viver como cristão é, como reconhecemos, viver em dois tempos ao mesmo tempo: estar no presente do tempo ordinário, sem ser dele (o "como não").[727] É estar ainda com um pé no tempo *chronos* e já com outro no presente apocalíptico do *Kairós* crístico. Tornar-se cristão é aprender a viver em duas temporalidades incomensuráveis: a eternidade de Deus, por definição inacessível, indubitável e irrepresentável, e o tempo *chronos* ordinário. Para estabelecer uma relação entre os dois, os cristãos fizeram de Jesus o Messias, isto é, o mediador: o *Kairós*. A essa primeira mediação veio juntar-se um segundo dispositivo, mais diretamente confrontado ao tempo *chronos*, o da *accommodatio*, cuja importância histórica nós ressaltamos. Deus não muda, mas, para guiar os humanos pelo caminho da perfeição, ele sabe adaptar seus mandamentos

---

[727] Ver p. 67-68.

em função dos tempos e dos momentos. À acomodação divina respondeu, no âmbito da Igreja, a *reformatio*, que, de modo concreto, abria espaço para o tempo do mundo.[728] A reforma tornava-se, no fundo, a maneira da Igreja de estar no mundo, isto é, de estar confrontado ao tempo do mundo, sem jamais lhe pertencer plenamente. No caso da *renovatio*, que culminava na Eucaristia, cabia à liturgia encarregar-se dela, enquanto a *translatio* conferia sentido à história universal.

Quando o Papa Francisco, em sua encíclica ecológica *Laudato Si'* [Louvado Sejas], expressa o magistério da Igreja de hoje, ele prega, no fundo, uma *reformatio*, mas dirigida tanto aos não crentes quanto aos crentes. O desafio é, de fato, "a salvaguarda da casa comum": é necessário salvaguardar, mas também restaurar. Esse manifesto, que, evidentemente, abstém-se de qualquer consideração sobre o tempo do fim ou o fim dos tempos, parte de um exame da "situação atual da humanidade", sob a forma de um breve relatório e de um inventário dos danos.[729] O Papa posiciona-se no terreno do factual. Mas, para romper a "espiral de autodestruição onde estamos a afundar", ele conclama para uma verdadeira "conversão ecológica".[730] De que ecologia se trata? De uma ecologia "integral", que não se esquece de incluir "uma ecologia do homem, porque também o homem possui uma natureza, que deve respeitar e não pode manipular como lhe apetece".[731] A ecologia também permite relembrar a doutrina da Igreja em matéria de procriação. Em resposta àqueles que tomam a Bíblia como ponto de partida para a dominação humana sobre o mundo, o Papa afirma tratar-se de uma leitura incorreta e truncada. Afinal, a narrativa do *Gênesis*, que convida a "dominar" a terra, também diz que convém "cultivar e guardar" o jardim do mundo.[732]

Se o Papa não pronuncia a palavra "apocalipse" (nem mesmo para rejeitá-la), o nome Antropoceno tampouco é por ele empregado. Ele se atém à problemática da ecologia e, portanto, apenas ao tempo do mundo, o da casa comum que se deve urgentemente salvaguardar e reparar.

---

[728] Ver p. 154-158.

[729] Papa Francisco. Carta Encíclica *Laudato Si'*. Vaticano: Tipografia Vaticana, 2015, p. 127.

[730] Papa Francisco. Carta Encíclica *Laudato Si'*, p. 5, 164-165.

[731] Papa Francisco. Carta Encíclica *Laudato Si'*, p. 119-120.

[732] Papa Francisco. Carta Encíclica *Laudato Si'*, p. 52-53.

O caminho que ele indica é de fato o da *reformatio*. Embora o cristão saiba que a ecologia decorre de Cristo e que "a Eucaristia é, por si mesma, um ato de amor cósmico", a "conversão" pedida pelo Papa se insere no tempo *chronos* do mundo.[733] Seu inventário da situação atual da humanidade não encontra nem afronta as temporalidades exorbitantes do Antropoceno que, apesar de não perturbar o cristão que ele é, desestabilizam o que pensávamos ser a condição humana. Não é, portanto, no campo do magistério da Igreja que encontraremos um caminho para sair da aporia, ainda que o cristianismo saiba muito bem o que significa viver em temporalidades inconciliáveis. Trata-se, afinal, do próprio âmago do "mistério" cristão.

Sou o menos indicado para fabricar apressadamente uma analogia entre os dispositivos elaborados pelos cristãos para relacionar eternidade e tempo, e esse não é meu propósito. Tal intento seria até mesmo absurdo. Mas podemos, ao menos, considerar que, a essa aporia, foi fornecida uma resposta que, finalmente, nos conduziu, para nos atermos à questão do tempo, à concepção e à instauração de um novo regime de historicidade: esse regime cristão que, de modo tão poderoso e duradouro, configurou as maneiras ocidentais de lidar com *chronos*, mobilizando, para confrontá-lo, os conceitos de *Kairós* e de *Krisis*. Por isso, é fácil compreender que, entre o Antropoceno e nós, entre esse tempo imenso e o nosso tempo efêmero, alguns procurem mediações, recorram a formas ou a sucedâneos de tempo *kairós* e reanimem equivalentes de *Krisis*. Esse é o caso, em particular, dos apocalípticos de diversas obediências, a partir do instante em que se encontra reativada a divisão agostiniana entre o fim dos tempos e do tempo do fim.

Mas a grande diferença em relação à antiga configuração cristã é que, das temporalidades do Antropoceno às nossas, há apenas tempo *chronos*, em maior ou menor quantidade. O sistema da Terra não é Deus e o "Acontecimento" Antropoceno não é um análogo (mesmo negativo) da Encarnação, ainda que ele seja único, sem precedente na história humana, e inaugure um tempo novo. No entanto, mais uma vez, este tempo inédito é tempo *chronos*. Estamos diante de gigantescas diferenças

---

[733] Papa Francisco. Carta Encíclica *Laudato Si'*, p. 178. E ele acrescenta: "A Eucaristia une o céu e a terra, abraça e penetra toda a criação [...] Ela nos leva a ser guardiões da criação inteira" (p. 178-179). Ele retoma praticamente as palavras de Paulo na *Epístola aos Colossenses* 1, 20.

de escalas temporais, mas não confrontados a temporalidades de natureza diferente. Ademais, se já entramos no tempo do fim, não se trata de modo algum do tempo do planeta, mas unicamente do tempo do mundo, do qual os modernos haviam pretendido fazer o motor da História universal – a deles. Se a sexta extinção das espécies devesse se produzir em alguns séculos, o sistema da Terra não deixaria de continuar seu curso, enquanto a época do Antropoceno prosseguiria ainda por milhares de anos. E o silêncio, menos desses espaços infinitos do que desses tempos indefinidos, não assustaria mais ninguém.

Para viver no Antropoceno, temos necessidade de fabricar mediadores ou mediações capazes de apreender este formidável *Chronos*? Ou então somos capazes de sair de nossa "menoridade" cronológica e de fazer do incomensurável nossa nova experiência histórica? Sim, entre o tempo do Antropoceno e o tempo do mundo, não há mais medida comum e, no entanto, não temos mais escolha senão viver, simultaneamente, em ambos. *Chronos* sempre esteve clivado, não havendo, nesse sentido, nenhuma novidade, mas desta vez os humanos não podem assegurar para si um controle sobre essa divisão. Os gregos nunca pretenderam ter domínio sobre a eternidade ou a perpetuidade do curso dos astros, mas Platão tirou disso sua concepção do tempo dos humanos como imagem móvel da eternidade e Aristóteles a de um tempo sem começo nem fim, como número do movimento. Clivá-lo foi, portanto, um recurso para pensar o tempo, uma maneira de apreender o Inapreensível. Teríamos necessidade de um Platão, um Aristóteles ou um Agostinho para repensar o tempo a partir da clivagem entre as temporalidades do Antropoceno e os tempos do mundo, isto é, o nosso?

Ainda que não possamos ter uma experiência direta do Antropoceno, e ainda que não sejamos capazes de nos ver como espécie humana, estamos hoje aptos a medir os seus efeitos (negativos) sobre o mundo e os tempos do mundo. A urgência climática está em todo lugar, e tudo o que não lhe atende imediatamente sofre a acusação de inação. As ilusões presentistas claramente não desapareceram, sobretudo porque a outra parte da nova condição histórica é a já evocada condição digital, que é estruturalmente presentista. Nossa condição é, portanto, feita de distâncias: distância entre o tempo do Antropoceno e os tempos do mundo (cada vez mais fragmentados), distância entre o presentismo digital (no âmago da globalização) e as demais temporalidades do mundo e, por fim, distância radical entre este presentismo e as temporalidades do Antropoceno. Essa condição é uma experiência de desmembramento. Em semelhante configuração, um regime antropocênico de historicidade seria a maneira de manter juntas essas diferentes distâncias (da menor à maior), mas sem reduzi-las. Não se trata mais somente (como nos bons e velhos tempos) de articular passado, presente e futuro, mas de levar em conta passados, presentes e futuros, que têm alcances diferentes, divergentes, até mesmo contraditórios, mas que formam um *nexus* ou um emaranhado de temporalidades no qual somos, a diversos títulos e graus, parte interessada e também ativa. A primeira dificuldade é orientar-se nesse nó de temporalidades, que nenhum Alexandre virá cortar. Tentar fazê-lo seria até mesmo ilusório. É para isso que pode contribuir o conceito de regime antropocênico de historicidade: ajudar a orientar, a desemaranhar, a ordenar com vistas a discernir a ordem dos tempos que é e será a da nova condição humana.[734]

No fim das *Memórias de além-túmulo*, Chateaubriand concluía que sua época estava situada entre uma dupla impossibilidade: a do passado e a do porvir. O passado do Antigo Regime não podia voltar. Pretender restaurá-lo era um contrassenso, pois era ir na contramão do curso do tempo; o antigo regime de historicidade perdera sua influência sobre o novo tempo *chronos*. Mas o futuro lhe parecia igualmente impossível, se ele cedesse à "loucura do momento" que consistia em "chegar à unidade dos povos e fazer da espécie inteira um único homem".[735]

Hoje, podemos ter o sentimento de nos vermos presos, por nossa vez, em uma dupla impossibilidade: a do passado e a do futuro. Não a mesma, mas uma impossibilidade análoga. É altamente improvável que o regime moderno de historicidade, cujos declínio e queda no mundo ocidental nós acompanhamos, retome simplesmente seu curso. Permanecer emparedados no estreito tempo do mundo, do qual tivemos tanto orgulho, ou, pior, no estreito cubículo do presentismo não é mais possível. Mas estaria o futuro, por isso, livre de impedimentos? Absolutamente não. Paradoxalmente,

---

[734] Traçar os seus contornos é o objeto da conclusão do livro de Dipesh Chakrabarty: *The Climate of History in a Planetary Age*, p. 182-204. (N.R.T.)

[735] Chateaubriand, René de. *Mémoires d'outre-tombe*, t. IV, p. 365. A solução que ele propõe, que não examinaremos aqui, consiste em combinar o cristianismo e o progresso. Um porvir "poderoso e livre" não poderia advir fora da esperança cristã (p. 379).

haveria uma impossibilidade do futuro devido à sua própria superabundância, pela irrupção repentina de um excesso de futuro, como uma onda que rompe e varre o convés do navio durante um temporal. Esse futuro antropocênico não somente é formidavelmente longo, mas também – e o que é ainda mais desconcertante – ele já está parcialmente consumado, na medida em que nós, simultaneamente como humanos e como espécie, já desempenhamos um papel nele, e ainda temos e teremos um papel a desempenhar, recaindo, portanto, sobre nós uma responsabilidade que se articula no passado, no presente e no futuro.

Que papel seria esse hoje e como desempenhá-lo, sabendo que, naquele que é certamente o papel de nossas vidas, colocamos em jogo nossas próprias vidas, bem como as dos humanos e não humanos presentes e futuros? Enfrentar *Chronos*, este novo *chronos* tão fortemente restituído, exige formular a pergunta e, se possível, também uma resposta. Embora tal interrogação fundamental seja a mais recente e se veja, cada vez mais, alcançada pela urgência, essa patologia do tempo contemporâneo – ela não é a única. Devemos também, e até mesmo mais do que nunca, desembaraçar o entrelaçamento das temporalidades múltiplas, conflituosas e também antagonistas dos tempos do mundo, todas elas também tomadas pela urgência e cada vez mais configuradas, senão regidas, pelo presentismo digital, que transforma igual e rapidamente a condição humana.

Enfrentar *Chronos* hoje é enfrentar o vento novo que se ergueu, este vento de sopro poderoso e estabelecido de modo duradouro que é o do Antropoceno. Porém, é também ter de enfrentar o vento intenso e imperioso do presentismo. Um mundo encerra-se, mas permanece válida a injunção de Paul Valéry, não mais em seus *Cadernos* matinais, e sim no fim d'*O cemitério marinho*: "O vento se ergue!... Devemos tentar viver".[736] Ergueram-se ventos novos, e nós também devemos tentar

---

[736] Valéry, Paul. Le cimetière marin. *Œuvres*. Paris: Les Livres de Poche, 2016. t. I, p. 505. Ver também: Guérin, Michel. *Le cimetière marin au boléro, un commentaire du poème de Paul Valéry*. Paris: Les Belles Lettres, 2017, p. 146: "Assim que o vento ergue-se [...] o espaço que se abre e o da ação, que se segmenta a si mesma, retoma desde o início, rompendo-se para recomeçar". Ver, para tratar das inquietações contemporâneas, a reflexão de Frédéric sobre os problemas vitais de nosso tempo e como os enfrentar: Worms, Frédéric. *Pour un humanisme vital. Lettres sur la vie, la mort et le moment présent*. Paris: Odile Jacob, 2019.

viver, se quisermos que haja amanhã um mundo habitável e que o vital prevaleça sobre o letal.[737]

Embora *Chronos* seja de fato inapreensível, dedicar-se a fazê-lo foi e é o próprio dos humanos. Que estas páginas possam ter contribuído um pouco para isso! Não para tornar o presente dedutível, mas ao menos mais inteligível. "Que eu seja o elo dos tempos", observava Michelet em seu diário, na data de 2 de setembro de 1850.[738] Seguramente não tenho a mesma pretensão, mas sonhar por vezes com isso pode justificar uma vida de historiador.[739]

---

[737] Concluí essas páginas algumas semanas antes do início, em janeiro de 2020, da epidemia de Covid-19. Sobre isso, ver: F. Hartog. *À la rencontre de Chronos*. Paris, CNRS Éditions, p. 102-110.

[738] Michelet, Jules. *Journal*. Paris: Gallimard, 1962. t. II, p. 126. (N.R.T.)

[739] A presente edição brasileira não inclui o *postscriptum* da versão francesa, retirado a pedido de François Hartog. Redigido durante a pandemia de Covid-19, o texto refletia um contexto específico. Desde então, acumulou-se vasta produção sobre o tema, e considerou-se que aquelas reflexões, ainda que pertinentes à época, já não se mostram essenciais para esta edição. (N.E.)

Este livro foi composto com tipografia Bembo Std e impresso em papel Off-White 70 g/m² na Formato Artes Gráficas.